本书承蒙以下项目经费资助：
◆ 福建省高校服务海西建设重点项目"闽南文化的传承和海西社会发展"[2009B053]
◆ 中国语言文学省级重点学科
◆ 对外汉语专业省级综合改革项目
◆ 中国社科院文化研究中心闽南文化研究基地（泉州师院）

林华东 主编

闽南文化研究丛书

Minnan Wenhua Yanjiu Congshu

闽南文化概要

Minnan Wenhua Gaiyao

陈燕玲 编著

厦门大学出版社　国家一级出版社
XIAMEN UNIVERSITY PRESS　全国百佳图书出版单位

图书在版编目（CIP）数据

闽南文化概要 / 陈燕玲编著. -- 厦门：厦门大学出版社，2013.9（2025.8重印）
（闽南文化研究丛书）
ISBN 978-7-5615-4788-5

Ⅰ. ①闽… Ⅱ. ①陈… Ⅲ. ①文化史－研究－福建省 Ⅳ. ①K295.7

中国版本图书馆CIP数据核字(2013)第236538号

责任编辑	高　健
美术编辑	李夏凌
技术编辑	朱　楷

出版发行　**厦门大学出版社**
社　　址　厦门市软件园二期望海路39号
邮政编码　361008
总 编 办　0592-2182177　0592-2181253（传真）
营销中心　0592-2184458　0592-2181365
网　　址　http://www.xmupress.com
邮　　箱　xmupress@126.com
印　　刷　厦门市明亮彩印有限公司

开本　787 mm×1 092 mm　1/16
印张　16.5
插页　2
字数　370千字
字数　6 501～7 500册
版次　2013年9月第1版
印次　2025年8月第7次印刷
定价　50.00元

本书如有印装质量问题请直接寄承印厂调换

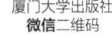
厦门大学出版社
微信二维码

厦门大学出版社
微博二维码

总 序

林华东

　　文化是民系族群的精神支柱,是人的精神活动和具体行为及其产物的总和,是社会和谐、经济发展不可或缺的重要因素。文化对于社会具有内在的推动力,对于民族具有内在的凝聚力,对于国家具有与经济相对应的软实力。文化在综合国力竞争中的地位和作用越来越突出,文化的内在驱动比经济和政治具有更强大的导向力。保护和弘扬民族文化,已经成为新世纪一个国际性的中心话题。

　　闽南文化是中华文化的重要分支。自汉武帝平闽并徙闽越之民于江淮之后,北方汉人开始一批批南下入闽。他们的先进文化在与当地遗民文化长时间交融磨合中,逐渐形成闽南文化。唐宋以降,尤其是近代以来,随着"海上丝绸之路"刺桐港的兴盛,闽南文化随着闽南人的脚步不断向外扩展,跨越地区,跨越省界,跨越国界,逐步走向全世界。

　　若以闽南文化的外在表象特征——闽南方言作为分辨标准,闽南文化可以有三个圈,一是闽台文化圈,包括福建闽南地区和台湾大部分地区,这是最具闽南典型特色的文化圈,其方言及精神内涵基本一致;二是潮汕文化圈,方言与文化特征与闽台文化圈基本一致,但稍有区别;三是琼文雷州文化圈,方言与文化特征与前两个文化圈差别较大。其他分布于浙江、江西、江苏、广西以及东南亚地区和世界各地的闽南文化,以方言的来源为区别标志而归属不一。

　　闽南文化历史积淀丰厚,它的包容性、拓展性、草根性,体现了中原文化、海洋文化、闽越文化和谐融合的多元特征。闽南文化的重乡崇祖、爱拼敢赢、重义求利和山海交融的精神特质,把中华文化演绎到一个极限,成为海峡两岸以及东南亚各地闽南人的鲜活文化个性。闽南文化中深邃的历史源流、精神内涵、旺盛活力、语言艺术、宗教民俗、组织规范、物质表象等等都急需予以深入探索。2008年,闽南地区成为我国第一个国家级文化生态保护实验区。2009年4月,国务院出台了关于支持福建省加快建设海峡西岸经济区的若干意见,把福建推上了一个新的历史起点。未来的福建必将成为两岸经贸合作的紧密区域,两岸文化交流的重要基地,两岸直接往来的综合枢纽。

　　为此,以闽南文化研究为突破口,加快海峡两岸文化共同体的整体化研究,

对海西建设来说,既是学术上的一种探索,更是对文化建设的一种支撑;既有利于发挥精神层面上的凝聚力,还有助于两岸民众心灵上的沟通;既能更好地推动两岸中华儿女的民族认同,更是弘扬和丰富中华文化的重要举措。

  作为闽南文化的研究者,我们的重要使命和责任就是努力去揭示闽南民系千百年来的文化足迹,发掘闽南人离乡不离祖、认乡音、重乡情的草根意识,展示闽南人敢为天下先的拼搏精神,为海峡文化共同体的建设提供可借鉴的决策咨询服务;并从理论高度提交有分量的学术成果,从实践的角度弘扬闽南文化,为海峡两岸人民建设共同的和谐的家园,为祖国的统一大业,为中华文化的丰富与发展做出贡献。

2009 年 10 月

目　录

第一章　中华文化与闽南文化	1
第一节　中华文化	1
第二节　闽南文化	13
第三节　闽南文化与对外汉语教学	21

第二章　闽南方言文化	24
第一节　语言与文化的关系	24
第二节　闽南方言的形成与传播	31
第三节　闽南方言的特点	41

第三章　闽南家族文化	74
第一节　中华传统的家族文化在闽南的延续	74
第二节　闽南村落家族文化	80
第三节　台湾的闽南家族观念	86
第四节　闽南家族文化对闽南社会发展的影响	92

第四章　闽南民俗文化	97
第一节　中华传统民俗文化	97
第二节　闽南物质民俗文化的传承	102
第三节　闽南非物质民俗文化的传承	119
第四节　闽南民俗文化的形成及传播	137

第五章　闽南海丝文化	141
第一节　海丝文化的形成与变迁	141
第二节　泉州海丝的地位	151
第三节　海丝文化的世界影响	158

第六章　闽南文学艺术文化 ……………………………………………… 169
　　第一节　闽南动态艺术的历史传承 ………………………………… 169
　　第二节　闽南静态艺术的历史传承 ………………………………… 190
　　第三节　闽南文学的样式与传播 …………………………………… 199

第七章　闽南宗教文化 …………………………………………………… 206
　　第一节　闽南宗教文化的形成与传播 ……………………………… 206
　　第二节　闽南宗教文化的特点 ……………………………………… 222
　　第三节　闽南宗教文化对海外的影响 ……………………………… 227

第八章　闽南华侨文化 …………………………………………………… 231
　　第一节　闽南华侨的历史形成及分布 ……………………………… 231
　　第二节　闽南华侨对闽南文化的影响 ……………………………… 239
　　第三节　闽南侨批 …………………………………………………… 244

后　记 …………………………………………………………………… 258

第一章 中华文化与闽南文化

第一节 中华文化

一、什么叫文化

关于文化的定义,我们可以找到上百种答案,不同的学者有不同的阐述。

美国人类学家摩尔根认为:"人类是从发展阶梯的底层开始迈进,通过经验知识的缓慢积累,才从蒙昧社会上升到文明社会的。"这里的"经验知识"就是文化。我们甚至可以这么认为,文化的创造和积累是人从猿转变,直至真正成为人并不断发展的必要条件。人作为文化的创造者、享受者,是文化的主体。

现代哲学家、教育家梁漱溟先生认为,文化是人类生活的样法,它渗透于民族的血脉中,在一定程度上挣脱了外部世界的限制,推动着人类社会在不断地创新与超越过程中迈向更高境界。

李中华这样阐释:"文化作为物质文明及精神文明的总和,包涵着十分宽泛的内容。从衣、食、住、行、生产技术、生产工具,到文学、艺术、民俗、风情、科学、教育、社会组织、政治制度乃至宗教信仰、生活方式、学术思想、伦理道德、文化心理等等莫不属于文化范畴。"

人类学者泰勒(E. B. Tylor)说:文化是"一个复杂的总合,包括知识、信仰、艺术、道德、法律、习俗,和一个人以社会一员的资格所获得的其他一切能为习惯"。

不管哪种答案,文化的主题都是人。

二、什么是中华文化

中华文化,亦称华夏文明或中华文明,是世界上最古老的文明之一,也是世界上持续时间最长的文明,若从黄帝时代算起,已有5000年。有学者指出,中华民族有"三十万年的民族根系、一万年的文明史、五千年的国家史"。一般认为,中华文明的直接源头有多个,而其中又以黄河文明和长江文明为主,中华文明是多种区域文明交流、融合、升华的果实,学术界一般称之为"多源一体"的文明形成模式。将中华文化定义为中国所有民族(即中华民族)的文化总汇,但因为汉族是中华民族的主体民族,并且汉文化在中国历史上一直占据着主导地位,所以普遍认为汉文化是中华文化的主体。

三、中华文化的特征[①]

中华文化是人类文化最光辉的组成部分,她博大精深,源远流长,兼容并蓄,丰富多彩,是世界上唯一长期延续发展而从未中断过的文化。独特的地理结构、经济结构和政治结构,使得中华文化在漫长的发展历程中,形成了自己鲜明的特点和独特的精神。

从地理环境看,中国一面环海,三面与陆地接壤,地域相对封闭。这种地理环境形成了中国的经济结构:自给自足的小农经济,与外部世界相对隔绝。人们日出而作、日落而息,不追求向外扩展,而讲究"独善其身"。在政治结构和社会性质上,中国古代社会是宗法制的农业社会。以家庭为单位,逐步向外辐射,形成家族、宗族为纽带的社会网络。这个网络是以亲情编织起来的,道德伦理就成为这个社会上每个人首先必须遵守的,也是自觉遵守的,高于一切的标准,从而形成中国人注重血缘关系的社会心理。正是由于这种半封闭的大陆性地域、农业经济格局、宗法与专制的社会组织结构相互影响和制约,构成了中国社会独特的、稳定的生存系统,与此相适应,中华文化的形成与发展显示了鲜明的伦理型特色。

我们可以这样概括中华文化的特点:"源远流长"、"多元一体"、"天人合一"、"以人为本"、"安土重迁"、"重德重生"。

(一)源远流长

中华文化起源早,英国历史学家汤因比认为,在近6000年的人类历史上,出现过26个文明形态,只有中华文化是延续至今而且从未中断过的文化。据考古学统计,目前我国新石器时代遗址在全国各地已超过7000多处,其中,仰韶文化的半坡、姜寨遗址距今约7000年。陕西半坡遗址在挖掘中发现了很多贮存粮食的地窖,地窖中有成堆的小米。此外,还有工具、弓箭及各种有刻画、符号的陶器。这些刻画与符号,具有原始文字意义的重要表征,它是中华文明的发端标志。

距今约6000年的大汶口文化遗址,出土了大量的石玉工具,如石铲、石斧、石刀、石锄及玉铲等,反映了新石器时代农业文明的进一步发展。在遗址中还发现有成套的酒器、象牙雕刻、硬质白陶、薄胎磨光黑陶以及镶嵌精美的用具和装饰品等。这些文物说明,除农业外,又产生了手工业及艺术。大汶口文化的进一步发展,则是黄河流域龙山文化的各种类型。它大概存在于公元前3000年到公元前2000年间,延续了1000年左右,这和《竹书纪年》所记"自黄帝至禹三十世"大致相当,距今约5000年左右。其中的中原龙山文化反映出中原地区多种文化的相互融合,标志着华夏文化

---

① 参见司马云杰:《文化价值论》,山东人民出版社1992年版。

共同体的形成,并以此为中轴繁衍出整个中华民族的文化。龙山文化遗址的发掘,使我们更加清楚地看到中华文化的源流。因此,中华文化的起源可以追溯到距今7000—5000年前,是地球上最古老的文化之一。

（二）多元一体

中华文化是在各民族文化相互交流、融合的基础上形成的,这种融合、交流表现在如下三个方面：

1. 多种区域文化的交流与融合形成最初的中华文化

据有关专家考证,汉族形成于两汉时期,在两汉以前,汉族还未成为中华民族的主体之前,中华文化是经过各民族长期的文化交流、融合以及分流之后逐渐形成的。在中华大地上文化的起源是多区域、多元化的,同时,这些不同的区域之间在一开始的时候就存在着交流和融合。在汉族形成之前,中华民族文化呈现出多元一体的格局。在其发展过程中,由于中原地区处于北方畜牧、旱作文化与南方农业、稻作文化的交汇点上,这种特殊的地区环境和历史条件,使得以中原华夏民族为核心逐渐形成了中华民族的主体——汉族,同时也形成了中华文化的主体,即汉文化。

2. 汉族文化与兄弟民族文化的交流与融合

在2000多年的历史长河中汉族与各兄弟民族的文化交流与融合从未中断,而其中最突出的是魏晋南北朝、南宋、元、清这几个时期。在魏晋南北朝时期,北方少数民族纷纷建国立朝,史称"五胡十六国",具有代表性的有后赵、前秦、北魏等。这些少数民族政权,对汉族儒学的学习和吸收,是广泛而深入的。它们不仅学习汉族律令,建立儒学学校,多方面吸收汉族文化,并且启用汉族士大夫管理国家事务。同时,少数民族文化对汉族的推进和影响,也是广泛的。其中,南北朝时期最为突出。这一时期是中国佛教发展的重要时期,汉族在很大程度上是通过少数民族而接受佛教的,进而领会到佛教思想和佛教文化的。汉唐以后,汉族和南方各少数民族的文化交流与融合,日益深入、广泛、多样。除了宗教以外,南方各族在文学方面的相互融合和相互影响也是十分突出的。

3. 各少数民族之间的文化相互影响与融合

中华各民族之间的文化交融,不仅是以汉族为核心的辐射与直向式的交融,而且在各少数民族之间也密切地进行横向式交融。在我国南边如福建、广东、云南的彝族、白族、壮族、畲族、越族、傣族、景颇族等少数民族,在历史上也始终保持着友好的关系,有着密切的文化交流和相互影响。少数民族之间错综复杂而又密切深入的相互联系,尤其是文化上的融合与交流,构成了各兄弟民族基本的政治关系和文化关系,形成中华民族共同的思想文化的基础。

可以说,几千年来,各民族间的融合一直没有停止。但是,由于中国地理环境的巨大差异,分布在不同地域的人们依然保留了自己文化的独特性。因此,在中华的大地上也就有了如楚湘文化、闽南文化等的文化形式。

(三)天人合一

天人合一就是说,天与人,天道与人道,天性与人性是相类相通的。中华民族以耕耘为生,在反复的耕作实践中,人们发现,对土地的善待会得到相应的回报。土地似乎是有生命的。人们从这种自然感应中,必然能获取某种信念,那就是土地也和人一样。对土地的人格化,很自然也会推广到天。四季更替,昼夜变化,风调雨顺才能丰收。人受制于自然,只能顺应自然,天人关系实际上就是神人关系。《尚书·洪范》中说:"惟天阴骘下民。……天乃赐禹洪范九畴,彝伦攸叙。"认为天是保护下民的,因而赐禹九类大法,人伦规范才安排得当。可见,普通百姓朴素的理念开始上升到统治者的头脑中,可以说是古代天人合一思想的萌芽。

春秋时期,郑国大夫子产说:"夫礼,天之经也,地之义也,民之行也。天地之经,而民实则之。"他认为"礼"是自然界的必然法则,人民必须按照天经地义的"礼"行事。反映出人与天相通、人事与天事相通的思想。战国时期,孟子把天道与人性联系起来,他说:"尽其心者,知其性也,知其性则知天矣。"这里孟子首先肯定人性与天性是一致的。要知天性,从了解人性即可得到。庄子更认为,人与天都是由气构成,人是自然的一部分,因而天与人是统一的,"天地与我并生,而万物与我为一"。至于后来的董仲舒、张载等人,更是把天和人、天事与人事附会到一起,为这一学说推波助澜。

董仲舒强调"天人之际,合而为一",甚至认为"天亦有喜怒之气、哀乐之心,与人相副,以类合之,天人一也"。并进一步地提出"天人感应"说。他认为天能干预人事,人的行为也能感应上天。他在《对贤良策》中指出:"国家将有失道之败,而天乃先出灾害以谴告之;不知自省,又出怪异以警惧之;尚不知变,而伤败乃至。"同时人君的善政、人们的某些宗教仪式也能感动上天,促使其改变原来的安排。由此建立了一整套的封建神学体系。

两宋时期,天人合一思想发展成为占主导地位的社会文化思潮,几乎为各种派别的思想家所接受。张载在中国文化史上第一个明确提出了"天人合一"的命题。他认为儒者"因明致诚,因诚致明,故天人合一,致学而可以成圣,得天而未始遗人"。在张载看来,人与天地万物都是由气构成,气是天人合一的基础。他在《西铭》中说:"乾称父,坤称母,予兹藐焉,乃混然中处。天地之塞,吾其体;天地之帅,吾其性,民吾同胞;物,吾与也。"认为天地犹如父母,人与万物都是天地所生,都由气所构成,气的本性也就是人和万物的本性。肯定人是自然界的一部分。张载还认为,性天相通,道德原则和自然规律是一致的。因而"天人合一"是人所追求的最高境界。人生的最高理想是天人协调。主张"为天地立心,为生民立命,为往圣继绝学,为万世开太平"。程伊川也认为:"道未始有天人之别,但在天则为天道,在地则为地道,在人则为人道。"

天人合一这一思想的影响是深远的,不仅被后来的学者普遍接受,还渗透于社会生活的各个层面。每有天灾人祸,皇帝总要下诏"罪己",检讨为政的得失,以求上天的谅解;为人处世,要讲究"天理良心";经济活动要"利用厚生";伦理道德必须"尊亲配天"等。

现代社会,我们仍然崇尚天人合一,如对黄河的整治,根据黄河水土流失、多淤积等的特点,我们提出治理黄河的方法要遵循黄河的自然规律——这体现了尊重自然规律的思想。

总而言之,中华文化中的天人合一思想认为自然界与人是协调统一的,主张人要遵循自然规律。虽然这种理念是朴素的,但是从哲学的角度来说,无疑有其合理的一面。中华文化这种"天人合一"的思想,强调人与自然的统一,人的行为与自然的协调,道德理性与自然理性的一致,充分显示了中国古代思想家对于人与自然之间关系的正确认识。这与西方文化强调人要征服自然、改造自然才能求得生存和发展有着根本区别。

(四)以人为本

以人为本,指以人为考虑一切问题的根本,就是肯定在天地人之间,以人为中心,在人与神之间,以人为中心。中华文化某种程度上就是指人的教化。作为伦理类型的文化,它的主题是人,它的关系是人,它的目的也是人。

在中华文化中,人是宇宙的中心。传统的天人合一思想,强调了天人之间的统一性。一方面,用人间之事去附会天之规律,把人的行为归依于天的意志的实现,以获得一个虚拟的理论依据。另一方面,往往把主体的伦常和情感灌注于"天道",并将其人格化,使其成为想象中与人相似的物体。"天"成了理性和道德的化身。封建皇帝宣称的"奉天承运",起义农民坚持的"替天代道",正是这种思维的具体表现而已。从表面看,是人在按天意在"承运"、在"行道",但实际上,"天"却成了人们实现道德理想的手段,而不是目的。所谓"存天理,灭人欲"也不过是借"天"来推行一套伦理道德而已。天人之间人为主导,人是目的,充分体现了以人为本的文化精神。

以人为本,也是对鬼神的否定。在殷商时期,中国早期宗教的天帝、鬼神等观念还高高凌驾于人与人事之上,牢固地统治着人们的头脑。到了周代,这种影响力便逐渐衰退。周的统治者从殷的灭亡中吸取了一定教训,不仅用"天"袭取了殷商"帝"的位置,冲淡了人格神的主宰性,而且就所崇拜的"天"来说,也减少了它的绝对性,提出天命无常、敬德保民等思想,开始从宗教观念中分离出"人德"的观念。春秋时期,"人德"观念进一步发展,开始对神提出怀疑。孔子认为,"天道远,人道迩"。当他的学生向他请教神鬼之事时,他说:"未能事人,焉能事鬼?"表现了"敬鬼神而远之"的谨慎与淡漠。相反,孔子竭力倡导"仁"的价值观,"仁者爱人",力图创造一个人人相爱、世界大同的理想社会。孔子之后,思孟学派和《易传》一派共同建构了儒学的宇宙观。思孟学派以"诚"为贯通天地的精神,认为只有"诚"的精神创造出充实健康的人类社会时,才有充实健康的宇宙。换句话说,宇宙并不是处于人文世界之外,它本身是人文世界的一个组成部分。这种宇宙观充满对人类文化的自信,认为文化精神可以主宰天地,宇宙间并不存在一个更高的主宰。《易传》宇宙观的特别贡献是以阴阳二气的运作解释宇宙的变化,并把这种变化与人类两性的交合生殖行为联成神秘的一体。这样,宇宙的人文主义解释更具体地落实到"夫妇"这个最基本的伦理单元上。

道家也认为,自然界并不包含一种特别的意志。自然的本质状态是"无为",是一个指引人类返朴归真的神秘存在。自然的真正意义是启示人类意识到自身局限性,然后以一种艺术的洞察力,领悟人生与世界的深奥内涵。

正是中华文化这种以人为本的精神理念的影响,中华文化呈现出独特的文化气象。在以人为本精神理念的指引下,中华民族建立起了艺术化的知识观和人生观。从广义上说,中国古代的科技最为发达,直到工业革命前,中国的科技一直领先于世界,但如果把科学定义为一套观念系统的话,那么古代中国的科学观念是匮乏的。中国古代主导的思想流派都只注重对知识总体的综合把握,却忽视严格分析精密推理的能力。儒道两家都沉溺于对世界作人文观照,对归纳和演绎则持否定态度,即使那个时代的数学家也没有想到以逻辑体系归纳他的数学知识,这种思维习惯成了科学难以产生的主要原因。

同样,中国人的生活态度也是"艺术的"而非"科学的"。以往,中国没有以科学规范严格指导和由此而产生的成批量的科技成品,有的是一代又一代能工巧匠创造出高度精巧的各种器械和工艺品,这些工艺品往往臻于艺术的境界,因此难以批量生产,单体也难以复制。再比如中医中药,全在于医者对医道这门"艺术"的理解与运用,并没有绝对的规律可循,其神奇疗效在大师手中可达到出神入化的境界。艺术更是如此,中国画重写意,只着力表现画家意欲表达的"精神",而不讲究透视、光学等科学原理;中国戏曲则以夸张的艺术形象在虚拟的时空中表达出"艺术的"真实。也正是中国传统文化对"科学"认识的缺乏,才会出现多次因谣言而产生的"盐荒"。

(五)安土重迁

所谓安土重迁,就是安于故土,不肯轻易搬迁。几千年来,中国人"日出而作,日入而息,凿井而饮",与大地母亲建立了极其亲密的感情,在中华文化的血脉里,流淌着对土地浓郁的眷恋之情。《周易》说:"安土敦乎仁,故能爱。"《礼记》称:"不能安土,不能乐天;不能乐天,不能成其身。"华夏先哲认为,安于土地的人厚道朴实、富于爱心。如果不能安于土地,就不能乐观向上;不能乐观向上,就不能形成完整的人格。由此看出,"安土"这一心理实质上是中华民族最基本的心理特征之一。

"近山者仁,近水者智。"安于土地的人,世世代代聚居在一起,彼此之间相互了解,个人的品德是他安身立命的重要保证,只有良好的口碑,才能赢得他人的尊敬与信赖。长远地说,也会影响到家族的声誉。这就是"安土敦乎仁"的内在逻辑。只有安于土地,勤恳劳作,衣食才有保障,生活才能充实。在辛勤的耕耘中,人会体会到许多朴实的道理。"一分耕耘,一分收获",培养了中华民族"重实际而黜玄想"的民族性格。不管是老子的"鸡犬之声相闻,老死不相往来"的理想追求,还是陶渊明"采菊东篱下,悠然见南山"的人生境界,都植根于我们民族对土地朴实的情怀。

安土自然重迁。盘庚迁都时,对他的臣民没有少费口舌。中国历史上的重大迁移都是不得已而为之的。因此,华夏民族从没有对周围民族构成真正的威胁,即使中华帝国在世界上强大得无以复加时,她也对周围的领土少有觊觎之心。中华文化以一种宽厚平和的心态观察世界。中华民族是一个热爱和平的民族。一生勇于开拓的汉武帝,后代对他功绩的评价是"空使葡萄入汉家"。大唐兴盛时期,外国纷纷来朝,帝国对世外却不曾动心。一方面满足于自我泱泱中央帝国的富庶繁荣,一方面敞开大门,吸收着异域的文化。中国的航海技术也一直领先于世界(并不输于航海民族),但徐福的船队只是为了寻找仙丹,郑和七下西洋,也只是为了搜集异国的奇珍异宝。

安土重迁在文化上的意义是双重的。一方面,它栽培了文化的根系,成为文化稳定的基石;另一方面,它束缚了文化的手脚。稳定性本是任何文化体系都具有的特征,但中华文化超常的稳定性又带来了文化的滞守性。唯其稳定不易变,才带来5000年从未中断传统的荣耀,也使我们承受其所带来的前进之不易,为克服蹈常习故要付出沉重的代价。稳定性又与兼容性相生相补,使得中华文化在不断吸纳和消融异域文化中生生不息,具有顽强的生命力。

(六)重德重生

中华文化强调人世间的价值。儒家认为要使人世间生活和谐,就要追求礼乐社会与仁民政治。而贯通礼乐社会与仁民政治的就是重德精神。所以在中华文化中重德(即重视道德修养)与重生(即重视人生价值)是统一的。就个人而言,道德修养是人生价值实现的崇高目标;就社会而言,一切道德规范都是为了维护社会的稳定,创造一个君义臣忠、父慈子孝、夫敬妇从、兄友弟恭、朋友有信的理想社会。

中华文化重德精神最明显的表现,是将道德意识浸入政治领域,从而为君权至上的专制主义寻到一个道德"庇护所"。在中国传统社会中,国是家的放大,因此,国家一向被看成是人伦关系的总和。国君或皇帝是家庭中父的放大,是国家这个"大家庭"的家长,他既是国家政治组成的中心,也是社会人伦秩序的中心。这种把家庭伦理关系投射到国家政治的结果,常常是以推行道德观念代替具体制度的实施,其最典型的代表就是孔子的德治思想和孟子的仁政思想。

孔子说:"为政以德,譬如北辰,居其所,而众星共之。"意思是说,依靠道德来管理国家,就好比北极星处在它本身所在的位置,其他的星就会像臣子一样簇拥它。孔子认为为政必须有道德规范,统治者必须首先具备美德。孔子还说:"政者正也。子帅以正,孰敢不正?"意思是说,行政就是扶正匡邪,管理者带头端正自己,谁敢不端正?可见,孔子所谈的一系列为政的问题实际上都是道德问题。

在孔子看来,政令、刑罚的效果虽然明显,但都有达不到的地方,不能从根本上解决问题。只有道德的力量是无限的,因为它能够把人伦之道、内心之德贯彻于日常生活中,使之成为一种规范的行为方式。

秦汉以后,由于秦推行法家路线,尤以刑罚为治,汉也基本上承袭了秦朝的制度,

这就更刺激了儒家德治思想的发展。以董仲舒为代表,把儒家思想配以阴阳五行学说,提出了"阳德阴刑"的理论。他认为"阳为德,阴为刑。刑主杀而德主生……王者承天意以从事,故任德教而不任刑"。这表明自汉代以后儒法趋于合流,但以礼、仁为中心的"德治"仍处于主导地位。

董仲舒的理论对中国古代法律制度的形成产生了较大的影响。其中最重要的影响是将道德与法律合二为一,形成一种具有强制性的道德体制。儒家认为,治国的根本在于统治者的道德示范作用,由上至下的道德启示,再由下至上的道德效法,于是政治、法律的着眼点由制度转向道德。

道德法律化的直接效果是显而易见的。首先,道德成了中国人"做人"的根本准则,否则就会受到严厉的制裁。所谓"乱臣贼子人人得而诛之","人而无仪,不死何为",促使人们严格遵守各项道德规范,人人循规蹈矩。其次,有利于保证社会的稳定与发展。"礼仪之邦"的美誉也由此而来。但是,这种道德中的陈腐说教也束缚了人的个性发展,影响到整个民族的创新活力,也直接阻碍了社会发展的进程。

我们把握中华文化的基本特点,就是要吸其精华,去其糟粕,推陈出新,善于从历史中继承和发展本民族和世界其他民族创造的优秀文明成果。

总之,中华文化以儒家伦理道德为核心。这是因为儒家思想在中国演绎的时间最长,上至华夏原始民族,下至近代,古今5000余年,影响最大,其价值取向在中国人的生活占主导地位,至今仍然影响着中华民族的思想方式和行为方式。

四、中国传统文化所遇到的挑战

中国传统文化就其精神价值而言,存在着合理的部分,即使在世界现代化的进程中,这种合理性也仍然需要保持和发扬。例如,中国人讲"天人合一",要人与自然保持和谐的观点,即使从今天的文化生态学和社会生态学看也是合理的,特别是"与天地合其德,与日月合其明,与四时合其序"的思想,及"天行健,君子以自强不息"的刚健有为和自强不息的精神,仍然值得我们发扬。再如明德达于至善的思想,自然等差的伦理道德思想,也是符合理性精神的。同样,中华文化中以社会群体为本位的价值取向,对中华的凝聚整合也起了很大的作用,没有这种精神,中华民族很难团结到一起共同奋斗。还有中华文化中的知行合一的思想、追求自我人格完善的思想,也是很有价值的。因为人作为文化的存在不能只求物质上的满足,还必须求得精神上的完善与完美。这一点无论对那个民族来讲都是合理的。在现代生活中,我们应该弘扬我们民族文化的真精神和真价值,将之发扬光大,成为现代化社会的文明支柱。

但是,我们也应该看到中国传统文化的局限性。虽然说中国传统文化在它的生长、发育和成熟阶段朝气蓬勃,生命力旺盛,但是,随着传统社会的衰退,中国传统文化也就慢慢地衰落僵化,开始丧失其生机勃勃的价值精神了。特别是到了明末清初,中国的传统文化愈来愈受到世界范围内现代化潮流的冲击与挑战,逐渐走向衰老。这种冲击和挑战在1840年已经明显显现,而在世界迅速发展的今天,这种挑战更加严重。因为世界范围内结构性的变化将迫使一切国家和一切民族不得不面临现代化的抉择。这种世界结构性变化向所有由传统社会向现代化社会过渡的民族文化提出了挑战,自然也向中国传统文化提出挑战。

中国传统文化在哪些方面不能适应世界发展的步伐、不能适应世界现代化的潮流呢？

第一,在现代文化浪潮的冲击下,中国文化的价值体系被打破,容易出现价值迷惘和价值混乱的状态。中国传统文化自成一个独立系统,长期与世界文明隔绝,是一个封闭的体系,当它面对开放的世界时,特别是面对现代多变的世界价值信息系统时,显得手足无措。虽然在历史上中国是一个包容的国家,中华文化有巨大的综合能力、融合能力,融化整合过多个少数民族文化,也吸收融合了一些外来民族文化,如印度的佛教文化。但是由于中国地理环境与外界封闭隔绝的特殊性,也由于当时的交通不发达,中华的传统文化与世界文明几乎是相隔绝的,特别是宋明以后,其文化形式越模式化,价值取向越封闭,就像一位暮年老人,对事物缺乏吸收、消化能力一样,而且依据自己的习惯生活,对外界的新口味表现出冷淡和排斥。清政府的妄自菲薄、狂妄自大就是其对外界知之甚少的一种体现,甚至慈禧太后不知道地球上还有个瑞士。而世界四大文明之古代埃及文化、两河流域文化、印度文化等三种古老的文化形式与西方文化都有过撞击与交叉。中国传统文化对外界的排斥和冷待影响着许许多多中国人的思想意识。正是如此,在中国实行开放政策以后,面对浪潮般的世界各地文化形式的涌进,中国人显得措手不及,诚惶诚恐。有的表现出了强烈的反抗,有的则是全盘接受,丢失了中国传统文化的精华,从而丧失了中国文化的价值评判标准。

第二,中国传统文化在哲学本体论上非常深厚博大,然而由于它是以农业经济为基础发展起来的,其价值体系落实到社会文化层次上,仍然显得保守和落后。以农业为基础发展起来的中国人的性格,质朴憨厚,但其局限性也是非常明显的。如个体的、一家一户的小农经济造成了人们视野的局限性。中国人靠天吃饭、土里刨食、日出而作、日落而息,这种生活方式使得中国农民安于现状、不求进取、得过且过、狭隘自私。这种保守性如今仍然存在。如"金窝银窝不如自己的狗窝"、"谋事在人,成事在天"等都是这种保守性的表现。他们干活慢腾腾、办事不紧不慢、做事爱计较,听天由命、安适自得、知足常乐、求稳怕乱,而不是积极进取、发展壮大自己。这种价值观念与现代社会和商品经济中的时间观念、效率观念、价格观念以及市场观念、信息观念、科学技术观念、人才观念等非常不相适应。中国以个体农业经济为基础形成的价值取向基本上也是单一的、内向的。这与现代开放性的世界经济体系及其外向型的、多元化的价值取向是根本不同的。因此,随着开放性世界经济体系的席卷而来,以及国家现代化商品经济的发展,中国传统文化的价值观念必然愈来愈受到巨大的冲击和严峻的挑战。以宗法家庭为背景发展起来的中国文化使得中国现有的社会关系在很大程度上还是靠宗法关系维持的。这种文化关系如果放在经济发展中,放在企业的建设中,那只能带来裙带关系和不正之风。中国目前存在的"开后门"之风,在很大

程度上是与中国传统文化的宗法家庭背景联系在一起的。经济越不发达，宗法关系越明显。现在中国农村所流行的极端的祖宗观念、种的延续观念、家族观念等，都是以宗法家庭为背景发展出来的文化意识，这些观念与现代社会的平等观念、合作观念等是相违背的，也与现代社会的经济法则和理性精神存在差异。中国要真正实现现代化，走向科学理性和政治理性，就必须克服传统文化的弱点，使之适应现代社会的挑战。

第三，在现代社会，中国传统文化的核心儒家伦理道德同样也遇到了严峻的挑战。儒家道德观在孔子和孟子时期充满着理性精神，充分肯定了人的存在和人的价值。孔子所赞同的"哭踊有节"和子路应除姊之丧，就是这种伦理道德精神的表现。但是早期儒家的伦理道德精神到了汉儒董仲舒等人提出的"三纲"之说后，就逐渐演变成了绝对的片面的东西。三纲即夫为妇纲、父为子纲、君为臣纲。夫为妇纲彻底地剥夺了女性的地位，女子嫁到夫家，就要听丈夫的，对丈夫毕恭毕敬；父为子纲体现了男子在家庭的绝对地位，儿子要听父亲的，儿子要有过错，父亲可以打，甚至打得头破血流，儿子也不能抱怨，也就是说儿子在家里要绝对服从父亲；君为臣纲体现了当时君王的绝对权威，臣子对君王要绝对服从，忠贞不贰，不能三心二意，甚至生命权也是国君的，国君要你死，你得心甘情愿地死。"三纲"是一种片面的绝对的权利和义务，淹没了人的存在和价值。到了宋明理学，提出了"存天理，灭人欲"，强调以天灭人欲，其实也就是泯灭了人性。儒家文化发展到此，人的存在被忽视，人的价值已经失去，人的潜能和个性被束缚，以儒家为核心的中国传统文化，在其发展中逐渐失去了原来生气勃勃的精神，而走向了没落和衰亡。

现代社会不仅要求一套现代社会文化制度为其经济、政治、科学技术服务，也要求一种新的伦理道德精神肯定人的价值，发挥人的潜能。从这点来说，儒家的伦理道德及其礼仪制度已经不能适应现代社会形势的需要，因此它自然要受到挑战和冲击。

总之，中国传统文化博大精深，但一些观念已经陈旧，已经无法适应时代的需要。在新的时代面前，我们应该正视中国传统文化，结合时代，使之适应历史的潮流不断向前发展。

五、历史上中华文化的传播及对世界的影响

中华民族历史悠久，中华文化对世界各地的影响可以用广、深、透三个字来概括。

所谓的"广"，是指世界各地受中华文化的影响范围很大。首先，中华文化对韩国、日本、菲律宾、泰国、新加坡、越南等都产生了深远的影响，历史上琉球和朝鲜半岛曾是中国王朝的一部分，并长期受中华文化的影响，所以有历史学家认为历史上的越南、琉球和朝鲜的文化亦属于中华文化。当然，随着时代的变迁、社会的变化、各国政治的相继独立，今日的越南和朝鲜半岛与中华文化已没有直接的联系；而琉球在中日甲午战争之后已被日本长期统治，其文化和中华文化已经产生了巨大的区别；另外，日本文化和中华文化已是两种不同的文化，近现代以来，中国的落后、日本的崛起导

致二者更加疏远,所以学者们普遍认为日本文化是中华文化、西方文化和日本土著文化的杂交体。虽然如此,当前东南亚一带形成了以中国为核心的东亚文化圈,有些学者也把他们统称为"儒家文化圈所属国"。其次,中华文化对法国、英国、俄罗斯等产生了影响,学者们通常将这些国家称为"基督教文化圈所属国"。中国传统文化在明清时期,通过西方耶稣会士,传播到了欧洲一些国家,中国的四大发明传到西方,促进了西方资本主义社会的形成和发展,中国的传统文化对法国的影响最大,法国是当时西方中国文化热的中心,中国的一些传统经典,如《论语》《大学》等从17世纪开始,就经过法国传到欧洲其他国家。

所谓的"深"是指中国文化对世界各地的影响时间久远,涉及面大,不止影响一个范围,而是影响一个国家的几代人。例如,汉文化对越南的影响,从古至今,越南先后用过三种文字:汉字、喃字和国语字。汉字作为国家的正式汉字,在越南使用长达2000年,有很长的一段时间,越南人对汉字很是崇拜,称汉字为"儒字"、"圣贤之字",甚至把汉字看做是本民族的文字,称之为"咱们自己的字";东汉以后,越南开始有中国式的私塾,并传授儒家经典,1075年越南开科举,并一直延续到20世纪初,其考试内容、形式和组织方法均和中国一样。又如,中华文化对日本的影响,中华文化亦被日本部分人民尊称为"日本文化之母",日本文化有选择地继承了中华文化,如今在日本文化中仍能寻找到部分中国文化的影子。

所谓的"透",是指中华文化对世界各地的影响不只停留在表面上,而是从根本上影响了一个国家的政治、文化和经济。例如,18世纪的法国启蒙思想家,很少有不受中国文化之影响的。像笛卡儿、卢梭、伏尔泰,他们对中国文化的推崇程度,我们现在看来都感到震惊。伏尔泰就在礼拜堂供奉孔子的画像,把孔子奉为人类道德的楷模。德国许多哲学家如莱布尼兹、康德、费希特、谢林、黑格尔、费尔巴哈以及大文豪歌德都研究过中国的哲学,他们的思想和作品或多或少受到了中国的影响。莱布尼兹还说:正是中国的发现,才使欧洲人从宗教的迷惘中觉醒。这种影响直接或间接地影响了法国的启蒙运动,影响了德国的辩证法思想。甚至可以说中国文化对欧洲启蒙思想发生过重要影响,欧洲的现代化进程受过中国传统文化的影响。

六、当今世界各国对中华文化的重视

世界各地包括亚洲和欧洲在内的诸多国家都对中国文化给予了高度的认同和重视。例如,韩国最著名的大学成均馆大学仍以儒家思想为宗旨,以仁义礼智为校训。每年的二月和八月,韩国人还是按照传统的方法到文庙祭祀孔子。在韩国还能找到300多所在中国已经难觅踪迹的传统县学和书院。

中华文化对世界各地的影响在迅速地扩大。自20世纪末以来,随着中国国力的不断增强,中国在世界的地位逐渐提高,掌握了举足轻重的话语权。

20世纪70年代后,新加坡大力推行以中国儒学传统文化为中心内容的"文化再生"运动,李光耀总理曾经号召新加坡人民保持和发扬中华民族儒家的道德传统,并把"忠孝仁爱礼义廉耻"作为政府必须坚决贯彻执行的"治国之道"。李光耀1978年说过:"也许我的英语比华语好,因为我早年先学会英语,但是即使再过一千个世代,我也不会变成英国人,我心中所信守的不是西方的价值体系,而是东方价值体系。"在他八十大寿时,他还说:在新加坡不会说英语,你可能有些时候会觉得不太方便,但是不会中文,你就会后悔一辈子。

1988年第一副总理吴作栋提议把儒家东方价值观提升为国家意识,并使之成为每个公民的行动指南。1990年2月,新加坡政府发表了充满儒家精神的《共同价值白皮书》,书中提到了五个共同价值:国家至上、社会为先;家庭为根,社会为本;关怀扶持,同舟共济;求同存异,协商共识;种族和谐,宗教宽容。这五个共同价值充分地体现了新加坡以儒家精神和礼仪治国的思想。

可见,中国人的儒家传统文化的价值观和伦理观已经沉淀成东亚其他民族和国家的道德规范和民族心理。

再说说美国。美国是一个充满优越感的国家,对外族语言和文化充满了排斥。个人主义是美国政治文化的一个主旨和特色,个人主义构成了美国文化模式的基本特征和主要内容。他们藐视一切外族的文化,他们不愿意学习和接受外族文化的先进性,认为自己的文化和价值体系是最好的、最优化的、最纯正的;他们不愿意外来语言影响和渗透他们的语言,不在课堂上开设外来语,特别是不开设汉语。但是,随着中国国际地位的日渐提高,美国人对汉语与汉文化的重视已是人人可以感受得到的。在2009年首轮中美战略与经济对话中,美国财政部长盖特纳、总统奥巴马先后在发言中引用了中国古代名言,体现出美国高层对中国文化的浓厚兴趣。由于中国的综合国力不断增强,中国在国际上的影响力日渐增长,越来越多的美国人渴望了解中国。作为了解中国最直接的手段,美国人学习汉语的热情也不断高涨。中国国际广播电台驻美国记者韩曙是这样感受的:就算普通的美国人,不管是出租车司机还是商场的售货员,只要知道你是中国人,大多能热情地用"你好""谢谢"来打招呼,这大大改变了我们以往的美国人不愿学习外语的印象。而作为专业的汉语教学机构,孔子学院也在美国迅速发展起来。自2004年第一所孔子学院在马里兰大学建立之后,美国目前已经拥有了80多家孔子学院。除孔子学院之外,大大小小的中文学校遍布美国各大州,在许多公立学校也开始普及中文班。据有关方面统计,目前在美国有700多所高校开设了汉语课程。此外,1200多所中小学也开设了汉语课程。据统计,目前美国有12万中小学生在学习中文,比几年前翻了一番多。

不只在美国,在世界各地,喜欢汉语、关注中华文化的人数在不断上升。为了满足世界各国人民的需要,让世界了解中国,让神秘的中国走向世界,让世界人民更方便了解和接触中华文化,我们国家也在不断地加大中华文化在世界的传播力度。据国家汉办统计数据显示,截至2012年5月,中国已在104个国家和地区建立了300多所孔子学院和400多个孔子课堂。其中包括斯坦福大学、芝加哥大学、哥伦比亚大学、华盛顿大学、早稻田大学等50多所世界名校。此外,还有50多个国家的260多个机构提出申请。"孔子学院对于'汉语全球热'的推动是显而易见的。比如,美国俄克拉荷马大学孔子学院成立后,该校汉语学习者由 2006 年的 84 人增加到 2010 年的近 9000 人,汉语成为当地仅次于西班牙语和法语的第三大外语。新西兰奥克兰大学孔子学院 2010 年下设 6 个中学孔子课堂,带动 100 余所中小学开设汉语课,学生达 1 万多人,比 2009 年增加 47%,比 2004 年增加 3 倍。"据统计,到 2011 年全世界已有 100 多个国家近 4000 所高等学校开设汉语课程,中小学开设汉语课的热潮方兴未艾。全世界 4000 万～5000 万人学习汉语。而孔子学院作为中国面向海外开展汉语教育、培训汉语师资、介绍中华文化的非营利机构,已在世界各地生根发芽,成为许多爱好中华文化的外国人学习汉语、了解中国的平台。①

第二节 闽南文化

一、什么是闽南文化

"闽南文化是以闽南方言为外在特征的世界各地闽南人,在传承中华文化的基础上发展形成的、具有共同的思维意识、共同的风俗习惯和共同的生活方式的区域性特色文化。"②包括闽南方言文化、闽南民俗文化、闽南宗族文化、闽南文学艺术、闽南华侨文化和闽南海丝文化等方面,包含着深厚的历史底蕴和丰富的思想内容,博大精深,源远流长。

我们把闽南文化的外在表象特征闽南方言作为闽南文化分类的标准,可以把闽南文化分成三个圈:一是闽台文化圈,包括福建闽南的厦漳泉和台湾的大部分地区,这是最具典型闽南文化特色的文化圈,其方言及精神内涵基本一致;二是潮汕文化圈,包括潮州、汕头、揭阳等地,方言与文化特征与闽台文化圈基本一致,但稍有区别;三是海南琼文和湛江雷州文化圈,包括雷州半岛等,方言与文化特征与前两个文化圈区别较大。其他分布于浙江、江西、江苏、广西以及东南亚地区和世界各地的闽南文化,以方言的差异为区别标志而各有归属。

二、闽南文化的形成

闽南文化的核心区域厦门、泉州和漳州是福建省最富庶的地方,海域广阔、港口众多、土地肥沃、人杰地灵,常被称为"闽南金三角"。"闽南金三角"地处亚热带,气候

---

① 《美国兴起汉语热》,http://gb.cri.cn/29564/2009/12/24/4785s2713915.htm,访问日期:2012 年 12 月 20 日。
② 参见林华东:《唱响闽南文化研究的交响曲》,《泉州晚报》2013 年 7 月 11 日;并见林华东新著《闽南文化:闽南族群的精神家园》,厦门大学出版社 2013 年版。

温暖,雨量充沛。东临大海,与台湾隔海相望,更远可达东南亚诸岛国,交通便利。背靠崇山,戴云山、武夷山,北方的寒流侵袭不到,也将古代中原纷争之声隔绝于外,成偏安之局。

闽南文化正是在这样一个优越的地理环境与丰富的历史变迁相结合慢慢形成的。我们把闽南文化的形成分成五个时期:孕育期、形成期、鼎盛期、奋发期、播迁期。

1. 闽南文化的孕育期

闽南文化的孕育,同汉人对闽南的开发是同步的。人是文化的载体,也是文化存在、发展和传播的载体。秦汉以前,闽地居住的是古百越族,那时闽越的人口很少。《史记·南越尉陀列传》说:"闽越千人。"史家估计汉时"闽越人或近五万余人"。秦始皇统一中国后,开始在福建设置行政机构,置闽中郡。秦末楚汉之争,刘邦取胜。因闽越族首领无诸支持刘邦,汉朝封无诸为闽越王。

后来的闽越王余善起兵反汉,汉武帝兵出四路平闽,有相当部分的闽越人被迁至江淮间,闽越国也从此结束。此时的福建人稀地广,非常荒凉。后来多次大规模的移民潮彻底地改变了闽南地广人稀的情况,也带来了中原的文化。

较早的大规模人口迁移发生在东汉至三国时期。据史书记载,孙吴曾5次出兵入闽,最多时兵力达20万人。可见福建在汉武帝平闽、闽越人北迁之后,已经发展到一定规模。到了晋太康三年(283年),福建已有建安郡和晋安郡。闽南作为一个独立的区域,开始孕育着闽南文化。

西晋"永嘉之乱"后,北方战争频仍,大批士族地主带着整个家族南迁,使闽南人口急剧增长。这些中原士族带来了历史悠远的中原文化,也带来了4世纪的中原语音。这样中原的文化和中原的口音加之闽越文化,如闽越人对海洋的知识,对闽南气候、物产的知识等等得到进一步融合。

669年,潮漳之间大乱,陈政奉命镇守在今漳浦一带,随同入闽有河南光州固始58姓。

当然中原人迁往闽南一带还有很多次,但这几次大的移民潮,将中原的文化带到了闽南,也彻底改变了闽粤的荒凉,几次移民潮使得中原在闽的人数远远超过闽越当地人,闽南方言和闽南文化,正是在入闽的中原文化的基础上孕育起来的。

2. 闽南文化的发展期

闽南文化的形成主要是在五代,五代虽然只有几十年的时间,但对闽南文化的形成却是至关重要的。这一时期,中原战争不断,但福建远离战争,在生产和对外贸易方面得到了发展。从唐末到宋初,统治闽南的有王审邦、王延彬父子、留从效、陈洪进。他们对闽南经济文化的发展都做出了很大的贡献。

王审邦,喜欢攻研儒学,颇有政治才干。任泉州刺史后,即召回逃离在外的流民,借给牛耕农具,帮助修建房舍,鼓励百姓生产,制定合理负担,使泉州出现了欣欣向荣的景象。同时,又命长子王延彬在南安建招贤院,专门接待和安置中原流入人士。许多中原公卿大夫、文人士子为了逃避战乱,纷纷投奔福建,招贤院内人才济济,文事活跃,对闽南的文化发展有很大的推动。王审邽死后,904年(唐天祐元年),王延彬接父亲任泉州刺史。王延彬继承父志,着力发展生产,岁岁丰登。同时又大力发展对外贸易。太平盛世和经济的富足,使王延彬有更多的精力和财力来推动文化的发展。他在泉州建造了云台、凤凰、凉峰三座别馆,作为会文聚友、歌舞娱乐的场所。他还在泉州建庙修寺,虔心拜佛,可以说,泉州佛教的兴盛与王延彬有着很大的关系。佛教的兴盛和寺庙的兴建,对闽南建筑艺术、雕塑以及民间歌舞、阵头、游艺等等都有很大的推动作用。他还蓄养了许多北方来的乐工。有人推测源于宫廷雅乐的南曲,便是在此时由宫中的乐工乐会传入闽南。当时,从泉州出口的产品有瓷器、绸缎、茶叶、铁器、海味等。王延彬每年放船出洋,据说获利颇丰,被称为"招宝侍郎"。王延彬两度执掌泉州事务,前后16年,中间则由他弟弟王延钧替补,前后计50多年。其间保境安民,发展经济,对闽南的发展贡献巨大。

留从效,一般被认为在五代的三位闽南王里贡献最大。945年留从效被授为晋江王,总领泉、漳二府。他出身贫寒,知道百姓疾苦,力倡勤俭,得到下属的敬重,百姓的爱戴。他执政期间,注意发展农业生产,遣散士兵,让其回家务农,同时发展陶瓷生产及铜铁的开采冶炼,大力发展地方文教。可以说留从效治泉17年,对泉州的开发建设有着不可磨灭的贡献。最突出的成就当为扩建泉州城,加长加宽商路,并构筑"云栈"(即客舍和仓库),使泉州的外贸有了很大的发展。

陈洪进,在留从效死后掌握了兵权,用计谋和平地夺取了闽南政权,当上了节制泉、漳二府的清源军节度,以后又投降了宋。乾德二年(964年)被任命为泉漳观察使。在几次新旧王朝交替之际,陈洪进以其智慧手腕,使闽南免于兵戎之苦,保持了安定和繁荣,这一功劳也是非常巨大的。陈洪进基本上继承先王治理泉、漳的方针,保一方稳定,发展农业生产,现在泉南的陈埭,就是当时陈洪进派家丁配合当地百姓筑起一条长达三华里的海堤,围垦出的方圆达几十里的良田。除此以外还发展外贸、文教,修建佛寺,对闽南的经济文化发展做出了贡献。

总之,在五代这几十年间,闽南的整个文化体系已经形成,许多独特的民俗已经产生。如闽南的饮食习惯(吃海鲜、饮茶的习惯)、闽南的建筑风格、闽南的佛教盛世、闽南的艺术形式等。

3. 闽南文化的鼎盛期

闽南文化走向鼎盛是在宋朝时期,由于闽地相对稳定,社会得到发展,经济发展迅猛,特别是茶叶、荔枝、甘蔗、棉花和占城稻等的种植面积大为发展,造船、制瓷、丝织、五金、食品等更有长足的进步。在这样的经济基础上,对外贸易自然也获极大的发展。来泉州经商、传教的外国人大增,特别是阿拉伯人,当时阿拉伯人到泉州是举家而迁的,女人也跟着来此生活。《泉州宗教石刻》云:"死者名黑提漆,异国阿拉伯女人,她是有名人物高尼徽的爱女。卒于回历400年(1009年)。"阿拉伯人甚至还在泉州修了清净寺,至今犹存。据传建于宋绍兴元年(1131年)。泉州港在宋朝是四大港口之一,是南宋重要的财政来源,得到宋王朝的重视。宋元时期,泉州港已超过广州,与亚历山大港并称为世界最大的港口。

在这样的背景下,闽南文化迅速发展。在经济政治地位大大提高的情况下,闽南人充满了自豪和自信,表现出高度的想象力和创造精神,完成了许多史无前例的伟大工程,如泉州的洛阳桥、安平桥、东西塔,以及高超的造船技术,航海技术等等。

洛阳桥

尤其值得一提的是,在这个时期,朱熹到闽南各处宦游、讲学,对闽南的文化发展有着巨大的影响。这一时期也产生了丰富的民间信仰,如香火延续至今的妈祖、保生大帝等。其他如宋船中发现的南曲曲谱,也足以证明当时闽南方言艺术的发达。可以说,宋代闽南文化得到了充分的发展,到南宋达到了鼎盛。

4. 闽南文化的奋争期

元代,泉州港虽然获得更进一步的发展,成为全国乃至全世界最大的港口,其海上交通与经济的发达也达到了最高峰。但是闽南文化不但没有与经济同步发展,反而开始走向了衰退。主要是因为元朝统治者实行军事专制和严厉的民族歧视政策,闽南文化作为社会最底层的"南人"的文化,被歧视和摧残,元代到泉州来为官、经商、居住的蒙古人、色目人以及西方各族相当多,并由于政治、经济上的优势,在闽南大力推展其文化。在这种情况下,闽南文化的衰退就是必然的了。

但是这个时期,也是闽南文化发生变化的重要时期。大量的外来文化也给闽南文化注入了新因素,使其更具开放性。如郭、丁、浦、金等四大姓的汉化,将其本身的文化融汇于闽南文化之中,使闽南文化获得了新的营养。明中叶后,不断有闽南人远涉重洋往南洋等地谋生,并获得相当的成就,这增强了闽南人对外来文化的融合力和适应力。

元末十年,闽南的经济受到了很大的冲击,主要原因是政府禁商,阿拉伯人停止东来,万幸而未被抄杀的蒙人与色目人不是一去不返,便是逃匿深山。如元亡以后,蒲家幸存者举族迁居晋江东石。东石仍无法安居,只好再迁安、永、德山区,家产、海舶荡然无存。泉州的海运、外贸、经济受到了很大的影响。特别是明王朝提出了海禁,先是规定泉州只能通琉球,不能与他国贸易,也不准私人设市。继而索性下令"片木不得下海"。闽南地少人多,闽南人大多靠海运外贸经商为生计,如此一来,生路断绝,社会经济一蹶不振。加上晋江流域山林土地开垦过度,晋江淤塞,泉州港从此一落千丈。闽南的外贸交通中心之后便转移到漳州的月港,明末以后,再转移到厦门,但都无法达到宋代泉州港的地位。

5. 闽南文化的播迁期

宋元以后,闽南文化的发展主要体现在两个方面,一个是中心转移,另一个是向海外扩展。

首先,闽南文化中心的转移,由泉州转向漳州继而厦门。明代以后,漳州九龙江流域因土地肥沃、物产丰富而渐渐富足起来,出现漳泉并重的局面,闽南文化的重心也渐渐西移。地处九龙江出海口的厦门岛,恰好在泉漳的中心点,也迅速崛起,成为闽南最重要的对外窗口和商业中心。漳泉两地的闽南人共同开发厦门,相互融合,闽南方言便在泉腔和漳腔的基础上,又产生出泉漳交融的厦门话。郑成功占据厦门抗清,更使厦门上升为闽南的政治中心。鸦片战争后,厦门被开辟为五口通商口岸之一,西方国家在此设领事馆、教堂、医院、学校,传播近代西方文化。20世纪二三十年代,厦门的市政、交通建设发展较快,闽南华侨纷纷来此投资、建房,厦门的社会经济迅猛发展。社会经济发达的背景和优越适中的地理条件,使厦门很自然地成为闽南文化区域的交汇点,成为文化交流的中心。

其次,闽南文化向海外扩展。唐代,就已有一些闽南商人、水手流寓海外,尤其是南洋诸国,不过数量很少,在宋元经济发达时期渐成规模。明成化后,闽南人生路断绝,纷纷铤而走险,有的下海为盗,有的海上走私,还有的结伴前往吕宋(菲律宾)等地开垦新天地,于是开始了闽南文化的播迁和闽南文化区域的扩展。这时候的传播主要是在菲律宾、马来半岛、印尼和中南半岛等。闽南文化一方面向东南亚传播,一方面也吸收了南洋诸岛文化营养。明清以来,闽南文化发展,一方面吸取了许多新的文化因素,另一方面,文化区域内各地由于汲取外来文化的程度不同及其他原因形成差异,又不断地彼此交流融合互补,推动了文化的不断发展。

可以说闽南文化的发展历程,是一部中原汉族开发闽南的移民史。其辉煌的成就足以令世人敬仰,其道路的曲折也使人扼腕。走入近代,闽南文化并没有因为将近2000年的长途跋涉而困顿,相反,却愈来愈焕发出青春的活力,勇敢地走向世界,吸取着各种文化的营养来壮大自己。特别是20世纪80年代以来,无论是闽南还是台湾,闽南文化都表现出新的生机,并越来越为世界所了解、所瞩目。或许,它正在迎接自己第二次辉煌灿烂的鼎盛。可以说,如今的闽南文化跨越了地区、跨越了省界、跨越了国界,走向了全世界。

三、闽南文化的基本内涵①

闽南文化在漫长的历史进程中,经历了内陆化、本土化和异域化的复杂历程,不断丰富自身的内涵,最后形成了特色鲜明的双重性,这种双重性表现在四个方面:

1. 一统性和草根性并存

闽南文化的一统性,首先表现在对祖先记忆上。"慎终追远,民德归厚"的观念深深融入闽南人的心中。闽南人历来强调自己是中原士族的后裔,十分重视儒家文化的传承和推广,积极举办书院,努力推行文化教育。朱熹曾盛赞泉州:"此地古称佛国,满街都是圣人。"儒家文化的教育和普及,特别是朱熹过化,对闽南文化产生了巨大影响。闽南文化对主流文化的传承还突出地表现在语言上。法国汉学家马伯乐曾说过,闽南话是世界上特别古老的语言。它不仅形成历史悠久,而且还保存了中古汉语和上古汉语的许多特点,同时还保存了许多古汉语的词语。这些词语在普通话和汉语的其他方言中,有的没有,有的不用,有的少用,而在闽南话中则是基本词。故闽南方言被学术界称为"语言的活化石"。晋唐以来,北方方言发生较大变化,为了保持与"通语"的一致性,闽南方言既保持历代相传的口语字音(又称白读音),又跟着通语增添直译音(又称文读音),逐渐演化出文白异读。据统计,闽南方言常用字中,40%以上拥有文读音。许多字还具有多个文读音。

闽南文化的草根性,则表现在蔑视正统上。闽南人为了生存,敢于一反重农轻商的传统观念,积极从商,开辟海上作业新途径。宋元以来,泉州成为海上丝绸之路的起点,在对外贸易上长期影响着全世界。要求思想解放的明代泉州进步思想家李贽,就深受海商文化的熏陶。他提出的反传统思想给闽南乃至全国带来了新鲜、活泼的时代气息。闽南文化的草根性还表现为浓厚的乡土情结。闽南人十分重视对区域的本土认同,喜欢标注自己的祖先出处,如"西河衍派"、"九牧流芳"等等,又十分强调现实的传承及对祖上居住地的记忆。他们既重视精神上的远古寄托,又念念不忘现实的摇篮血迹。这种草根性还表现为多元信仰。古代闽越人有信巫尚鬼的习俗。汉人入闽之后,为了生存竞争甚至因为要冒险犯禁,更是希冀"有求必应"的神灵庇护。因此,除了继承闽越习俗,他们还根据自己心中的意愿,随心所欲地去崇拜各种自然现象。

2. 兼容性与排他性俱在

闽南文化具有强烈的兼容性。早在宋元时期,闽南重镇泉州就已经向世界开放,近如东南亚、东北亚,远及阿拉伯国家的异国人士,都是泉州的座上客。泉州呈现了"市井十洲人"、"涨海声中万国商"的繁荣景象。闽南文化在这样的环境下吸纳了南洋文化、阿拉伯文化、西方文化的某些因素,这种海纳百川的精神有力地推进了闽南社会的发展,使之成为世界瞩目的商业中心。闽南文化的这种兼容性在宗教信仰(多

---

① 参见林华东:《闽南文化的精神和基本内涵》,《光明日报》2009年11月17日。

种宗教)、民间信仰(多神)、建筑、戏剧、方言等等都有所反映。例如,在宗教信仰方面,泉州不仅有佛寺、道观,还有伊斯兰教清净寺、天主教堂、景教庵庙、印度教寺,成为名副其实的世界宗教博物馆;在戏剧方面,多种剧种并存,歌仔戏、梨园戏、高甲戏交相辉映,即便同一剧种,也是各种流派、各种技艺争奇斗艳而竞相发展;在建筑文化中除以"宫殿式"古大厝、临街骑楼为主流建筑外,也可见到中国传统建筑、中西合璧建筑、阿拉伯式建筑、侨乡特色建筑等。闽南方言中的外来成分也显示了文化的多元性。例如,闽南话把肥皂叫"雪文"、手杖叫"洞葛",就是源于马来语的 sabon 和 tongkat,西红柿叫"甘仔得",源于菲律宾他加禄语 kamati,巧克力叫"烛龟蜡",源于英语 chocolate。在泉州还可看到阿拉伯文与汉字并排的春联。闽南文化的兼容性,还体现在他们善于与世界各种文化的融合上。闽南人在外经商,足迹遍及全世界。但他们从不像西方殖民者,占人土地,夺人财产,强迫他族改变语言、改变信仰。近千年来的历史证明,闽南人的商业交流充分体现了和平互惠的兼容精神和国际化的开放心态。

闽南文化的排他性并非传统意义上的封闭性,而是具有鲜明的地域特色。这主要表现在坚韧不屈的民风上。闽南人崇尚自主,敢于抗争,反对约束,不守规矩;有时还可能缺乏理性、感情用事、争勇好斗。他们会为了某种经济利益产生冲突,发生争端,引发械斗。他们喜欢族群认同、宗亲认同和乡党认同,注重同族、同乡、同郡凝聚,共同经商;会以大姓为王,凭借血缘、地缘形成集团势力。在闽南社会中,普遍存在"卖三文钱土豆都想当头家"的心态,多数人不甘屈居人下当"伙计",大融合、大整合意识较差。也正是这种排他性才使得闽南文化较多地保留了中原的民俗、语言和文化。

3. 尚义和功利共生

在处理"利"与"义"的关系上,闽南文化的双重性特征表现为尚义性和功利性共生。闽南文化的义气观是出了名的。闽南人只要家庭有收入,经济获得发展,就想做些好事,以此扬名。如铺桥修路,造福一方;修建学堂,重视教化;扶危济困,崇尚慈善;修宫建庙,普济群生。闽南华侨历来有重视教育的传统,他们在国外亲身接触西方先进的科学文化,更加痛感到发展教育事业的急迫需要。因此,广大华侨不仅在海外自觉创办华侨学校,教育自己的子女,而且对祖国和家乡的教育事业也极其关注。诸如陈嘉庚、李光前、胡文虎、刘玉水等对闽南教育的贡献堪称楷模,名扬海内外。上千年来,闽南人的举善仗义,始终如一,闻名遐迩,历久不衰。

闽南人富有"爱拼敢赢"的精神气质,尤其是精于从商,善于经济交往,具有强烈的商品意识。他们敢为人先,讲究"输人不输阵",以自强不息、拼搏冒险闻名。在明清海禁时期,西班牙、荷兰等侵略者频频入侵和骚扰中国东南沿海。以海为生的闽南人被称为"亦商亦盗"的群体,他们并不因为自己成为西方殖民者的强敌和朝廷禁海的通缉对象而退缩,顽强地用生命捍卫着祖国的海疆。闽南人有勇于背井离乡、开拓异邦的进取精神,有忍受苦难和漂泊的坚韧意志,有敢于用鲜血去换取生存环境的拼命意识,体现了一种积极务实的族群思想。

4. 漂泊与回归合一

漂泊性和回归性的合一,也是在长期的历史中形成的闽南文化特质。闽南文化中的漂泊意识,是因经商交流的需要和江河海洋的方便促成的。闽南人既能亦农亦商,又可以随时弃农从商。他们借助海洋优势对外交流,经历魏晋南北朝几百年的转化,开始从农耕形态转向商业形态。为了拓展生存之道,他们善于海上耕殖,以海为田,善于依靠海运,开展海上贸易。海洋的优势促成闽南人的漂泊扩迁。他们面向东南亚,面向世界,哪里可以发展,哪里可以生存,他们就走向哪里,世界各地,凡是舟楫能到的地方,都会有闽南人的声音和足迹。据不完全统计,世界上有160多个国家有闽南人在做生意。从15世纪开始,一直到19世纪,闽南人曾主导中国海外贸易长达400年之久。据1931年的统计数据,菲律宾有200多万华人,使用闽南话的占85%,新加坡人口400万华人,闽南话占75%以上,马来西亚华人人口600万左右,闽南话占54.54%,印尼华人大概有800万～1000万,闽南话占54%。据1930年人口调查,越南华人人口140万以上,闽语潮州话20%,柬埔寨闽语70%(潮州话50%,闽南话10%,海南话10%)。泰国,据估计华人约有450万～600万,闽语80%(潮州话60%,闽南话10%,海南话10%)。老挝华人约3万,闽语75%(潮州话60%,闽南话＋海南话15%)。除此之外,美国华人240万,加拿大华人80万,澳洲华人70万,意大利华人2万,瑞士华人5000,荷兰华人2万,日本华人20万,英国华人10万,法国华人5万,德国华人0.8万,其中不乏闽南人。如今,闽南人在海外的数量快速增加,如柬埔寨的华人有60多万,约占柬埔寨全国人口的5%。华族人数在新加坡约占人口总数的76%。

闽南人在海外,努力拼搏,积极融入当地的生活,为世界各地经济的发展做出了巨大的贡献。如柬埔寨华人80%从商,当今在新加坡内阁中,有多位是闽南人,国会议员闽南人占1/3。

闽南人为了生存,能漂泊他乡;一旦有所收获,又不忘衣锦还乡、叶落归根。多少华侨在海外发迹,仍回到家乡进行投资。据不完全统计,鸦片战争后百余年间,有百余万闽南人经由闽南对外交通口岸厦门移居世界各地,尤其是东南亚一带,形成数量可观的海外闽南华侨。他们对近代福建乃至全国经济社会发展曾产生过多方面的影响。他们虽然不把土地当作唯一生存的保证,但最终仍念念不忘祖家的子息延承。他们身处海外,仍执着地要求子女学闽南话,懂闽南习俗,唱闽南歌曲,不忘血脉渊源。他们在海外去世,在祖籍地往往要举行招魂仪式,表示他们虽然客死他乡,但魂魄已经回归到家乡。闽南文化中的回归意识,是对中原农耕文化的一种承袭。中原文化的"安土重迁"思想,在闽南文化中获得新的诠释。

第三节　闽南文化与对外汉语教学

一、闽南人与海外有千丝万缕的关系

闽南特殊历史和特殊的地理位置,使得闽南与东南亚一带的联系特别早而且特别紧密。

据荷兰考古学家德·弗玲斯的研究,从印尼出土的中国瓷器可以推知,中国人到达印尼已有 2000 多年的历史。五代十国时已有闽南人通过海路南行。在马来西亚(包括旧时的新加坡)、印尼和菲律宾等几个国家的华侨中,闽南人的比例最大。据 1949 年 10 月 10 日新加坡《星洲日报》公布的数字,1947 年马来西亚(包括新加坡)华侨中四个主要帮的人口数量:闽南帮 827411 人,广府帮 641945 人,客家帮 437407 人,潮州帮 364232 人。可见闽南人数最多。

郑和下西洋时,闽南就有不少人随其出国而未回。到了明代中后期,随着私人海上贸易的发展,闽南人移居东南亚的人数日益增多,据载当时闽南人至吕宋"商贩者至数万人,往往久居不返,至长子孙"。到了清代,闽南人移居海外已成为民间谋生的一种习惯,"闽漳泉人避地往菲律宾、马来西亚等地若尤多"。据 20 世纪的一些统计数字记载,有些闽南人的族姓,向海外移居的族人已超过了留居在本国的族人人数。如永春东平乡东山村颜姓在国外人口有 800 多户 6000 多人,而国内仅有 2000 多人;城郊乡桃溪村周姓 1950 年修谱时登记海外人口 4000 多人,比国内人口多 1 倍以上。又如永春东门后村郑姓在国外人口达 3 万余人,而国内人口只有 1 万多人;城效乡张埔村李姓 1937 年调查国内人口不足 300 人,而国外人口则达 600 多人。至于现在台湾的汉民,原籍为福建泉州、漳州二府的,约占台湾人口的 70% 以上,台湾的开发以及海外华侨华人社会的日益增长,是与闽南人勇于冒险进取的海洋文化精神紧密联系在一起的。

闽南人在东南亚人中占的比例很大,那里的华人社区长期以来最通行的汉语方言就是闽南话。

在海外的闽南人更是对祖国、对自己的家乡文化同样有一种深深的眷恋。就拿菲律宾华侨来说,他们为了让自己的后代子孙能够不忘根本,做出了实际的努力。如第二代菲律宾华人陈永栽先生连续 12 年捐助组织"寻根之旅"活动,让更多的菲律宾华裔到中国学汉语,为中国文化的传播做出了卓杰的贡献。

二、在对外汉语教学中要把语言和文化结合在一起

语言也是文化的重要组成部分,外语的交际能力与社会文化因素有着密切的关系,可以说社会文化因素制约着外语的交际能力。不同的文化背景下的人们在考虑

问题时,无论在视角上,还是在基本理念上都存在差异,有时甚至差异很大。传统的对外汉语教学往往只注重向留学生传授汉语言知识,着重把教学放在语言的三要素上,让学生单调地掌握语音、词汇和语法,而忽视了汉语的实际交际能力。我们知道,把汉语作为第二语言进行教学的主要目的是培养其汉语的交际能力,并使学习者了解中国和中华文化,成为沟通我国与世界各国的使者。这就要求我们在教学时不能仅限于向学生传授语言的基本知识,更重要的是,要培养他们正确运用汉语进行交际和交往的能力。由于生活在不同的文化背景下,受到思维方式和文化差异的限制,势必会对教学产生一定的影响,这就要求老师必须对中国语言的丰厚文化内涵有相当程度的了解,能合理地分析中西方文化的差异,正确地引导学生,使他们在不同的场合能够正确地运用语言,从而达到最佳的表达效果,最终真正实现语言教学的目的。

我们提倡在对外汉语教学中渗透闽南文化。首先,中华文化是我们整个民族、整个国家的主流文化,内容很多,包括各个地方的文化。我们说有主流必有支流,闽南文化是一种地域文化,是中华文化丰富支流中的典型的一支。前面我们提到过,闽南文化的源头在中原,它具有中华文化的特点,除此以外它还具有自己的地域特点。整个中华文化非常浩大、丰厚,我们以闽南文化作为一个出发点,学习者了解闽南文化其实也就了解了整个中华文化。其次,正因为文化始终离不开语言,闽南文化与闽南方言的关系,随着现当代闽南文化内涵的不断创新和发展,特别是闽南文化辐射能力的不断扩大和闽南文化影响力的不断增强,闽南方言也自然而然随着传播四方,深入人心。当年的闽南人带着浓浓的土词土音漂洋过海,富有辐射力的闽南文化连同闽南方言传播到世界各地,形成了现在许许多多侨居地的闽南社区。而今天"敢为天下先"的闽南人在改革开放的大好形势下,爱拼敢赢,闯遍天下,闽南文化又搭上了顺风车,走向世界各地。一曲《爱拼才会赢》风靡全国,这一以闽南话承载的具有地域特色的通俗歌曲,传播着闽南文化的一部分。

闽南华侨更喜欢把孩子送到家乡闽南学习汉语,他们学习祖国的语言,更多的是有家乡的情节,如果老师在教学的过程中,能够渗透闽南文化,就能在情感上获得学生的认同。东南亚华裔虽然有些不懂得我们的普通话,但是大多会说或会听闽南话。闽南方言承载着闽南文化,最突出的表现在于以闽南方言为载体的众多文学艺术作品。就拿闽南地区民众喜闻乐见的南音、高甲戏、歌仔戏、闽南话歌曲等来说,从创作到演唱,都依赖于闽南方言。东南亚华裔对这些文化形式或多或少有些了解。他们也希望会懂闽南话、熟悉闽南文化的老师到东南亚任教。从2000年开始,福建高校,特别是闽南高校如厦门大学、华侨大学、集美大学和泉州师院等,每年都派出汉语教学志愿者到菲律宾、马来西亚等国进行汉语教学。如果在语言教学中能够渗透闽南文化,那么学习者在情感上就更具有亲切感和归属感,也就更容易学好汉语了。

参考文献

福建省炎黄文化研究会编:《闽南文化研究》,海峡文艺出版社2004年版。
黄少萍主编:《闽南文化研究》,中央文献出版社2003年版。
刘登翰:《论闽南文化——关于类型、形态、特征的几点辨识》,《福建论坛》2003年第5期。
林华东:《闽南文化的双重性特征》,《光明日报》2011年4月21日。
林华东:《闽南方言的流播与闽台文化认同》,《光明日报》2010年2月2日。
林华东:《闽南文化的精神和基本内涵》,《光明日报》2009年11月17日。
林华东主编:《泉州学研究》,厦门大学出版社2006年版。
李伯淳主编:《中华文化与21世纪》,中国言实出版社2003年版。
刘正:《图说汉学史》,广西师范大学出版社2005年版。
李中华:《中国文化概论》,华文出版社1994年版。
罗常培:《语言与文化》,语文出版社1989年版。
马建华:《闽南文化述略》,《艺苑》2012年第2期。
司马云杰:《文化价值论》,山东人民出版社1992年版。
王士元主编:《汉语的祖先》,中华书局2005年版。
王治理:《传统文化与对外汉语教学》,厦门大学出版社2008年版。
于维雅:《东方语言文字与文化》,北京大学出版社2002年版。
郑镛:《论闽南文化的特质及其生态保护》,《福建师范大学学报》2010年第1期。
吴雪玲:《"天人合一"思想探源》,《光明日报》2007年11月9日。

思考题

1. 什么是文化?什么是中华文化?请从实际生活中举例。
2. 闽南文化是如何形成的?谈谈你的理解。
3. 闽南文化与中华文化有什么关系?
4. 闽南文化的基本内涵是什么?谈谈你的理解。
5. 如何理解闽南文化与对外汉语教学的关系?

第二章 闽南方言文化

第一节 语言与文化的关系

一、文化离不开语言

美国已故的语言学教授萨皮尔(Edward Sapir)说:"语言的背后是有东西的。而且语言不能离开文化而存在。所谓文化就是社会遗传下来的习惯和信仰的总和,由它可以决定我们的生活组织。"柏默(L. R. Palmer)也说:"语言的历史和文化的历史是相辅而行的,它们可以互相协助和启发。"由这些话看来,我们可以知道语言和文化关系的密切,并且它们所涉及的范围是很广博的。

语言最基本的功能是它的交际功能,即它是交流思想和传递信息的工具,但同时语言又是文化的载体,因此语言既有工具性又有文化性。语言传递信息可以是单一的,如"今天晴天"。可以是丰富的多面的记录社会上发生过的许许多多重要的事情。正是有了源远流长、充满活力的文字,我们灿烂辉煌的传统文化才能传承下来,并且得到弘扬。任何形式、任何内容的文化都必然有一定的符号系统来记录它、承载它。而语言文字,正以其最典型的形式表现出不同人类群体所拥有的不同文化和不同的文化活动。说到底,语言是文化的载体,文化要通过语言来表现,这就是语言与文化的关系所在。有些民族没有自己的文字形式,其文化形式只能通过口头语言来承载,这就是我们通常所说的口头文学。

人们通常以文化的不同区分不同的民族、不同的国家不同的地域。从不同的空间、地缘出发,我们把文化分成东方文化和西方文化;从不同的历史时期出发,我们又把文化分成古代文化、现代文化、当代文化等。无论哪种文化,总是要通过语言及其书面形式文字来表现,这就决定了文化与语言的关系是相依为命。不同的语言文字,也总是反映出不同的文化。

语言承载着文化、记录着文化,在记录文化的过程中还可能会影响文化。同样,语言不只是被动地让语言记载。语言与文化之间是相互影响、相互制约的双向关系。这种相互制约的关系在我们生活中随处可见。就语言影响文化来说,在我们汉语中的例子不少。比如,汉语中的一些同音词的使用,往往就是某些特殊生活习俗和文化心态的体现。如看病人不买"梨",因为"梨"和"离"同音。在某种和睦欢聚的场合,人们也不太愿意用梨来招待客人,甚至忌讳把梨分开吃。同样,因为"苹果"的"苹"与"平安"的"平"同音,在看望病人时,总喜欢送"苹果",表示一种平安吉祥的意思。可是,在吴语区,"苹果"和"病故"又同音,当地人探望病人时也就不太愿意选择苹果了。

语言文字对于独特民族文化的制约和影响是十分明显的。当今社会语言的社会应用日益多元化。我们之所以经常强调一个国家、一个民族必须拥有一个能为大家共同掌握、共同使用的社会通用语,最重要的原因是共同语带来共同的文化、共同的凝聚力。同一个民族、同一个国家的人民,在共同使用同一种语言的过程中,总是会不断赋予该共同语以独特的文化特征,使之能够很好地适应于本民族人民在长期的生活实践中积累形成的风情习俗和心理状态。在使用共同语的过程中,共同语往往又会约束、影响着使用它的成员,使之具有共同维系民族统一的凝聚力和归宿感,从而逐渐形成一种共同的思维模式和认识世界、改造世界的方式,促进独具特色的民族文化的产生和发展。

文化对语言的影响和制约更是随处可见。每个民族的语言,在其发展过程中,会不断出现一些反映文化因素的语言新现象,这在词汇的发展中尤为常见。每一个历史时期都会出现一些反映该时期文化走向的词语。例如,中古时期,佛教进入中国,汉语明显出现了一些有关佛教文化的词语,改革开放以后,随着对外贸易和文化交流的日渐增强,大批反映域外文化的外来词又蜂拥而至,使现代汉语词汇出现了一批反映外来文化的新词语。正是因为语言和文化交织在一起,多年来我们对外汉语教学中总是特别强调要把汉语的学习和中华优秀文化的掌握紧密结合在一起。

社会文化因素在确立和推广共同语方面起了重要的作用。文化对语言的影响是多方面、多层次的。它既影响到语言体系的形成,也影响到语言的三要素——语音、词汇和语法的发展。拿我们今天通行的全国汉民族的共同语普通话来说,它以北京语音为标准音、以北方话为基础方言,这是一种必然。回顾一下汉民族共同语及其标准音的发展历程,我们可以看到:社会历史文化的条件始终是影响汉民族共同语及其标准音从萌芽到成熟再到定型的重要因素。从春秋时期出现的初步具有共同语性质的"雅言",到经历400年南北分裂,再到隋唐以后以至宋元明清,民族共同语始终是沿着既定的轨道向前发展。这个轨道就是:每一个历史阶段,共同语都是在作为华夏文明发源地的北方方言的基础上不断向前发展的。特别引人注目的是,自1153年以后的800年间,北京一直是全国的政治、经济和文化的中心,北京话在全国的影响经久不衰,北京语音的共同语标准音地位也就逐渐确定。经历了几千年的不断变化,新中国成立以后很快就确定了普通话的定义,并且在全国范围内大力推广、迅速普及。

再从词汇和语法的应用上来看,文化影响的影子更是常见。我们知道,语序是汉语语法手段之一,汉语的表达十分重视语序问题。拿时间的表达来说,我们习惯从年到月到日,这跟我们传统文化的"从大到小"的观念有着密切的关系。歌词里唱道"没有国哪有家,没有家哪有我",这就是从大到小的心态。西方人的观念跟我们恰好相反。他们的时间排序是日—月—年,这也许就是西方人从小到大的文化心态的表现。文化对语言使用的影响无处不在。语言的使用者存在着不同的社会特征,包括性别、年龄、职业、经历、修养、性格等,同一个意思,不同人的表达不一样,所用的语言包括内容和形式都可能有相当大的差异。我们也往往能从一个人的谈吐来推断说话人的特征:如是什么职业的、文化程度有多高、大概是什么性格等等。我们说"言为心声,文如其人",言语形式的选择应用,多多少少能够透露出说话者的职业和地位,甚至可以看到其脾气的好坏。因为每个言语使用者的社会文化特征时刻左右着一个人在言语交际中的语言选择。此外,长期积淀形成的思想意识以及由此而产生的种种社会制度、宗法制度等人们的社会心态也直接或间接影响到语言的选择和使用。比如,我们每个人长期接受传统的中华文化的教育,受到儒家思想的熏陶,儒家的忠孝仁爱道德礼教几千年来深入人心,必然也影响我们每个人的语言使用。如汉语及其方言中的避讳语、敬语和谦语,都是这类基于儒家思想而产生的社会文化心理在语言中的反应。

总之,语言是文化的一部分,并对文化起着重要作用。如果说文化是一棵大树,那么,语言就是这棵大树的皮。被剥了皮,树就不能成活;没有了语言,文化就无以传承。所以,要说民族精神与文化,首先就得从语言说起;要谈民族情缘,一定得从语言入手。语言还是人区别于其他动物的重要标志,是支撑人类社会的必要因素。它与人类生活之密不可分,是其他社会条件所无法比拟的。对语言的认同,体现着民系族群的认同,体现着寻根思想、民族情愫。共同的语言,共同的血缘,以及共同的历史文化,被认为是民族的重要标记。

语言是发展的,文化也在不断地发展。语言与文化间的关系日益多样化,我们必须不断跟进,从动态中认识和剖析语言与文化及其日益多样化的关系。

二、闽南文化离不开闽南方言[①]

闽南方言是闽方言的一个次方言,是超地区、跨省界的汉语方言之一。它主要分布在福建闽南地区、广东潮汕地区和台湾省的大部分地区,在海南省和广东的雷州半岛一些地区以及浙江、江西、广西、江苏和福建的中部及东北部地区,也有闽南方言的区域。千余年来,闽南、潮汕一带有不少人出洋谋生而相继向外移居。人语相随,今天东南亚的许多国家,有相当一部分华侨和华裔也以闽南方言作为日常交际工具。

闽南方言分布这么广,究其"正宗",应是福建的泉州、漳州和厦门地区,泉州方言是早期闽南方言的代表。这是由泉州在闽南地区的政治、经济与文化地位所决定的。众所周知,泉州是闽南开发最早也是福建开发较早的地区。早在唐代,它的经济已经十分繁荣,泉州位居当时其他五个州府(福州、建宁、延平、汀州和漳州)之首。宋元以来,泉州刺桐港海外交通贸易达到鼎盛时期,与埃及的亚历山大港齐名,成为海上丝

---

① 参见林华东:《泉州方言研究》,厦门大学出版社2008年版。

绸之路的起点。泉州因此而成为闽南地区政治、经济和文化的中心。泉州的主导地位使泉州方言具有权威性,不断地影响着漳州和闽南各地的方言土语。以泉州音为标准音的梨园戏这一闽南最古老的剧种和南音这一著名的古老曲艺,从诞生起到21世纪的今天,都没有因为闽南音代表点的转换而受到影响,泉州人黄谦编写于清嘉庆年间的韵书《汇音妙悟》①一直被当作闽南各地韵书的蓝本。由此可见,泉州音在历史上的影响之大。

厦门话正好是泉漳之间的一个土语,正所谓"半漳半泉厦门腔"。鸦片战争之后,隶属于泉州府同安县的厦门被开辟为五个通商口岸之一,从而逐渐成为闽南对外贸易和海外进出口交流中心,厦门话也因此逐渐扩大影响。到20世纪,厦门音取代泉州音,成为闽南方言的代表。

因此,我们探讨闽南方言文化的形成、了解闽南方言的特点,就必须立足泉州方言。

(一)泉州方言是地方文化的载体

泉州方言,作为泉州地区人民重要的交际工具,为泉州人民的社会生活和独具特色的泉州地方文化的创立、丰富与发展,发挥了十分重要的作用,也为泉州文化向外传播起了重要的纽带和桥梁作用。可以这么说,泉州方言一直伴随着泉州人民的实践活动,凝聚着泉州人民的心血和智慧。

1. 从方言看泉州的人文发展历程

研究泉州方言,可以从中窥见泉州地方文化的特色,领略泉州的历史文化风采。单从"鼎"、"墟"、"甘仔得"这三个泉州方言词中,我们就可以观察到泉州人文历史诸多现象。"鼎"在秦汉之前是全国通用的烧饭做菜的炊具。其后中原汉人南下把这个词带到南方,至今还保留在泉州方言中。而北方人在秦汉之后已改称"鼎"为"镬"。"镬"这个词南渡进入吴语区之后,北方话又用"锅"来取代"镬"这一名词。然而泉州方言在形成之后,其基本词"鼎"就不再发生更替。从同一炊具由北到南的不同叫法,隐约可见泉州方言形成的时代。

"墟"在泉州方言中是"集市"的意思。据周振鹤、游汝杰分析,"墟"作"集市"义是古越语底层词在方言中的遗存。② 今天的壮侗语言仍把集市称为"墟";古代属于古越语地区的闽、粤,今天的方言保留"呼市为墟"的习惯。而古汉语中的"墟"本作"虚",是"大丘"、"故城、废址"的意思,当"墟市"解释始于唐宋,是从南方方言的古越语底层词进入北方古汉语书面语的。从"墟"这个词的使用,可知中原汉人南下定居闽、粤时南北方文化的接触和交流。汉人在定居泉州的过程中,先进的汉语逐渐取代

---

① 此书为闽南方言韵书,有50个韵母,15个声母,8个声调。用切音方式,有音有字的加简单解释,有音无字的打圈。

② 周振鹤、游汝杰:《方言与中国文化》,上海人民出版社1986年版。

鼎　　　　　　　　　镬　　　　　　　　　锅

了古闽越语,而古闽越语中类似"墟"这样的语词就在泉州方言中沉淀下来成为底层成分。

泉州方言称"西红柿"为"甘仔得"。这种叫法源于菲律宾的他加禄语 kamati。由此可以得知泉州的西红柿是从菲律宾等东南亚一带引进的。外来语借词反映了泉州地区与域外的经济文化交流。

从上述分析可见,泉州人来源于早期古代的中原黄河流域,泉州话传承于古代汉语,并随着汉语的发展而发展。中原汉人当于汉武帝平叛闽越之乱后就开始入闽;至汉末,闽南方言的框架基本成形。

我们的研究证实,晋代中原地区经历了一场汉语大融合、大演变的过程,当时中原地区的语言已经被来自三北地区的方言所融合和替换。晋代中原的通语已经是新的北方汉语方言,已非上古的周秦雅言。当晋人成规模进入当时的建康地区时,带去的已经是新的北方汉语。

另外,泉州方言也告诉我们,泉州历史上曾经有过密切的对外交流活动。这些也都在方言之中得以体现。

2. 从泉州方言看闽台情缘

台湾是以泉州、漳州为主体的闽南人去开发的,是中国不可分割的版图。溯及历史,早在宋元时期,就已经有泉州人来到台湾开发生存。而大规模迁移台湾始于明代。台湾著名历史学家连横在《台湾语典·自序一》中说:"夫台湾之语,传自漳、泉,而漳、泉之语,传自中国。其源既远,其流又长。"传自漳、泉的台湾之语即闽南的漳州话和泉州话。今日台湾的汉族居民83%以上使用这一闽南方言。现代台湾各地的闽南方言在语音上最重要的特点是漳州音和泉州音的相互融合,当地人叫"漳泉滥"。词汇方面除了拥有极少数自己特点的词语外,绝大多数与福建闽南三地相同。语法基本不变。

海峡两岸拥有烙在同一方言之上的闽台一体性的区域文化。分析语言可以得到其间包含的社会习俗、文化品质。

例如,闽台两地闽南人称媳妇为"新妇",这个称呼就源于汉乐府《孔雀东南飞》

"鸡鸣外欲曙,新妇起严妆"中的"新妇"。闽台两地的闽南方言保留不少这类古语词,为我们了解中华历史文化提供了很好的见证。闽台两地都有"陈林半天下"的说法,福建和台湾这种姓氏结构的相似说明了二者之间具有必然的历史联系。

闽台共同的区域文化还表现在两岸人民共同喜闻乐见的各种民间艺术形式上。流行于闽台两地的民间戏剧、曲艺、音乐都是以闽南方言来说唱的。如梨园戏、高甲戏、歌仔戏(芗剧)、南音、答嘴鼓、锦歌、布袋戏等,无不深深扎根于闽南方言。而被誉为"中国民族音乐瑰宝"的南音,其唱词则必须以泉州话为标准音。泉州俗谚中"食曹操糜说刘备话"(讽喻人吃里爬外)、"程咬金尽会三下大斧"(讽喻人的技艺不过如此而已)、"食饭三战吕布,作穑桃花搭渡"(讽喻人好吃懒做)则来自戏文故事。

泉州人崇尚寻根认祖,无论是东渡开发台湾,还是漂流海外,他们总是不忘自己的祖籍。他们通过修族谱、建祠堂来凝聚家族血缘关系,追溯历史,建立浓厚的乡土观念。通过标注"堂号",比如颍川、西河、陇西、太原等,来记忆原来的祖籍地。这种"堂号"标记不仅仅写在祠堂、店铺、书斋、族谱以及厅堂等处,还常常写在生活器具上,如米斗、口袋、钱袋、灯笼等,借以标明姓氏及族别。凡看重自己的姓氏和族属的人,都不会忘记本族世代相传的堂号。台湾同胞还以自己在闽南家乡的地名来命名台湾的村庄,如永春村、安溪厝、晋江寮等等,以此记录自己的来源。只要有可能,他们一定会定期回祖籍祭祖扫墓。

泉州民谚说:"一下传,到台湾;一下谤,到吕宋(即菲律宾)。"(喻指重大新闻传播之迅速。)足见闽台之间联系之紧密。由于近百年来日本的侵占和两岸的隔绝,现在许多台湾民众不甚了解台湾历史:几百年来闽南人怎样开拓台湾,中华文化是如何继承发展的,几被遗忘。我们应该而且十分必要在学术上、语言文化上告知深藏于闽南人心中之中原根、华夏缘。

闽南泉州、漳州人,以及客家人,与台湾少数民族同胞一起,共同开发了祖国宝岛——台湾。闽南方言作为台湾地区主要的交际工具,为台湾的社会生活发挥了重大作用。今天,随着两岸关系的不断改善,台湾与大陆的经济、文化等方面的交流越来越密切,台湾同胞到大陆寻根、探亲、访友的活动越来越频繁,闽南方言作为联系两岸亲情的纽带,作为闽南人共同的文化身份证,必将发挥其重要的作用。承载于闽南方言之上的中华优秀文化也必将获得更好的传承。

(二)泉州方言与泉州经济、文化的关系

1. 曾经繁荣的文化与经济奠定了泉州方言的核心地位

文化与经济发展的关系,已经越来越引起人们的关注。回顾历史,几乎可以肯定,一个时代的进步,一种新兴经济模式的产生和发展都以相应的文化繁荣为基础。有人提出,文化也是生产力。不同的文化可以造就不同品格的人,品格层次不同的人所创造出来的生产力要素也必然会有质上的差异。

众所周知,宋元的泉州,经济社会十分繁荣,名扬海内外,影响遍及五大洲。当时

的泉州,经济之所以能这么发达,无非源于两个字:"开放"。一个开放的城市诞生一个经济繁荣的时代。当时的泉州聚集了全国尤其是海外世界各地的商人,他们带来了各种民俗文化、各种宗教文化、各种民族或不同民系的语言。文化的撞击产生出高品位高层次的宋元泉州文化。时称泉州是"市井十洲人"、"满街皆圣人"。

辉煌的泉州文化成为当时整个闽南文化的中心,泉州方言作为发源,也一直是闽南方言的代表点。拥有这样高层次、高品位文化的泉州人,创造了令世人瞩目的先进的经济社会,推动了中国和世界的交流,发挥了世界大都市的作用。可以说,当时的泉州人如果没有海纳百川、兼容并蓄的心态,就不可能形成这样一种多元文化格局。没有这样一个高层次、高水平的文化和经济支撑,泉州方言也很难在闽南地区发挥主导作用。开放的文化与开放的经济之间的互动,造就了一个繁荣的时代。

2. 经济与文化的滞后使泉州方言影响转弱

随着泉州港的没落,今天的泉州名声已不再响亮,影响也不再辉煌。闽南文化的核心已从泉州转移到厦门。开放的厦门在最近这100多年,融合了泉州与漳州文化,成为闽南文化强有力的新生力量,进而推进了厦门经济的飞跃发展。

今天的泉州何去何从?如何重振古港雄风?这是摆在我们面前的一个严峻的时代课题。的确,泉州的传统文化十分厚重,浓厚的历史积淀既是我们一笔不可多得的财富,同时也是一种负担。沉湎于过去的辉煌,缺乏紧跟时代的创新精神,或者放弃传统的优势,企图另走新路,都是不可取的。我们站在21世纪的十字路口,应该重新审视历史,认真分析现实,善于弘扬泉州文化中的优秀成分,敢于抛弃落后于时代的东西。经济要发展、名城要开放,如果没有开放的文化支撑,就难以实现。

在社会快速发展的今天,泉州人应该跳出自身的圈子,从闽南文化的大视野去看待泉州。必须要有文化危机意识,才能树立文化创新意识。我们应分析宋元时期泉州文化发达对经济发展做出的贡献,分析泉州文化的遗存及其现实价值——从21世纪世界经济一体化的高度,从闽台关系、东南亚闽南文化圈的方位重新审视传统文化;深入分析传统文化中静态的遗存(物质性的东西)和动态的传承(非物质性的、观念性的东西),探讨我们今天做了哪些保护和开发,在哪一个层次上做了传承、改造和创新。

例如,长期以来积淀的许多观念的东西,我们都有必要做深入认真的思考。如何把"敢死拿来食"的拼命观从真正意义上升华到"敢为天下先"的高品位上来,积极探索适应新世纪经济发展的路子;如何正确调整"鸭仔落水身就浮"的经验型经营方式,引进科学的先进的合于市场经济管理的经营模式;如何认真改变"卖三文土豆也要做头家"这种缺乏合作精神的心理,用开放的心态以及用人所长、去人所短的理念把企业做大,从家族式的管理上升到真正意义上的集团合作乃至跨国合作上来。再如,对"三年水流东、三年水流西"的生存心理应有辩证的认识,对"有钱有人扛、无钱臭尻川"的义利观应彻底地扬弃,等等。应该说,这些观念都具有二重性——积极因素和消极因素,我们有必要重新认识。

3. 文化与经济的发展将再次提升泉州方言的影响力

文化是一个民族的灵魂,是社会连续发展的内聚力。没有强大的文化优势,就难以在激烈的市场经济竞争中赢得主动。文化体现在社会的生存方式、思想方式和精神取向上。信念和意识是产生内聚力的源泉。传统的泉州文化曾经造就了一个辉煌的时代,今天我们更应该"风物长宜放眼量"。要根据时代的要求,检省经济滞后发展的因素,保持、发扬和创新泉州文化的魅力。

要通过语言感情更广泛地联络海内外乡贤亲友,加大台海的实质性交流,提升泉州生态文化的质量,创造良好的经济建设"软环境"。

要着力发展优秀的传统的物质与非物质的文化,保持和开发宋元以来泉州的地方优势。泉州民间工艺还需深入发掘,旅游文化资源必须有机重组,闽南纯朴民风应该全面发扬,南音、梨园、高甲、木偶等传统艺术优势应充分利用,妈祖信仰、民族英雄郑成功等一系列能够联系海峡两岸的各种历史文化古迹要加大开发力度。

一个文化建设落后于时代的城市是无法产生先进的活跃的经济社会的。继承闽南优秀的传统文化,并用改革开放、与时俱进的精神去创造与21世纪新时代合拍的现代优秀的泉州文化,将成为泉州新一轮经济发展的强有力的助推器。这样的先进文化将再次形成闽南文化的核心组成部分,泉州方言必然会更有广阔的使用空间,必将更好地发挥其积极的作用,构筑闽南金三角和台湾地区共同的闽南文化圈,推进经济的全面飞跃。

第二节 闽南方言的形成与传播①

泉州方言是怎样形成的呢?著名方言学家、厦大教授黄典诚认为,这得从闽南方言的使用者的历史说起。② 研究泉州方言的形成,只能以人口的流动和语言的扩散为出发点,以语言的演变理论为依据,才能对其形成的历史过程进行有益的深入的探讨。③

一、闽越居民易主:泉州方言格局形成

1. 闽越的辖地及闽越人的变迁

闽是福建最早的名称,其土著居民历史上称闽人。战国时期至汉武帝期间,福建土著经历了古闽人和古越人融合以及闽越人北迁的历史大动荡。

《山海经》记载:"闽在海中。"《周礼·夏官·职方氏》说:"掌天下之图……四夷、

---

① 参阅林华东:《泉州方言研究》,厦门大学出版社2008年版。
② 黄典诚:《闽南方言的上古残余》,《语言研究》1982年第2期。
③ 林华东:《闽南方言史研究论纲》,日本《中国语研究》1996年第38号。

八蛮、七闽、九貉、五戎、六狄之人民。"汉郑玄注《国语·郑语》"闽芈蛮矣"时说:"闽,蛮之别种也;七,周所服国数也。"就是说,古代的七闽部落和楚国都是被称为蛮的南方民族。东汉许慎在《说文解字》中注"闽"一词时说,闽是"东南越,蛇种"。可见七闽是蛇图腾的氏族社会。古闽人拜蛇为祖先。这种民俗至今仍在一些地方保存着。①七闽的分布地域甚广,包括今天的福建全部以及广东东部潮梅一带和浙江旧温、台、处三府属。②

周显王卅五年(公元前334年),越王勾践七世孙无疆与楚战不利,国亡于楚,越王族大约就是在这个时期航海入闽的。《读史方舆纪要》引用林㟳《闽中记》记载,越亡于楚后,其子孙徙居越迁山(今福建长乐县东北三十里)。越族入闽之后就与七闽土著逐渐融合,并在闽中传播吴越和中原文化,闽越族由此形成。

《史记·东越列传》载:"闽越王无诸及越东海王摇者,其先皆越王勾践之后也……秦已并天下,皆废为君长,以其地为闽中郡。"闽中郡是福建最早的建制。闽中郡辖地与七闽基本相同(实际上它还包括了今江西铅山县)。《史记》还记载,秦废无诸、摇的王号,降为君长,但仍留在闽中,秦没有像对南越那样派守尉令长治闽。秦立闽中郡只是名义而已,并没有实施统治。

秦末爆发农民起义,闽越族领袖勾践的后裔无诸率兵由闽中北上,与诸侯共同灭秦。闽越军队跋涉关山,深入中原,参加中州农民起义及楚汉战争达8年之久。其间,作为传播中原文化的工具——汉语,必然给闽越语言产生很大的影响。闽越与中州人民关系之密切,接受汉族中原文化的濡染,由此可见一斑。

还值得一提的是,勾践早就自称为夏禹后裔,同北方的齐鲁晋卫已经有共同的民族意识。这对于汉人入闽、闽越人学汉语、汉越两民族的逐渐融合,起了极其重要的作用。但这个时期的汉人在当地仍属少数,所以汉语在这之前还不可能取代闽越族语言。

公元前202年,汉高祖因无诸有功,封其为闽越王。公元前110年,统治闽越的余善反汉,汉武帝派朱买臣兵出四路入闽,灭了闽越。据《史记·东越列传》载,汉廷采用秦代迁徙六国豪强的策略,以"东越狭多阻,闽越悍,数反复,诏军吏皆将其民徙处江淮间,东越地遂虚"。汉武帝把闽越贵族官僚势力阶层和军队及大批闽越人都迁于江淮一带居住,闽越国从此结束。

2. 区域性移民,泉州地区开始通行汉语

闽越人北迁,汉人入主泉州,是汉语进入泉州的关键。中原汉人大量入闽并融合闽越遗民和同化闽越语言当始于这个时期。因此,我们有必要回顾一下这个时期的历史情况。

秦始皇二十五年(公元前222年),王翦统大军定江南及百越。二十九年,越人反

---

① 何荣林:《敬蛇如神的奇俗》,《泉州晚报》1990年6月20日。
② 朱维幹:《福建史稿》,福建教育出版社1984年版。

秦。秦始皇派屠睢率50万大军征讨,兵分五路。《淮南子·人间训》记载:"一军塞镡城之岭,一军守九嶷之塞,一军处番禺之郡,一军守南野之界,一军结余干之水。三年不解甲驰弩。使监禄无以转饷,又以卒凿渠而通粮道,以与越人战。"秦始皇为巩固南越,还派军徙吏随带家眷奴婢迁往南岭。《史记·淮南衡山列传》云,"时有尉伦使人上书求无夫家者三万为士卒补衣。"

秦末陈胜、吴广起义,项羽、刘邦逐鹿中原。《史记·南越尉佗列传》记载,当时的秦军主帅任嚣、赵佗恐祸及自己,遂兴兵绝道,与中原断绝陆路交通。不久,秦朝灭亡。这些秦军将士及家眷奴婢均难以返乡,只好就地安居。据《读史方舆纪要》所载,负责凿渠运粮的使监禄就是就地落籍于闽中郡揭岭地区的将领之一。他们的部将军兵随之留家粤东闽南一带。这些人虽为数不少,但与当地越人相比,只能算是"少数民族"。

汉昭帝始元二年(公元前85年),闽越故地重设建制,称冶县。冶县建立之初,户口不及1万,主要集中在闽东和闽北山区。居民结构主要是闽越遗民,还有少数南下吴(汉)人。大约从这个时候开始,分散于闽中郡各地的先秦遗民,开始纷纷寻找安靖之处,逐步相聚于人烟稀少但土地富庶的闽南泉州一带。分析当时的生存环境,可以看出闽南泉州一带的优势。

首先是政治环境理想。潮汕、兴梅地区虽属闽中郡,但处在边远地带。当地土著未遭迁徙,仍不时作乱。而泉州一带仅存失势的闽越遗民,无法形成气候,对汉人无从构成威胁。其次是社会环境适宜。潮汕、兴梅和漳泉,历史上均属七闽辖地,土著居民结构和社会背景相同,迁徙何地都能习惯。再次是道路早已相通。汉文帝时,"南海王"织叛汉,闽越王余善出兵助汉攻打南越,兵至揭阳。由此可证,当时水陆交通早已不成问题。最后是泉州一带天然优势。泉州地理上依山傍水,既便于农耕,也便于渔牧,是休养生息的天然场所。

另据尤玉柱主编的《漳州史前文化》考证,漳州最早居民是从广东东部沿海丘陵迁徙过来的。该书还从5个遗址发掘到的材料说明,新石器时代粤东—闽南一带是一个有自身特点的文化区。这也从一个侧面表明七闽辖地,自古以来就具有整体性特征。

近来又有泉州许氏族谱研究者许宗超根据朱熹的首席高徒同安的许升留下的文字及有关记录,认为汉人入闽应早在西汉时期。① 据许升记录:"许滢,字元亮,河南许州人,西汉武帝朝为左翊将军。(元狩三年辛酉)驻师与郡西南百里境上,世传其址为营城。便宜调度。十年,闽越平。以反覆,数为边患,复蒙旨,永镇斯土……"同安确实有许滢的汉墓,当地还流传"未有同安,先有许督"的民谚。

按此说法,公元前120年汉武帝的左翊将军许滢曾率军队,从河南许州出发,到

---

① 许宗超:《许滢与闽南话》,《泉州文史研究》(第二集),中国社会科学出版社2006年版,第388~393页。

达闽南同安。闽越灭亡后,其后裔及军队仍"永镇斯土"。若此,其带来的中土汉语也许就是后来泉州方言的来源之一。这亦不妨作为汉人入闽到达泉州地区之一说。

总之,汉人入主闽南泉州,当由汉武帝之后开始。作为入闽汉人的交际工具,古汉语也从这个时期开始在泉州流行。

3. 泉州方言形成于汉末

自西汉设冶县,到东汉末贺齐入闽(汉建安元年,196年),历300多年,闽中长期安靖,与外界少有战事纷争,这不仅使住在闽南泉州的秦(汉)人得到相对独立的发展,同时还促使不少中原和江东汉人进入闽东、闽北,并与逃遁山林复出的闽越人交融。据朱维幹《福建史稿》统计,东汉末福建户数已发展到10万户左右。其时,福建的经济、社会已具备一定规模。

东吴从建安元年开始,至太平二年(257年),62年内5次出兵平闽,闽中方归孙权。此后,永安三年(260年)东吴即建东安县于泉州西门外的丰州,属建安郡。西晋咸宁六年(280年),又置绥安县于漳浦。晋太康三年(283年)改东安县为晋安县,又从晋安县中分出同安县。由此可知,早在三国以前,闽南已有一定数量的居民,户数估计有1万左右。

由于冶县建立之后的300年来,闽南泉州地区是朝廷鞭长莫及之处,偶有战事也都集中在闽北、闽东。直至东吴入闽,战火也只波及闽江周围。因此,这批入闽移民逐渐占据了整个闽南地区。

最早开发闽南的汉人——秦汉军民之后裔带来的是上古汉语。虽然在与闽越人的交际中,汉语免不了要受闽越语的影响,吸收闽越语的一些成分,但是,由于闽南地区闽越遗民少且分散,兼之文化较低,因此,汉语终于以压倒多数占有主导地位,最终取代闽越语,形成了保留上古汉语本色的泉州方言。

值得一提的是,为了适应自然环境,并能抵御当地土著的侵扰,入闽的汉人大都取同姓聚居、几姓联宗的生活方式。这就形成了人语相随、语比血浓的汉文化现象。因此来源不同、时代不同、自然聚居点不同的入闽汉人,带来的不同时代、不同地区汉语方言特色亦被很好地保留了下来。这种语言文化特征为福建后来形成若干个不同的民系族群、产生不同的人文性格奠定了基础。

二、历史上汉人入闽对闽南方言的形成产生了决定性的作用

泉州方言源于秦汉军民带来的上古汉语。但在闽南历史上还有多次汉人入闽的浪潮。他们带来了不同时期、不同地点的汉语方言,不断地丰富着泉州方言。

每一批入闽汉人在语言上都给闽语带来不同程度的影响,这是不言而喻的。早期入闽汉人对整个闽语的影响主要体现在语词上。从现代闽语(包括泉州话)可以发现古吴语的影子。例如,三国时期孙吴统治福建,梁太清之后的侯景之乱三吴难民入闽,都使闽语无形中增加一大批吴语词。

自唐至宋,先后也有三批汉人成规模进入泉州地区。他们带来的中原7世纪、10

世纪和13世纪的语言,已经是中古时期的北方官话方言(即白话文系统)。是时闽语(包括泉州方言)已经根深蒂固,北方方言已无法改变闽语系统,南下之人只能"入乡随俗",其话语系统最终都融入闽语。带入闽南地区的北方话也同样融入泉州方言。我们试以有唐时期开漳始祖陈政的部下的记述为例说明这一点。陈政的部下大多为中原将士,其中有个名叫丁儒的当了漳州司马,他有《归闲诗二十韵》,其中曰:"土音今听惯,民俗始知淳。"由此可知,漳州的土音与丁儒的中原音不同,但丁儒经过一段时间接触,已经听懂漳州土音(属闽南方言)。

三、"先入为主与板块迁移"成就泉州方言

语言作为人类最重要的交际工具,是与人类社会相依存的。而社会集团往往又是以历史和语言为标志的。因此,研究一种语言的生存与发展就必须探究使用这种语言的人群,考察它的社会结构、人口流动、民族变迁与文化交流,并以之分析语言的交融、渗透与替换。方言的研究也是这样,这就是语言(或方言)生存与发展的外部动力因素。

1. 先入为主使泉州方言得以生存

一般地说,语言的生命力是很强的,只要有一定数量的人共同使用同一种语言,形成一定的语言环境,这种语言将长存不灭。方言的使用情况也如此。后来之人若非人多势众,压倒多数,就很难改变原来的语言环境。他们要在这样的新的社会里获得生存,只能"入乡随俗",学习当地语言,自己原来使用的语言也将逐步被当地的语言所取代、所同化,他们的后代更不用说了。

例如,美国的新唐人街洛杉矶蒙特雷帕克市,20世纪90年代之前被戏称为"小台北",90年代之后又被改称作"小上海"。为什么呢?这是因为70年代以来大量台湾人聚集这里,使其人口在蒙市中占比达60%以上,到了90年代,大量台湾人迁出,大量上海人涌入,上海话成为蒙市的主要通行语。物是人非,"小台北"、"小上海"之称的转换,正是从该市人口流动来源和使用的语言(方言)来区分的。①

泉州方言的形成也是如此。当闽越人被北迁之后,汉人以族群方式群体涌进东越故地,拓荒发展。他们在与落后而又稀少的闽越遗民相处中,用汉语的优势同化替换了闽越语,形成了泉州方言。

2. 板块迁移使泉州方言成为古汉语的"活化石"

语言学史证明,远离本土而又能获得生存的语言(包括方言)往往不容易发生变化。例如,英语随着盎格鲁—撒克逊人扎根于英伦三岛而与西日耳曼语分家,它就没有经历第二次日耳曼语辅音转移的变化。② 在吉尔吉斯斯坦和乌兹别克斯坦的中亚地区的东干族,保存了中国西北文化传统,他们使用汉语兰银官话进行日常交际。这

---

① 支林飞:《洛杉矶唐人街变迁记》,《参考消息》2001年8月14日。
② 徐通锵:《历史语言学》,商务印书馆1991年版。

个民族是120多年前从中国西部迁居中亚的。①

多瑙河流域及其周围的国家和民族,其语言大都属印欧语系的拉丁语;然而匈牙利语却是亚洲的乌拉尔语系的芬兰—乌拉尔语族。这是因为原生活在西亚地区的匈牙利民族于9世纪末集体迁徙到欧洲定居,所以,它的语言没有被拉丁语族的语言同化。

清朝统治者为镇压当时新疆的少数民族起义,将整个锡伯族移往新疆戍边屯垦,并以其军事力量控制当地的少数民族。松花江、黑龙江流域的锡伯语就移到了新疆西北部。

广西平话据说是宋代狄青西征侬智高时的将士所使用的北方话。这些将士留守广西,自成社会,其语言后世发展为平话。

据报载,江西上饶市的三清山脚下,至今仍生活着3万多泉州人的后裔。他们的祖先在清康熙年间因迁界封海而集体从安溪、永春、德化、南安等地迁徙到这里。距今随已300余年,但仍说着闽南方言,住闽南风格建筑,沿用闽南人的习俗,连婚嫁也是清一色的闽南传统。②

语言学上把这种集团迁徙称为板块迁移,即带有民系族群的集体性迁移。板块迁移的优势就是能较完好地保留迁移前的语言面貌。泉州方言之所以能直接继承上古汉语系,就是得益于板块迁移。

四、 泉州方言形成时代的甄别

长期以来,大多数人认为"中原汉人第一次大规模入闽当推东晋"。因此,泉州方言的形成应当也是东晋之后的事了。其主要根据是唐林蕴的《林氏两湘支谱·闽序》(卷一):"汉武帝以闽数反,命迁其民于江淮,久空其地。今诸姓入闽,自永嘉始也。"又,乾隆《福州府志》卷七五《外纪》所引路振《九国志》:"永嘉二年,中州板荡,衣冠始入闽者八族,林、黄、陈、郑、詹、邱、何、胡是也。"

张光宇是持闽方言(自然也包括泉州方言)的形成绝不早于西晋的观点的。然而,通观其《论闽方言的形成》全文,没有一处能说明汉人是东晋之初才到达福建的。该文能告诉我们的是,317年随晋元帝到达太湖流域的仕民有千余家,他们在语言上习染了许多吴语成分之后从太湖流域再度南下开发浙东会稽一带,进而才发展到温台一带,林、黄、陈、郑四姓此时才移居福建。我们认为,如此大规模迁徙三次才到达福建,没有几十年甚至上百年时间是很难做到的。

其实,上述说法无论从史实看,还是从语言自身发展看都是格格不入的。

---

① 参见胡晓光:《在东亚,听东干人讲晚清方言》,《参考消息》2001年5月17日。
② 参见艾世民:《三清山下闽南风》,《福建日报》2008年3月12日。

(一)诸姓入闽早于永嘉之乱

1. 对谱牒记载必须全面分析

历代以来认为泉州方言形成于东晋时期的,大多是把谱牒当经典。

路振《九国志》说,陈林诸姓,均以永嘉二年避乱入闽。《莆田九牧林氏族谱》说:"入闽始祖禄,永嘉时为晋安太守。"《莆田揽巷文峰陈氏族谱》也说:"入闽始祖润,永嘉时为晋安太守。"《莆田南胡郑氏谱牒》则说:"永嘉时,始祖入闽,任福、泉刺史。"永嘉二年才避乱入闽的陈、林、郑,怎么会同时都担任晋安的太守或福、泉刺史?况且当时福建尚无福泉建置,何来福、泉刺史?又民国《建瓯县志·礼俗志》(卷十九)云:"晋永嘉末,中原丧乱。士大夫多携家辟乱入闽,建为闽上游,大率流寓者居多。时危京刺建州,亦率其乡族来避兵,遂以占籍。"此说如果可信,永嘉入闽不止八姓,当还有危京和他的乡民们。又唐代林谞《闽中记》说:"永嘉之乱,中原士族,林、黄、陈、郑四姓先入闽。"这与八姓入闽相比,岂不少了四姓?可见八姓入闽与其他记载多有抵触。所以唐代颜师古在注《汉书·睦弘传》(卷七五)时说:"私谱之文,出于闾巷,家自为说,事非经典。"

历来族谱记载往往虚构史实以光宗显祖,夸耀门楣。如唐末王潮兄弟入闽,此后福建出现数不尽固始同乡。后人都以为闽人祖先皆来自固始。方大琮在《跋方诗境叙长官迁莆事始》中曾对此提出质疑,认为王审知初建国,武夫悍卒,气焰逼人。闽人战栗自危,漫称乡人,冀其怜悯,或冀其拔用。后世承袭其说,世代传叙,遂忘当初了。蓝达居曾指出,泉州惠安的东下坑李姓,本是疍民,为什么却自称是陇西李姓呢?这是因为唐时李世民乃陇西李。李是大姓,土著民族为避免汉人的歧视,就伪称自己是某一大姓的后裔,借以提高族群地位。① 因此我们认为,对于族谱之类的记载,不可不信,也不可全信,应作多方面的比较分析,才不至于被引入歧途。

2. 西晋之前汉人在闽足迹

其实,早在西晋之前,汉人就已到达福建。《莆田县志》记载,莆田城郊就发现过西晋初墓葬,墓中砖土花三面凸起,旁篆"太康八年八月作"。太康为晋武帝年号,其八年为287年,比永嘉之乱早21年。林宗鸿等《南安丰州西晋太康五年墓》详细记载了1984年1月3日南安丰州旭日乡庙下村发现的一座西晋初冢墓。其墓砖均有模印"大康五年立"字样,大康即太康。西晋初太康五年(284年)比永嘉之乱早24年。另一个有力的证据是,福建寺庙的兴建也是在永嘉之前。《八闽通志》记载:侯官县十一都灵塔寺建于晋太康三年,今废;晋江县玄妙观,晋太康中为白云庙,唐改名老君祠,宋大中祥符中改名天庆,元元贞元年改今名。《南安县志》记载,延福寺,在南安县九日山下,晋太康时建,去山二里许;唐大历三年,移建今所;宋乾德中,改名延福。可见,永嘉之前早有中州人民入闽,他们带来了所信仰

---

① 蓝达居:《论惠东人文的源流与转换生成》,《台湾源流》1998年春季刊。

的道教和佛教。

总之,诸姓入闽并非始于永嘉之乱,而是在此之前。王充《论衡》云:"越在九夷,翳衣关头。今皆夏服,褒衣履舄。"这就是说,在东汉时期,汉人已居主导地位,当时的闽越人已经开始汉化。《三国志·吴书·贺齐传》记载,东吴第一次出兵闽中之时,福建豪强詹强、何雄的武装力量大到足以抵抗孙家军。其时福建居民结构已是汉越交融,以汉为主。地方志书也对永嘉之乱以前汉人入闽有详细记载。例如,《惠安县志》:"锦田黄氏,泉之世家著姓。始祖隆公,为东汉会稽令。东汉末乱甚,于建安弃职避世入闽。"又云:"黄兴,吴孙权将也,与妻曹氏入闽,居邑之凤山。"

3. 永嘉丧乱时期没有中州人民避乱入闽的记录

历史学界也认为,永嘉丧乱之时中州人民的确没有成规模入闽的。王仲荦在《魏晋南北朝史》中认为,永嘉丧乱之时,北方流民南下大抵集中在荆州、扬州、梁州和益州等地,并引谭其骧在《晋永嘉丧乱之民族迁徙》的统计说,山东河北人迁江苏,河南人徙安徽、湖北,陕西、甘肃人移汉中、川西,迁徙苏、皖、鄂、川各几十万人,而到较远地方的湖南、江西才各万人左右。据谭氏统计,从永嘉到太清240年中,都没有避乱入闽的记载。

其实在永嘉丧乱之前(西晋太康三年),福建已有两郡十六县。即闽北的建安郡所辖建安、吴兴、东平、建阳、邵武、将乐、延平和绥城;沿海和闽西的晋安郡所辖侯官、原丰、温麻、晋安、同安、新罗、宛平和罗江。因此可以断定,永嘉之乱无论如何对福建居民社会结构影响都不大。

(二)西晋之前北方人口的流变与北方话的形成

要了解泉州方言的形成,还必须清楚汉语的发展历史,如此方能说清泉州方言的地位。汉语的方言分歧自古以来就已存在。扬雄的《方言》、许慎的《说文解字》都较详细地记载了那个时期的方言现状。但是在他们的书中使用的方言地理却均无"北方"之称。到了东晋,郭璞注《方言》,始见"北方通语"的字眼①,可见北方汉语自两汉至西晋时期伴随着人口的流动,经历了一场长期的混化和内部趋向一致的过程,郭璞才有可能将之独立为一个方言区域看待。

1. 晋代中原的通语——北方汉语方言已非周秦雅言

北方内部人口的流动当以汉末三国为甚。是时中原战事迭起,人口骤减,据《晋书·地理志上》记载,汉永寿三年(157年)全国人口为5648万人,西晋太康元年(280年)下降为1616万人。100多年间人口少了近3/4。怪不得《魏志·陈群传》说:"况今丧乱之后,人民至少,比及汉文帝之时,不过一大郡。"中原地广人稀,致使西晋重赏招募已投向边疆地区的士民回归,从而引起西北郡县居民东迁南渐,由此导致潼关东西、黄河南北华胡杂处,戎狄各半。游汝杰根据刘掞黎《晋惠帝时代汉族之大流徙》所

---

① 游汝杰:《汉语方言学导论》,上海教育出版社1992年版。

提供的信息,制表说明当时北方内部人口流动情况颇具规模,且无固定方向,各地北方汉语方言混化明显。所以朱芳圃在《晋代方言考》中说:"即汉时一方之言,至晋时或变为通语……中原方言,几无一焉。此何故乎?盖中经大乱,人民迁徙,互相融化之结果也。故方言之剧变,当在汉末丧乱、三国纷争时代。"此后北方方言区域开始形成。

唐初刘知几在《史通·言语》中指出:"魏晋年近,言犹类今。"说明魏晋时期中原通语与唐朝北方话已经比较接近。周振鹤、游汝杰和卢海鸣也曾分别撰文分析说,西晋永嘉丧乱之后,北方移民大量南渡进入建康地区,由于北来移民在人口、政治、经济等方面的优势,北方话就逐渐取代了建康地区的吴语。美国汉学家罗杰瑞(Jerry Norman)在《闽语里的古方言词》中也说,晋朝郭璞时代(276—324年),中国主要方言的分歧是在北方和跨越长江叫做江东(长江以东)或吴的各地区之间。可见永嘉时期北来移民的语言已不再是原来的周秦雅言了。

2. 晋代中原通语的特征

魏晋之际中原一带正是北方话口语和周秦雅言混杂使用时期。其语音状况令韵书编撰者深感为难,编成的韵书也留下许多令后人不解的疑团。《切韵》就是这个时期复杂的语音现象的集中反映。① 成书于南朝的《世说新语》已经表现出北方话的特征。例如,出现了疑问代词"那",连词"但"、系词"是"、副词"都",句法上出现了"被"字句。董达武也谈到魏晋南北朝北方话的变化,如出现"太阳"代"日",词尾"子""儿"的出现,"其"字用作主语和宾语,"被"字句的出现等。②

李新魁曾举新中国成立初期在广州河南敦和乡客村发现的晋墓,以证明东晋已有北人南下广州定居,并具有一定规模。该晋墓中的砖铭:

永嘉世,天下灾。但江南,皆康平。

永嘉世,九州空。余吴土,盛且丰。

永嘉世,九州荒。余广州,平且康。③

砖铭中"但"字的出现证实了晋代北方方言的确有这样一些语词特征。

泉州方言口语中至今没有出现上文所述及的北方话的封闭性词语和句法特征。可见泉州方言早就形成于魏晋之前。

美国斯瓦迪士(M. Swadesh)和李兹(Robert B. Less)提出通过词汇变化速率的统计来推测语言分化的年代。这种方法叫语言年代学。徐通锵曾用此做过统计,得出闽南方言从上古汉语分化的年代是东汉末年(汉献帝时代)开始的。④ 他的这个结论与我们所得知的历史材料是基本一致的。根据语言渐变原则,我们以为,闽南(泉

---

① 徐通锵:《历史语言学》,商务印书馆1991年版。
② 李新魁:《论广州方言形成的历史过程》,《广州研究》1983年第1期。
③ 董达武:《周秦两汉魏晋南北朝方言共同法初探》,天津古籍出版社1992年版。
④ 徐通锵:《历史语言学》,商务印书馆1991年版。

州)方言的独立发展起点还应向前推若干年,以至上百年。这也从一个侧面证实了早在西晋之前汉人就已进入闽南地区,否则何来闽南(泉州)方言?

五、闽南方言的分布与传播

闽南方言历来有泉州、漳州两种口音,厦门兴起后出现另一种带混合性质的厦门口音。除此之外,在西部龙岩、漳平一带由于受客家话的影响,也形成了另一种口音。这样,闽南方言可分为东、南、西、北四片。这四片和现有行政建制关系如下:

东片,厦门话区:厦门、金门两个市、县。

北片,泉州话区:泉州、晋江、南安、同安、惠安、安溪、永春、德化、石狮九个市、县。

南片,漳州话区:漳州、龙海、长泰、华安、南靖、平和、漳浦、云霄、东山、诏安十个市、县。

西片,龙岩话区:龙岩、漳平(包括旧宁洋)。

以上四片可以称为本土闽南话,使用人口约1500万。

闽南方言作为一个语言学名词来说,它不仅指闽南地区方言,而是一个超地区、超省界甚至超国界的汉语方言。

在省内,除闽南地区外,其他各区都有闽南话的分布。较为集中的是闽东沿海的霞浦、福鼎、宁德一带数十万人。加上从福鼎向浙南延伸部分——苍南、平阳、玉环、洞头等地,亦有百余万人。

在外省传播闽南话最广的是台湾。台湾岛上,除了高山族地区外,差不多都通行着近于漳州音和泉州音的闽南话。多数人的口音近于厦门腔。使用人口和闽南本土相当,也是约1500万人。

往南播迁的是更早的闽南话。宋元以来,由于人口的增长,沿着东海岸南迁,大量闽南人定居于粤琼两省。大片的包括三片:广东东部以汕头话为代表的12个县、市——汕头、潮州、澄海、饶平、南澳、普宁、惠来、潮阳、揭阳、陆丰、海丰、揭西;粤西以海康话为代表的雷州半岛7个市、县——湛江、海康、徐闻、遂溪、廉江、吴川、电白;海南省以文昌话为代表的18个县、市——海口、琼山、文昌、屯昌、琼海、定安、万宁、澄迈、昌江、东方、乐东、陆水、白沙、崖县、保亨、琼中、临高、儋县。由于他们迁去的年代较久,和当地人民频繁接触中受了当地方言的影响,他们的闽南话和本土的闽南话有了较大的差别。

在内陆其他省区也可发现一些闽南方言岛,如江苏宜兴、江西上饶、广西平南以及四川等地,人口不多但变异很大。据统计,海内外操这种方言的约6000万人,这在汉语方言中是十分突出的。流播在境外的闽南话除港澳数十万人之外,主要是东南亚国家,包括印尼、马来西亚、新加坡、菲律宾、越南、柬埔寨、老挝、泰国、缅甸、印度、斯里兰卡等。在东南亚华人社区中,闽南方言是使用人口最多的汉语方言。他们把闽南话叫做"福建话"。

有人做过统计,认为目前全世界说闽南话的达到1亿人之多。令人自豪的是,闽南话还被录制在美国1977年发射的"旅行者"号宇宙飞船的镀金唱片上,到广袤无垠的星河中寻觅知音。如今,闽南话已经成为世界60种主要语言的代表之一。

第三节 闽南方言的特点①

方言的特点只有在比较中才能显示。闽南方言与汉语各方言相比,均有许多不同的特点。泉州方言的主要特点,是在与古汉语、现代汉语方言以及普通话的比较对照中得出的。泉州方言自秦汉以来在泉南大地逐步形成,成为黄土文化和海洋文化的载体。千余年来,它沿着自己的轨道发展,既保留了古代汉语语音、词汇、语法的一系列特征,又接受了当地土著语言的影响,还不断汲取汉语不同时期发展演变带来的新鲜血液,并且在对外交流中接受了一批外来词,形成了自己独立的语言特色。本节我们阐述闽南方言的语音、词汇和语法的特点,以泉州鲤城区的语言作为基础进行分析。

一、泉州方言语音的特点

(一)声母的特点

1. 泉州方言有14个声母

p 边布步变	p´ 普批被品	b 文米没面	t 地端夺重
t´ 他透太彻	l 柳难兰连	ts 争精船节	ts´ 出清秋仓
s 时修税线	k 求见贵跪	k´ 气溪开困	g 语雅我元
h 喜灰符虎	ø 英围运延		

2. 与普通话比较

普通话有22个声母,它跟泉州方言14个声母不仅仅是数量上的差异,如表2-1所示。

表2-1 泉州方言与普通话的差异

泉州话	[p]玻	[p´]坡	[b]帽
普通话	b[p]玻	p[p´]坡	

泉州话	(m)		[t]刀
普通话	m[m]摸	f[f]佛	d[t]得

---

① 参见林华东:《泉州方言研究》,厦门大学出版社2008年版。

续表

泉州话 普通话	[kʻ]科 k[kʻ]科	[g]俄	(ŋ)
泉州话 普通话	[tʻ]拖 t[tʻ]特	(n) n[n]讷	[l]罗 l[l]勒
泉州话 普通话	[ts]资 z[ts]资	[tsʻ]处 c[tsʻ]雌	(dz)
泉州话 普通话	[s]思 s[s]思	zh[tʂ]知	ch[tʂʻ]蚩
泉州话 普通话	sh[ʂ]诗	r[ʐ]日	j[tɕ]基
泉州话 普通话	q[tɕʻ]欺	x[ɕ]希	[k]哥 g[k]哥
泉州话 普通话	h[x]喝	[h]河	ø英 ø英

表 2-1 中，泉州话的[m]、[n]、[ŋ]声母是[b]、[l]、[g]的音位变体，当[b]、[l]、[g]声母后出现鼻化韵时，这三个声母就会受到鼻化音的影响读成[m]、[n]、[ŋ]。例如：

棉[bĩ²⁴]——[mĩ²⁴]
年[lĩ²⁴]——[nĩ²⁴]
硬[gĩ²²]——[ŋĩ²²]

泉州部分地区（主要是安溪与永春的部分地区）还有一个[dz]声母，这个声母源自《彙音妙悟》中的"人"母，确切说，在这一地区保留了泉腔 15 音的格局。"人"母字在鲤城区，已合并为[l]。

3. 泉州话声母保留了上古汉语的一些主要特征

袁家骅先生在《汉语方言概要》中有一段关于闽语形成的论述，对我们的研究颇有启发，现移录如下：

> 中古汉语和上古汉语相比，在语音上有两个很大的变化，即唇音和舌音的分化。"古无轻唇音"，《切韵》中唇音还没有分化，而唐季沙门守温的三十六字母中唇音已分化为重唇和轻唇两类：重唇"帮滂并明"，轻唇"非敷奉微"。"古无舌上音"，而《切韵》已有舌头舌上之别，除"端透定"外还有"知彻澄"。这两种语音变化表现在闽语以外的所有汉语方言中。闽语内部复杂，特别是南北语音差别较大，但有一种能区别于其他各方言的共同特点，就是轻唇归重唇，舌上归舌头。试以厦门话、福州话和建瓯话为例：

例字	分(非)	蜂(敷)	缚(奉)	知(知)	彻(彻)	治(澄)
厦门	pun	p'aŋ	pɔk	ti	t'iɑt	ti
福州	puŋ	p'uŋ	puɔʔ	ti	t'ieʔ	tei
建瓯	pyeŋ	p'ɔ	pɔ	ti	ts'ɛ	ti

可以说闽语是直接继承了上古汉语的声母系统，没有经历中古时期这方面的语音演变。

袁家骅从"古无轻唇音"、"古无舌上音"推论闽语直接继承上古汉语的声母系统，的确是很有眼力的。在这个问题上还有许多研究成果为我们提供了佐证。黄侃曾从审音角度出发，认为周秦古本音是 19 个声母。郭锡良通过对殷商时代已识的 1000 余甲骨文的分析，认为殷商时代的声母也是 19 个（不过，他认为周秦已有变化）。① 尽管他们所确认的时代不同，而且在匣母与群母上看法也不同，但 19 个声母的主体格局却是一致的。即即"帮[p]滂[p']并[b]明[m]端[t]透[t']定[d]泥[n]来[l]精[ts]清[ts']从[dz]心[s]见[k]溪[k']群[g]疑[ŋ]晓[x]影[ø]"。可以说闽语直接继承了上古汉语的声母系统，没有经历中古时期这方面的语音演变。赵诚也曾根据少数同音假借和谐声字对商代音系做过探索，他认为商代声母是不分清浊。② 以泉州方言 14 个声母对照先秦 19 个声母，可以看出，泉州方言完整地继承了所有清声母和浊边音来[l]母，至于"并[b]定[d]从[dz]群[g]"四个浊音声母所属汉字则一律读为清音，而"明[m]泥[n]疑[ŋ]"三个浊鼻音只有在韵母为鼻化韵时才读鼻音，其他情况基本上读为[b][l][g]。我们不管赵诚的商代音系不分清浊的推论是否有道理，但泉州方言基本保留了上古声母系统则是显而易见的事实。

---

① 郭锡良：《殷商时代音系初探》，《北京大学学报》1988 年第 6 期。
② 赵诚：《商代音系探索》，《音韵学研究》1984 年第一辑。

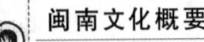

(二)韵母的特点

1. 泉州方言的韵母共87个

a 巴拉　　ɔ 谱补　　o 玻套　　ə 飞退　　e 爬计　　ɯ 资去　　i 比米　　u 珠武

ai 台才　　au 包臭　　ia 车写　　io 谋否　　iu 柚修
ua 华卦　　ue 杯卫　　ui 肥雷　　iau 漂妖　　uai 乖歪

m 姆莓　　am 贪南　　əm 森参　　im 金音
iam 点尖　　an 丹班　　in 贫新　　ian 仙展
uan 专烦　　un 温船　　ŋ 秧床　　aŋ 江忙
ɔŋ 王狂　　iŋ 丁庆　　iaŋ 凉亮　　iɔŋ 畅良
uaŋ 风

ã 妈雅　　ɔ̃ 毛俄　　ĩ 天病　　ãi 先耐
iã 影丙　　uã 搬看　　iũ 张让　　uĩ 关惠
iãu 猫爪　　uãi 弯　　ẽ 妹奶

ap 鸽纳　　ip 立集　　iap 业协　　at 力察
it 直日　　ut 勿出　　iat 灭列　　uat 劣越
ak 剥读　　ɔk 督族　　iɔk 祝育　　iak 击译
aʔ 百塔　　ɔʔ 呕　　oʔ 桌索　　əʔ 月袜
eʔ 册麦　　ɯʔ 渍　　iʔ 鳖　　uʔ 唰
auʔ 暴　　iaʔ 赤壁　　ioʔ 石尺　　uiʔ 血刮
uaʔ 阔煞　　ueʔ 八拔　　iuʔ 搞掬　　iauʔ 蜕嚼
mʔ 默　　ŋʔ 物

ãʔ 凹　　ɔ̃ʔ 吓　　ɔ̃ʔ 瘦　　ĩʔ 物捏
iũʔ 僆　　iãʔ 赢
ãuʔ 喏　　iãuʔ 猱　　uãiʔ 挷　　uĩʔ 蜢
ãiʔ 喈

2. 与普通话比较

普通话有39个韵母,与泉州方言比起来少了48个(如表2-2所示)。

表2-2 泉州方言与普通话韵母比较表

开尾和[-i][-u]尾韵	开	泉州话	[a]巴[ɔ]苏[o]玻[ə]火[e]爬[ɯ]余
		普通话	a 巴 o 玻 e 鹅 ê 诶 er 儿 -i 资/支
		泉州话	[ai]哀[au]熬
		普通话	ai 哀 ao 熬 ei 欸 ou 欧
	齐	泉州话	[i]米[ia]野[io]表[iau]妖[iu]抽
		普通话	i 米 ia 呀 iao 腰 iou 忧 ie 耶
	合	泉州话	[u]珠[ua]拖[uai]歪[ue]杯[ui]肥
		普通话	u 珠 ua 蛙 uai 歪 uei 威 uo 窝
	撮	泉州话	
		普通话	ü 迂 üe 约
鼻尾韵	开	泉州话	[am]贪[əm]森[an]丹[aŋ]江[ɔŋ]王
		普通话	an 安 ang 昂 en 恩 eng 亨
	齐	泉州话	[im]音[iam]盐[in]因[ian]烟[iŋ]英[iɔŋ]中[iaŋ]响
		普通话	in 因 ian 烟 ing 英 iang 央
	合	泉州话	[un]温[uan]冤[uaŋ]风
		普通话	uan 弯 uen 温 uang 汪 ueng 翁 ong 轰
	撮	泉州话	
		普通话	üan 冤 ün 晕 iong 雍
鼻韵		泉州话	[m]姆[ŋ]秧
		普通话	
鼻化韵	开	泉州话	[ã]监[ɔ̃]冒[ẽ]妹[ãi]先
		普通话	
	齐	泉州话	[ĩ]年[iũ]张[iã]影[iãu]猫
		普通话	
	合	泉州话	[uĩ]梅[uã]碗[uãi]弯
		普通话	
入声韵	开	泉州话	[aʔ]百[ɔʔ]呕[oʔ]桌[eʔ]册[əʔ]郭[ɯʔ]渍[auʔ]炮
		普通话	
	开	泉州话	[ãʔ]凹[ɔ̃ʔ]膜[ẽʔ]咩
		普通话	
		泉州话	[ap]压[at]踢[ak]握[ɔk]国
		普通话	

续表

入声韵	齐	泉州话	[iʔ]鳖[iaʔ]壁[ioʔ]歇[iuʔ]掬[iauʔ]嚼
		普通话	
		泉州话	[ĩʔ]物[iãʔ]赢[iãuʔ]晓[iũʔ]噘
		普通话	
		泉州话	[ip]急[it]笔[iap]帖[iat]设[iak]德[iɔk]筑
		普通话	
	合	泉州话	[uʔ]哦[uaʔ]割[ueʔ]笠[uiʔ]血
		普通话	
		泉州话	[ũiʔ]蠓[uɔ̃iʔ]挎
		普通话	
		泉州话	[ut]骨[uat]劣
		普通话	
		泉州话	[m̥ʔ]默[ŋ̊ʔ]物
		普通话	
入声韵	开	泉州话	[aʔ]百[ɔʔ]呕[oʔ]桌[eʔ]册[ɯʔ]郭[uaʔ]渍[auʔ]炮
		普通话	
		泉州话	[ãʔ]凹[ɔ̃ʔ]膜[ẽʔ]咩
		普通话	
		泉州话	[ap]压[at]踢[ak]握[ɔk]国
		普通话	
	齐	泉州话	[iʔ]鳖[iaʔ]壁[ioʔ]歇[iuʔ]掬[iauʔ]嚼
		普通话	
		泉州话	[ĩʔ]物[iãʔ]赢[iãuʔ]晓[iũʔ]噘
		普通话	
		泉州话	[ip]急[it]笔[iap]帖[iat]设[iak]德[iɔk]筑
		普通话	
	合	泉州话	[uʔ]哦[uaʔ]割[ueʔ]笠[uiʔ]血
		普通话	
		泉州话	[ũiʔ]蠓[uɔ̃iʔ]挎
		普通话	
		泉州话	[ut]骨[uat]劣
		普通话	
		泉州话	[m̥ʔ]默[ŋ̊ʔ]物
		普通话	

从表2-2可见,就韵母共同性而言(所辖字仍有很大出入),仅19个韵母为双方共有。

3. 泉州话韵母保留了古代汉语的一些特征

就泉州方言的韵母看,应该说是基本保留了中古音系的特征。泉州方言的韵母可以分为阴声韵、入声韵和阳声韵。古汉语中的入声韵和阳声韵的六个辅音韵尾,即塞音韵尾,[-p][-t][-k]和鼻辅音韵尾[-m][-n][-ŋ],泉州方音至今还都保留着。例如:

压[ap⁵]　　入[lip²⁴]　　节[tsat⁵]　　值[tit²⁴]
目[bak²⁴]　酷[k'ɔk⁵]　　庵[am⁴⁴]　　深[ts'im⁴⁴]
单[tan⁴⁴]　宣[suan⁴⁴]　房[paŋ²⁴]　　阳[ioŋ²⁴]

(三) 声调的特点

1. 泉州方言的七个声调

```
调类        调值        例字
阴平 —— 44 —— 诗尊低边
阳平 —— 24 —— 时才寒神
阴上 —— 55 —— 煮走好手
阳上 —— 22 —— 自坐抱厚
去声 —— 41 —— 去变抗唱
阴入 —— 5  —— 压湿福割
阳入 —— 24 —— 合月入麦
```

2. 与普通话比较

泉州方言和普通话声调有较大差距,但对应还是整齐的(如表2-3所示)。

表2-3 泉州方言与普通话声调比较表

普通话	泉州话	例　　字
阴平	阴平	刚知专尊丁边安开超
	阴入	织积出湿锡割桌接缺
阳平	阳平	穷陈床才唐神鹅娘文
	阴平	急竹得福答决国菊级
	阳入	局宅食杂读白合舌服
上声	阴上	古展纸走短普五女有
	阴入	笔曲匹尺铁骨法雪塔
去声	去声	送看志盖怅爱共岸用
	阳上	近是坐抱厚社舅造柱
	阴入	切克亿迫祝作僻惕式
	阳入	月入六纳麦袜药玉物

从表2-3中可以看出,泉州方言与普通话比较,平上去基本对应,唯有入声较为复杂。

3. 泉州方言声调保留了古汉语四声的特征

唐代诗人杜甫的著名律诗《春夜喜雨》,描绘出一幅春夜雨景图,赞美细雨随风飘洒、涓涓滋润万物的景况,表现了作者内心的喜悦之情。此诗节奏明快,韵律和谐,平仄有致,传为千古绝唱。

但是用普通话一读,便觉得平仄不太合格律。试看前半段:

好雨知时节,　｜｜——｜
当春乃发生。　——｜｜—
随风潜入夜,　———｜｜
润物细无声。　｜｜｜——

对照右边的平仄格律,"节"、"发"在普通话中分别属阳平和阴平,而诗中这里要求用仄声字,是杜甫一时差错吗?不是的。唐代的"节"、"发"念入声,属仄声韵,正合当时格律。今天用泉州方言读之,"节"、"发"还是入声字,该诗完全合乎格律。

可见今日普通话声调相对古汉语已有许多变化,概括起来,即平分阴阳,浊上归去,入派三声。而泉州方言仍保留古汉语平、上、去、入四个调类。例如:

阴平——开[kʻui⁴⁴]　　阴上——草[tsʻau⁵⁵]
去声——世[se⁴¹]　　阴入——笔[pit⁵]

所以用泉州方言读唐人律诗绝句,与唐人所念基本一致,格律完全相同。

二、泉州方言词汇的特点

在泉州方言的基本词汇中,有一大批与普通话词形词义相同的词,例如,"山、水、甜、苦、写、想"等。有人对《普通话闽南方言词典》一书所收近7万条方言词语统计分析之后发现,这类与普通话能相互对应的语词达5万多条,占2/3强。[①] 而那些与普通话不尽相同的词语,则大多带有浓厚的方言特色,其主要特点表现在以下几个方面。

(一)词形与词义

词形是指构成词语的语音形式,词义是指词语所包含的意义。比较泉州方言与普通话在词形词义上的差别,主要有两点。

---

① 周长楫:《闽南话与普通话》,语文出版社1991年版,第130页。

1. 同形异义

同形异义是指词形相同而意义不同。根据词义差别的程度,这类词有两种类型三种情况。

一是意义完全不同。例如:

词语	普通话词义	方言词义
对头	(一)duì tóu:①正确;②正常;③合得来 (二)duì tou:①仇敌;②对手	双方(对头好)
豆油	用大豆榨的油	酱油
手指	手指头	戒指
头路	事情的头绪、条理	职业(找不到头路)
母本	接受花粉结成子实或采用压条等方法进行繁殖的植株	本金
生涩	(语词、文字等)不流畅、不纯熟	吃未成熟的水果时舌头麻木、干燥的感觉
带手	顺便	指顺手带的礼物
放声	尽情地发出声音	①事先交代; ②放出风声或扬言威胁
假死	①医学术语:心脏跳动微弱,面色苍白,呼吸停止;或新生婴儿肺未张开,不会啼哭,也不出气; ②动物遇到敌人,为保护自己,装成死的样子	假惺惺

二是词义不对等。这又有两种情况:

(1)方言的词义比普通话窄。方言的义项少,普通话的义项多。例如:

词语	普通话	泉州话
打	打倒　打击	(与普通话相同)
	打战　打球	拍战　拍球
	打铁　打门	拍铁　拍门
	打算　打电话	拍算　拍电话
	打草鞋　打辫子	编草鞋　编髻溜
	打毛衣　打袜子	刺[tsʻiaʔ⁵]羊毛衫、刺袜仔
	打旗　打雨伞	撑旗　撑雨伞
	打油　打酒	搭油　搭酒
	打粥　打水	舀糜　舀水
	打枪　打炮	放枪　放炮
	打雷	霆[tan²⁴]雷
糕	绿豆糕　糕点　糕饼	(与普通话相同)
	年糕　咸糕	甜粿[kə⁵⁵]　咸粿
小	小寒　小学　小组　小车	(与普通话相同)
	小声　小只　小项　大小　地方小	细声　细只　细项　大细　所在细

(2)方言的词义比普通话宽。也就是说,泉州方言还有一些特殊的义项。下面就这些特殊含义举例说明:

词语	泉州话说法	普通话意思
报	有事着报我知	有事情要告诉我
	大人报我往右行	大人指点我向右走
鼻	流鼻	流鼻涕
电	电头毛	烫头发
出	即笔钱伊会出毋	这笔钱他舍得出吗
	出运	解脱厄运
粗	粗穿/粗货	平常穿的/普通货物
	挑粗	挑粪
补	食补	吃补身体的食品或药物
桌	食桌/开桌	赴宴/设宴
	请桌	请客
肥	土粪有肥	土粪有肥效
	布身真肥	布质很厚实
	汝肥几斤	你胖了几斤
吃	食茶	喝茶
	食烟	吸烟
放	放屎放尿	拉屎拉尿

2. 同义异形

在泉州方言与普通话中,有些意义相当的词,在词的构成上却有所不同。这又可以分为两种情况。一是词语的语素排列顺序相反,这属于同素异序现象。例如,普通话说"母鸡",泉州方言说"鸡母"。下面再列举部分口语常用词作比较。

泉州话	普通话	泉州话	普通话
人客	客人	故典	典故
鸡角	公鸡	急忭	忭急
兔母	母兔	性癖	癖性
面线	线面	节季	季节
菜花	花菜	风台	台风
头额	额头	闹热	热闹
历日	日历	下底	底下

二是更换部分语素。这类词看起来更具方言特色,例如,普通话说"头发",泉州话则说"头毛"。下面再举一些例子以便对照。

泉州话	普通话	泉州话	普通话
水圳	水渠	四正	端正
田岸	田埂	失德	缺德
起风	刮风	好量	雅量
好天	晴天	厚工	费工
深井	天井	厚茶	浓茶
秤锤	秤砣	世俗	习俗
电涂	电池	金滑	光滑
火炭	木炭	死板	古板
粘布	胶布	鼻水	鼻涕
破病	生病	烟屎	烟灰
土直	耿直	变款	变样

(二)单音词与多音词

泉州方言较多地继承古汉语词汇的特点,单音节词比普通话多得多。例如,泉州话"有位",到普通话里要说成"有座位"。下面再举一些例子说明。

泉州话	普通话
横(这个人真横)	蛮横(这个人蛮横无理)
电(电一下觍生锈)	电镀(电镀一下才不会生锈)
量(即个人真有量)	肚量(这个人很有肚量)
阔(路诚阔)	宽阔(路很宽阔)
本(汝有本无)	本钱(你有本钱吗)
安(电灯野没安好)	安装(电灯还没安装好)
情(伊对人有情)	感情(他对人家有感情)
缘(恁俩人有缘)	缘分(你们俩有缘分)
热(扑克打甲诚热)	热火(扑克打得很热火)
爽(心里无爽)	爽快(心里不爽快)
顾①(物件顾好势)	照看(把东西照看好)
②(你去顾病人一下)	照顾(你去照顾一下病人)
稳①(即垺厝没稳)	稳固(这座房子不稳固)
②(办事诚稳)	稳重(办事很稳重)
③(伊稳来)	肯定(他肯定来)
督(督伊读书)	督促(督促他读书)
桌(有几垺桌)	桌子(有几张桌子)
盘(将盘收起来)	盘子(把盘子收起来)
柿(柿一斤三粒)	柿子(柿子一斤三个)

泉州方言有些词语比普通话要多出一个音节来。例如,普通话的"耳聋",在泉州话中说成"臭耳聋"。增加语素后显得更加生动活泼。下面再举几例:

泉州话	普通话	泉州话	普通话
椅条[liau²⁴]仔	条凳	鸭母蹄	平足
手尾力	腕力	胡仁豆	豌豆
尾椎骨	椎骨	无头神	健忘
西照日	西晒	无字运	厄运
惊生份	怕生	好字运	幸运

(三)纯方言词

泉州方言的一些词是按照方言的角度去组合的,这类词只能在词义的基础上去找对应的普通话词,万万不能直译。例如,泉州方言的"电罐"即普通话的"热水瓶",如果直译为普通话,就令人莫名其妙。下面再举一些例子。

泉州话	普通话	泉州话	普通话
头家	老板	暝日	昼夜
师公	道士	看破	想得开
同姒	妯娌	否势	不好意思

尤其值得一提的是,泉州方言还有一种三音节的并列词,由三个语义接近的语素合成,表示一个特定的含义,抽象性较强,这是普通话中少有的。例如:

三字格	字面义	实际义
酸辣醋	酸、辣、醋	调味品
食穿用	吃、穿、用	衣食住行
咸酸甜	咸、酸、甜	蜜饯
碗碟箸	碗、碟子、筷子	餐具
被铺席	被子、床铺、草席	铺盖
笔墨砚	笔、墨、砚	文具
食跋佚	吃、赌、玩	吃喝玩乐
紧捷快	赶紧、迅捷、快速	飞快、迅速
乌焦竭	黑、干、瘦	干瘪、瘦黑

续表

三字格	字面义	实际义
挨吹唱	拉、吹、唱	吹拉弹唱
舂搨拍	捣、揶、打	打架
枵寒饿	饥、冷、饿	饥寒交迫
顿跋坐	用力往下放、摔、坐	屁股重重地跌在地上
又佫再	又、再、再	又、再

(四)从历史的角度看泉州方言

1. 传承了古汉语的语词及单音词特征

我们在研究中发现,当一个词语与社会生活比较密切、在一个社会中使用频繁时,其词语形式及意义就具有相当的稳定性,它一般不会随着时间的推移而发生变化。这就是所谓语言竞争中的适者生存。同理,一种语言(含方言)最初的词语构成形式被使用这种语言的社会所认可,一般都会获得保留和传承,除非这个社会发生重构(人口变异、语言替换)。泉州方言就体现了上述特征。

例如,魏晋南北朝时期的"龅"[po^{44}](龅牙——门牙外露。南朝梁顾野王《玉篇·齿部》:"龅,齿露。"),唐宋时期的"人客"、"眠床",近代汉语中的"精肉"、"旧年"、"路头"、"面桶"、"趁钱"、"趁食"、"头先"、"敢是"等许多词语,仍在泉州方言中使用。

泉州方言积淀了各个历史时期各个层次的古汉语语词,其最闪光之处则是始终保留了许多古汉语根词和单音词特点。

以下古代汉语各词在现代泉州方言中仍是基本词。

鼎(锅)、册(书)、曝(晒)、食(吃)、行(走)、走(跑)、乌(黑)、
芳(香)、惊(害怕)、箸(筷子)、昼(中午)、目(眼睛)、日(太阳)

正因泉州方言保留了古汉语词汇单音节词的特点,所以,普通话中的双音节词,在泉州方言中大都仍是单音词。例如:

普通话	泉州话	普通话	泉州话	普通话	泉州话
椅子	椅	桌子	桌	尾巴	尾
盘子	盘	座位	位	鸭子	鸭
稳固	稳	寒冷	寒	爽快	爽
舒畅	畅	宽阔	阔	安装	安

一些先秦书面语中的词语,至今还都在泉州方言中大量使用。例如:

糜[bə^{24}]:稀饭。《礼记·月令》:"行糜粥饭食。"《释名·释饭食》:"糜,煮米使烂也。"

食[tsiaʔ²⁴]：吃。《诗经·魏风·硕鼠》："硕鼠硕鼠，无食我黍。"

冥[mĩ²⁴]：夜晚。《诗经·小雅·斯干》："哙哙其正，哕哕其冥。"郑玄笺："正，昼也；冥，夜也。"《玉篇·冥部》："冥，夜也。"

胿[tau⁴¹]：颈。《公羊传》："（宋）万怒搏闵公，绝其胿。"何休注："胿，颈也。"泉州方言有"摇头拌胿"、"胿稳"（脖子）之说。

沃[ak⁵]：浇。《左传·僖公二十三年》："奉匜沃盥。"孔颖达疏："沃，谓浇水也。"《说文》："沃，溉灌也。"段注："自上浇下曰沃。"

丈夫[ta⁴⁴ pɔ⁴⁴]：男子。《国语·越语》："生丈夫，二壶酒，一犬；生女子，二壶酒，一豚。"《战国策·赵策四》："丈夫亦爱怜其少子乎？"

2. 词汇中的闽越语遗迹

最早开发泉州的汉人——秦汉军民的后裔带来的是上古汉语，由于他们与闽越人朝夕相处，免不了会受闽越语的影响，多少吸收了闽越语的一些成分。但是总的说来，泉州地区汉人已成主体，闽越遗民人少而且分散，兼之文化水平较低，因此汉人终以压倒多数的板块迁移方式使汉语占有主导地位，最终取代闽越语。

今天，我们分析泉州方言，仍然可以发现一些古闽越语的遗迹。泉州方言的一些动物名词往往带有一个没有实义的词头。例如：

"苍蝇"叫"胡蝇"[hɔ²⁴ sin²⁴]。《梦溪笔谈·杂志》说："闽人谓大蝇为胡蝇。"这里的"胡"字并非"胡萝卜"的"胡"字。"胡"上古汉语读音为匣母鱼部[*gɤ]，这个古音跟德宏傣语的动物名词语音相近。①

此外，泉州方言把"蟑螂"叫[ka⁴⁴ tsuaʔ²⁴]，"跳蚤"叫[ka⁴⁴ tsau⁵⁵]"泥鳅"叫[kɔ⁴⁴ liu⁴⁴]，"蚯蚓"叫[kau²⁴ un⁵⁵]，"蚂蚁"叫[kau⁵⁵ hia⁴¹]，"蟋蟀"叫[kau²⁴ peʔ⁴]。以上这些动物的词头跟德宏傣语的动物名词词头[ka]非常接近，很可能这就是古闽越语的底层沉积。

泉州方言中还有一些动植物名词的构词成分和构词方式也保留古闽越语的特征。例如，泉州称一种常见的鱼叫"巴啷"[pa⁴⁴ laŋ⁴⁴]，今壮、侗、傣语均谓鱼为[pa]，巴 laŋ⁴⁴即 laŋ⁴⁴鱼。

又如"荸荠"，泉州叫"马荠"[be⁴⁴ tsi²⁴]。这第一个音节也是古越语果子类名词的遗存。古越语称果子一类词为[ma]，"荸荠"今武鸣壮语叫[ma tai]，即"地下的果子"，广州话叫"马蹄"[ma tɐi]，正是用的古越语词。而泉州方言中的"荠"则是汉语成分。这是汉越双语的合璧。尤其值得注意的是，这两个词素的词序排列也同于"巴"[laŋ⁴⁴]，均为修饰语后置。这种现象反映了汉藏语系古越语和古汉语语法上的一些共同特点。②

---

① 参见周振鹤、游汝杰：《方言与中国文化》，上海人民出版社1986年版。
② 张清常：《上古汉语的SOV语序的定语后置》，《语言教学与研究》1989年第1期。

此外,今天泉州方言中还保留着一些古闽越语词。如"抛"(柚子)[pʻau⁴⁴],温州写作"櫜",绍兴写作"脬",福州写作"楻",但《说文》和《广韵》以上诸词皆无"柚子"一义。这个"抛"与东江侗话[pʻau]音相近。"抛"是南方果树,"抛"一词可能是古越语词。再如泉州方言称"水母"为"蚝"[tʻe²²]。《集韵》引《南越志》说:"水母,东海谓之蚝。"这可能也是古闽越语的遗留。

3. 吸纳不同时期的新词

泉州方言自汉末开始形成格局,历经三国魏晋南北朝,基本走向成熟。此后入闽的北来汉人带来的语言(属中古时期的北方官话方言,即白话文系统),已经难以改变泉州方言系统,其来人只能"入乡随俗",所习语言最终也融入泉州方言。

当然,每一批入闽汉人在语言上都会给泉州话带来不同程度的影响,这也是不言而喻的。例如,三国时期孙吴统治福建,梁太清之后的侯景之乱三吴难民入闽,都使泉州话增加了一大批吴语词。下述这些字在历史文献中指明是古代吴语,现在仍保留在闽语中。

袘:衣袖。泉州方言读[ŋ⁵⁵]。《方言》:"袯襫谓之袖。"郭璞注:"江东呼衣袒曰袘。"

瀳:冷也。泉州方言读[tsʻin⁴¹]。《集韵》:"瀳瀺淘,楚庆切,冷也,吴人谓之瀳。"

健:未下过蛋的小母鸡叫"鸡健"。泉州方言读[luã²²]。《尔雅注疏》:"未成鸡健。"郭璞注:"江东呼鸡少者曰健;健音练。"

自晋以来中原汉人直接入闽者有之,尤其是唐至宋,先后有三批汉人大规模进入闽南地区,他们带来的中原7世纪、10世纪和13世纪的语词也影响、丰富了泉州方言。下述词语就是这几个时期带到泉州方言中并被保存至今的。

才调　本事。泉州方言读[tsʻai²⁴ tiau⁴¹]。《晋书·王接传》:"才调秀出,见赏知音。"《隋书·许善心传》:"徐陵大奇义,谓人曰:'才调极高,此神童也。'"唐李商隐《贾生》:"宣室求贤访逐臣,贾生才调莫与论。"

教示　教导训示。泉州方言读[ka⁴¹ si⁴¹]。唐元稹《估客行》:"父兄相教示,求利不求名。"

亲情　亲戚。泉州方言读[tsʻin⁴⁴ tsiã²⁴]。唐蒋防《霍小玉传》:"生自此心怀疑恶,猜忌万端。夫妻之间,无聊生矣。或有亲情,曲相劝喻,生意稍解。"

衫裤　衣服。泉州方言读[sã⁴⁴ kʻo⁴¹]。《敦煌变文集》:"初定之时无衫裤,大归娘子没沿房。"

眠床　床铺。泉州方言读[bin²⁴ tsʻŋ²⁴]。唐李延寿《南史·鱼弘传》:"有眠床一张,皆是虇柏。"

人客　客人。泉州方言读[laŋ²⁴ kʻe⁴¹]。唐杜甫《感怀》:"问知人客姓,诵得老夫诗。"白居易《酬周从事》:"腰痛拜迎人客久。"

上述词语在泉州方言中仍作为基本词在使用,千余年来保持不变。我们从中看到了泉州方言很有意思的层次感。

4. 泉州方言内部词汇的不断演变更新

随着时代的发展变迁,人们的生活在不断地进步,新事物、新名词层出不穷;同时,文化的传播也越来越广泛,社会文明程度越来越高。这些现象必然都会在语言中得到反映。在泉州方言中,我们亦可以从词汇中发现这种变化。就现代泉州话而言,词汇的新、老派差别是很明显的。例如:

老派	新派
屎岩[sai^{55} hak^{24}]	厕所
砖坪[tsŋ^{44} pĩ^{24}]	阳台
大车[tua^{41} ts'ia^{44}]	汽车
医馆[i^{44} kuan^{55}]	医院
地动[tue^{22} taŋ^{22}]	地震
患动[huan^{41} tɔŋ^{22}]	发炎
霸灰[pa^{41} hə^{44}]	水泥
番仔火[huan^{44} ã^{55} hə^{55}]	火柴
寒人[kuã^{24} laŋ^{24}]	冬天
先生[xian^{44} sĩ^{44}]	医生(指"老师"一义不变)

以上所举老派词语,在市区,50岁以下的泉州人一般都不讲了;在乡村,绝大多数人还在使用着。可见词语的交替更新需要有一定的过程。

5. 泉州方言词汇的"进"与"出"

唐宋以来,泉州经济发展鼎盛,海外贸易频繁,域外文化输入泉州,泉州文化也流向海外,这种文化交流和影响必然要在语言上体现出来。泉州方言中的外来词和域外语言中的泉州外借词就是文化交流和相互影响的体现。

(1)泉州方言的外来词

泉州方言的外来词从来源看有三个途径:一是与西域文化的交流,二是与东南亚文化的交流;三是与英美西方文化的交流。这三种文化交流为泉州文化输入许多新概念、新事物,同时也带来一批外来词。

泉州方言的外来词如果从借用的时间看,大概有四个时期:一是汉唐盛世时期,丝绸之路的开通及佛教的传入引起文化的接触和交流;二是宋元时期泉州港的崛起,使泉州出现"苍官影里三州路,涨海声中万国商"的繁荣局面,泉州与东南亚文化发生大量的接触和交流;三是晚清到"五四"时期,泉州也舶来了域外的科学文化;四是我国改革开放以来,西方科学技术文化的大量传入。

泉州方言的外来词如果从内容看,主要体现在饮食文化、宗教文化、商业文化和体育文化等方面。

我们日常食用的菠菜,旧名菠薐菜。泉州话叫"菠伦菜"[po⁴⁴ lun²⁴ ts'ai⁴¹]。据《唐会要》说:"太宗时尼婆罗国献菠薐菜,类红蓝,实如蒺藜,火熟之,能益食味。"说明这种蔬菜是从当时的尼婆罗国输入的。"菠伦"系源于古国名 palinga(即今尼泊尔)。因为菠伦菜是引进的,所以泉州流传这样一句俗语:"要食着食菠伦,要穿着穿绸裙。"

宋元时期,泉州有数以万计的外侨。印度人、波斯人、犹太人、阿拉伯人、欧洲人相继从海外涌来。当地人把他们统统称为南海番人,简称"番客"[huan⁴⁴ ke⁴¹]。这些番客有的娶本地妇女,所生孩子叫做"半南番"[puã⁴¹ lam²⁴ huan⁴⁴]。蒲寿庚就是半南番之一。①

由于海运和国际贸易的发展,泉州人民的足迹遍及东南亚,许多人最终移居海外。这些人被称做"过番"[kə⁴¹ huan⁴⁴]。这些过番侨民在侨居地娶女结婚,这类妇女被称为"番婆"[huan⁴⁴ pɔ²⁴]。泉州港衰微后,南海番人减少,"番客"一词被转指华侨,而用"番仔"[huan⁴⁴ ã]指称外国人。

这个时期泉州方言引进了许多外来词。例如:

源自印尼马来亚语:

  雪文[sap⁵ bun²⁴](肥皂)   语源:sabon
  洞葛[tɔŋ⁴¹ kat⁵](手杖)   语源:tongkat
  镭[lui⁴⁴](铜板,钱)   语源:duit
  斟[tsim⁴⁴](吻)   语源:cium
  巴刹[pa⁴⁴ sat⁵](市场)   语源:pasar
  五骹忌[gɔ²² k'a⁴⁴ ki⁴¹](街廊) 语源:gokhaki
  加步(棉)[ka⁴⁴ pɔ⁴¹(bĩ²⁴)](木棉) 语源:kapok
  嗑啤[ko⁴⁴ pi⁴⁴](咖啡)   语源:kopi
  隆沟[lɔŋ²⁴ kau⁴⁴](阴沟)   语源:longkang

源自菲律宾他加禄语:

  帕叟[p'e⁴¹ so](钱)   语源 peso
  甘仔得[kam⁴⁴ ã⁰ tit⁵](西红柿) 语源 kamati
  达马哥[tat²⁴ bã⁵⁵ ko⁴⁴](吕宋雪茄烟) 语源 tabako

源自近代及现代英语:

  目(头)[bak²⁴(t'au²⁴)](商标) 语源 mark
  拾八[sip²⁴ pat⁵](扳手)   语源 spanner

---

① 蒲寿庚,宋元之际人,居泉州,拥有大量海船,宋末任泉州提举市舶三十年,元兵南下时投降,元至元十五年(1278 年)任福建行省中书左丞。

懊赛[au⁴¹ sai]（出界,糟）　　　　　语源 outside
述[sut²⁴]（飞速通过）　　　　　　　语源 shoot
揀[sak⁵]（推）　　　　　　　　　　语源 shove
禀[pin⁵⁵]（别:动词）　　　　　　　 语源 pin
锦[gim⁵⁵]（局:量词）　　　　　　　语源 coame
烛龟蜡[tsiak⁵ ku⁴⁴ laʔ²⁴]（巧克力）　语源 chocolate
（中）巴[(tioŋ⁴⁴)pa⁴⁴]（客车）　　　 语源 bus
恤（衫）[sut⁵(sã⁴⁴)]（衬衫）　　　　语源 shirt
的时[tiat⁵ si²⁴]（出租汽车）　　　　 语源 taxi

（2）泉州方言的外借词

文化交流包含着双向性,域外文化对泉州的影响在泉州方言中留下了痕迹,泉州文化和方言也同样对其他国家有过较大的影响。这就是说,语言和文化的交流和接触总是相互渗透、相互受惠的——正所谓投桃报李。

泉州方言对欧洲影响最大的要数"茶"[te²⁴]了。6世纪下半叶,茶叶开始传入欧洲,"茶"这个词也被借入西方语言。现代英语"茶"叫 tea,法语叫 thé,德语叫 tee,都源于泉州方言"茶"的读音。可见这些国家的茶叶是从泉州海路输入的。另外,俄语的"茶"叫 чай,是北方方言"茶"[tsʼa]的译音。可见文化的交流与语言的借用往往是同步的。英语中有 bohea（武夷茶）、pekoe（香红茶）、oolong（乌龙茶）、congou（功夫茶）、hyson（熙春茶）、souchong（小种）等与"茶"有关的词语,其中 bohea、oolong、congou 是从泉州方言中翻译过去的。另一个有趣的现象是,英语在翻译"红茶"和"绿茶"时的方式:"绿茶" greentea,"红茶"blacktea。显然其定语意译的角度与我们的不同,汉语取茶水的颜色,英语取茶叶的颜色。这种译法可谓英语和泉州方言的合璧。

泉州是华侨的故乡,是南洋群岛侨民的祖籍地。泉州华侨在远航东南亚各国经商时,不仅带去泉州的特产,也带去泉州的方言和文化。据统计,菲律宾马尼拉的华人在1971年的人数,大大超过全菲其他外国人的总和,可知泉州人在菲律宾影响之大。泉州人带去泉州文化,诸如崇拜祖先、厚葬死者、数世同堂等风俗习惯。许多菲律宾人的姓名也源自华侨之姓。据说吕宋岛上的仁加因市（Lingayen）是因中国盲人林加延而得名的。菲律宾他加禄语中可以找到许多泉州方言借词。例如:

　　hatsing（打喷嚏）　　　　　　diko（二哥）
　　bihun（米粉,即粉干）　　　　 kuoa（姑爷）
　　ukoy（乌糕）　　　　　　　　caipo（菜脯,即萝卜干）

在印尼—马来亚语系中,泉州方言借词也不少。例如:

　　misoa（面线,即线面）　　　　tangué（冬瓜糖）

tahu(豆腐)
tauké(头家,即老板)
singkék(新客)
kia-kia(行行,即走一走)

kongko(讲古,即聊天)
sinsé(先生,即中医)
kuntau(拳头)

三、泉州方言语法的特点

(一)泉州方言语法的几种特殊形式

泉州方言在语法方面还是有些特色可言的。如,在句法结构上,有些状语往往会后置,如汝行头前(你在前面走);有些宾语常会前置,如册挒一本互我(拿本书给我)。下面就几个比较大的差异做些分析比较。

1. 丰富的"有"、"无"句

泉州方言的"有"字句、"无"字句和"有"、"无"连用句使用频率非常高,许多说法是普通话所没有的,概括起来有下述几个方面。

(1)有(无)+动词(或形容词):这种句式表示动作或状态的存在或完成与否。例如:

王先有去教册。(王老师已经去教书了。)
即本辞典我无买。(这本辞典我没买。)
图书馆今门有开。(图书馆的门开着。)
花有红。(花红了。)
水无滚。(水还没开。)

这种句式还可以表示事物的属性。例如:

即种米有煮。(这种米耐煮。)
即领裤野有穿。(这条裤子很耐穿。)
即矸醋无酸。(这瓶醋不酸。)

(2)动词+有(无):这种句式表示对动作行为的肯定或否定。例如:

电视机汝买有,我买无。(电视机你买到了,我没买到。)
黑板顶分字我看有。(黑板上的字我看得清楚。)
汝说今我听有。(你说的我听明白了。)

(3)动词+有(无)+宾语:这种句式也是用来表示对动作行为的肯定或否定。例如:

汝吃有饭,我吃无饭。(你吃上饭,我吃不到饭。)
明日有开会。(明天要开会。)

看汝有目。(即"眼中有你"。)

看汝有康。(看你富裕。)

(4)动词+有(无)+形容词(或动词):这种句式表示动作行为达到的程度。例如:

字写有了[liau⁵⁵],册读无了。(字写完了,书没读完。)

腹肚吃有饱。(肚子吃饱了。)

(5)"有"、"无"对举连用:这种句式表示疑问,有的句子"无"读轻声,词义虚化。例如:

汝有去福州也是无?(你去福州了吗?)

书有买无?(书买了吗?)

迄支笔找有无?(那支笔找到了吗?)

2. 奇特的"来去"句

泉州话表示要去做某件事或要离开说话时的所在地,总是在话语中用上"来去"一词。这使外地人大为不解:"来"与"去"如何能相安无事地在句中组合起来呢?其实,这里的"来"是"将要"的意思。例如:

我来去听课。(我去听课了。)

汝合我来去看成绩。(你和我一起去看成绩。)

来去,来去看球赛。(去,看赛球去。)

老王,我来去啰。(老王,我走了。)

从例句可见,"来去"句的主语是第一人称,或者句中包含着第一人称主语。"来去"句作为告别语时是套语。

3. 有趣的处置句和被动句

普通话中,典型的处置句和被动句常用介词"把"和"被"表示。泉州话也有处置句和被动句,只是使用不同的介词而已,然而在说普通话时却不能简单的对译。

(1)"共"[kaŋ⁴¹]字句

普通话的处置句常常是用"把"字表示,泉州方言则多用"将"字,如"将门关起来"(把门关起来)。"将"与"把"基本对应。泉州方言还有一个介词"共"[kaŋ⁴¹],可以表示处置。这个"共"字译成普通话时泉州人常拿"给"字去套,结果变成被动句;另外,有些句子也不能简单地把"共"译成"把",否则会闹出笑话来。例如,"狗共伊关起来",不能译成"狗把它关起来",而应译成"把狗关起来"。

泉州方言"共"字句在用法上与普通话的差别,大致可以概括为下述几种情况。

A. 句式与普通话一致,"共"与"把"可以对译。

泉州话	普通话
共伊叫来。	把他叫来。
共小王掠来。	把小王抓来。
共我拍破皮喽。	把我弄伤皮肤了。

B.句式与普通话不同,其构成为:

主语＋共＋人称代词(或指人名词)＋动补(或动宾)短语。例如:

泉州话	普通话	注意事项
碗共伊收起来。	把碗收起来。	①"共"不能译为"给";
客人共侬请入来。	把客人请进来。	②"把"字应调到主语前。
饭共人食了了。	把饭都吃光了。	
汤共我煮一碗。	汤给我煮一碗。	①不是"把"字句;
大嫂共人洗衫裤。	大嫂替人洗衣裳。	②应译为"给"、"替"、"帮"。
桌共伊搬一垛。	桌子帮他搬一张。	

(2)"乞"[kit⁵]字句

泉州方言的被动句,其基本类型与普通话相近,都可以使用无介词句式。例如,"标语贴好了",泉州方言与普通话说法一样。普通话有以"被、让、给、叫"为介词的"被"字句,泉州方言也有表示被动的"乞[kit⁵]、度[tʻɔ⁴¹]、腾[tŋ²⁴]、互[hɔ⁴¹]"为介词的"乞"字句。不过,泉州方言的"乞"字句有些特殊性。一是"乞"之后的宾语一定要出现,不能像普通话那样,"被"字之后的宾语可以不说。例如:

　　普通话:书被人拿走了。——→书被拿走了。
　　泉州话:册乞人捞去喽。——→册乞捞去喽。(×)

二是泉州方言"乞"字句常套加"共"字句,这是为了强调受事主语或行为动作的对象,说普通话时,"共"字部分不宜对译出来。例如:

泉州话	普通话
茶杯度人共我打破喽。	茶杯被人打破了。
衫裤互水共伊喷澹去。	衣服被水喷湿了。
头毛腾人共我剪去。	头发被人剪掉。

上述句式如果直译为:"头发被人给我剪掉"或"头发被人把我剪掉"就十分别扭。

三是泉州人在把"乞"字句转译成普通话时,常常把"乞"、"互"、"度"、"腾"误译成"给"字,这是要特别引起注意的。例如:

泉州话	普通话	说明
老鼠互猫咬去啰。	老鼠给猫咬去了。	错
	老鼠被猫叼走了。	对
敌人度咱拍死喽。	敌人给我们打死了。	错
	敌人被我们打死了。	对
蛇拍度伊死。	把蛇打死。	错
	敌人被我们打死了。	对
考卷乞伊收去。	考卷给他收走。	错
	考卷被他收走。	对

4. 特殊的比较句

比较句一般可以分为等比和差比两种类型。

泉州方言等比式与普通话基本相同,仅是副词有别而已。例如:

泉州话	**普通话**
我甲伊平平肥。	我和他一样胖。
即蕊花甲迄蕊平红。	这朵花和那朵一样红。
伊野亲像俉阿姐。	他很像他姐姐。
恁团像汝。	你的儿子像你。
汝兮车合我相亲像。	你的车和我的相似。
伊合俉外公相同。	他和他外祖父一个样。

泉州方言差比式有与普通话相同的句式,也有独具特色的句式。相同的如:

泉州话	**普通话**
小王比我聪明。	小王比我聪明。
陈先比我早两届。	陈先生比我早两届。
我无伊肥。	我不如他胖。
峨眉山无华山险。	峨眉山不如华山险峻。

不同的如:

泉州话	**普通话**
我比伊较大。	我比他大。
即支笔比迄支较好写。	这根笔比那根好写。
我较肥伊。	我比他胖。
汝较好伊淡薄。	你比他好一点儿。
我肥汝十斤。	我比你胖十斤。

伊矮我两厘米。　　　　　　他比我矮两厘米。

5. 生动的重叠式

普通话动词、形容词可以重叠,重叠之后增加一层附加义:动词表示"动作时间短暂"或"尝试";形容词表示程度加深或适中、喜爱。另外,普通话中还有一小部分单音节名词也可以重叠,重叠后表示"逐一"、"每一个"的意思。泉州方言的动词、形容词和名词也都可以重叠,但在语法意义和重叠形式方面与普通话都有些不同。

(1)动词的重叠

泉州方言动词重叠之后,在语法意义和词性上都有与普通话不同的地方,主要有以下三点。

一是表示行为动作的周遍性。例如:

食——食食落去(全吃下去)
加——加加起来(全部加起来)
搬——搬搬出去(都搬出去)
赶——赶赶入去(全都赶进去)
放——放放拣(统统放弃)

二是表示动作行为反复多次。例如:

煮——煮煮伊熟(反复煮到熟)
漏——漏漏落去(不断漏下去)
看——看看伊清楚(认真看清楚)
食——食食伊清气(全部吃干净)
收——收收好势(用心收拾好)

三是词性和含义发生变化。例如:

开(动词)——门开开(形容词:敞开着)
畅(动词)——人畅畅(形容词:乐观开朗)
定(动词)——定定来(副词:经常)
缚(动词)——衫缚缚(形容词:有点紧身)
眒(动词)——人眒眒(形容词:像睡的模样,不清醒)

(2)形容词的重叠

泉州方言双音节形容词既可以 AABB 式重叠,重叠后表示程度极深;也可以用 ABAB 式重叠,重叠后表示程度略深。例如:

老实——老老实实(很老实)
　　　——老实老实(有点老实)
清气——清清气气(很清洁)

——清气清气(比较干净)
　辛苦——辛辛苦苦(很辛苦)
　　——辛苦辛苦(有点辛苦)

泉州方言单音节形容词重叠式有 AA 式,AAA 式,甚至可以有 AAAA 式和 AAAAA 式。每增加一层重叠,对程度的强调越加深一层。在用法上与普通话也有所不同,方言重叠式可以直接在句中充当补语和谓语。例如:

　乌——晒甲乌乌(晒得黑黑的)
　　　晒甲乌乌乌(很黑)
　　　晒甲乌乌乌乌(非常黑)
　　　晒甲乌乌乌乌乌(非常非常黑)
　芳——煮甲芳芳(煮得香香的)
　　　煮甲芳芳芳(很香)
　肥——食甲肥肥(吃得胖胖的)
　　　食甲肥肥肥(很胖)
　滑——归身滑滑(浑身滑溜溜的)
　　　归身滑滑滑(特别光滑)
　红——面仔红红(脸红红的)
　　　面仔红红红(很红)
　　　面仔红红红红红(非常非常红)

有些由动词重叠后转化为形容词的,也有这种多叠功能。例如:

　死(动词)——死死:打甲死死(打得相当狠)
　　　　　　　　打甲死死死(打得特别狠)
　气(动词)——气气:人气气(人家有点生气)
　　　　　　　人气气气(非常生气)

有些形容词重叠后会转化为副词或成为兼有副词功能的兼类词。例如:

　圣(形容词)——圣圣没来(副词:果真没来)
　长(形容词)——脚长长(形容词:脚较长)
　　　　　　——长长没来(副词:经常没来)

(3)名词的重叠

泉州方言有一部分单音节名词可以重叠,重叠后有两种情况:一是变为形容词并且表示程度加深,这类词可以进一步成为三叠式。例如:

　水——水水(像水一样稀)——水水水(很稀)
　汁——汁汁(混浊不清)——汁汁汁(非常糟糕)

柴——柴柴(呆板)——柴柴柴(非常呆滞)

猴——猴猴(干瘪难看)——猴猴猴(非常干瘦)

沙——沙沙(细沙状)

冰——冰冰(冰凉状)

皮——皮皮(粗浅)

布——布布(干涩无味)

第二种情况是,重叠后表示极端的意思。例如:

尾——尾尾(很后面)——尾尾尾(最后)

边——边边(很边缘)——边边边(极边缘)

底——底底(最底层)

头——头头(最初)

(4)其他词类的重叠

除了以上三类词外,泉州方言的量词、介词也能重叠,重叠后随即改变词性。另外,副词的重叠也比普通话多,副词的重叠只是语气加重而已。一并举例如下:

粒(量词)——粒粒(形容词:食物没煮烂的状态)

对(介词)——对对(副词:恰恰)

随(副词)——随随(副词:马上)

与普通话比较,泉州方言还有许多特点值得分析。从词的组合看,泉州话可以用副词修饰名词。例如:

德化诚山。

(诚:与普通话副词"很"同义,可以充当"山"的修饰语。这句话的意思:德化是个大山区。)

即个人野蛇。

(野:与普通话副词"非常"同义,这里充当"蛇"的状语。这句话的意思:这个人十分狡猾。)

(二)泉州方言语法的异序分析

在现代汉语中,方言和普通话的复合词都或多或少存在异序现象。这种现象其实是汉语词汇从单音词向双音词发展的产物,是汉语的韵律要求和共同的语素义为之造就了支撑条件,是丰富的方言提供了生存的土壤。汉语构词上语序AB式和BA式并存的事实证明,汉语不仅有"修饰语+中心语"的偏正式合成词,也同时具有"中心语+修饰语"的正偏式合成词,后者绝非受亲属语言或古越语的影响。

1. 从"母鸡"和"鸡母"语序的不同说起

在泉州话中,有一批词与普通话的语序正好相反。例如:

A	普通话——	母鸡	公狗	母猫	公猪	雄鸭	母老虎	公牛
	泉州话——	鸡母	狗公	猫母	猪哥	鸭角	虎母	牛㹇

B	普通话——	日历	客人	台风	花菜	拖鞋	干菜	围墙
	泉州话——	历日	人客	风台	菜花	鞋拖	菜干	墙围

C	普通话——	沙土	健康	喜欢	互相	劝解	酸臭	蔬菜
	泉州话——	土沙	康健	欢喜	相互	解劝	臭酸	菜蔬

上述方言与普通话相对应的各组词均属语义相同(或基本相同)、用字相同(或不完全相同)但词序排列却相反的同素异序词。除了C组属并列式的异序外，A、B两组均是偏正式。人们对这种方言异序现象产生极大的关注，概括起来大致有三种不同的观点。

一种认为，A组、B组方言词把"母""客"这样的表修饰的语素置后的构成方式可能是古越语底层在方言中的残留①；或者说，是方言受其他亲属语言影响所致②。

一种认为，异序是因为不同方言在造词时对中心语素作了不同选择，况且语素亦有兼类，并非修饰语后置；南方方言没有"中心语—修饰语"的词序，"牛公、牛母"这样的结构并不是别的语言扩散的结果，仍然是"修饰语—中心语"的结构，合于汉语一般的词序规则③。项梦冰《试论汉语方言复合词的异序现象》深入论述了这种观点。

一种认为，异序是汉语古已有之的现象。张清常通过许多生动的语料论证：全中国"地无分南北"，时不论古今，古代汉语和现代汉语普通话、方言，都有"中心语＋修饰语"的现象，似应把这种现象解释为汉语所固有，是远古、上古汉语的遗迹，并非仅受兄弟民族语言影响而偶然地渗入。④

上述第一、第二两种观点都缺乏对语言事实的尊重；第三种观点认为定语后置只是一种历史残余，说法有失偏颇，同时也未能深入分析异序形成和发展的客观缘由。

2. 对"异序"认识上产生分歧的原因

对汉语同素异序现象存在不同的解释，是有其原因的。以第一种观点看，古越语及汉语亲属语言的语素排列次序与方言相同，所以，这些方言的异序词受其影响是完全可能的。桥本万太郎认为，从"鸡母"到"母鸡"，是南方汉语南亚式的顺行结构和北方汉语阿尔泰式的逆行结构的鲜明对比，是构词法的由南向北的推移。⑤ 这似乎有了较高的理论立意。但是，他似乎只看见共时的表面的现象，而忽略了几千年来汉语

---

① 岑麒祥：《从广东方言中体察语言的交流和发展》，《中国语文》1953年第4期。
② 李如龙：《浅论汉语方言词汇差异》，《语文研究》1982年第2期。
③ 丁邦新：《论汉语方言中"中心语—修饰语"的反常语序问题》，《方言》2000年第3期。
④ 张清常：《上古汉语SOV语序及定语后置》，《语言教学与研究》1989年第1期。
⑤ 桥本万太郎：《语言地理类型学》，北京大学出版社1985年版。

演变发展的历史,忽视了汉语从单音节词向双音节词发展的过程中词序的不稳定性和异序存在的客观性,忽视了汉语语法的兼容性特征以及汉字对汉语语法所产生的独特影响。

持第二种观点的人认为,汉语复合词构词方式的语序排列并无异常存在。方言中语素排列次序不同,是因为这些方言对中心语素有不同的选择。项梦冰为了论证这个观点,先是从语素的语法兼类性质出发,认为"公鸡""母鸡"中的"公""母"是形容词性质的,属"A+N"式,即"修饰语+中心语","鸡公""鸡母"中的"公""母"则是名词性质的,属"N+N"式,也是"修饰语+中心语"。他进一步认定汉语自古以来只有"N+N"式,无"N+非N"式。① 在无"N+非N"为前提的情况下,说"鸡公""鸡母"是"正偏结构"不合理。三是以"台风—风台""鲫鱼—鱼鲫"为例,说明不同方言虽然在选择中心概念上有所不同,但无论次序如何变化,其语法结构仍是"修饰语+中心语",即有以"台""鲫"为中心的,也有以"风""鱼"为中心的。从这种观点出发,异序并不存在,汉语的语法结构始终只有"修饰语—中心语"(即"形容词—名词")的词序。②

问题在于,我们是做比较语法研究,还是做方言语法研究。如果仅仅是在做方言语法研究,那么,如泉州话的"土沙""鸡母""历日"在本方言中就属于正常语序。假如还找异序,泉州话既说"菜花"亦说"花菜",既说"康健"亦说"健康",既说"对联"亦说"联对",则算是。如果要做比较语法研究,则应探讨为何方言会取不同语素为构词中心?项梦冰不同意把"菜干""鸡母""鞋拖"看作是语序上的差别(即组合方面的差别),而认为是造词时选取中心概念的不同,是以同源语素在不同方言中的不同归类(即聚合方面的差别)为基础的。③ 这样就把方言纳入了汉语的大框架中。项梦冰既想说明普通话说"母鸡"方言说"鸡母"是各自语言系统内部的事,又想说明方言和普通话共属一个系统,共用一个语法规则,它们的构词方式是一样的。为此,他不但搅乱了方言与古汉语及普通话三者之间语法系统上的差异,而且还抛弃了语义这一重要环节,把一个同是表示雌性含义的"母"字从功能上人为地分为名词性和形容词性。这就出现前提定位中的悖论现象。

3."异序"的界定方式

我们在谈方言与普通话异序词语之间的比较的时候,首先应该明确,所指异序词必须是用字相同或基本相同,词义相同,语素概念义相同。只有具备这三个条件,异序才具有可比性。词语不同义的不能比较。如"吹风—风吹"、"生产—产生",前后词语不同义,不属本文所指异序。语素概念义不相同的也不能比较。项梦冰在分析"鸡母"与"母鸡"时,认为这两个"母"不是同一个语素,语素义也不同;他认为前者是名词

---

① 吴长安在他2002年的一篇论文中指出,"汉语中存在'名'修饰'形'结构"。看来这个问题还不宜过早下结论。
② 项梦冰:《试论汉语方言复合词的异序现象》,《语言研究》1988年第2期。
③ 项梦冰:《试论汉语方言复合词的异序现象》,《语言研究》1988年第2期。

性的,后者是形容词性的;前者存在于南方方言,以"母"为表义中心,同类型的有如"奶母""老母"等,均不可说成"母奶""母老",结论为"鸡母"不是"母鸡"的异序。我们认为,项的分析方法有误。"鸡母"与"母鸡"无论从词义本身,还是构词的语素义,方言与普通话都完全同义。倒是"鸡母"的"母"与"老母"的"母"语素义不同,不可以类比。在泉州话中,"鸡母""鸭母"的"母"通指雌性;"奶母""阿母""老母"的"母"则指有孩子的女性或用自己的奶水喂养他人的孩子的女性;泉州话中"沙母"的"母"指"粗大"的意思;这些都不可与"鸡母"的"母"(雌性)去比,不能拿它们在普通话中找不到异序去论证"鸡母"与"母鸡"的关系。又如泉州话的"猫公""狗公"的"公"(雄性)不与"叔公""舅公"的"公"同义,(这里的"公"指某一辈人)也不与"老仙公""师公""虾角公""草蜢公""日头公""雷公"的"公"同义(这里的"公"语义已虚化,或指某类型、某行业的人,或指某类动物、某类事物),也许与成都话的"舅公"、长治话的"脖项公"的"公"也不同义,不可与比。

在分析表示动物性别的词性时,对其中的语素也出现混淆概念义的毛病。如,对客家话的"牯""公"用在"老丈牯"、"虾公"中的概念义产生了误解,[①]事实上这里的"牯"、"公"已非使用本义,其语素义已经虚化。可见,语素义不相同无由将之拿来作论证异序词的依据;语素义相同时,在汉语文化圈中,中心语素是不会因语序的不同而改变的。

4."异序"现象的历史来源

汉语有一个不同于其他语言的重要特征,就是使用音、形、义统一体的汉字作为书面表达记录符号。别小看汉字,它与其他拼音文字的不同点正在于它不仅仅作为记录语言的工具而存在,它还以集音、形、义为一体的优势参与语言的表达,发挥其他文字难以发挥的作用。正因为如此,汉语从早期的单音节词为主向双音节词发展的过程中,汉字以语素的身份出现在词中,作为独立使用的汉字在逐渐失去独立的资格之后,担负起了构造双音节词的作用。同时,由于汉语韵律对音节的需要和方言的分歧,语素次序的对调和交换使用成为常有的事,如"室家"与"家室"、"衣裳"与"裳衣"在古诗文中的同现。所以,丁勉哉指出,同素异序的合成词是汉语长期历史发展的结果,它的起源是和合成词总的起源同样古老的。[②] 不妨再举几例:

中心(《诗经》)——心中(《礼记》)
朋友(《论语》)——友朋(《左传》)
学问(《荀子》)——问学(《荀子》)
安慰(《焦仲卿妻》)——慰安(《汉书》)
解脱(《史记》)——脱解(《史记》)

---

① 丁邦新:《论汉语方言中"中心语—修饰语"的反常词序问题》,《方言》2000年第3期。
② 丁勉哉:《同素词的结构形式和意义的关系》,《学术月刊》1957年第2期。

我们从大量的古籍和通俗文学作品中会发现,类似上文 C 组的异序词也是古已有之,到了现代还在方言中继续保留。可见,古汉语在从单音词为主发展到双音词为主的过程中,双音词的词序在排列上就存在不稳定现象,表达中心意思的语素在词序上有后置的也有前置的。张能甫也指出,之所以会有同素异序现象,是因为复音词产生之初语素的位序排列并不影响词义和使用效果。① 这些异序词后来在一些方言中得到了继承和发展。例如,下述"鸡母""菜蔬""利便""久长"等古汉语词今天泉州话都还保留着,但是,普通话则读为"母鸡""蔬菜""便利""长久"。

(1)鸡母

[例1] 鸡翁一,值钱五;鸡母一,值钱三。(北魏·张丘建《算经·百鸡题》)

[例2] 吾家有鸡母,乘春数子生。(北宋·李觏《惜鸡》)

[例3] 王员外道:"可怜,我道鸡母为何叫唤,原来见此鸭雏入水,认他各等生身之主。鸡母你如何叫唤?"(元·关汉卿《刘夫人庆赏五侯宴》)

值得注意地是,"鸡翁"一词今天泉州话中还在使用。另外,"鸭雏"是否在其他方言中保留,我们没有调查过,但"鸭雏"的语序同于"鸭母"则是显然的。

(2)菜蔬

[例1] 兄子济轻之,所食方丈盈前,不以及湛。湛命取菜蔬,对而食之。(《晋书·王湛传》)

[例2] 畲田涩米不耕锄,旱地菜园少菜蔬。(唐·白居易《即事寄微之》)

(3)利便

[例1] 堰吕梁水,树栅,立七埭为派,拥二岸之流,以利运漕,自此公私利便。(《晋书·谢玄传》)

[例2] 用此取济,两得利便。(唐·韩愈《论变盐法事宜状》)

[例3] 遂令鲸与鲵,掉尾乘利便。(明·刘基《诚意伯父集·感时述事诗之十》)

(4)久长

[例1] 今丘告我以大城众民,以欲规我以利,而恒民畜我也,安可久长也?(《庄子·盗跖》)

[例2] 年才五十,发白齿落,理不久长。(唐·韩愈《潮州刺史谢上表》)

语言是约定俗成的,是人类认识长期积累的结果,是使用语言的人代代相传的产

---

① 张能甫:《东汉语料及同素异序的时代问题》,《古汉语研究》2000 年第 3 期。

物。历代以来,汉语虽然都有雅言正音作为交际工具的主流,但正如汉族是一个多元融合的民族一样,汉语自古以来就存在方言的分歧。汉语词汇在双音化的过程中,不同区域的人从各自的角度出发为同一事物造词,他们可能选择不同的语素(字)组词,也可能选择共同的语素组词。在组词中,语素的排列可能是"A+B",也可能是"B+A";就是同一区域同一方言,也可能在语序排列上"A+B"和"B+A"两种情形共存。① 这种现象普通话也难免。例如:

  D 普通话——羊羔 熊猫 伤感 讲演 代替 缓和 质朴
    普通话——羔羊 猫熊 感伤 演讲 替代 和缓 朴质

普通话中的这些异序词现在还在使用中;其中前三组词中,"羊羔""熊猫"是"中心语+修饰语"的定语后置式,"伤感"是"中心语+修饰语"的状语后置式。后四组词均属并列式。总之,说同素异序现象是一种客观存在应该毫不过分。

5. 泉州方言"中心语+修饰语"构词法是对古汉语的继承

在泉州话中,以"鸡"为中心,就有如下一组词:

  公鸡的统称:鸡角
  有过交配行为的公鸡:鸡翁
  母鸡的统称:鸡母
  未下过蛋的母鸡:鸡健、鸡种

后一语素因前一语素而语义浮现。按泉州人的理解,中心概念不可能是后一语素,上文A组中的方言词都如此。张延俊认为,"春秋时代以前,在汉语数量结构与名词中心语结合的短语中,几乎都是数量结构置于名词之后。""其中有许多'名·数·量'形式短语都在句中作宾语,应理解为偏正结构。"② 储泽祥也认为,在先秦汉语中,修饰(限制)语后置的"名+数量"语序是一种常序。③

任学良认为,所有的主从式(即修饰语+中心语)都可以通过加"的"去理解,这是这种结构的显性特征。④ 我们以此检验A组和B组中的普通话的偏正式,均行得通,但检验异序的方言词则说不通。可见,这些方言词不是"修饰语+中心语"的偏正式,而是"中心语+修饰语"的正偏式。这种正偏式的构词方式古代汉语不是没有。王艾录等人就认为,"使节"的结构方式不是"偏正",而是"正偏"。其实"北国"一词也不是指"北面的国家",而是"国之北",也应属"正偏"。⑤

---

① 林华东:《泉州方言文化》,福建人民出版社1998年版。
② 张延俊在文中对做宾语的"名·数·量"用符号作了结构分析,实际上就是正前偏后的结构。参见张延俊:《也论"数·量·名"形式的产生》,《古汉语研究》2002年第2期。
③ 储泽祥:《"名+数量"语序与注意焦点》,《中国语文》2001年第5期。
④ 任学良:《汉语造词法》,中国社会科学出版社1981年版,第6页。
⑤ 王艾录、司富珍:《汉语的语词理据》,商务印书馆2001年版,第87页。

这种语序在现代汉语中仍然在沿用。普通话"瀑布"一词,中心语素应是"瀑",但普通话不说"布瀑"而说"瀑布"。这显然不是"修饰语+中心语"的偏正式,而是"中心语+修饰语"的正偏式。这些正偏式词语根本无异序可对应,是一种正常的语序。此类例子很多,例如:

E　普通话——石棉　袜船　虾米　煤砖　乳峰　法网　浪花
　　　　　　　篱墙　云海　月牙　雨幕　脸蛋　脑袋　糖瓜

这些词从语法角度做结构分析,都只能看成古代汉语"正偏式"语序规则的延续。正如修饰语前置不一定要有后置对应一样,不应强求修饰语后置要有前置相对应,因为这也是汉语构词上的常序。

语法理论是人们对语言事实的一种理性分析。一旦认为汉语在类型学上的特征之一是具有"修饰语—中心语"(或"形容词—名词")的词序,那么就会推论普通话的"公鸡"是"形+名",泉州方言的"鸡公"是"名+名"。这种把表示同一语义的"公"(雄性)因为构词位置的变化而解释为词性的变化,是否带有太多的主观意图?(既回避"名+形"的事实,也回避了"中心语+修饰语"的可能。)

其实,在广大南方方言中,"修饰语+中心语"的构词方式大量存在,这种现象并不仅仅是泉州方言一家独有。我们无论是把方言纳入汉语的大框架中考察,还是作为一种独立的系统看待,都应放弃汉语仅有"修饰语+中心语"的类型特征的观点,而表述为亦有"中心语+修饰语"这样的类型。这也许更合乎汉语的历史事实,更能够包容汉语的各大方言,也更具有科学性。因为汉语自古以来就具有宽厚的包容性,构词规则多此一类型只会说明语法的丰富性而不会贬损汉语的纯洁性,同时更能体现汉语语法的继承性,至于这一类型与汉藏语系其他语言或与古越语有着共同的特点,正好说明它们之间历来就有着亲属关系,而非谁受谁的影响。

参考文献

陈喘熙:《泉州方言词语类编》,泉州市离休教育工作者协会,2002年。
陈曼君:《泉州话"阿"字领头问句》,《泉州师范学院学报》2001年第1期。
丁邦新:《论汉语方言中"中心语—修饰语"的反常词序问题》,《方言》2000年第3期。
方小燕:《广州话句末语气助词的性质和对语言信息的作用》,载《汉语方言语法研究和探索》,黑龙江人民出版社2003年版。
郭锡良:《古代汉语讲授纲要》,中央广播电视大学出版社1983年版。
高明:《简论〈太平经〉在中古汉语词汇研究中的价值》,《古汉语研究》2000年第1期。
侯精一:《长治方言志》,语文出版社1985年版。
黄典诚:《汉语语音史》1981年油印本。
黄建宁:《〈太平经〉中的同素异序词》,《四川师范大学学报》2001年第1期。
洪丽娣:《古代汉语中同素异序词的研究》,《沈阳师范学院学报》1997年第2期。
林华东:《闽南方言语气词探源——兼论古汉语语气词在现代汉语中的留传》,日本《中国语研究》1994 年第 36 号。
  林华东:《泉州方言文化》,福建人民出版社 1998 年版。
  林华东:《闽南方言的形成及其源与流》,《中国语文》2001 年第 5 期。
  林华东:《从复合词的"异序"论汉语的类型学特征》,《泉州师范学院学报》2004 年第 3 期。
  林连通:《泉州方言志》,社会科学文献出版社 1993 年版。
  林鹏翔:《林鹏翔答嘴鼓艺术》,厦门大学出版社 1997 年版。
  李如龙:《试论汉语方言词汇差异》,《语文研究》1982 年第 2 期。
  李如龙:《汉语方言学》,高等教育出版社 2001 年版。
  李方桂:《上古音研究》,商务印书馆 1980 年版。
  彭逢澍:《湖南娄底方言的语气词》,载《汉语方言语法研究和探索》,黑龙江人民出版社 2003 年版。
  齐沪扬:《语气词与语气系统》,安徽教育出版社 2002 年版。
  任学良:《汉语造词法》,中国社会科学出版社 1981 年版。
  任铭善:《汉语语音史要略》,河南人民出版社 1984 年版。
  孙锡信:《近代汉语语气词——汉语语气词的历史考察》,语文出版社 1999 年版。
  孙锡信:《〈世说新语〉虚词综述——王力先生纪念文集》,商务印书馆 1990 年版。
  史存直:《汉语语法史纲要》,华东师范大学出版社 1986 年版。
  史存直:《汉语语音史纲要》,商务印书馆 1981 年版。
  太田辰夫:《汉语史通考》,重庆出版社 1991 年版。
  佟慧君:《常用同素反序词辨析》,湖南人民出版社 1983 年版。
  王建设等:《泉州方言与文化》,鹭江出版社 1994 年版。
  王艾录、司富珍:《汉语的语词理据》,商务印书馆 2001 年版。
  王力:《汉语史稿》,中华书局 1980 年版。
  杨伯峻:《古汉语虚词》,中华书局 1981 年版。
  杨伯峻、何乐士:《古汉语语法及其发展》,语文出版社 2001 年版。
  杨秀明:《漳州方言的句首语助词"啊"》,《漳州师范学院学报》1996 年第 1 期。
  项梦冰:《试论汉语方言复合词的异序现象》,《语言研究》1988 年第 2 期。
  邢公畹:《汉语方言调查基础知识》,华中工学院出版社 1982 年版。
  袁家骅:《汉语方言概要》,文字改革出版社 1983 年版。
  周长楫、欧阳忆耘:《厦门方言研究》,福建人民出版社 1998 年版。
  周耀文:《潮汕话韵汇》,中国社会科学出版社 1999 年版。
  周振鹤、游汝杰:《方言与中华文化》,上海人民出版社 1986 年版。
  张清常:《上古汉语 SOV 语序及定语后置》,《语言教学与研究》1989 年第 1 期。
  张能甫:《东汉语料及同素异序的时代问题》,《古汉语研究》2000 年第 3 期。
  张延俊:《也论"数·量·名"形式的产生》,《古汉语研究》2002 年第 2 期。
  张振兴:《台湾闽南方言记略》,福建人民出版社 1983 年版。
  赵诚:《商代音乐探索》,《音韵学研究》1984 年第 1 辑。
  朱维幹:《福建史稿》,福建教育出版社 1984 年版。

思考题

1. 语言与文化有什么关系？谈谈你的看法？
2. 闽南方言是如何形成的？
3. 说说闽南方言的分布情况。
4. 与普通话比较，闽南方言在语音、词汇和语法上有哪些特点？
5. 与你的方言比较，闽南方言有哪些特点？从语音、词汇、语法上分析。

第三章　闽南家族文化

第一节　中华传统的家族文化在闽南的延续

一、中国家族的形成与本质

家族的本质，是以血缘关系来组成的。

从中国出土的仰韶文化中可以证实中国最早的家族文化带有浓厚的母系氏族社会。目前仍然有母系氏族社会的存在，如云南泸沽湖畔摩梭人的生活方式。舅舅是家族的最受尊敬的人，在中国的家族里，有尊敬舅舅的风俗习惯。但是在中国广大地区，家庭状况与摩梭人大不相似，泸沽湖生活着的摩梭人，是母系社会遗留下来的活化石，在中国漫长的历史中，以父系为中心的家族形式是生活的主要方式。而由母系氏族向父系氏族过渡，是一个漫长的过程。

从伏羲开始，先民们建立起了父系血缘的关系，女性在家族中的地位逐渐地被男性取代，并且建立了稳定的对偶婚制度。从妇居变为夫居，婚姻发展成一夫一妻制，母系氏族社会分裂成了许多个体的父权家长制家族，人类进入了父系社会。

部落联盟是最大的原始社会集团。在父系氏族之上，还有胞族和部落。胞族称为"老氏族"，是较大的氏族，由几个有血缘关系的家族组成，是介于氏族与部落之间的社会组织。通常每个部落有两个以上的胞族，每一个胞族内部，又分为两个以上的氏族。相邻的几个或多个部落结合起来，组成部落联盟。

在历史上，各部落之间曾经发生过三次著名的战争，而最后炎黄合为一体，称为今天炎黄子孙的共同祖先，从而稳定了部落联盟宗法家族体制。

在父权家长制的基础上发展起来的宗法式的家族制度，在2000多年前的周代已经十分完善，构成了奴隶主贵族的等级阶梯，成为奴隶制社会的基本社会政治制度。其特点是将政权和族权、君统和宗统结合在一起，国家各级行政组织（按地域划分）与大小家族（按血缘划分）基本上合二为一。当一个家族被分裂成几个小家族之后，原来的大家族被称为"大宗"，分裂出来的小家族被称为"小宗"。族长被称为"宗子"，一个家族的宗子职位，必须由第一代宗子的嫡长子、嫡长孙代代传袭，即所谓的"嫡长子继承制"。宗子的权利是主持家族的祭祀、占卜、惩罚族人。

2000多年以来,无论朝代如何更迭、历史发生怎样的变化,以父系血统为主体的社会组织形态基本上被保留和延续下来,并形成了独具特色的家族文化。

二、家族与村落现象

父系的血缘,是建立和维系大多数中国家庭的骨干和核心。

村落是在原始部落的基础上发展起来的,它是由若干个父系血缘组织为维护本地区共同利益而组成的地缘型社会组织,又称为"地缘共同体"。无论是北方还是南方,村落多则几百户,少则十来户,为中国独特的家族现象的存在提供了必要的条件,形成了内涵丰富的村落现象。它有比较稳定的地域范围,有属于村落所有家庭的庙宇、桥梁、水渠、山林、道路等不动产和公共设施。在这里,人们的村落意识很强,为维护村落荣誉,捍卫村落的利益,村民会不惜一切代价,甚至不惜献出生命。一个村落大多是一个姓氏,有的也有多种姓氏,依据村落同姓与异姓家族所占比例的不同,我们可以将村落划分为单一型村落、姻亲型村落和杂姓型村落三类。

单一型是由单一家族繁衍出来的单姓村落。有人称之为"孤家子"型村落,从村落的名称上我们可以识别,如赵庄、张村、唐家村等都属于这种类型。单一型的村落,村长就是族长,村事就是家事,在管理体制上,遵循着严格的封建家长管理制度,每一个家庭都是家族的一个成员,村落的政治、经济、军事、人事大权,完全掌握在家族的手中。

单一型的村落的形成有两个方面的原因。一是起源于家族世居传统。在古代游牧民族居住区,牧业生产都是以单一家庭的方式进行的,随着家庭人口的递增,逐渐发展成大家族。这些流动人口一旦固定下来,就会形成人口数量不等的农牧村。在早起社会中,渔猎民族、农耕民族大多也有着相似的聚族而居的文化传统。这种村落一旦形成,便会因土地的缘故而永久地固定下来。二是求生存的需要。有的是为了躲避战乱与追杀,整族迁入山林,如河北井陉县的于家村就是明朝尚书于谦的后人为了逃避朝廷的追杀,躲进深山里建立起来的;有的是为挖金、采矿、狩猎而举家进山,聚族而居。例如,内蒙古包头市的常家庄,就是20世纪20年代"走西口"时,山西晋商大户常家因口外做生意的需要,子孙逐步在当地生根繁衍出来的。目前这个常家村的建筑与山西常家保留下来的建筑一模一样。可见姓氏在中国家庭中所占地位的重要性。

姻亲型村落的形成大体有两个原因:一种是在单一型村落基础上发展起来,另一种是因为若干异姓家族因为生存的需要,以联姻的形式聚族而居,并最终形成以其各大姓为主的姻亲家族性村落。如"三家子"、"五家子"、"八家子"等。这种村落各家族间的同辈男女可以通婚,同族内不行,维系这种村落各家庭关系的关键因素是姻亲关系。村中如果发生大事,必须由两大家族出面协调。村落的矛盾集中体现在姻亲家族的利益之争以及与隔壁村落的利害冲突上面。

杂姓型村落形成的原因大体上有两个。一是历史上的屯兵、屯田。这类村落主要分布在古代大都市的周边及需要戍防的边疆地区,一般村名后带有"营"、"台"、"屯"、"堡"等字眼。兵营中姓氏很多,一旦解甲归田,屯兵的大营,也演变为后来的村落。这类村落姓氏复杂,民俗也明显地呈现出多样化。二是由于受到某种自然灾害的影响而形成的移民村落。这类村落主要集中在历史上移民较多的移民居留地。如晚清时期由于中原旱灾、蝗灾和水灾不断,大量的山东人为了生计闯入关东,东北许多地区就形成了以同乡或异乡人家庭共同组成的杂姓村落,或者杂姓屯子。

三、与家族有关的一些礼仪习俗

1. 家族

家族是按照血缘关系构建的,彼此之间有互助互救的义务和责任。这一宗法体系相对独立,又高度集中,形成了金字塔式的稳定的社会经济单位。古时家庭婚姻大致遵循同姓不婚、世代联姻等原则,并形成了一妻多妾的婚姻制度,无论是平民还是贵族,正妻只有一个,妾可以很多,纳妾的主要目的是使家族能够人丁兴旺。可以说,那个时候,家族观念在社会基层得到了广泛的渗透,家族成为维系社会稳定的重要力量。尤其在江南家族势力发展得更加迅猛,宗法血缘关系主导了政治生活,由此形成累世同居的封建大家族。这种聚族而居的封建家族是一种民间的地方宗族组织,负有传承思想文化和宗法教育的功能,实际是周代以来宗法制的变种,实行族长管理体制,族长权威不可侵犯。家族文化,是古代宗法社会的产物,更是中国传统文化的标志性特点。祠堂、家谱、族田是家族的三要素。

2. 家谱

家谱是家族文化积累的社会产物,中国人历来都很重视,国有国史,家有家史,家谱的作用是记录一个家族的历史,以文字形式记载本民族肇迁繁衍的脉络,记录本民族的分支状况及历代族人的功绩。中国人不注重个性张扬,过着一种聚族而居的集体生活,家谱是维系家族、宗族的有形纽带。家谱的名称很多,如宗谱、世谱、族谱等,又可分为宗谱、通谱、支谱、房谱、统谱、会谱等。以前只有男性能上谱,而如今几乎所有的人都可以在家谱上留名,因此很受重视。私家修谱从宋代兴起,在清代中期达到鼎盛。一般来说,家谱由几个部分组成:家族源流、堂号、世系表、家训、家传、艺文、图像。家谱的历史源远流长,已经形成了有独特内涵、浸润着民族情愫的谱牒文化,对民族的心理素质、价值取向、言行举止都产生了潜移默化的影响,是家族礼仪的重要组成部分,具有珍贵的历史价值,它不但凝聚着家族成员的灵魂与血缘,还凝聚着一个国家、一个民族的自豪感与认同感。

3. 家祭与宗祠

中国独特的宗法制度,对社会、民众产生了巨大而深远的影响,许多后来的社会制度、价值观念、伦理纲常都由此衍生出来的,并逐渐形成了宗祠以及祭祀制度。宗祠是一个家族隆重举行祭祀祖先仪式的场所,是族人认同宗族血缘关系、维护宗族共同利益的重要场所。祭祀是一个家族借以凝聚族人的重大活动,二者与家族的生活密切相关。中国提倡孝道，尊重祖先，修建祠堂的风气很盛。宗祠是家族的门面，宗祠的大小，直接反映了该家族的兴衰状况和社会地位，在修建宗祠时往往是举全族之力。祭祀祖先是家族最重要的活动之一，每个族人都应该参加。而对族人最严厉的惩罚便是不允许参加祭祖了。每一个家族，祭祀祖先活动都有具体的内容和要求。祠堂的管理，一般由专人负责，老实、可靠的族人是首选。家族祭祀活动扩展开来，久而久之就会约定俗成，固定成某一习俗，或以某一阶层民众的集体活动形式出现，进而形成一些组织活动，如会社、诗社等。在中国的小说中，家族特征非常明显，如《红楼梦》中，贾府族人就常常和亲戚们结社作诗，表现出浓郁的家族文化特征。

侯氏宗祠

4. 家法族规

中国人很重视"齐家"，认为"齐家"之后才能"治国平天下"，因此非常重视本族子弟的教育，并设立了一些条文和规范来要求本族弟子，因此家法族规是家族内设定的严格的规章制度，所谓"国有国法，家有家规"，目的是治理好家族，每个家族，几乎都有，是中国家族文化中相当重要的一部分。家法的产生没有特别固定的模式，一般是在家族会议中就家族成员商议确定。家族教育主要有两个方面的内容：一是家族道德教育、包括伦理纲常为人准则等；二是家族文化教育，包括识字、创业等，既激励家族子弟积极上进，有告诫他们要安分守己。家法家规是中国古代家族教育的一大特色，它将道德品质教育融于文化教育之中，对中国传统文化的继承和普及有一定的贡献，对后世也产生了积极的影响。

5. 姓氏

姓氏是代表中国传统宗族观念的主要外在表现形式,是一个家族在社会上的政治地位及身份的象征,这在中国的很多古典小说里都有充分的体现。如《红楼梦》的四大家族所享受的特权就是因为他们的家族比别的家族特殊。姓氏往往代表"门第",门第有高低贵贱之分,中国古代社会分为士、农、工、商,择偶讲究"门当户对",这种观念甚至影响着我们现在的生活,在有些家谱中这样记录着该家族的家法——"娶妻不若吾家,嫁女必高吾家",有关受"门当户对"观念影响的史实和小说故事不胜枚举。

族谱、宗祠、族规、族产及族长的有机结合,维系着宗族的存在和运转。它们构成了一种完备的宗族制度,使宗族得以履行自己的功能,实现自身的目标。

四、传统家族的文化内涵

1. 为家族而活的人生观

"光宗耀祖"今天我们经常能听到这样的词,人们努力拼搏,争取事业有成,就是为了"出人头地,光宗耀祖",在科举时代,中举人、进士者,返乡要拜祠堂,或为宗祠立旗杆,或向家族捐献田产,壮大家族实力,这就是为家族争光。皇帝及地方政府,也会因某人的业绩或义行,奖予匾额,家族将它挂在祠堂,引为殊荣。品官有家庙祭祀制度,成为法定承认的望族,何其荣耀。

2. 尊祖敬宗的团体意识

"尊祖敬宗睦族"、"敦宗睦族"是家族史文献中常见的词语。尊祖,除了敬重在世的前辈,更重要的是讲究对祖宗的祭祀。祭祖,是表示"水源木本"之思,"慎终追远"之意。"我从哪里来?"是祖宗的遗胤,为先人所赐,所以要溯源报本,对祖先永远保持敬重心情,进行永久的纪念——常备不懈的祭祀。敬宗是尊重宗子的权威,服从他的领导,认同他所代表的组织——宗族。所以敬宗、敦宗的涵义,首先是族人以宗族为自己的组织,其次是认同宗族的代表宗子、族长为领导人,由他们带领自己实现尊祖祭祖的愿望。至于睦族,是讲处理好族人之间的关系,维护宗族的团结和合作,使宗族长存,是尊祖敬宗的必要内容。所以尊祖、敬宗、睦族三者,尊祖是目标,也是出发点;敬宗、睦族是实现目标的条件,是在尊祖的旗帜下实现家族的团结,就中敬宗是关键所在。

3. 讲求孝道的家庭、家庭伦理精神

家族、家庭伦理讲求上慈下孝,父母对子女的抚育,应有慈爱的态度,教给谋生的手段,但是在实际上,由于古代社会物质生产的有限,或者说不足,绝大多数父母所能做到的是在艰难困苦的生活条件下将孩子"拉扯大",就是有恩于子女。"百善孝为先",足以表明孝道在人伦关系中的重要地位。孝道的三种内涵,关系到家族的发展,它的成功实现,乃至或多或少地实现,才能造成家族的延续。家族的兴旺,子孙的繁衍,是家族最为重大的事情。所以孝道的最终要求不只是对父母的孝养,还包括族人

事业有成、人丁兴旺、光大门庭。

4. 孝与忠的交融性

孝与忠是两个概念,是严格区分的,不可混淆,但是它们又有着极其密切的联系性,并有交叉的内容。孝以忠为必要的内容,这样使得家族与国家有了深厚内涵的连接点,产生一致性。忠道承认孝道的合理性甚至孝道是实现忠道的前提。孝与忠有着内在的联系,存在着交融性,主要是孝道包含浓重的忠君内容。这种交融性,就使得家族文化突破了家族的范围,使它不仅成为家族社会的信念,还是整个社会的一种观念。

五、中国传统家族文化的特征

(一)表象特征

1. 结构特征

家族结构也称之为家族类型。以亲缘关系为标准,传统家族结构可分为核心家庭、主干家庭、联合家庭、家族家庭等。

2. 经济特征

传统家族的经济特征突出表现在有族产来维系家族的生存。族产又主要指族田。族田是家族的经济命脉,是家族各项活动的经济后盾。没有族田也就没有家族的凝聚、延续和存在。族田主要是通过族人捐助的方式获得的,是为全族人的利益服务。

3. 教育特征

传统家族的教育功能别具一格,教育方式是多方面的。有的族长经常在祭祖之后在祠堂向族人宣讲家训族规,或讲解圣谕,以臻教育和规范族人的目的。然而家族教育的主要方式是办学,"兴启蒙之义塾"家族教育也兼及算术、故事、人生道理等,以此达到职业和道德教育的目的。职业教育主要为了选择未来的职业,一般家庭期望不高,根据实际进行选择,士农工商皆可。家族尤为重视修身律己、为人处世的道德伦理教育。家族道德教育的实质,"不徒诵读诗书,大要使之识尊卑上下孝悌忠信礼义廉耻而已",所以道德教育无疑有助于家族以至国家的专制统治。

4. 宗法特征

这里指家族宗法观念上的突出特征。宗法观念的内容极为广泛,其重点为"祖先崇拜"、"忠"、"孝"观念等。

以上我们从五个方面论述了传统家族文化的表象特征,这些特征之间并非彼此割裂、相互孤立的。他们是一个有机的整体,互相制约,互相影响,互为条件,互为依存。这种相互牵制的内聚力正是传统家族具有顽强生命力的内在根据。

(二)本质特征

1. 优质特征

端正风气:家族由于注重伦理和家风教育,有助于端正家庭、家族和社会风气。家族往往要求族内成员执法如山、守身如玉、爱民如子、去蠹如仇,勿为奸为盗和赌博争讼。中国家族的互助精神,一方面体现在协力互助进行生产上,也体现在对贫穷孤幼鳏寡孤独废疾者的救济上。另外,更为重要的是,这种互助精神在"亲族"的基础上,可升华至"合国"的高度。

敬老养老:为敬孝老人,有些晚辈子孙甚至不惜放弃自己诸多利益,甚至包括尊严和地位等,老人在传统家族内除了可以得到生活上的照顾,还可以得到精神和感情上的慰藉。中国家族文化不但讲求内心和谐,身心协调,尤主张"兄弟相同,上下和睦","万事和为贵",非常重视和平共处。家族内部的和平共处不但带来精神生活的快乐,还能使家人之间精诚团结,给经济生活带来效益。

2. 劣质特征

依赖懒惰:传统家族结构及其内在机制最易养成国人的依赖性和惰性,而吞噬个人的自主性和独立性。

专制野蛮:父家长在家庭中的专制地位是不可动摇的。任何其他家庭成员在专制的父家长面前只能是卑躬屈膝、俯首帖耳、唯命是听。这种家庭专制甚至达到了野蛮的程度,以至视家人为非人,在惩罚族人的方式中暴露得最为彻底。

亲疏有别:中国传统家族内部的亲属关系的一个突出特点就是亲属名称的细繁。亲疏关系往往导致家族内部小家庭间的矛盾及这房与那房的矛盾。

狭隘自私:传统家庭文化由于注重家族利益高于一切,以至出现"明知公益之事,因有家而不肯为;明知害人之事,因有家而不得不为"的狭隘自私现象,不顾损害全局和他人利益。这种狭隘自私的心态进一步膨胀,则表现为无国家思想、信奉"不在其位,不谋其政"的信条,把"莫谈国是"作为座右铭。

等级严格:传统家族成员关系的一个重要特点是讲求和注重尊卑、上下、嫡庶等。这实质是家庭成员之间的等级界限,不过是为了确定不同族人在家族中的地位和权利。

无独立和自由:传统家族文化强调个人修身律己,自我规束,形成权威和尊长的心态,使个人毫无独立、自由、思考、创造、批判直至造反的精神。

第二节 闽南村落家族文化

闽南人聚族而居,村落家族文化凸显。闽南的家族文化具有中华家族文化的所有元素,如家法家规、族谱、家祭等,并且把它演绎得淋漓尽致,在历史的演变中带上了自己独特的色彩。

闽南家族文化除了具有中华传统与家族文化的基本特征之外,还具有其自身的特点,其中闽南村落文化是闽南家族文化的最主要也是最突出的特征。

一、闽南村落家族是闽南文化形成的基本载体

闽南文化作为一种具有显著特色的区域文化,它的发生和形成是由多种要素决定的,最基本的乃是共同地域上的具有某些共同特征的居民。它不仅要有相对确定的地域作为发酵的地盘,而且要有相对固定的居民群体为依托,地域与民居互相依存,构成一个统一体。星罗棋布的闽南村落家族,由于其特定的基质,从而成为这一基本载体。

龙海市东园镇埭尾村——闽南第一古村落

中原士民不断进入闽南后,在这一地区就逐渐形成了一个个具有特定基质的村落家族,构成社区基层组织的基本形态。村落家族的基质主要在于:一是血缘性。家族成员以相同的血缘关系为联结,并从这一血缘关系出发联结其他亲属关系。家族成员凭着血缘相同的身份相互认同,组成一个紧密的整体。二是聚居性。家族一般生活在相对集中的地域之上,这既是他们的生活基地,也是他们的生产基地,血缘与地缘在这里浑然一体。三是农耕性。由于社会的主要资源基本上来自土地,村落家族是这样一种类型的群体,即它以全体族员耕种一定范围的土地获得生存资源。四

是自给性。农耕性的经济决定了这种经济是自给自足的,因为生产力水平不高,生产的目的主要是为生产者提供生存资源,而不是用于交换。五是封闭性。由农耕性和自给性出发,必然导致村落家族的封闭性,表现为与外部缺乏常规性的联系,没有经济的、文化的、人际的广泛交往。六是稳定性。家族呈现出某种"超稳定性",包括生活方式、价值取向和心态的稳定性等等。

　　闽南文化的最基本特征,正是借助于村落家族的基质,以村落家族为载体而形成的。从形成的时间进程看,它与闽南村落家族文化的形成进程基本上处于同步,这也从一个侧面反映出两者之间的密切关系。闽南村落家族文化在唐代以前逐步成形,至唐、五代基本形成,这也正是闽南文化形成的大体进程。从中原士民南迁闽南的过程可以看出,他们往往统率家族乡里的子弟们,整族整乡地迁徙。到了闽南地区后,基本上又是聚族而居。闽南的村落家族文化,正是在这个过程中逐步形成。也是在这个基础上,闽南文化的一些初始特征开始形成,不仅形成了共同的语言与习俗,而且带有地域文化特征的共同的观念形态亦渐次形成。

　　闽南的村落家族,不仅为闽南文化的形成提供了基本依托,而且为闽南文化的传承提供了稳定的载体。由于村落家族作为一个整体,它以血缘关系为纽带生活在相对集中的地域之上,而血统又使家族排斥非血统人员的介入,因而它作为一个群体本身具有相对稳定性;由于村落家族带有明确的农耕性特点,它的生活与农耕劳作基本上浑然一体,族员被固定在土地上,基本经济形式是小农经济和家庭手工业相结合,这就决定了村落经济本质上是一种自然经济,族员能够在这个地域中实现一定程度的自给自足,从而浇铸了村落家族经久不散的权威基础;由于生产力长期迟缓不前,外部也没有什么经济力量和信息力量能够有力地渗透到村落家族中去,从而使封闭的格局在很大程度上难以被突破,这更增加了村落家族的稳定性。所有这些,使村落家族成为一种稳定的文化载体,一旦形成或接受了某种语言、习俗或观念,则这些东西即具有高度的稳定性,通过家族的自然延续而得以承袭下来,不易受到动摇与破坏。社会文化的延续性乃是以其基本载体的稳定性为前提的,正因有众多的闽南村落家族的稳定性,从而使闽南文化形成后得以不断延续。

二、闽南村落家族是闽南文化精神的底蕴所在

　　就观念形态层而言,闽南文化中包含着不少独特的东西,这是闽南文化显著的精神特质,也是闽南文化区别于其他区域文化的突出标志。这些观念的发生与形成,追根溯源与闽南村落家族的生存环境息息相关,因而实际上都可以从闽南村落家族的运行中找到其底蕴。

　　其一,拼搏精神。正如许多研究闽南文化的学者们所指出的,勇于拼搏是闽南文化中最为突出的精神特质之一,"敢拼爱赢"正是这一精神的高度概括,也是闽南人历来引以为傲的一种传统价值观。这种社会价值观首先是从闽南村落家族中孕育出来的。中原移民在向闽南寻找新族居地的过程中,翻山越岭,长途跋涉,面对着种种艰

难险阻。为了获得新的生存空间,唯有勇敢地拼搏。在闽南新的族居地,移民们所处的环境同样是险恶的,不仅要同恶劣的自然环境作斗争,而且要同闽越土著的反抗作斗争。因此,不断的拼搏仍然至关重要,否则就难以在新的族居地站稳脚跟,家族生存将面临巨大威胁,更别论获得不断地发展了。拼搏精神因此凝聚而成,成为家族的一种基本价值观念,并且通过家族的自然延续而不断传承。"少年不打拼,老来没名声",这条在闽南历来广为传诵的著名训诫正是发端于家族,并成为家族长辈对年轻一代族员不断灌输的一种价值观。家族对族员的不厌其烦地教诲,使这一观念不仅根植于族员的思想深处,成为普遍认同一种价值取向,而且为一代又一代的家族成员所承继。村落家族发生的这种价值观,它的聚合就成为闽南社会的一种价值观。

其二,开拓精神。勇于开拓,敢于创新,这也是闽南文化观念体系中较为突出的特征之一。所谓"敢为天下先",正是这一精神特质的基本体现。作为一种历史积淀下来的价值观,它的形成同样可从闽南的村落家族找到其底蕴。一般而言,村落家族的观念形态较为保守,这是由其农耕性与自给性的基质所决定的。闽南村落家族的观念尽管同样具有保守的一面,然而另一方面又显示出较为强烈的开拓意识。这种现象的出现,从根本上说在于其所处的特定环境。闽南地区本身幅员不大,又属丘陵地带,除了沿海地势较为平坦外,大部分为起伏不平的山区,可耕地不多且土壤贫瘠。大量中原士民迁徙闽南聚族而居后,不断繁衍生息,人口迅速膨胀,在日显狭迫的地盘中通过农耕获取维持家族生存所必需的资源显得愈来愈难。这是一种压力,也是一种动力。不断开拓创新,寻求新的生存资源,成为闽南村落家族一种必然的选择。

其三,开放精神。较为开放的意识,也是闽南文化观念形态中颇为显著的特征之一。长期以来,闽南社会总是以一种较为开放的姿态展现于世人面前,这无疑与其较为开放的社会意识密切相关。这种社会意识的发生同样与闽南村落家族的生存环境有很大关系。一般而言村落家族具有封闭性基质,但是历史上的闽南村落家族却在相当程度上表现出一种开放性。造成这种独特现象的原因是多方面的,但村落家族生存地域狭迫同时又濒临海洋的特点却是最主要的因素。一方面,闽南地区可耕地紧缺,这对以土地为基本生存资源的村落家族而言无疑是一种巨大压力;另一方面,闽南地区濒临大海,拥有漫长的海岸线,扬帆一出就是浩渺的大海,通过海外贸易可以获取新的生存资源,弥补家族基地生存资源的不足,甚至可能获得比在家族基地更多的资源。这就促使闽南沿海的村落家族很早就寻求向海外发展,不断走出家族基地,远赴海外各地开展贸易,同时积极吸引海外商人到闽南进行贸易。这种对外开放为村落家族开辟了新的资源渠道,也使它们认识到加强与外部的交往,对于家族的生存与发展无不具有重要意义。因此,尽管这种开放是自发的,本身充满艰辛,而且常常受到统治阶级的压制和打击,然而它一直是闽南沿海村落家族的重要活动,历唐、宋、元、明、清始终没有停止过。

其四,兼容精神。具有较大的兼容性也是闽南文化的精神特质之一,这种兼容精神的产生同样与闽南村落家族的运行方式有很大关系。闽南的村落家族正如其封闭性并不那么厉害一样,它的排他性也不那么厉害,对外来文化表现得比较宽容。这种兼容性与其比较开放的家族意识密切相关。闽南村落家族所处的较为特殊的生存环境,决定了它们需要而且可能加强与外部的交往,从而表现出相当程度的开放性。而村落家族在与外部较为广泛的接触中,逐渐产生这样一种意识:包括海外文化在内的各种外来文化都有一定的可取之处,容许这些文化的介入,适当的兼收并蓄,可充实本土固有文化,使之显得更为丰富多彩。一概排斥各种外部文化,反而使本土文化显得单调与枯燥。因此,面对各种外部文化的不断渗入,村落家族不仅没有表现出强烈的抗拒与排斥,反而在某种程度上予以接受。历史上各种宗教相继进入闽南尤其是泉州地区,并在此形成了不同宗教信仰的村落家族,如晋江陈埭和惠安百崎的回族村落家族,它们与这里原有的具有不同宗教信仰的村落家族彼此和平共处共存,就是一个很好的例证。

其五,兼济精神。"达则兼济天下",这也是闽南文化观念形态中较为突出的一种观念。这种观念首先同样发端于村落家族,是由村落家族发生的进而发散于社会的一种价值观念。村落家族的兼济精神的发生,固然与其血缘性基质直接相关,但更重要的则在于家族的生产方式。社会生产力水平低下,农耕性的基本特点,社会调控能力不足,决定了在一定村落家族中生活的族员,无论是求生存或求发展,都必须依靠家族成员之间的相互扶持。这就决定了互相扶助因此成为村落家族成员普遍的一种观念,由此又决定了其敬宗睦族、木本水源的观念。村落家族又通过各种形式不断强化这些观念,使之深深根植于族员的脑海之中,并一代一代传承下来。因此,村落家族成员无论身居何处,倘若事业有成,总是不忘报效家族,并由此进而扩展为报效桑梓,报效社会。正是由于作为社会基层单位的村落家族普遍具有的兼济意识,从而构成了闽南文化中较为突出的兼济精神,至今仍然在发挥着巨大的作用。

总之,闽南文化的一些精神特质,无不与闽南村落家族的特定环境有着密切关系。这些由村落家族发酵出来的观念,它们的放大即体现为闽南社会的观念。作为已被社会普遍认同的观念,它们长期弥散于闽南社会中,反过来进一步强化了村落家族的这些观念。

三、村落家族文化是闽南文化向外传播的重要内容

在历史的长河中,闽南文化通过闽南人成批外迁而辐射到他乡异域,尤其是广泛传播于台湾地区及东南亚各国,对这些地区的文化发生了不小的影响。闽南文化的向外传播中,村落家族文化是其中最基本的又是最突出的组成部分。

闽南移民在重拓家园的过程中,以闽南家族文化为蓝本发酵出的一整套村落家族文化中,虽然注入一些新的色彩,但仍较完整地保留了其文化源头的外观形态和内在逻辑,具体表现为五个方面:

一是血缘性的群体性质。闽南村落家族的这一基质在移民社会中不仅得到非常鲜明的体现,而且与祖地家族直接联系起来。移民往往以血缘为纽带形成新的家族

共同体,凡同一家族繁衍的后代均带有相同的宗姓。宗姓是从闽南带去的。为使家族成员更清楚家族的源流,更便于家族的认同和相互之间的认同,移民家族的宗姓很多还冠以祖籍宗姓的特殊标识。

二是地缘性的族居方式。聚族而居在闽南移民的社区格局中同样得到突出的表现,而且也与祖地家族联系起来。闽南移民家族基本上仍居住于共同地域之上,这是他们繁殖的基地,生存发展的胎盘。移民的新族居地村落,有的还采用闽南原族居村落的名称。这种做法正如宗姓冠以祖籍标识一样,目的也是更易于对家族的体认,同时也更明确地表示自己是闽南某村落家族的分支,与祖地家族一脉相承。

三是家族内部严格的辈分等级制度。移民家族继承了闽南村落家族的这一组织结构原则,复杂的亲属体制与血缘等级制度基本上如出一辙。移民家族不仅使用辈分划定内部的等级关系,而且辈序也直接从闽南承袭过去。因为祖地原家族实际上早已排定的长远辈字,有的甚至可以管用千年以上,而移民移居前本身在某一家族辈序中已有了明确的辈分序号。辈序符号是血缘地位的标志,辈分的高低通常即意味着威望的高低和权势的大小。每个人一出生即被决定了他在某一辈序中的位置,从而也就被决定了他在这个等级系统中的地位和应采取的态度。这些原则在新族居地与原族居地的家族中都是一致的。

四是多样性的族化功能。如同闽南的村落家族一样,移民家族为使族员最大限度地达到家族认同,保障家族系统的存在和延续,采取各种形式强化家族意识。这些活动基本上也承袭了祖籍地家族的传统。如兴建宗祠。外迁的闽南人在台湾和东南亚兴建的族姓祠堂多不胜举。这些祠堂往往沿用祖籍祠堂的名称,有的甚至连建筑形式也模仿祖籍祠堂。如祭祀先祖。包括祠堂祭祖,祭祀先祖坟墓,以及平时的各种祭祀,从祭期、祭品祭器以至祭仪,基本上沿用祖地家族的做法。如婚丧喜庆。移民家族中的婚丧喜庆活动,从内容到形式与祖地家族基本上如出一辙。如编修族谱。移民家族不仅也编修族谱,而且从编修原则到体例也与祖地家族相一致。又如神祇信仰。村落家族的格局使移民不可能放弃自己祖先的神祇信仰,他们往往在新的族居地按祖地神庙格式建神庙,供奉一些保护神,包括从原族居地带去的"挡境神"等。

五是礼俗性的调节手段。移民家族亦以礼俗为调节手段,它没有正式的明文规定的法律约束族员的行为,而是依靠约定俗成的戒律来调节家族内部的人际关系。这些礼俗大多也是祖地家族的遗产。原有家族在长期的活动中发展出的整套礼俗规范,移民在祖地时自幼便加以学习,并认同为社会生活赖以维持和延续的原则。这些礼俗也渗入进移民家族生活,构成其不可分离的组成部分。例如,移民家族借助祖地家族的族规族训,维持家族的秩序,而族规族训正是礼俗的重要内容之一。

可见,闽南移民文化中,村落家族文化乃是最直接的反映,是占主导地位的文化。移民文化中的大量成分,或者说基本的价值取向,与村落家族文化水乳交融。村落家族文化作为传统文化的核心,笼罩着移民社会,向移民社会的方方面面辐射它的核心精神。可以说,闽南移民的村落家族文化已放大成了社会文化,融入当地社会之中,成为当地文化不可分割的部分,也为当地文化注入了新的色彩。更为重要的是,移民家族活动所酿造出的家族文化的核心,乃是中国社会几千年遗留下来的宗族观念,是"木本水源"、"敬宗睦族"的思想感情。对于移居的闽南人而言,这些观念与感情被赋予一层新的特别的意义,即成为强烈的故土情思的寄托,是故土文化的象征。移民以浓厚强烈的情感倾注其中,反过来使村落家族文化经久不衰。移民的后裔承继了这一文化,并成为维系他们同祖籍地关系的重要精神纽带。

第三节　台湾的闽南家族观念①

台湾的汉族同胞,80%左右祖籍闽南,是闽南各个家族的裔孙,仅此一点就表明了台湾与闽南的特殊关系。在台湾与闽南诸多难以割断的纽带中,家族观念乃是最为坚韧的一条,无论历史或者现实都是如此。闽南人根深蒂固的家族观念,伴随着历史上大批闽南人渡台而播迁台湾,弥散于在台的闽南宗亲社会中,对闽台关系产生了广泛且深远的影响。

一、闽南家族观念播迁台湾的缘由

闽南家族观念是闽南家族文化的观念形态,是闽南传统家族社会积淀的社会意识与心态。闽南是福建乃至中国家族文化最为兴盛的一个地区,传统家族文化有不少鲜明的特点,极为浓烈的家族观念,就是当中之一。它那丰富的内涵,跨时代的社会功能,不仅深深影响了一代代闽南人的思维方式、价值取向与行为方式,且随着各个家族大批族人外迁而传播到他乡异域。

闽南家族族人最早迁移台湾,现有文字记载的是在北宋末至南宋初,大量迁移则始于明末清初。郑成功复台后的郑氏政权时期,清政府统一台湾后的康、雍、乾、嘉时期,出现了各个家族族人大批渡台的几次移民高潮。在这个过程中,闽南人浓烈的家族观念,基于多种因素的交互影响,也随之被播迁到台湾。

1. 家族祖地族化烙印

家族观念作为家族意识形态,是家族体制和家族行为赖以存在并不断延续的思想支撑。历史上闽南各个家族组织,于此无不高度重视,总是通过各种方式和手段,对不断产生和成长起来的新一代族人反复灌输家族观念,以维持家族既定秩序。这种观念教化,亦可称为族化教育。渡台的族人,从小生活在这种家族文化环境中,不断聆听来自长辈的各种教诲,不断参加家族的各种活动,久而久之,也就逐渐被族化了。长期的耳濡目染,使他们对家族的认同感和向心力不断增强,家族人格意识逐渐被塑造出来,自觉不自觉地接受了以宗族秩序观念为核心的一整套家族观念,成为一

---

① 参见苏黎明:《台湾的闽南家族观念》,《东南学术》2012年第6期。

种心理积淀,成为行为的指导思想。成年后的族人,依然继续不断接受着这种教育,在各类家族活动中不断巩固着自己的家族意识,不断强化着业已认同的家族观念。家族祖地的这种族化经历,不能不在渡台族人的思想中打下深刻烙印,不能不对他们日后的生活发生重大影响。当他们离开闽南祖地,前往台湾寻找新的发展空间时,这些从祖地带去的已经颇为牢固的传统家族观念,不可能因此烟消云散,从脑海中被剔除出去,依然要相伴相随,并由于某些外部因素的刺激而继续得到不断强化,在很大程度上继续影响着他们的思维方式与价值取向。

2. 家族祖地诸多挂牵

闽南各个家族大批族人渡台后,甚至在台湾定居下来繁衍子孙后,与家族祖地的关系并没有因此而终结,至少仍有三条重要纽带。一是浓烈的亲属之情。渡台族人无论孤身前往,还是兄弟同行,父子相率,夫妻相携,家族祖地仍均有不少亲人。不仅有数量众多的宗亲,且往往还有不少关系极为密切的家庭亲属。即使远在海峡彼岸,也不能不深深挂牵与眷念。二是家族组织的纽带。明清时期,闽南家族组织已相当完备。这种血缘组织中,每个族员均被赋予一定的身份地位,在享有某些权利的同时必须履行某些义务。即使离开族居地,义务与权利并没有因此不复存在。同时,家族组织中的各种有形物,亦是无法割断的纽带。诸如,祠堂供奉着列祖列宗的神主,神庙供奉的保护神保佑的是包括自身在内的所有族员,族谱记录的是包括自身在内的整个家族的历史。三是家族组织的活动。家族围绕各种有形物开展的各种活动,建祠堂造神庙,修造祖坟,祭祀祖先,修撰族谱,开办族塾,举办家族公益事业,无不明确要求所有族人积极履行责任与义务。这些活动既与祖先直接关联,与家庭和亲属直接关联,亦与自身在家族中的声誉直接关联,渡台族人不可能全然置之度外。这些割不断的联系,亦使渡台族人不仅无法抛弃家族观念,反而因身居异地思乡怀祖显得更为浓烈。

3. 宗亲在台生存需要

渡台的宗亲,背井离乡,跨越海峡,大多是为寻求新的较适宜于生存发展的空间,尤其是土地这一赖以生存的基本资源。台湾可供开垦的大片沃野及其他方面的发展机遇,对于他们来说,无疑具有巨大吸引力。可是,无论在移居过程中,还是在台湾新的居住地,宗亲们都必须面对各种严峻挑战,充满险阻与艰难。单个移民甚至单个移民家庭往往势单力薄,既难以成片开垦土地和兴修水利,也无力应付四面八方的移民群的争夺,需要结成更有实力的群体,才能维护自己的生存空间,在接连不断爆发的"分类械斗"中生存下来。在没有可靠的外部力量得以依靠的情况下,移民们最可靠的依靠对象,最容易结成群体,首先无疑是有血缘关系的宗亲。在此背景下,宗亲们从祖家带去的家族观念,它的重要的现实意义再次显现出来。宗亲们以血缘关系结成的群体,倘要具有更大的凝聚力,使所有宗亲更紧密地团结起来,构成实力强大的整体,无疑亦需要浓厚的家族观念为纽带。家族观念缺失,或者观念淡薄,这样的群体组织很难构建,即使建立起来也会显得涣散,软弱无力,无法真正形成合力。如

此,渡台的宗亲们到了台湾后,不仅不可能抛弃从祖家带去的家族观念,相反,需要使这些观念得到进一步强化。

4. 移民内部相互传播

渡台的闽南宗亲本身浓烈的家族观念,渡台后与祖家仍然存在的各种关联,以及生存的现实需要,使这些观念的持续传播有着强大的内在推动力。渡台的宗亲们,不仅自身始终不渝固守这些观念,且通过人际传播和代际传播的方式,在台湾的宗亲中不断传递着这些观念。一是人际传播。在台的宗亲内部,彼此之间频繁的日常生产生活交往活动中,往往自觉不自觉地相互传递着某些家族观念,使彼此之间对这些观念有更深刻的感悟,更高程度的认同。家族支派组织开展的各种家族活动,更是借此大张旗鼓地宣扬家族观念,实际上这也是家族支派内部的一种人际传播。二是代际传播。渡台的宗亲,很注意子孙后裔的家族观念教育。他们往往利用各种场合,通过各种方式,不断地向子孙后裔灌输家族观念,要求铭记这些观念,并作为重要的行为准则。移民的后裔接受了这些观念,并且也把这些观念传递给下一代。移民内部这种人际传播与代际传播,使宗亲们从闽南带去的家族观念,不仅自身得到不断的巩固,而且也在他们的后裔中广泛绵延开来。

正是上述多种因素的交互作用,闽南传统的家族观念,随着闽南各个家族大批宗亲渡台后,在台湾深深地扎下根来,成为在台的闽南宗亲社会生活的重要观念。

二、闽南家族观念播迁台湾的体现

渡台的闽南宗亲从祖地带去的家族观念,具体而言有相互关联的多种观念,就其与祖地家族关系仍有重大影响的,主要有尊宗敬祖观、摇篮血迹观、延续香火观、光宗耀祖观、敦亲睦族观等。这些重要观念,无不在渡台的闽南宗亲社会中表现突出。

1. 尊宗敬祖观

亦可称为木本水源观,是闽南家族观念体系中的核心观念。这种观念的产生,乃是血缘关系的基本逻辑。既然祖宗是木之本水之源,那么对它的尊崇顺理成章。而这种观念的强化,则与家族教化有很大关系。家族组织无不强调尊宗敬祖,并上升到孝道的高度,尊宗敬祖是孝,否则就是不孝。尊宗敬祖是不受时空限制的,无论在祖传居地,或已迁居异地他乡。这种观念,深深扎根于渡台族人的思想深处。他们始终认定,尊宗敬祖是必须恪守的基本准则,始终对祖地祖宗念念不忘,惟诚惟敬,怀有高度尊崇之情。他们同样把尊宗敬祖作为族规族训,且载入家族支派谱牒中,作为裔孙务必遵循的重要准则。源出于平和葛竹赖氏的台北新埔赖氏家族支派,编纂的《台湾颍川赖氏族谱》序称:"人之有祖犹水之有源木之有本也,木本水源不清则子孙如飘枝走鹿,莫知所始,莫知所终,将何以尊祖而敬宗乎?"源出于南靖梅林简氏的台湾丰乐里简氏家族支派,编纂的《丰乐里简氏家谱》中,载入祖家作为祖训的一首诗,亦作为在台宗亲的祖训,表达对祖地祖宗的缅怀。诗曰:"江波源派向东流,寻溯源泉不见休。举眼纷纭南驿路,寄身寂寞古梅州。一行音讯烦君达,片纸家书为我酬。本欲归乡谒我祖,元龟未卜是何秋。"渡台的宗亲,在台建造家族支派祠堂,供奉祖地祖先神主,按照祖家传统习俗依时祭祀。祖家造祠堂修祖墓,修族谱设祭田,渡台宗亲或主动发起,或积极响应,表现出高昂热情。祖家每年祭祖典礼,他们总要克服困难返回参加,实在回不来了,也要想办法将祭费集中起来寄回祖家,表达一点心意。所有这些,都是浓烈的尊宗敬祖观念的体现。

2. 摇篮血迹观

这也是闽南很浓厚的一种家族观念。这种观念的长期延续,既在于族人对生长之地总不免有种特殊情感,同样亦与家族弘扬有很大关系。在家族组织看来,摇篮血迹有着更重要的含义,它是家族的肇基地,是列祖列宗居住过的地方,亦是拢聚族裔的主要地盘。家族组织总是高调宣扬,族人无论身居何处,不可忘记这神圣的"根",否则也是"忘祖"、"背祖"。这种被高度认同的观念,对仍居祖地的族人来说,或许更多地只是存于脑海中,而对背井离乡的渡台族人来说,影响就大不一样了。宗亲们渡台后,依然念念不忘遥远的故土,依恋之情始终非常浓厚,摇篮血迹观变得极为鲜明。宗亲们在台湾形成的聚落,许多直接以祖地地名命名,如双溪村、苏厝村、林口村、院里村、铺锦村、白沙村、枫树村、小洋坑村、潘湖头村等,正是摇篮血迹观的体现。不少宗亲渡台后,克服种种艰难困苦,经常返回故土。不少宗亲渡台后,辛苦拼搏多年,年老时又回祖地度过晚年。也有不少宗亲,生前未能叶落归根,去世之前交代亲属,将骨骸送回祖家安葬。这样的例子,闽南族谱中有许多记载。这种观念,即使到了现代,依然非常浓烈。泉州延陵吴氏的吴树,新中国成立前渡台,两岸的人为阻隔使他再未回过家乡,魂牵梦绕,在台三次举家搬迁,从台北到基隆、新竹、台中,每搬一次就离故乡更近一点。1988年带着深深遗憾离开人世前,嘱咐儿子将自己的骨灰送回故乡安葬。2010年,儿子吴国荣为完成父亲夙愿,四个月内三次来泉州,完成他父亲生前最大的愿望——叶落归根。

3. 延续香火观

亦可称为传宗接代观,也是闽南根深蒂固的一种家族观念。这种观念的发生,既与生存的现实需要有关,即不断繁衍出男性后代,延续家庭,使家庭老人得以赡养,亦与家族祭祀有很大关系,即保障家族香火绵延不绝。按照家族血缘逻辑,女性后代要嫁给外姓,只有男性后代才能承接香火。所以,家庭必须有男性后代,否则祖宗无人祭祀,对不起列祖列宗在天之灵。所谓"不孝有三,无后为大",表明的正是这种道理。如此,家庭和家族都把没有子嗣视为大患。渡台宗亲带去了这种观念,而渡台后生产与生活的需要,更使他们不可能抛弃这种观念。早期渡台的宗亲,性别比例严重失衡,没有男嗣的情况颇为严重。于是,纷纷在祖地宗亲中寻找承嗣。闽南族谱中,这样的记载比比皆是,仅石狮莲埭林氏家族,漳州平和何氏家族,南安霞锦洪氏家族,就分别有十五位、二十五位、二十八位渡台宗亲因无嗣而由祖家宗亲予以继嗣。这些嗣子,大多居留祖家承接香火。有些渡台宗亲,当祖家有宗亲无嗣时,亦将男性后代过继为之作嗣子。有些宗亲渡台,往往得留个儿子在祖家。石狮蚶江欧阳氏的欧阳彰阔,据《锦江欧阳氏三房宗谱》载,于祖家生下五个儿子,渡台继承父业时把四个儿子带往台湾,小儿子欧阳祖涵则留在蚶江,延续香火。也有宗亲在台湾生了几个儿子,为了祖地香火,又把某个儿子再送回祖家。晋江青阳蔡氏的蔡念川,清光绪末年渡台定居清水街,十几年后又特将儿子蔡裕成送回青阳,承接祭祀香火。所有这些,正是家族香火观的突出体现。

4. 光宗耀祖观

也是闽南颇为浓厚的一种家族观念。它的普遍存在既与尊宗敬祖不无关联,更与提高家族地位的动机有密切关系。家族组织在锲而不舍灌输尊宗敬祖观的同时,亦不遗余力宣扬光宗耀祖的观念,要求子孙勤奋努力,建功立业,给家族增光,为老祖宗争气。为此,往往还辅之以各种家族褒奖手段,如对那些可光宗耀祖的族人,在祠堂祭祖时给予特殊待遇,甚至树碑立传,并将其耀眼业绩载入族谱等。这种观念对于渡台宗亲来说,同样产生了深刻影响。宗亲们渡海赴台辛勤拼搏,首先无疑是为个人的生存和发展,然而也不乏光宗耀祖的动机。当他们在台湾取得不凡成就,发家致富了或登科中举了,往往要返回祖家,以某种方式予以宣示。石狮玉浦蔡氏渡台宗亲蔡枢南,清光绪年间考中进士后,多次返回祖家,并建了座名闻遐迩的"台湾进士第"。晋江池店鉴湖张氏渡台族人张士箱,乾隆年间在台发家致富后,财富大量带回祖家,广置田宅的同时,新建家族大小宗祠,整修家族祖墓,重修家谱,为家族增置了大量祭田,使鉴湖张氏在当地拥有更高的声望与地位。南靖梅林魏氏族人魏德修,渡台定居台中员林镇,事业有成后,民国年间返回梅林,在祠堂隆重祭祖,又在泰和楼摆了三十八桌酒席,大宴宗亲,分享喜悦。长泰江都连氏族人连日春,清光绪初年在台中了举人后,随即带领子女们返回江都,庄重地前往祖祠瞻依堂,向列祖列宗报喜祭拜,并在祖祠前竖旗张匾,亲笔写下了"国土升华光世德,惟思懋建永昌宗"的句子。这些行为,无疑与光宗耀祖观有着密切关系。

5. 敦亲睦族观

也是闽南颇为突出的一种家族观念。这种观念的存续,既有血缘的自然秉性,同样亦与家族播扬有很大关系。家族组织出于拢聚族众增强家族生存和发展能力的需要,无不竭力倡导"守望相助,患难相恤"的家族观念,作为必须遵循的家族道德。对于表现优异的族人,同样以各种形式大肆褒扬,甚至载入族谱作为裔孙的榜样。这种观念在渡台宗亲中,同样颇为浓烈。祖家后来渡台宗亲在台贫困不能举火者,孤寡残疾无助者,无力婚娶及无力营丧葬者,因灾荒及其他不测事件濒临破产者,先前渡台宗亲总是给予扶助;祖地宗亲往台湾读书,在台宗亲提供各种方便,甚至甘冒风险,为冒籍应考宗亲提供庇护;祖家族塾或学堂,渡台宗亲或亲自返回创办,或主动发起创办,或大力资助;祖家各种家族公益,挖池塘修水渠,修桥造路等,渡台宗亲亦总是慷慨解囊,甚至独力举办。两岸宗亲编纂的族谱中,这方面记载比比皆是。如石狮铺锦黄氏渡台族人黄汝铸、黄树珍,据《龟湖铺锦黄氏族谱》载,捐巨资修建祖家龟湖塘及桥梁道路。晋江西霞蔡氏的蔡远众,衙口粘氏的粘传江,石狮蚶江欧阳氏的欧阳兆瑛,永宁高氏的高启根,岑兜李氏的李锡金,南安炉内潘氏的潘伟仲,华美郭氏的郭严明,永春官林李氏的李克岩,龙溪莆山林氏的林平侯,这些渡台族人,亦都是这方面的典型。渡台宗亲在这方面表现出的浓浓亲情,就精神底蕴而言,主要正是敦亲睦族的观念。

此外,闽南家族中的辈分观念、等级观念、权利与义务观念、家族神祇观念等,在渡台宗亲中同样有突出体现。总之,闽南各种家族观念,在渡台宗亲社会中,无不得到充分的甚至可以说是淋漓尽致的再现。

三、闽南家族观念对台湾的影响

渡台闽南宗亲的家族观念,形成于封闭的家族文化环境中,不可否认有狭隘与保守的消极成分,然而,无论从历史和现实的角度看,也有不少值得肯定的社会影响。

1. 推动台湾移民文化发展

台湾文化,可分为汉族移民文化与原住民文化。原住民文化又称土著文化,明代中期以前在台湾居主导地位。从明代中期开始,随着大陆沿海大批移民迁居台湾,汉族移民文化很快在台湾居主导地位。汉族移民文化中,家族文化作为传统文化的组成部分,作为传统社会基层一种影响力巨大的文化形态,占有极为重要的位置,亦是最为直观的体现。正是从明代中叶开始,台湾家族文化迅速发展起来。这种引人注目的文化现象的出现,渡台闽南宗亲的家族观念,起了极为重要的推动作用。大批闽南宗亲渡台后,在强烈的家族观念支配下,加之生存的现实需要,即以祖地家族传统为蓝本,建立家族支派组织,重构以血缘辈分等级制度为核心的家族制度,造祠堂建神庙,祭祖祀神,编纂族谱,设置祭田,开办族塾,举办各种家族公益,使闽南家族文化全面移植台湾,在渡台闽南人社会中复生与蔓延。台湾的汉族移民,闽南人占大多数,闽南移民社会家族文化的发展,很大程度上标志着台湾汉族移民家族文化的发展。如此,也可以说,渡台闽南人的家族观念,推动了汉族移民文化的发展,亦为台湾文化增添了丰富内容与斑斓色彩。

2. 提升宗亲群体的凝聚力

渡台闽南宗亲的各种家族观念,从根本上说乃是血缘关系的产物,然而,这些观念在台湾的存续,反过来进一步拉紧了在台宗亲之间的血缘关系纽带。普遍存在的家族观念,使宗亲们在处理彼此之间关系的问题上,相当程度上有着共同的价值取向。人们对于共祖同宗血脉相通的宗亲含义,有着更为深刻的理解,对于自身的各种责任与义务,有着更为明确的范围与自觉的意识,从而使宗亲关系带有颇为浓厚的情感色彩。这种情感色彩,有助于家族支派内部的统一与团结,协调利益诉求,排解纷争纠葛,济急解危,扶弱救难,增加信息交流,提供机会分享,共同抵御来自外部的侵扰,防范和抗击各种突发的灾害,保障宗亲群体生命财产的安全,从而增强家族支派的凝聚力,使之构成一个联系紧密的整体。这种凝聚力,对于移民宗亲群体来说,无疑意味着更为强大的生存能力,使之能在竞争激烈的社会中占有一席之地,获得更多

的经济和政治利益,得以生存并不断发展。这种具有较大合力的团体,也有利于明清时期台湾大规模的土地垦殖,以及对农业生产有重大影响的水利兴修,从而促进了台湾农业的迅速发展,促进了台湾社会经济的繁荣。

3. 增进移民对祖家的感情

渡台闽南宗亲的家族观念,它的核心内容,或者说最主要部分,乃是"木本水源"与"敬宗睦族"的思想观念,亦是中国社会几千年绵延下来的慎终追远的传统。这些传统观念,对于渡台宗亲而言,无疑又被赋予一层新的特殊意义,即极大地增强了思乡怀祖的感情。无论是木本水源的观念,还是敬宗睦族的观念,都无法抛离祖家,不能不与祖家紧密联结在一起。宗亲们的祖家情结,就是这样凝成的,且因此具有极为坚韧的生命力,弥经久远长盛不衰。宗亲们对祖家始终有难以了断的挂牵,有绵绵不尽的眷念,有深深的情感依恋。这种眷念与依恋,在他们的情感家园中,始终占有极为重要的位置。无论是辛勤拼搏的时候,还是艰难困顿的时候,或者兴旺发达的时候,这种感情总是与之相伴相随。他们从中寻觅精神的支持,求得心灵的寄托。移民们在台湾,依然始终对祖地祖宗的事极为关心,对祖地宗亲的事极为热情,对祖家各种公益事业极为热心,无不都是这种强烈感情的外化。这里,家族观念已深深渗入了对祖家的依恋,很大程度上反映为思乡怀祖之情。移民们以如此浓烈的情感倾注其中,无疑拉紧了与祖家的关系,使之始终与祖家保持紧密的联系。

4. 闽台关系割不断的纽带

渡台闽南宗亲的家族观念,对在台裔孙产生了极为深远的影响。一代又一代的移民后裔们,承继了这些观念,发扬先辈传统,依然与闽南祖地保持密切联系,频繁回到祖地,热情参与各种家族活动。尽管随着时间的流逝,移民社会家族观念的存在环境发生了巨大变化,传统家族观念的不少成分亦已渐渐消解,然而由于观念形态本身的相对独立性与稳定性,更由于血缘关系和亲属关系这两个基本前提没有也不可能从根本上瓦解,甚至家族的某些功能及不少习俗亦依然存在,因此,几百年积淀下来的家族观念仍在延续,并没有烟消云散。时至今日,闽南各个家族在台的宗亲,包括渡台宗亲及在台繁衍的众多裔孙,仍然络绎不绝来到闽南,寻根谒祖,修谱修祠,畅叙亲情,举办公益。这些行为并非基于功利追求,而是祖宗认同的思维取向,是依然不泯的家族观念在起作用。毫无疑义,这是闽台关系一条极为重要的精神纽带。这条纽带尽管是无形的,却是非常强大有力的,它跨越宽阔的海峡,把两岸宗亲的意识、情感、行为继续紧紧联结在一起,无论什么样的外部力量,也无法将它彻底割断。这条永远割不断的纽带,无疑将继续对闽台关系以至整个两岸关系产生深远的积极影响。

第四节 闽南家族文化对闽南社会发展的影响

事物的存在都具有两面性,闽南家族文化对闽南社会发展的影响同样也是有两面性。

闽南家族文化不仅涉及家族共同体,且构成整个闽南社会文化的固有部分。闽南传统文化中有大量成分与家族文化息息相关。因此,对于将会长期存在的家族文化的作用,首先必须有个正确的认识。毫无疑问,闽南家族文化中相当成分有悖于社会现代化。社会体制是一种秩序,家族文化也是一种秩序,两种秩序所确认的原则截然不同,存在着明显的矛盾与冲突。社会体制以社会法律为基础,实践的是社会主义的平等原则,是讲究社会权利和义务的原则;而家族文化以血缘礼俗为基础,实践的是血缘的等级原则,是讲究血缘依附和关联的原则。由于家族文化在辈分、族老、宗族、亲属之间均设定了一定的秩序,当家庭或家族成为经济活动和社会活动的组织者时,这种秩序也会成为上述这两项活动的依据,也会侵入经济活动和社会活动。对于这套机制,如果社会体制不能有效地加以调控,就会阻碍社会体制所力求贯彻的秩序原则,在有些情况下,它们还有可能成为社会秩序的破坏力量。特别是在经济功能主要地由家庭而非基层组织承担的情况下,家族文化体现的秩序很容易侵入社会秩序,人们认同社会秩序原则的程度就会降低,久而久之,这就必然会对社会体制本身构成挑战。如果人们对家庭秩序的认同感超越社会体制,那么社会体制体现的秩序有可能被突破,或者被放弃。这样一种状况对于社会来说显然十分棘手,特别是在家族共同体无比众多的闽南。数不胜数的家族小秩序,调控不当将会蚕食社会大秩序。

但是,同样不可否认,闽南家族文化中也包含有一定的正面因素,也有其能为现代化进程所适用的潜能。诸如,家族文化讲求仁爱孝悌,以此作为人伦秩序的调节方式,这对于家庭的和睦相处,对于社会的稳定发展,就存在着升华的潜能,不能说现代化就须加以抛弃。又如,闽台一家亲。改革开放以来,闽南籍的台湾同胞和海外乡亲,纷纷到闽南寻根谒祖,在寻根谒祖中增进了对祖地的了解与认同,在了解与认同中不断扩大了交流与合作。此外,海外宗亲还捐资修建家族祠堂,捐建学校、医院等各种社会公益事业,或者投资设厂。这种行为显然并非都是基于利益追求,其重要的根源之一就是祖宗认同的思维取向,是中华民族慎终追远的文化传统,是不忘本源不忘祖宗功德的体现。这固有的亲情是闽台两地民众交流的基础,也是扩大闽台交流与合作的动力。同样应当予以充分的肯定。因此,并非任何形式的家族秩序都没有存在的意义,并非家族文化没有任何存在的价值,至少在社会发展的现阶段和今后相当长的时期不能不这么说。因此,促进家族文化的消解应是去其糟粕,取其精华。剔除宗教的、迷信的、保守的、落后的、愚昧的、宗族的这些对现代化和社会整合不利的成分,同时升华有价值的合乎人类群体生活的成分。关键的问题在于不使其精神糟粕渗入甚至主导社会秩序原则,而要使家庭和家族接受社会原则,与社会秩序相结合,使家庭和家族共同体成为社会原则社会化的场所,变负面为正面。闽南社会的发展需要的不是家族文化的统统消灭,而是改造,是扬弃,是革故鼎新。

在这里我们以闽南家族文化在闽南企业发展中的作用为例,谈谈闽南家族文化的影响。

一、正面影响

闽南家族文化在经济建设初期,促进家族企业的发展,为经济建设奠定坚实的基础。任何企业在创业之初都会面临资金、技术、信息等资源极为匮乏的难题。在这种不利的情况下,家族文化的某些元素有效地弥补了这些不足,甚至还帮助家族企业在创业初期拥有了比较大的优势。

首先,以血缘关系为纽带、以家族利益为核心建立起来的家族企业,由于其任用的成员多是有血缘关系的亲人,因而与其他形式的企业相比,家族企业有着更强的凝聚力和向心力。当家族企业在创业阶段和发展过程中面临困境时,亲情的纽带便会将企业员工团结起来,低成本地完成资本和劳动力的集聚,帮助企业渡过难关。

其次,家族企业的高度集权化管理模式有利于保证领导权威,提高企业的管理效率。一方面,决策权力的高度集中避免了家族企业因决策层意见不一而导致的决策效率低的问题,增强了家族企业的快速决策能力;另一方面,核心人物的高度权威能够大大增强家族企业的执行力。此外,这种相对扁平的组织结构使得家族企业内部信息传递更加流畅,减少了信息失真,有利于领导者做出正确的决策。

再次,与其他形式的企业不同,家族企业私人财产和企业财产在创立之初没有明确界限,加之成员对企业的忠诚度较高,因此不会无谓地浪费资金。减少浪费,节省开支,使企业能够在资金紧张的创业阶段以较低的成本运营。

最后,闽南家族企业作为家族的延伸,其信誉会与家族的名誉相联系。出于对本家族名誉的维护,大多数家族企业成员在追求利润的同时也都十分注重诚信,注重对企业信誉的维护。这种荣誉感往往使闽南家族企业在创业初期就获得极高的信誉,从而拥有更多的商业机会。

因而,家族传统伦理不可避免地成为闽南人企业制度的根基,管理不是建立在社会化大生产的分工原则上,而是建立在传统家族伦理的差序格局和家长权威基础上;企业运营不是以市场为导向,而是追求家族利益最大化;维持企业存在的不是正式的契约关系,而是家族成员之间的信任和情感。

二、负面影响

家族式管理是一种原始的管理模式,在民营经济的初创阶段虽然有其存在的合理性,但随着企业规模扩大,管理专业化,这种管理的缺陷不可避免地暴露出来,成为制约企业发展的"瓶颈"。可以说,闽南家族企业在受益于家族文化有利元素的同时,其不利元素也极大地阻碍了企业的发展壮大。

其一,均分的财产继承制度易造成资本耗散。这不仅使家族企业财产越分越细,越分越少,而且由于每个儿子都分得了一份家产,容易使他们安于守着祖宗传下来的这份财产而不愿意继续创业,这对促进经济发展是极其不利的。家族企业筹资方式单调、资本有限,不利于企业的发展。闽南家族企业完成创业、步入成长阶段之后,需要扩大规模,开拓市场,首先遇到的问题就是资金问题。家族制无法提供家族企业进一步发展所需的巨额资本。家族企业再庞大,资金与借贷能力也是有限的。家族制企业的产权通常是封闭型的,其投资主体通常只包括家族成员以及与家族有密切关系的朋友,因此它既不愿外界前来参股,也不打算走产权多元化的道路。虽然有的家族企业也办成了有限责任公司,股东在两人以上,但持股者不是配偶子女,就是亲戚朋友,董事会形同虚设。在封闭型产权条件下,企业的发展主要靠自身的积累,这就阻碍了资金最大限度的组合,无法提供企业进一步发展所需的巨额资本,在规模上限制了闽南家族企业的发展。

其二,闽南家族制度束缚了创业和创新精神。家族企业作为一个生产单位,安排和监督家庭成员生产的任务就自然地落在了家长的身上,这种权力是其他人不可分享的。对父权家长的绝对服从一方面能增强家庭成员的归属感和凝聚力,使成员被家庭所牢牢拴住,对家族企业产生强烈的依赖感;而另一方面,家长制的权威和由此造成的幼辈对长辈的绝对服从,使得年轻人产生过分依赖的思维方式,循规蹈矩,唯唯诺诺,导致进取心的消失和创新精神的缺乏。

其三,特殊主义信任模式的弊端。闽南家族式企业的信任行为属于特殊主义信任,其特点之一就是对家族以外的人存在极度不信任。这种极具排斥性的特殊主义信任模式,使外来员工感到家族企业方对外来员工存在惯性戒备心理而始终无法真正融入企业,从而引发外来员工对家族企业组织的信任危机且难以克服。由于家族企业"任人唯亲",在一定程度上阻止了优秀社会人才进入企业,或者限制其在企业中发挥应有的作用,阻碍了家族企业的发展壮大。家族式企业似乎对外来的资源和活力产生一种排斥作用,一般外来人员很难享受股权,其心态永远只是打工者,始终难以融入组织中。许多优秀人才之所以跳槽,就是因为他们难于融入企业家庭圈内,其抱负得不到施展,很难有个人成就感,无奈只好走为上策。由于难以吸收和留住外部人才,企业更高层次的发展会受到限制,这就必然会影响到公司的经营效率,无法实现企业收益最大化的目标。

其四,闽南家族企业制度建设不到位,管理机制落后。制度建设是家族企业发展到一定阶段后的必然要求。但在家族企业的发展进程中,制度建设往往是被动的、滞后的。晋江20世纪80—90年代,创立了好多企业,创业之初,各关键部门均由其亲属负责,凭借亲友间的齐心协力使企业在短期内得以迅速发展,业务量逐年增加,生产规模不断扩大。进入21世纪初期,凭着家族的努力,好多企业已成为当地制衣行业的龙头单位,但内部的管理制度、财务制度、生产制度,很不完善,没有建立以制度管人的机制,致使企业没有合理的生产计划,内部管理朝令夕改,财务制度混乱,员工消极怠工,最终在经济风波中未能逃脱亏损严重,黯然倒闭的命运。

参考文献

何玉卿:《闽南文化对企业文化的影响》,《海峡科学》2008年第4期。
吉青:《儒家传统管理思想的精华及其现代价值》,《襄樊职业技术学院学报》2005年第1期。
林华东:《历史、现状与未来:闽南文化的传承创新研究》,厦门大学出版社2011年版。
卢现祥:《论华人企业的家族式管理》,《华东经济管理》2000年第1期。
李翔宇:《中国传统思维方式与现代管理》,广西师范大学硕士学位论文,2001年。
李新春、张书军:《家族企业:组织、行为与中国经济》,上海人民出版社2005年版。
刘平春:《论早期中国家族企业的成长与特色》,《广东社会科学》2002年第3期。
苏黎明:《泉州村落家族文化在台湾》,《华侨大学学报》(人文社科版)2001年第1期。
苏黎明:《台湾的闽南家族观念》,《东南学术》2012年第6期。
苏黎明:《家族缘:闽南与台湾》,厦门大学出版社2012年版。
田祖海、毛朝阳:《传统文化与中国家族企业的发展》,《武汉理工大学学报》(社会科学版)2005年第5期。
王丽明:《海外华侨与闽南侨乡家族文化——以晋江石圳村闽南李氏迎祖为例》,《东方论坛》2008年第1期。
汪晓梦:《传统家族文化与我国家族企业管理》,《乡镇经济》2005年第1期。
王连娟:《家族企业传承潜规则》,中国人民大学出版社2006年版。
王毅杰、童星:《家族企业、家族文化、社会信任》,《学海》2002年第3期。
小艾尔弗雷德·D.钱德勒:《看得见的手——美国企业管理的革命》,彭志华译,商务印书馆2001年版。
尹湘炎:《家族企业建立现代企业制度的动因分析及与对策思考》,西南交通大学硕士学位论文,2009年。
郑碧丽:《闽南家族企业的管理模式探析》,《科技与管理》2007年第4期。
张华:《家族式企业及其特征分析》,《西南民族学院学报》(哲学社会科学版)2001年第2期。

思考题

1. 什么是家族文化?中国的家族文化包含哪些内涵?
2. 闽南的家族文化有哪些特点?
3. 闽南家族文化在台湾有哪些体现?谈谈你的认识。
4. 闽南的家族文化为什么会出现在台湾?
5. 家族文化对闽南企业的发展有哪些影响?谈谈你的看法。

第四章　闽南民俗文化

第一节　中华传统民俗文化

一、民俗文化的定义

所谓民俗文化,是指通过民间风俗表现出来的一种文化形式,是"世间广泛流传的各种风俗习惯的总称"①,是"一个国家或民族在自己的历史发展过程中逐渐形成,反复出现,并代代相习的生活文化事象"②。是民众的生活文化,它与民众所处的特定的自然、人文环境紧密相关。中国传统社会是以农耕生产为主业的社会,是一个多民族的国家,因而围绕着农耕生活累积形成的中国民俗具有一种大农业的特点,而且具有独特的民族气质。

二、民俗产生的条件及背景

民俗产生的背景及条件大体可以分四个方面谈。

1. 民俗的形成和民族生活居住地区的自然环境、自然条件有密切的关系

民俗的产生,最初完全是为了满足生存的需要与适应环境的需要。衣、食、住是人类生存的最基本的条件,所以,有关它们的风俗产生最早。所谓古者"未有麻丝,衣其羽皮"、"食草木之实,鸟兽之肉"③,正是早期生活习俗的真实写照。

人类的生产习俗,最初也是适应环境而产生的。原始人群多习惯于居住依山傍水之地,并不是因为先民对山水有一种偏爱的情感,而是山上有足够的瓜果可以充饥,有众多的鸟兽可以捕获,水中的鱼鳖虾蟹可以调起他们的胃口,清甜可口的河水,一刻不可或缺的缘故。山水自然哺育了人类,人又反过来感恩戴德,形成一系列崇信回报的精神民俗。所以,我们说,地域性因素不但影响、制约着许多民俗形式的产生发展,同时也影响制约着民俗心理的形成和发展。最初的信仰民俗是在谋求生存的

---

① 参见宋兆麟等:《中国原始社会史》,文物出版社1983年版,第三章《母系氏族社会》。
② 张紫晨:《民俗学讲演集》,书目文献出版社1986年版。
③ 《十三经注疏·礼记·礼运》,中华书局1980年版,第1416页。

同时,对于自然环境所产生的精神上的适应。它与谋求生存的物质活动——生产密切联系。例如,春节风俗本来源于古代蜡祭,对象是祭祀报答各种对农事有恩功的神祇。他们唱着"土反(返)其宅,水归其壑,昆虫勿作,草木归其泽"一类《蜡辞》,祈求天神保佑风调雨顺、五谷丰登。这种谢神祈年的信仰民俗无疑与环境及生产有着直接联系。

从地理学的角度看问题,地域性的民俗不但受到地貌环境的影响和制约,同时也受气候条件的影响和制约。身处高原和高山的民族,与身居平原或沿海,甚至岛屿的民族,在同类民俗生活形式上,有着许多差异。如古老的端午节习俗,湘沅一带有赛龙舟的习惯,而江西某些缺水的地区则在端午节实行"旱龙舟",北方则有"走旱船"的习俗。生活在平原地方的人类习惯于土葬,沿海地区的人类习惯于水葬,高原山区则习惯于天葬,等等,都是典型的受地貌影响而形成的民俗差异。

中国自古是一个农业大国。农业生产与气候关系最大。风调雨顺,则年成丰稔;天灾频仍,则稻谷歉收。按照人的心愿,总希望季季丰收,连年有余。这一心理基础,自然产生了对天的崇拜祈求,甚或产生畏惧心理——祈雨祷晴一类风俗是对天的祈求;祭雷公、电母、洛嫔、河伯,是对电闪雷鸣、狂风暴雨造成房倒屋燃、江河泛滥的恐惧心理的转换。说到底,还是与自然环境、气候变更的影响有关。

2. 民俗的形成与民族的生产水准、经济特点和经济条件有关

不同的社会发展阶段产生与之相适应的风俗习惯。我国古代典籍记载上古时代的中原风俗时说:"昔有先王,未有宫室。冬则居营窟,夏则居橧巢;未有火化,食草木之实,鸟兽之肉,饮其血,茹其毛;未有麻丝,衣其羽皮。"①显然,原始先民茹毛饮血、身着羽皮、刀耕火种的习俗,与当时的社会发展阶段与经济、生产水平相适应。

在技术落后的封建时代,农业生产主要靠天。如前所述,风调雨顺则五谷丰稔,天灾持续则米粮歉收。由于这种功利性的作用,处于这一社会发展阶段的人,对于风云雷电、雨雪阴晴等一系列自然现象产生了崇拜心理,进而产生祭祀天地、农神等诸类早期民俗。进入科学与文明时代之后,同样是这个农业大国,由于人上可以耕云播雨,下可以科学种田,旱时可以人工降雨,涝时可以机械排水,人们确信"人定胜天",原始农业祭祀的迷信习俗便一扫而光,代之以喜庆丰收的"丰收锣鼓",秧歌集会等新风俗。可见社会的发展与生产力水平的确是民俗嬗变的重要因素。

那么,为什么说风俗习惯和生产特点以及自然经济条件有关系呢?道理很简单,人类总是在一定的生态环境中进行着特有的文化创造性,各种文化特质相互连接而构成一个特定环境的文化丛体,形成独具特色的民风习俗。生活在山区的人依靠山区独特的自然经济条件,创造出石桌、石凳、石碾、石墙、石屋、石路等石文化丛。生活在江南的人因为自然条件的变化,即使同样是依山傍水,所创造出的则是令人叹为观止的竹文化丛:头戴箬笠,身披竹布,拄着竹杖,吃的竹笋,上山抬的是滑竿,下河撑的

---

① 《十三经注疏·礼记·礼运》,中华书局1980年版,第1416页。

是竹筏子,用的是竹篓、竹筒、竹篮子,屋里摆的是竹椅、竹凳、竹床、竹席子……在这个竹文化的世界里,自然形成区别于其他地域的独特的民风民俗。

北方牧区住毡房、西双版纳住竹楼,也是由它的经济条件、经济特点所决定的。牧区要建木石结构的建筑比较困难,但它有皮毛,可以织毛毯、做毡子。以此为原料,搭成毡房、蒙古包,十分方便。另外,由于牧区的经济特点,迁徙流动性强,哪有水草就迁到哪里居住。流动放牧的经济特点与牧区自然经济条件,决定了牧区搭建毡蓬的住房形式。而在西双版纳,之所以与内地生活习俗不同——住上楼下厩的竹楼,首先是由于当地的经济与自然条件所决定的。那个地方风景优美、气候宜人,然而炎热、潮湿,不宜席地而卧,故以居楼为宜;盛产竹木的自然经济条件决定了建筑材料的选用。再则,它是定居农耕,不需要拆迁,故而不取蒙古包式的活动性建筑方式。由此看来,经济特点与自然经济条件,的确是民俗形成的不可忽视的条件。

3. 有些风俗的形成与民族的社会生活理想、文化心理特征以及某些历史际遇有密切联系

一个民族中风行的民俗习惯,往往是民族文化心理的反映。如在汉民族文化中积淀着强烈的"福"、"寿"观念。中国人以老人长寿为最大的福气,而人至晚年又最看中做寿。寿桃、寿星、百寿巾、百寿图到处可见,"福如东海长流水,寿比南山不老松"的贺寿声不绝于耳。文物中、典籍中与现实生活中,无论是民族建筑的窗棂、门扇、屏风、画栋、雕梁、椽头、屋角,还是文物、艺术作品中的图案、造型与纹饰上,触目可见以符号形式烙印着的"福"、"寿"观念的痕迹。无可否认,它既与中华民族政治伦理文化有关,又与民族的传统社会生活理想有关。此中反映出的强烈的生命意识与融融的伦理色彩,表现着独特的民族文化个性。

《韩非子·解老》说:"全寿富贵谓之福。"《尚书·洪范》也曾把寿、富、康宁、好德、善终称之为"五福"。可见,"福"、"寿"观念的核心是一个福字,是求福避祸、趋利避害的民族传统心态的反映。在我们的民俗文化中,人们向来把"福"作为人生最高理想来追求,尽管不同时代有着不同的内涵。比如称生活美满,万事如意者为"福人",称美酒佳酿为"福水",女子行礼称道个"万福",旅人上路则送一句"一路福星"。甚至走进佛寺庙宇,供善男信女慷慨解囊的功德箱,上面也写的是"广种福田"。至于用"福"字作人名、地名、商店名、商标名的更是多得不计其数。可以说,"福"字广泛地渗透在我们民俗文化的各个方面。因此,历代统治者也常利用这种求福避祸的民俗心态,使百姓忍辱负重,甘做牛马,客观上起到了巩固封建政治的作用。

延至今日,这种民俗观念的积淀,仍在潜移默化中发生作用。正因为如此,多子多福的传统习俗才得以久盛不衰;养生之风,美食之俗至今仍在光大;厚葬老人之风不只是过去人的荣耀,也成为当代人显示排场的形式。作为重视伦理亲情的中国文化,衍生出这一系列文化现象虽并不奇怪,但其中不少为封建时代的陋俗,我们应该认真甄别。

此外,有些民俗的形成与某些历史际遇有关。借某一历史际遇而形成的民俗,本质上仍是民族文化心理的反映。如清明前的寒食节禁火习俗,原本与古人的大火星崇拜有关①,后来发生了晋文公放火误伤忠臣介子推的事件,介子推"割股啖君",有功不受禄,反而被烧死的历史际遇,引起了民族文化心理的共振,于是遂有晋文公令五日不举火的传说,寒食节禁火由此成为纪念介子推的操守与品行的节俗。吃粽子、赛龙舟的习俗,最初与原始祭祀仪式有关。战国末期,伟大爱国主义诗人屈原的历史际遇,引起全民族的共鸣,受到大家的景仰,遂将此习沿袭至今。不仅在中国,包括东南亚、日本、朝鲜以及菲律宾都受此濡染。这就证明了文化心理在民俗形成与保持中的巨大作用。另外,沿海一些地区吃"光饼"的习俗,应与原始仪式有关,后来则与戚继光抗倭结合在一起在民间流传。这些与历史际遇有关的习俗,大都寄托着某种象征意义,它是某种民族精神和民族价值观的显现,反映着民族共同的理想与心愿,因此才具有如此持久的生命力与感染力量。

4. 民俗的形成与宗教、信仰有关

封建时代,我国是一个迷信色彩浓重的国家。这与统治者的愚昧、提倡以及民俗中大量保留着原始宗教、后世宗教的思维方式、观念意识有关。

在远古民俗中,原始宗教活动与占卜民俗是一个重要的社会生活方面。它与政治、军事、文化活动有着紧密的联系。占卜建立在原始人认为万物有灵、冥冥中有超自然力存在这一认识的基础上,人在大自然的瞬息万变中感到自己的渺小与无能为力,而又强烈地希祈愿望的实现。为了求得神明护佑,保证生活、生产正常进行,产生了原始的宗教信仰及预知天意的宗教占卜活动。

卜俗起源于游猎时期。开始多用兽骨占卜,后又合用龟、兽之骨,卜问吉凶,预测命运。殷墟出土的甲骨文就是较为完整的占筮记载。《易经》作为占卜用书,则是用乾、坤、震、兑、坎、离、艮、巽八卦,两两组合,演为六十四卦,三百八十四爻,根据卦象爻位的不同变化,预卜天下吉凶祸福。此外,夏、商、周三代已有星占出现,这是一种以星象为参照系,根据天体的运行变化来预言吉凶的巫术。卜问、筮课、卦算、星占等占卜之术,反映了人类渴望在社会生活与自然的斗争中,预知未来,把握命运的精神追求,它是自然科学发展的最早的形态。在生产力相当落后、科技水准几乎等于零的原始时代,掌握了占卜之术的人,无疑是当时的大学问家。因此,人们信奉它们,学习、传播占筮卦算,久而久之,演以成俗。此类现象在人类发展的道路上是必然的,本无可厚非,但是,当自然科学的发展证明它的非科学性以后,仍坚持用占筮卦算去愚弄老百姓,甚至谋财害命,那就不是一般问题了。

综上所述,民俗文化的形成是与人的社会物质生产水平及生活内容、生活方式的变化相关联,与自然条件相适应的。这说明,无论什么民俗事象,其产生都有它一定的物质条件与精神条件,既有其客观性,又有其主观性。尤其是精神的、心理的因素,对民俗的形成与保持关系最大。这一方面是人民的认识水平,即对客观世界的认识

---

① 参见陈久金:《中国节庆及其起源》,上海科技出版社1986年版。

发展的程度制约着人的行为;一方面也是人们在生产与生活中的精神心理的巨大作用所决定的。所以,在非科学的认识基础上产生的精神心理,常常是民俗生长的土壤与赖以保持的支柱。

三、中国民俗文化的特点

1. 多元性与复合性

中国960万平方公里的土地上有56个民族,是一个多民族的国家,每个民族有各自不同的习俗,在不同的历史阶段,不同的民俗共同存在,互不排斥,既有繁华的都市民俗,也有古朴的乡村民俗,还有部分地区不同程度地保持着原始的民俗生活形态。这使得中国民俗呈现出多元复合的性格特征。在中华各民族的不断融合中,民族习俗被接纳到中华文化体系之中,但程度不一地保存着各自的民俗特性,从而丰富了中国的民俗文化。

在中国统一的地域空间内共存着不同性质的民俗文化,体现了中国民俗的多元特性。中国民俗还有另外一个特性,即复合性。多元性与复合性紧密相关。中华文化善于包容,中华文化也正是融合了多种民族的文化才显得丰富。民族文化的融合,首先是民俗层面的接纳,汉俗中复合了不少少数民族习俗,可以说从来就没有纯粹意义的汉俗,只有民俗复合时间的早晚而已。同样,现存的各少数民族也程度不一地受到汉俗影响。

2. 阶层性与地方性

阶层性是就社会民俗的纵向分布而言。中国传统社会中,处于社会中下层的广大民众,是民俗文化的主要创造者和承载者,因此民俗文化主要体现了他们的认识与思想,具有较强的民间性特点。不仅中下层社会相较于上层社会有着层位的差别,就是中下层社会内部亦有着民俗差异,不同职业者也有着不同的民俗特征。农民与手工业者是物质财富的直接创造者,因此形成了淳朴、节俭、勤劳的民俗本色。而属于中层社会的商人与城市平民,他们的民俗观念与民俗行为有着自己的层位特色,在行业的竞争与酬对中,他们逐渐养成铺张、浮靡、好新慕异的风尚。居于社会支配地位的达官贵人,他们拥有明显区别于社会中下层的生活方式,因此有着不同的生活习俗。当然,在传统社会中,各阶层之间仍然有着部分具有共同意义的习俗。

地方性是就民俗的区位性特点而言。除了中华民族文化大传统之外,各个地方依自己的特殊生存环境形成了服务地方的文化小传统。乡民的生活文化具有明显的地方性,所谓"十里不同风,百里不同俗",还有一种说法是"百里而异习,千里而殊俗",这是较概略的区分。总之,民俗文化的发生、发展、演变是在一定地域空间下进行的,它受地理环境、人们谋生方式与历史传统的影响和制约,因此,民俗文化显现出浓烈的地方特色。

3. 神秘性与实用性

神秘与实用是中国传统民俗的一大特性,这是就民俗事象本身性质来说的,在中国传统社会里,民众的实用目的,大多依靠神秘的民俗行为来促成,神秘性事象无论怎样复杂,目的也只有一个,即服务于人们的生活需要。

首先看中国民俗的神秘性。民间传承着大量古老风习,"万物有灵"的原始观念依然浓烈,民俗事象大多蒙上了神秘色彩。佛、道二教的传播与流行,尤其是道教对民俗生活的介入,使中国传统民俗的神秘色彩更为浓厚。

其次,实用性。实用性是中国民俗最本质的特点,民俗服务于人们的生产与生活,人们依赖民俗开展生产,繁衍后代,寻求精神愉快。民众创造了民俗,民俗服务了民众。民俗信仰的直接功利性是它区别于一般宗教信仰的根本特征之一。当然,中国民俗的实用性,不仅仅表现在信仰心理方面,更重要的是许多民俗活动在民众实际生活中发挥着效用。

4. 稳定性与变异性

民俗文化具有相对稳定的特性,在日常生活中人相袭,代相传。稳定性,是中国民俗性格突出表现之一。中国经历了几千年的农业社会,虽然发生了几十次大规模的王朝更迭的战争,但农业社会的基础并未动摇,几千年一以贯之的农业宗法社会性质没有发生大的改变,由此围绕着农耕社会所形成的大农业民俗得到相对稳定的传承。这种稳定性主要有以下体现:家族观念的稳定性,节俗传统的稳定性,以及人生仪礼习俗的稳定性。

但是,中国民俗性格的稳定性只是相对而言,我们在讨论民俗的稳定特性时更应强调其变异的特性。民俗作为一种基础文化,它在传承与传播过程中并非一成不变。相反,它随着时空的变化不断地发生变异,形成了与稳定性相联系的变异性特征。民俗在传承中变异,在变异中传承。民俗的变异性从总的方面看,与历史性、地方性相关联,同类民俗在不同时代、不同地区都会有各自的特点。变异性也是中国民俗的显明特征之一。

民俗的变异性还表现在横向的地域分布中。同一种民俗事象,在各地会出现不同形态,有的是因为发生的基础不同,有的是在传播过程中的变形。民俗的变异性,一般说来有三种情况:一种是民俗表现形式的变化,一种是民俗性质的变异,再一种是旧俗的消亡。民俗的变异性特征为移风易俗提供了学理的依据,人们可以依据民俗变异的规律,"化民易俗",删繁就简,推陈出新,为建设民族的新文化服务。

第二节 闽南物质民俗文化的传承

民俗是一种综合性的文化现象,是民间的风俗习惯,我们一般从表现形态将民俗文化分成两个大类:物质民俗文化和非物质民俗文化。本节我们先谈谈闽南的物质民俗文化。

所谓物质生活民俗是指人们在创造和消费物质财富的过程中所形成的民俗,是人们日常生活中那些可感知的、有形的东西，如居住、饮食、服饰等等，包括生产民俗、商业民俗、生活民俗，是中国民俗文化中庞杂而又重要的领域。

一、闽南行业民俗

闽南行业民俗可以从生产和贸易两个方面阐述。首先在生产方面，包括农业、渔业、手工业等。

1. 农业民俗

闽南秉承了中国传统的"以农为本"的尚农特点。由于闽南地少、缺水，闽南人因此特别重视用天之道和因地之利，且崇尚精细，即根据四季气候的变化和地形的特点选择合适的谷类种植，如"高田种早、低田种晚、田硬宜豆、随地所宜"等。闽南人在农业生产中总结了许多经验，并编成农谚流传下来，指导一代代人的农作生产。如"六月立秋要到秋，七月入秋不到秋"。为保证颗粒归仓，农民经常在田头搭草寮，并轮流守护田间作物，在收成的过程中也有一些仪式，如祭"田头公"等。

2. 渔业民俗

闽南海岸线长，靠海的民众大多以捕鱼为生，并根据地理条件、鱼的种类以及气候特点形成了自己的特殊的捕鱼方式和捕鱼习俗，在长期的劳作中，还总结了一些生动有趣实用的渔谚，如"二八好行舟"、"六月上红云，劝君莫驶船"等。还有一些与渔业生产有关的民俗，比如，每逢过年，渔船上都要张贴春联。春联的内容体现了渔民们盼望"顺风顺水顺人意，得财得利得大时"的美好意愿。春节过后，渔船首航，渔民认为这是关系一年生产好坏和安全的大事，要到大后庙卜杯确定出海的日子。渔船的起航和归航，有"开海门"和"关海门"的习俗。因为人们认为只有福运好的船才能领先出港"开海门"，并能确保渔船全汛安全高产，否则将适得其反。所以每次起航前，各船都为此你推我却。通常是由历年高产的船领头，或在妈祖神像前卜杯择定，或是推几条船同时出港。船队归航时最后进港的船称"关海门"，在捕鱼生产中有人失事或遇到"头目公"（海上发现的死尸）的船，按惯例必须最后进港。因此在正常情况下，各船都争先恐后进港，以免日后遇上不吉利的事。渔民如果不幸在海上死亡，晋江船习惯就近水葬，然后替死者"引魂"回故里；惠安船则要收殓入棺，运回故里安葬。但如遇见"头目公"（或称"好兄弟"、"人客公"）一概要打捞收埋，堪称美俗。为驱邪气、求平顺、谋丰产，旧时惠安崇武渔民还有几项颇有特色的习俗，如"献金（锣）"、"过油"、"烧鸡笼"等。

3. 手工业民俗

闽南除了农业和渔业之外，在手工业上如造船业、建筑业等也具有特色，并且各行业也有一些自己的规矩和习俗。如造船业有"竖龙骨、安龙目"等，建筑业有"看风水、破土、升中梁"等仪式。

工匠民俗除了其各自不同的行业特色外，在传承过程中，也表现出尊祖师、地域性、保守性等共同的民俗文化特征，这点在泉州的手工业中表现尤为明显。泉州工匠

所尊奉的祖师爷,既有全国性的,如木工行业尊鲁班;也有地方性的,如刻印业奉朱熹。朱熹怎么会成为泉州刻印业的祖师爷呢?相传洪荣山原为朱熹同乡好友,曾随朱熹学习金石雕刻手艺,颇有成就。后来朱熹到泉州为官讲学,即把洪荣山带到泉州,从事刻印业,因此成为泉州刻印业的一世祖。其实,刻印业(古代上要是刻印书籍)与文化、教育事业有着密切的联系,而朱熹是我国古代著名的思想家和教育家,泉州又是朱熹过化之区,故把朱熹奉为当地刻印业的祖师爷,也是顺理成章的事。泉州行业民俗的地域性特征也相当突出,这从近年来泉州市所举办的惠安石文化节、安溪茶文化节、永春芦柑节、德化陶瓷节等活动,即可得到说明。就工匠民俗而言,如惠安崇武五峰村的石雕,早在清初就已声名远播,涌现出很多著名艺人,至今石雕和石料企业仍是五峰村经济的支柱。在五峰村,男人如不懂凿石雕石,会被人蔑视为"下脚废料"(没用的人)。泉州工匠民俗的保守性与其技艺的传授继承的途径有关。我国自古以来总是留一手,以免"教会徒弟,饿死师傅。"因此学徒学艺是"师傅领进门,修行靠自身",能得到师傅绝招真传的,一般只能是师傅的后裔,并进而形成了"传子不传女"的民俗心态。清道光《福建通志》卷五六《风俗》曰:"(晋江县)陈坑之民织竹以为器,龟湖之民织布而善酿,下语之民织席榨油,沟头之民陶瓦砖,拱塘之民骟猪;瘠土生业,不以传女、婿。"被称为泉州神像雕塑世家的"西藏国",创立于1895年,至今师承家传已四代。"传子不传女"的民俗心态,从深层次看,是宗法社会的必然产物,新中国成立后,此民俗已逐渐淡化,但师徒之间"留一手"的现象,仍难以避免。"传子不传女",有利于世代经验的传承积累,这在旧时代对保住自家牌子,制作名优产品方面,的确是起了作用的。但它毕竟是小生产基础上的产物,是一种历史的惰性,对于今天社会生产力的更新和发展,就显得很难适应了。工匠传统民俗,有利有弊,随着社会生产力的不断发展,利者可有所改造地加以继承,弊者则当剔除。

4. 商业民俗

在商业贸易方面,由于闽南地少且不宜耕作,农耕收成远不能让百姓生存下来,因此一部分闽南人走上了经商之路,并创造了宋元时期泉州成为世界贸易大港的奇迹。闽南传统的商业民俗,主要表现在交易的场所、方式、标志和语言上。交易场所城乡有别,在偏僻的地方规定日期设"圩",市区设"市";在交易方式上主要有坐商、行商和居间商三种方式;在行商过程中用声音和器物打击招徕顾客,当然坐商者也悬挂牌匾,有的还请有名气的书法家和名人写匾,以提高商店的名气。相关的民谚有"嘴水甲你抹,价钱无走啜"等。

二、闽南饮食民俗

"为了吃,撞破额","民以食为天",吃是人生第一大事,闽南人由于受到自然环境、经济条件和生产方式的影响,在生活中形成了自己的饮食民俗。

饮食,顾名思义,分为饮和食两个部分。就"食"而言,闽南美食又大致可分为小吃、海鲜、素菜、药膳四类,注重汤料的烹制,以清鲜、醇和、荤香、养生为特色。而"饮"

的方面,闽南人对茶和酒情有独钟,形成了独特的茶文化和酒文化。

1. 闽南主食

首先在主食上,闽南人以大米、地瓜(番薯)、大麦等作为主食,做成干饭、稀饭两种,再配上一定的菜类(蔬菜、海鲜、肉类),按一日三餐。有时把这些菜类加入大米一起蒸煮,煮成咸干饭或咸稀饭,有一定的地方特色。闽南人喜欢吃鱼,沿海鱼种类众多,新鲜而有营养,因此一日三餐总少不了鱼肉。闽南家常食用的大众化鱼类属巴郎鱼(学名圆鲹)和赤棕仔鱼最多。而所有海味中"蚝仔"(即海蛎)是闽南人最喜爱的,可以有多种的做法,它既可以做成多种小吃,如蚝仔煎,蚝仔面线等,也可以做成小菜,如蚝仔咸(即加上盐、酱油和青葱煮成的),还可以做成配饭的汤,如蚝仔仁汤等。除此以外,闽南人还习惯在煮饭时加入各种配料做成咸饭,常见的有"芋头饭"、"菜豆饭"、"高丽菜饭"、"菜头饭"、"芥菜饭"等。

闽南海蛎煎

闽南芥菜饭

闽南人平日吃得节俭,但每逢过年过节或婚庆喜事及亲朋迎来送往,则总喜欢大生炉灶,隆重对待。请客吃饭一般都要有12道菜,有的甚至18道菜,而且一定要"头尾甜",即首尾各要有一道甜点,以示有始有终,永远甜美。至于年节的食俗,则根据不同的节日,有不同的规矩。如春节,除夕的围炉吃年夜饭习惯要一道火锅,并要事先炸好各式各样的海鲜、肉类,放入火锅同煮。又如春节、清明、三日节习惯要吃薄饼,即由高丽菜(包菜)、冬笋、红萝卜等为主馅,配以虎苔(海苔)、芫荽等置于面皮中包卷而成的特色小吃。此外年初九"天公生",民间要用米、面蒸制龟、桃、牵、圆来祭拜天公后食用。上元、半年、冬至吃汤圆,端午节吃粽子,立夏吃苋菜面,中秋节吃月饼、番薯、芋头,重阳节吃栗子糕。还有重阳、霜降、立冬要进补,多吃鸡、鸭等,有俗谚云"一年补趟趟,不如补霜降","一年补常常,不如补重阳"。如果不知道以上的这些吃的规矩,在闽南过节可容易被人笑话呢!

闽南菜清鲜香脆,注重调汤估料,口味清淡,酸甜适宜,中西合璧,变化无穷,它的烹调技法多样,有炸、炒、煮、炖、焖、煎、卤、火可、火工、淋、蒸等。闽南的一些饮食习惯也受外地的影响,如喜欢生吃香菜,闽南人称为"缘随",这可能是受中原饮食的影响。闽南华侨多,有不少归侨或侨眷,也经常会吃些"印尼菜"、"越南菜"等。我们也可以从这方面看出闽南饮食文化的兼容性。

2. 闽南小吃

早在2500年之前,中国人的饮食生活中就已存在常馔(即吃饭)和小食(即吃点心)之分了。唐代,人们用点心一词来表示稍许吃些食物的意思。唐代后期,粉食已经十分普及,点心也流行了起来。宋代时,称早晨的小食为点心。中国人传统的饮食思想造就了几千年吃点心的饮食习惯。

泉州位于东南沿海,与台湾隔海相望,拥有得天独厚的地理位置和丰富的山海资源。历史上两次中原汉民大量南下入闽,带来了北方汉族古老的饮食文化。唐代,泉州港是中国四大商港之一,与世界100多个国家和地区有贸易往来。宋元时期,一跃成为"东方第一大港",是中国历史上最早对外开放的国际城市。物资人员的大交流,促进了中外文化的大交汇。历代厨师利用丰富的物产,兼容中外烹饪特长,逐渐形成了风味独特的闽南菜流派。

闽南小吃既保留了唐宋遗风,又有创新改革。小吃注重口味、营养、多样,一般喜酸甜不喜辛辣,喜清淡不喜油腻。其品种繁多,式样新颖,造型美观、美味可口,且用料考究,做工精细,风味独特。

婚丧嫁娶、敬神祀祖以及馈赠亲友的风味小吃有:榜舍龟、大花包、满月粿、糖粿、糯米丸子、田螺肉碗糕、白糖碗糕、米糕、松糕、塘头甜粿、麦馅粿等。其中较有特色的榜舍龟,用糯米粉为皮,豆沙为馅心,蒸成形似龟状,面染橙黄色,上面覆有大红团寿图案,以祈延年益寿。大花包以发面为皮,白糖、花生仁、冬瓜糖为馅。蒸成大如海碗的甜包,上面覆盖红色喜庆图案,专门用于婚嫁纳彩时,男方馈送女方的食品。满月粿,是生小孩子满月时要做的小吃,同时煮红皮鸡蛋及线面馈赠亲友乡邻,祈求小孩健康成长。在农历七月初七牛郎织女鹊桥相会的日子里,家家户户都蒸糖粿、烧鹊桥,以示怀念。糯米丸子是冬至这天要做的小吃,而"红丸子"是喜事宴请时祝颂甜蜜、圆满,祈求平安美好生活时的小吃。

地方风味小吃有:蚵仔煎、鲜酥蚵串、鱼仔粥、蚝仔粥、鲨羹、包心鱼丸、鲜肉鱼丸、水丸汤、马鲛粳、网纱鱼卷、酥炸鱼条、捆蹄、面线糊、扁食、肉燕、烧芋果、芋包、鸡汤伊面、干拌面、卤面、莲美豆干、糯米灌大肠、猪血尾口粳、苦菜大肠汤、虾皮番薯粉团、豆签、牛肉羹、豆花、石花糕等。其中蚵不仅营养丰富,且烹制的食品味道鲜美。闽南人有食粥的习惯,他们会根据季节的不同选择时令食物,调配糯米制成粥。土笋冻,是用一种生长在浅海滩涂里像蚯蚓的软体动物熬成的胶状体,不仅美味,还能降火消炎、清凉解热。鲨羹是闽南特有的海产,鲨全身可食,风味特殊。

闽南牛肉羹

鱼卷

土笋冻

民间传统小吃有：肉粽、粳粽、豆粽、五香卷、鸡卷、炸肉丸、嫩饼菜、桂花蟹、芋鸭、肉夹包、炒米粉、烧芋果、芋包、甜芋饼、菜果、水晶菜头饼、腰子饼、肉饼。其中肉粽以其选料讲究，配料多样，制作精细，历史久远而享誉海内外。肉粽、粳粽、豆粽都是端午节的必备供品。

如今，闽南小吃也传到了全国各地，甚至传至国外，深受食用者的喜爱。

3. 早茶晚酒

闽南人向来有早茶晚酒的说法。先说茶，中国的茶文化集哲学、伦理、历史、文学、艺术为一体，可以说是东方艺术宝库中的奇葩，闽南的茶历史悠久，闽南茶文化源远流长，饮茶是闽南人日常生活中的一大享受。闽南人对茶的痴情远近闻名，几乎到了"无茶不成礼"的程度。由此而形成的独特的茶文化，影响着世使代代的闽南人。

饮茶是闽南人极普遍的生活习惯，许多人晨起的第一件事就是泡茶饮用。闽南人将饮茶叫做"泡茶"，泡茶的程序非常讲究，所费的时间、功夫多于喝茶，故称"功夫茶"。闽南人喜欢喝乌龙茶，且以铁观音为上品，其次为黄旦。泡茶的技艺也十分讲究，有包括"关公巡城"、"韩信点兵"等十多道技艺。除烫壶、烫杯外，第一遍茶是不喝的，全部倒入茶洗中，作为洗杯用。闽南有句俗语"头遍脚湿，二遍茶叶"。这是因为旧时制茶有道工序为"走脚球"，即将过了头遍火的茶叶装在布袋中，扎好布袋口，然后打赤足的人在上面踩，将茶叶踩卷起来，所以认为第一道茶是沾了脚汗。虽然现在机械制茶不存在此工序，但不喝头遍茶的习俗一直流传下来。

喝茶也有讲究，称"啜茶"，与"啜酒"一样，细细品其味，其乐无穷。如果一口喝下，则会被闽南人笑为"牛饮"。而且一泡茶只冲泡四五次，就将茶叶渣倒出，重新烫壶、烫杯，再换新的茶叶冲泡。闽南人饮茶还有一种习俗，就是要有"茶配"。尤其是饮功夫茶，浓度高，有茶配可以防"茶醉"。茶配一般是蜜饯、贡糖、花生糕之类的甜食，可以起中和作用，避免饮浓茶过量的不适。

茶对于闽南人说，早已超越"饮料"本身而成为闽南习俗的一部分。见客上茶为闽南常礼，并形成了一些待客的茶俗，如应酬、婚嫁、寿庆、祭祀等，以茶为礼。一般待客要重换茶叶新沏茶，老友会面饮功夫茶以助谈兴，婚庆、节庆敬以甜茶等。作为闽

闽南茶具

南茶文化精华的闽南茶道,闽南茶道保存着古中国的茶道。中国茶道的主要内容是茶艺,它包括环境、茶叶、茶水、茶具、火候。而作为闽南茶文化精华的闽南茶道已经具备以上的五点要求。

　　除了茶,酒同样在闽南人日常生活中扮演了重要角色。酒宴是闽南人酒俗中最主要的一种。俗话说"无酒不成宴",在闽南,逢年过节、迎来送往、亲友相聚必要饮酒庆贺,此外,做丧事也要请喝酒。当然,以酒养生在闽南也别有特色,人们往往把酒作为一种药物来看待。"小酒小人参"的俗语,意即适量的饮酒对人的健康,尤其是老人和产妇有益。小孩、妇女、壮年、老人都可以喝酒,而其功效和说法也是不一样的。闽南饮酒的礼俗很讲究,在酒席上主人敬酒是第一道,随后是为首的客人还敬,其余就随意。并有"敬酒的干杯,被敬的随意"的规矩。闽南人的行酒令在南方乃至全国都很有名气,行酒令目的是活跃气氛,具有娱乐性和趣味性。古时称"手势令"、"拇战",闽南话称"喊拳",普通话则为"划拳"、"猜拳"。闽南人与酒,有着不可分割的联系。有人说,要了解闽南人,或者要和闽南联络感情,应该先学会三件事:闽南话、喝酒和猜拳。尤其在泉州,喝酒时猜拳是不可少的,有喝酒的地方,就能见到有人斗酒,就能听到吆三喝四的猜拳声,其热闹程度,远远超过漳州和厦门。这主要是因为泉州人生性豪爽、喜欢热闹扎堆。对大家来讲,赴宴的目的不为吃,而为喝;不是品酒,而是斗酒;不求结果,只求过程;不讲形式,只讲气氛。闽南人的斗酒不是拼酒,真正的闽南酒文化讲究的是斗智而不是斗勇,斗的首先是心智,其次才是酒量。行酒令和摇骰子,就像闽南酒文化的双翼,它使闽南酒文化得以发扬光大。

三、闽南服饰民俗

西方一位著名的服饰大师曾经说过,服饰反映人的类型和时代精神。这句话对我们谈论闽南的服饰民俗文化,具有一定的参考价值。

闽南的服饰民俗与闽南所处的地理环境、气候条件、生产生活方式以及悠久的历史文化背景有着非常密切的关系。闽南人衣着服饰简单质朴,"吕洞宾,顾嘴无顾身",说的就是这个意思。这一方面是由于闽南人在观念上素有"一吃二穿"的思想,认为穿是给别人看,是炫耀,而吃才是最实在的;另一方面也是因为闽南气候温暖、四季如春,并不需要特殊衣着来御寒。因此,重实用而轻样式,崇尚简单朴素,成为闽南服饰的主要特征。

早期的闽南人,无论男女老少脚上都喜欢穿木屐,木屐直到50年代以后才慢慢从闽南人的生活中消失,到了夏天,喜欢戴斗笠、草帽、凉帽,妇女则多拿布伞。据说闽南妇女出行以伞自遮之俗,起于明代著名理学家朱熹治理漳州之时,这伞又有"含蕊伞"的美称。除伞以外,短裤、裙子、凉鞋等也是闽南人在炎热夏天不可缺少的东西。

闽南地处海岸,有着丰富的海产资源,渔业相当发达,从古至今都活跃着大批靠捕鱼为生的渔民。他们曾被清代统治者列为"疍民",规定不得在陆上定居,因此长期生活于渔船上,生活习惯上也形成了一定的习俗,衣着上更是别树一帜。

闽南尤其是惠安、晋江一带的渔民最常穿暗红色的土布衣,又叫"讨海衫",尤其是惠安、晋江一带渔民,这是用荔枝柴汁或柿汁染成的暗红色粗布衫,具有耐穿、耐磨的特点,便于渔民外出捕鱼劳作,因此深受渔民的喜爱。这种暗红色的"讨海衫"渐渐成为闽南渔民的标志,代代相传。

除了讨海衫,闽南渔家女也有着独特的头饰和服装。她们以结婚划分界限,未婚的称为渔姑,婚后即称渔妇。渔姑的头饰以盘在头上的红绒作为标志,俗称"烟筒箍"。据说早期是为了海上作业的方便,把辫子盘在头上,后来嫌色彩过于单调,就在发辫接上红绒线盘箍在头上,远远望去,犹如蓝天碧海中开出的一朵朵艳丽的红花。渔姑出嫁时,就得把头发挽在后脑梳成大髻发。渔姑和渔妇都穿汉装,衣服的边角镶着许多花边。至于闽南妇女的首饰,喜用金银制造,尤喜金制项链,式样随时而变,直至今日,闽南妇女喜欢金链子的习俗依然如故。一到婚嫁的日子,新娘子更要从头到脚戴满长辈亲戚送的金链子金手镯,一来衬托新娘的高贵,二来也表示对长辈亲戚的尊重和感谢。

说到闽南的服饰,我们特别要谈谈惠安女服饰。惠安女服饰分布在惠安东部海坤区域的崇武、山霞、净峰、小柞等乡镇。它包括服饰、发型、首饰、佩饰和其他穿戴等。笠是惠女现代服饰最显现的部分,主体色彩是纯黄色的,非常鲜艳;头巾是最富有特色的部分,每条头巾都是正方形的,色彩和花纹基本上是蓝底白花、绿底白花、白底绿花等,清晰、浅雅、悦目;惠女的发饰,堪称是中国古代妇女重视首饰的继承;上衣最大的特点是"衣短露脐",腰饰,确有标新立异之处;腰带分两种,一种是用各种色彩的塑料带编织而成的,总宽约7~9厘米,色彩非常醒目,另一种是用银打制成的,银链是惠女美的升华,在身穿黑亮的裤子上面,系上这么一条闪闪发光的白色银腰带,显出动人的腰段,真是美不胜收;裤子主色调是黑色。这显得稳重、大方,又容易搭配其他颜色的衣料及饰物。可以说,惠女服饰各部分之间在色彩、款式、线条、图案等方面的配合是非常协调的,非常恰如其分的,使人赏心悦目、惊奇不止。

惠安女服饰融民族、民间、地方和环境特征为一体,既兼顾美观又便于在海水中劳作;既有少数民族特点,又独具地方特色,是研究闽越文化传承变迁及中华民族多元文化交融的珍贵的文化遗产;它在民族服饰文化中独树一帜。是中国传统服饰精华的一部分,是现代服饰中的一朵奇葩,并具有较高的实用艺术价值和民俗文化研究价值。

惠安女服饰图

四、闽南居住民俗

(一)传统民居——官式大厝

官式大厝也叫"皇宫起"是闽南传统民居的典型。之所以叫皇宫起,传说是皇帝恩赐给闽南人的,其建筑风格如皇帝宫殿。皇宫起是闽南民居的一大特色,房屋构造一般是中为正厅,屋顶最高,以二、三进的合院为中心,两侧横向组合对称,布置条形护厝,分别向两旁发展。闽南的大厝较少超过四进,一般是二进三开间大厝。二进三开间大厝由"下落"(或称"前落")、天井及两厢、"上落"三部分组成。大门左右各有一间下房,合称"下落"。"下落"之后为天井,天井两旁各有一间厢房(或称"崎头")。过天井为主屋正厝,中间是厅堂及后轩,其左右各有前后房四间(俗称大房、后房),是住室和起居间,合称"上落"。左为大房,右为二房。左右屋背略低。由正厅延伸建造的房屋像围着一条蜿蜒的龙,故有"围龙"之称。有的大厝前面还有一个很大的门庭,闽南人称为"大埕"。这种横向组合的护厝式民居,最适应于闽南沿海一带炎热的气候条件。厅堂面向天井,宽敞明亮,用来祭奉祖先、神明和接待客人;卧室的房门一般悬挂布帘或竹帘,屋顶有天窗,但很小,因此房内的光线较暗。

厅堂是奉把祖先、神明和接待客人的地方,面向天井,宽敞明亮。而卧室房门悬挂布帘或竹帘,房顶天窗甚小,房内幽暗。"光厅暗房"是泉州传统民居的特点。"上落"的房间也有讲究,兄弟分家时,以东大房为尊,余类推。有的大厝前加门庭(俗称"大埕"),东西两侧及后轩外面,或加护厝,有单护厝、双护厝、环护厝之分,作卧室或杂物储藏间,并于门庭四周筑起围墙,成为一个封闭型规整独立的建筑群。横向增加护厝的做法,是泉州、漳州最普遍的布局扩充方式。为避外人窥视院内活动,大门要逢大事才启开,平时由两侧边门进出,大门入门处正中又有木板壁,或置屏风。室内地面铺砌耐湿耐磨的红方砖,窗棂门扉则雕镂以花鸟、山水、人物等图案。厅口、天井、厢房、墙础、台阶、门庭等铺砌平整条石,四周墙面贴砌红砖,并构成各种几何形或吉庆喜彩的图案。大厝屋顶多为悬山式曲线燕尾脊,屋面铺设红瓦间瓦筒,檐口装配瓦当和滴水。而下房、厢房、护厝等次要房屋,则多为硬山式屋顶或马头式山墙。豪华士绅之宅,还于宅外增辟花园,园内挖池垒山,构筑亭榭,为居宅锦上添花。或于宅内天井中缀以盆景假山,以成幽雅自然之趣。泉州现存明清时期官式大厝的典型代表,有南安官桥的蔡资深古民居建筑群和石井的中宪第,晋江江南的杨阿苗故宅和青阳的庄用宾故居等。

南安官桥蔡氏古民居

当然"皇宫起"建筑在各地有些诧异,泉州的安溪的典型民居是"五间直"(或称五间起),是因为顶落有五间而得名。厦门的民居以"四房四伸脚"、"四房二伸脚"为典型,而漳州的民居以"爬金"和"四点金"为典型。厦门和漳州民居的规模都比泉州要小,在结构上也有些差异。

闽南民居从建筑形式的角度说,并没有一种极张扬的、类型化的形式,但它在砖石墙的装饰及美化上却有着较为特殊的表现。从审美的角度看,闽南的红砖墙反映着其地域的风格特性,形成了所谓的闽南风格,有学者认为这个区域的民居是属于"红砖文化区"。

闽南建筑的红砖红墙

(二)闽南传统民居的建筑风格与特点

闽南传统民居作为我国传统民居建筑的一个重要组成部分,在平面布局、结构体系、外部造型及细节装饰等方面,既保持中轴线对称、院落组合、木构承重体系和坡屋顶等我国汉族传统民居建筑的共同特征,又由于福建所处的自然、地理、社会、经济、文化等方面的特殊条件的影响,而逐渐形成自己独特的地方风格,在我国民居中独树一帜,素有"闽南地上文物"之称,蕴含着丰富的历史文化信息和独特的艺术价值。其充满闽南地域特色的飞檐翘角、独具闽南风格的砖石墙、成熟的砖雕工艺、精湛的木雕工艺、具有象征意义的墙体彩绘等艺术形态,都体现了闽南传统民居建筑的布局之美、结构之美、装饰之美及文化意蕴之美。

1. 闽南传统民居建筑布局精美

(1)中轴对称,主次分明。

在一条纵向轴线上,布置一系列重要建筑,并左右对称地布置其他附属用房和院落,组成一幢严谨对称、主次分明的完整建筑群。

(2)以厅堂为中心组织院落。

院落,是以三面或四面房舍(围墙)围合而成的。以院落为基本单元,进行群体组

闽南民居的对称之美

合,是我国民居建筑布局的又一个共同特征。在闽南传统民居建筑中,院落的主体是厅堂,而不是庭院,这是和常见的北方四合院民居的主要差别之一。

(3)宽敞的廊、厅,贯穿全宅。

闽南地区太阳光强烈而且多雨,气候湿热,人们需要长时间的户外活动。檐廊厅堂,既能遮阳避雨,又具有良好的通风条件,从而成为人们活动的主要场所。因此,闽南传统民居建筑一般都使宽敞的檐廊与厅堂相连接,以构成全宅的通道。其面积约占全宅的一半,有时甚至更大一些。

2. 闽南传统民居建筑结构之美

闽南传统民居建筑的主要建筑结构由木作、瓦作和石作构成。其中,木作是建筑的"主角",分"大木"、"小木"。"大木"是结构性的,包括斗拱、构架等;"小木"则是细部、零件等。在闽南传统民居中,木作的作用主要不在力学上,而主要在于表现建筑的社会地位和美观。瓦作主要应用于屋顶和墙,其中屋顶形式多样(基本形式有硬山、悬山、歇山、庑殿、攒尖等),做法甚为复杂及讲究。石构件则主要应用于台基、栏杆、台阶、铺地以及桥梁、牌坊等,形式同样多样。

3. 闽南传统民居建筑注重和讲究装饰美

闽南传统民居建筑是中国院落式民居形态中装修装饰最多样的一种类型。涉及各种细部处理,也正是这些固有的传统做法及强烈的地方特色影响着民居建筑的艺术造型,对于形成闽南传统民居的风格起着重要作用。

闽南传统民居建筑作为我国古代住宅建筑的一种类型,建筑本身相当考究,其中最为突出的是艺术装饰。如装饰有"三雕"——木雕、砖雕和石雕,还有泥塑、壁画等其他许多艺术加工。就部位而言,木雕主要在构架、门窗、顶棚等部位;石雕主要在墙垛、门洞、门框、匾额、阶沿、明沟、柱础等部位;砖雕主要在主入口门罩等部位;泥塑施于院墙檐口等部位;壁画主要院墙马头墙垛等部位。闽南民居外墙大致是由三个部

石雕墙垛、窗户

木雕窗户

分组成的：勒脚（包括角碑石础）、墙身和檐边。勒脚多用白石和青石来作为装饰，图案图像大部分是虎脚造型，麒麟，喜鹊，马踏祥云，狮子戏球，也有吉祥文字之类；墙身最具特色，山墙也是泥塑作浅浮雕呈对称式，腰线有红砖、有白石、有青石影雕。窗的种类繁多，有砖构窗、石构窗、瓷构窗、木构窗等。砖构窗、瓷构窗特点在于本身独立形成一个整体图案。石构窗的窗柱常以一种圆雕形式出现，雕有动物花卉，如果是镂花窗，常见戏曲人物；檐边一般都是浮雕形式，用泥塑彩绘，多山水人物，有故事情节。

木雕顶棚

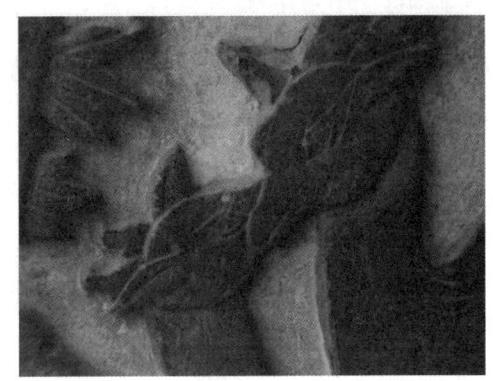
砖雕墙面

4. 闽南传统民居建筑富有丰富的文化意境之美

闽南传统民居建筑无论是整体布局，还是细部处理均透露着独特的文化意境之美，其建筑技艺及独特的建筑规制完整地表现了中国传统建筑的思想理念（"礼"的层次最复杂）。如屋脊上的翘脊优美清秀，又称燕尾脊，是闽南传统建筑中最常使用的建筑形式，它由正脊做成曲线的形状，两端往上翘起，类似上弦月形，而在尾端分叉为二，就像是燕子的尾巴一样，所以称为燕尾脊。与北方民居的屋脊那种庄严、平稳相

龙凤装饰着燕尾脊

比,闽南的屋脊显得挺拔、轻巧、俊逸;闽南传统民居建筑单体屋顶出檐长翘的形式除具有遮阳挡雨、防台风季风、避雷电、散热防潮的实用性,又可营造出独特的群体视觉效果。

(三)闽南其他居住类型

1. 土楼、土堡和洋楼

闽南的土楼主要集中在漳州的诏安、云霄、平和、南靖、华安等地,大多数以同姓血缘关系为主而建造,以方形和圆形居多,少数是半月楼的形状,主要的目的是防御倭倭寇,抵御海盗。泉州也有土楼,主要分布在德化、永春、安溪等内地县份。闽南的土堡,至今仍有数十幢,如德化三班硕杰村的大兴堡、永春五里街仰贤村的山尾土堡,而最早的应该属漳州漳浦的赵家堡,建于明代。

洋楼是闽南侨乡一种中西合璧式民居,俗称"番仔楼",以泉州的晋江石狮一带为典型。闽南人历来把建造住宅看成是人生大事之一,尤其是华侨,他们早年出洋多因生活所迫,在人地生疏的异邦含辛茹苦地打拼,为的是有朝一日能出人头地,兴业旺家,故一旦事业有成,即迫不及待地衣锦还乡,不惜巨资修建豪宅以福荫家口。这些豪宅包括具有闽南传统民居特色的"官式大厝",和汇合中外建筑风格的洋楼。大多由在海外长期生活过的华侨构思设计的洋楼,既表现出西洋的建筑风格,如科林多式的圆形廊柱、绿釉面的瓶式栏杆以及百叶窗等,又保留有闽南传统民居官式大厝的特色,如龙脊凤檐、华丽外饰,砖石结构的门庭垣墙、楼房前后的花圃林木等。也许是与主人衣锦还乡荣宗耀祖的心理有关,洋楼在设计建筑时,并不注重内部使用功能的改善,而是力求其外观的豪华气派。并在住宅正门的石匾上,极其醒目地镌刻上本屋主

南靖土楼

漳浦赵家堡

人的姓氏郡望,以示不忘祖源,如李氏"陇西衍派"、陈氏"颍川衍派"、林氏"九牧传芳"等等,大门的两边以及石柱上,大多刻有隐含主人名字的冠头对联。这种中西合璧的洋楼,从平面布局到外观装潢都已突破闽南人传统居住习俗,从而往往成为外地人对闽南侨乡民俗的第一个印象。

闽南洋楼

2. 石构民居

闽南石结构民居的典型当推惠安民居,这主要是因为惠安石料资源十分丰富。惠安民居使用石料的历史十分悠久,早在1500多年前,已用石板做屋面,并以三合土

闽南的石头房子

(白灰、砂、黄土)灌缝,至今完好无损。石结构民居的所有部件全部是由石头构成:以杂石奠基,条石砌墙,板石盖屋顶,包括梁、柱、拱、悬臂楼梯、门窗框、栏杆等建筑物构件,也全用石料。外观几乎不装饰,有一种朴素自然之美。

石结构民居的优点在于经济耐用、寿命较长、不生白蚁、维修费用少等,以花岗岩石为建筑材料,也比较能够满足沿海民居抗御台风和防盐碱腐蚀的特殊要求。但石结构民居也存在着缺点,如抗震性能差,构件笨重,运输加工困难等。抗震性能差是致命弱点,专家们早已关注并发出呼吁,要努力开展石建筑的研究,合理使用石料,把石材当作精品加以开发利用,使其发挥更好的社会效益、经济效益和环境效益。

五、行旅民俗

闽南人行旅民俗的形成,与他们所处的地理环境有很大的关系,闽南地形复杂,山地丘陵占多数,内陆峭壁陡岩、沿海多丘陵、平原。海岸线延绵数百公里。为了生存,闽南人开展活动空间、发展经济文化,修路、造桥、造船,努力改善出行条件,并形成了独特的行旅民俗。

1. 陆路交通

人们的出行先是依靠双腿行走,有了家禽之后,就借用畜力作为交通工具,之后有牛车,马车,轿的出现比牛车马车晚。20世纪20年代是闽南交通工具发展的一个重要时期,黄包车、自行车相继出现,汽车也开始营运。但在旧时,闽南人能借交通工具出行的很少,大多是步行,因此自古以来,闽南有不少便于行人的美俗。北宋初年,晋江人王言彻知漳州,命人自漳州至泉州植夹道松,使过路客商减轻炎日酷暑之苦。后来又有任过泉州和福州知州的仙游人蔡襄继之,植松700里以庇道路,形成一条自福州大义渡至泉州、漳州,绵延闽地南北的林荫大道,为民造福。故当时民间传诵着一首歌谣:"夹道松、夹道松,问谁栽之我蔡公。行人六月不知暑,千古万古摇清风。"泉州人不仅植树以庇道,还于大道旁建亭以供行人想息避雨。为让行人消暑解渴,泉州以前常有一些寺庙、商户和乐善好施的人家,于盛夏季节,泡制大缸茶水,外写"奉茶"字样,免费供应过路客旅。

2. 水路交通

涉水用船,过河架桥,闽南的水路交通民俗也很古老。闽南的造船业发展早,特别是泉州,古代泉州的造船业相当发达,唐朝时已是福建的两个造船中心之一,至元朝更是在全国四大海舶造船基地之列。但自古以来,泉州人主要是把船用于货运和捕鱼,用于客运的较少,宋代惠安人谢履才会在他那首有名的《泉南歌》中吟道:"泉州人稠山谷瘠,虽欲就耕无地辟,州南有海浩无穷,每岁造舟通异域。"

在闽南行旅民俗中华侨行旅民俗文化内涵十分丰富,占有重要位置,而这些习俗却少有人知道。华侨出洋前,要到"公妈厅"焚香拜祖辞行,亲友也要设宴送行,俗称"送顺风桌"。行李中一定要带一小包泥土和一小瓶井水,寓意"饮水思源"。而华侨归顺后,亲友更是会送来鸡蛋、面线、酒等礼品,为其接风洗尘的宴请,被称为"脱草

鞋"。这大概与早期归里华侨因家乡交通不便,且要表示自己不忘本,故多脚穿草鞋走进家门有关。

第三节　闽南非物质民俗文化的传承

非物质物质民俗文化主要是意识形态方面的民俗,包括岁时民俗、礼仪民俗和信仰民俗。

一、岁时民俗

岁时民俗非常复杂,关于岁时节日的分类也很多种,本书我们按春、夏、秋、冬四个季节,选择一年四季中某些重要节日来介绍闽南地区所发生的民俗事象。

1. 春节

春节即农历的正月初一,是一年的第一个节日,也是一年中最具喜气的节日。这天有很多的事情要做。首先是零点"开正",人们就在家中大厅设案,摆上供品,燃香点烛,开门迎春纳祥;清晨穿上新衣服,吃完蛋线面,给邻居、亲戚朋友拜年,街头巷尾,村前厝后,人来人往,喜气洋洋。春节一般仅指农历正月初一这一天,在闽南,这种欢乐的气氛大致要延续到元宵,"十五元宵灯,十六煞了心"。其中又以初五为界,分为前后两个阶段,闽南谚语说:"初五隔开,初六舀肥。"初五后各就各业,农民也要舀挑粪肥,开始农作春耕。也有以初六力界,称"初五舀肥,初六隔开"。在节日期间,人们会有各种各样的活动,或村里组织、或单位组织。

2. 元宵节

元宵节是农历正月十五,又称上元,七月十五称中元,十月十五称下元,这三元合成"三元"。在闽南有"元宵小年兜"之说,很是热闹,家家户户敬拜祖先、观音、土地,吃元宵丸,这种习俗在元代就有,表示团圆、吉利。闹花灯和踩街是元宵节最为热闹的节目,元宵之夜,市区万灯齐挂,各地在元宵之夜游灯,虽然活动内容有些不同,但愿望是一样的,就是希望这一年团团圆圆、和和美美。

3. 清明节

清明节是民间传统的溯源追本的节日,主要的活动就是扫墓祭祖。闽南很重视这个节日,有谚语说:"清明不回家无祖",外出人员一般在这个节日会相约回家,在各家各户的厅堂祭拜祖先。清明节前后十天为扫墓日期,扫墓时要除草、培土、描碑文、献纸钱、摆供品、点香烛、烧纸钱等,旧时还有哭墓的习俗。这时期如果要给先祖修墓或拾骸移葬,就不用看日子。闽南有"清明吃薄饼"的习俗,意思是清明节一家人在扫墓后要聚在一起包薄饼吃。

4. 端午节

端午节是农历的五月初五,关于端午节的由来,有两种说法,一种是为了纪念屈原,一种是为了避开五月初五这一"恶"日。端午节人们要做的事情很多,如室内消毒、悬挂艾草、饮雄黄酒、浴蒲艾汤、制"午时茶",小孩要胸戴"香袋仔"、臂系"长命缕"、额涂雄黄酒,其目的是为了避免受到外界邪祟的侵害。有民俗专家认为,端午节包粽子除了纪念屈原之外,更主要的是希望这位超升成神的"爱国诗人菩萨",能保佑百姓渡过"恶"日难过。其实不只五月初五才是"恶"日,整个五月都是"恶"月,闽南人习惯把端午节称作"五月节",可能与五月为恶月的传统观念有关。五月节的活动很多,如民间的采莲、赛龙舟、水上捉鸭子等等。当然各地的活动也存在一定差别。

5. 七夕

七夕也叫"乞巧节",是农历的七月初七,是中国传统的情人节,闽南人称之为"七娘妈生"。关于七夕的传说也有两种版本:一是牛郎织女的故事,一是七仙女与董永的故事。闽南人把七娘妈奉为保佑少年茁壮成长的女神,这天要敬奉七娘妈,有些父母让自己的孩子认七娘妈为干妈,称"新契",到了十六岁才"解契"。

6. 中秋节

中秋节是中国一个重大的传统佳节,这个节日与月神有关,起源很早,先秦时期就有中秋之夜祭月的习俗,汉魏时期,出现赏月、玩月之风,到了北宋太宗年间,才定八月十五为"中秋节"。闽南中秋的礼俗很具特色,先拜月后赏月。中午时用蒸熟的番薯、芋头和月饼一起祭拜祖先。芋头是闽南人的植物崇拜,有吉利之涵义,中秋团圆时吃芋,有抱子抱孙全家人丁兴旺大团圆之意;番薯或水煮、或切片油炸,金灿灿的,有风调雨顺、丰产又丰收之意。闽南人也常用龙眼和柚子供奉月娘妈,中秋节吃龙眼,天人合一,有吉祥的意思,而柚子则能去邪恶保平安。

闽南中秋节期间最热闹的要数博饼了。这种习俗的出现也有不同的说法,有人认为是在元末时期,人们借助玩饼聚集在一起,以放鞭炮为起事信号,一起反抗元朝统治者;也有另一种说法是郑成功收复台湾后,为淡化驻扎台湾军队的乡愁,设计出来的一套玩饼的游戏。这些都只是传说,没有文献记载,但却反映了当时人们深沉的民族感情。博饼的规则与我国传统的科举考试有关,名次依次是状元、榜眼、探花、进士,这可能是因为早期有条件、有机会参加博饼的都是读书人,也反映了当时"十年寒窗、金榜题名"的文化心态。今天博饼已经是男女老少的一种节日活动了。

千百年来,闽南还有一种很重要的活动"听香","听香"就是在中秋之夜到寺庙,烧一炷香,把自己的愿望想神明诉说,然后手持香炉到人群中,聆听第一句入耳的话,以这句话为准判别问卜的结果。"听香"虽然带有迷信的色彩,但却是旧时闽南妇女思念亲人的最好的寄托方式,由于闽南男子大多海外讨生活,妻儿留守,每逢佳节倍思亲,在家的老母亲或妻子就会点上三支香,躲在墙边或巷口,听听过路人说的话,以此来判断亲人在外的身体状况,以满足思亲之情。

除此之外,闽南的中秋还有其他习俗,如放孔明灯、烧塔仔、对阵掷石战等。可以说,闽南中秋节的文化内涵非常丰富。既有对亲人的思念,也有对海峡两岸团圆的期盼。

中秋博饼

7. 冬至

闽南人说"冬节小年兜",有"冬节不回家无祖"的说法,外出的人员都尽可能回家谒祖。冬至的食物,各地很不一样,北方吃馄饨,西北吃饺子,江浙一带吃汤圆和糍粑,闽南人吃"冬节丸"。冬至的前一晚上,家家户户要"搓丸",丸子有红白两种颜色,做冬至丸的同时,还用米丸料捏做一些小巧玲珑的瓜果动物和金锭银宝,俗称"做鸡母狗仔",象征兴旺吉祥有财气。冬至早晨,用煮好的汤圆敬奉祖先,合家以此为早餐,餐后留几粒粘于门上,以"敬门神"。闽南人很多节日都有丸子,元宵节的丸子为"头丸",冬至的丸子为"尾丸",头尾都圆,意味全家从头到尾一切圆满。在泉州冬至还要备嫩饼菜,据说是有"包金包银"之寓意。闽南的某些地方,在冬至日还要开宗庙祠堂大门祭祖,与清明节的祭祖合称春冬二祭。与清明节一样,修坟迁地也百无忌讳。

8. 除夕

除夕又称过年日,是一年农历的最后一天。与其他地方相比,闽南人特别重视过年,有"年兜不回家无某(妻子)"之说。因此,除非特殊的情况,家家户户外出人员都回家,一家老小团聚。这天大家要做的事有:敬天公、祭祀祖先、张贴对联、吃团圆饭、分压岁钱、"跳火盆"、辞旧守岁等。

二、礼仪民俗

人从诞生到死亡,几十年中在不同的年龄段都要举行不同的仪式和礼节。由于时间和空间的不同,人生礼仪又表现出不同的特色。古人把人生的几段礼仪分成冠、婚、丧、祭四礼,今天的民俗学家,用诞生、成年、婚嫁、丧葬来概括人生的四大礼仪。这从中反映了古今在人生观上的差异:古人重祭,今人重生。

1. 诞辰民俗

诞辰民俗包括诞生、满月和周岁。

诞生礼仪的主要角色是母亲,其次是婴儿。在婚嫁之日,就有与诞生有关的礼仪,如新娘坐花轿离开娘家时,轿前就有一人提着烘炉火炭,烘炉上盖着有红纸双喜字样的两块瓦片,表示日后子孙繁衍生息。过门后在没怀孕之前,岁时节日供拜送子观音,在元宵节娘家要给女儿送去莲花灯和"仙女送子"的皇都市灯,一红一白,红白成对,表示娘家人希望女儿早生贵子,临产前,娘家人要送上鸡蛋、线面等,俗称"催生",表示祈望新生儿顺利降生。这个过程其实蕴含着外家人身后的戚族情谊。婴儿出生后,婆家需到娘家"报生"。古人重男轻女,若生男,则马上到祖祠堂燃放鞭炮,向祖先报喜,若生女孩则气氛就没那么热烈。当然时代不同,人们的观念也在发生变化。

满月礼是人生的开端之礼。首先外婆家要送婴孩衣服、被仔、背中(襁褓)等,另有银项圈、天官牌、八卦图、脚环、手镯等避邪金银饰品,意在锁住小孩,不让受灾受难,永保长命,各地还有些差异,如德化还要送大米约0.5公斤,陶器1个,内装带骨的猪肉一块,以祝愿婴儿根基壮固。其次是敬神宴请、剃满月头,当然剃满月头的仪式也是各地差异,相同的是愿望一样,希望孩子有胆量、好运气、健康成长。满月后婴儿就可以自己独立睡婴儿床了。旧时父母亲为了让孩子更"臭贱"(更有生存能力),还会让孩子认贫贱干妈,有的孩子是在出生的第一个七月初七认七娘妈为干妈。婴儿到"四月日",还有些仪式,如第二次剃头、用红头绳绑住四肢腕部、举行开荤仪式等。

周岁俗称"度晬",是婴儿时期最为隆重的一个日子。这天要敬神祭祖、摆宴请客,主人要准备"度脐龟"或"四角龟"送给亲朋好友,送龟,寄托大人的愿望,希望孩子较快开步走路、健康长寿。外婆家要送给孩子衣帽鞋袜、八卦项链、长命锁链、手镯脚环等等,缀绣有"卍"的"度晬裘"(披风)和虎头图案的虎耳帽、虎仔鞋,颇有特色,寓有避邪、吉庆、长寿之意。

2. 成年之礼

成年之礼现在已经被淡化,但在古时,这是个很重要的仪式,"加冠"被看做是成年礼的代名词。目前在闽南成年之礼是孩子的16岁,只有16岁生日,才可称得上是一种独立存在的人生礼仪了。在闽南,男子16岁"成丁",也就是成人,生日仪式比较隆重,祭拜祖先是少不了的,还得前往宫庙敬神。外婆家要给已经成人的外孙送衣帽鞋袜寿面、公鸡等。家长一般还会宴请亲朋好友或送红鸡蛋,告知自家的孩子已经成人。按照古时的传统,媒人就可以上门说亲。现在孩子少,16岁的生日备受重视,仪式也有所改变,家长一般会宴请亲朋好友,亲友的贺礼也在不断升级。

3. 婚嫁之礼

结婚是人生之大事，礼俗很多，闽南人非常重视和讲究。闽南的婚嫁习俗一般可以分成六个阶段。

第一阶段相亲。虽说现如今提倡自由恋爱，男女青年皆较为开放，但在古时人们大多走"相亲"之路，媒人的作用举足轻重。一般相亲分两个阶段：其一，先四处托媒人"探听"看谁家有女（男）到婚龄了，一旦"目标"出现，托人方就先去偷看下，这一步骤称之为"初瞥"，就是"稍微看一下"的意思。也有的把"初瞥"的地点选在媒人家。其二，如果"初瞥"觉得还好的话，就叫媒人安排男女双方正式地见面，地点一般选在女方家，届时男女双方皆会"派出大队人马参加"，共同参考，俗称"对看"。

第二阶段探家风。如果"相亲"成功了，那么接下来女方就要到男方家里"探家风"了。女方的父母、叔伯、嫂婶等在媒人的带领下到男方家，目的是看看男方的住址及家庭基本情况，有的不放心的还托朋友或是亲戚询问其背景以及年轻人的情况。

第三阶段谈聘金。如果"探家风"女方觉得不错的话，媒人就要再次发挥重要作用——谈聘金和衫裤钱。到这阶段说明亲事基本成功，这一阶段比较好说，只要女方要求不是十分过分，一般男方是会接受的。聘金谈拢了，接下来男方就要选一天到女方家系红包，就是先拿一部分钱给女方父母，土话就叫"系三带"。女孩子则要从中拿出一小部分给自家的父母、兄弟姐妹买一身新衣服。

第四阶段看日子。"系三带"过后，男方要准备按照男女双方的生辰八字找喜日（一般是请佛祖来看日），确定在哪一天后，就把装有"喜日"的红帖子及一小篮糖饼送到女方家，这一步骤就是"送日头"，女方知道日期后就得紧锣密鼓地准备嫁妆，男方则忙着准备酒席宴请。

第五阶段举行仪式。男方在结婚前一天需做一件重要的事情——担盘。男方准备好一些东西，包括猪脚、礼品等必需品，载到女方家去，女方不能全收，只收一部分，然后再加进些芝麻、五谷之类的东西让担盘的人载回去，因为以前都用人力挑的，所以叫"担盘"，担盘这天媒人要同去。男方在结婚前一晚还要请人铺床，铺床也是要十分讲究的，应根据新郎的生辰八字摆好床的方位，床脚的四角还需垫上"金纸"，同时新郎当晚还得请个童男（最好是属龙的，较为吉祥）跟其同睡。

结婚即意味着成人，各种民间成人仪式就必不可少。结婚当天清早，男女双方父母均要选定吉时为新娘新郎"上头"。这种仪式是用头梳从头往下梳三次：一梳梳到头（白头偕老之意），二梳案齐眉（相敬如宾），三梳儿孙满堂。以前，女方在出门之前还需请人"清理脸上的杂毛"，现在这仪式大多只是做做样子而已了。新娘子出门前必须哭着向父母辞行，新娘的母亲及嫂婶也需哭着为其送行，俗称"哭缘"，出门前新娘的兄弟要帮新娘打开红伞（用红伞取代红盖头），新娘需撑着红伞从放着燃香火炉的米筛上跨过，据说是可以辟邪。新郎接过红伞将新娘接到轿车中，到了新郎家中，两个新人也同样要跨过相同的米筛火炉以去邪，到新郎家时新娘也需撑红伞直至"进房"。新郎新娘"进房"的时间也是有讲究的，"进房"时新郎的家属需回避。

吉时一到,喜宴开始。喜宴结束后,等好友都散后,新娘要在新郎的陪同下给双亲和直系亲属敬"乌糖茶"。敬茶应按长幼顺序逐一进行,新娘在敬茶时还需准备给公公和婆婆的礼物,并第一次叫爸和妈,其他的也需在新郎指引下一一称呼。晚上进洞房前,新婚夫妻还要同喝"合欢茶",要以红枣、花生、桂圆、龙眼等泡入茶中,希望早生贵子。有的地方晚上还安排"闹洞房"、"认亲同"等节目,大家都会玩得很尽兴。

第六阶段回娘家,请女婿,请亲家。婚礼结束后第二天,新娘子就要第一次回娘家(也叫"头桌客"),女方父母要张罗着请女婿,到时参加的人有:新郎和伴郎、新娘和一个未婚女孩(有的地方是未婚男孩)、女方的亲戚。宴席结束后新郎要和伴郎先回家,而新娘则要等到即将天黑后跟挑甘蔗的小女孩(取"甘蔗"寓为甜蜜和节节高)回婆家,取义为"入门乌,生乾埔"(入门天黑可以生男孩)。

婚礼结束后第三天,男方就准备请亲家了,方言叫"台亲家"。参加的人员主要有:男方父母及其直系亲属、女方的父亲、陪同女方父亲一起来的两三个同辈人,女方的母亲在这一天则不能参加。

当然,婚礼的习俗在闽南各地也存在不少差别,随着社会的变化也在不断地发生变化。

4. 丧葬之礼①

福建地处中国东南沿海,远离中原地区。秦汉以前生活在这一地区的闽越土著及其先民的原始宗教信仰自新石器时代产生之后,就孕育了具有地方特色的信仰崇拜。闽越族的原始宗教以灵魂不死、万物有灵、图腾崇拜、祖先崇拜为主要内容。昙石山文化遗址中许多墓葬的石器、陶器之类的随葬品,说明当时的闽越人认为人的躯体虽死亡,但主宰躯体的灵魂是不死的。与此同时,血缘亲属观念使闽越人对祖先有了崇拜心理,他们把祖先的灵魂当作自己的保护神加以祀奉。对祖先亡魂的崇拜从考古发现和文献记载都可找到例证,最典型的是武夷山的悬棺葬。悬棺葬是古代百越族散居的长江流域和南方沿海地区流行的一种特殊葬俗,《太平御览》卷四七也记载武夷山"半岩有悬棺数千",在闽越人看来,将亲人的尸体葬于悬崖峭壁,便于亡魂早日升天。

汉唐以来,汉人成为闽中族群文化的主体,中原北方地区民间丧葬制度的《大汉原陵秘葬经》约唐中晚期传入福建,至宋代渐臻盛行,并与闽中各地的丧葬习俗相互融合,遂形成地方性的丧葬仪俗。福建五代宋墓发现的许多四灵神俑(青龙、白虎、朱雀、玄武)、十二时神俑就是中原丧葬制度影响的文化体现。唐宋时期,陈元光进漳开发九龙江流域;王审知入闽建立闽国,在政治、文化上全面移植中原的正统儒家思想体系,并推崇佛教,道教因之也大盛于闽中各地。这些外来鬼神崇拜和宗教文化与民间的亡灵祭祀有着千丝万缕的联系,在漫长的历史发展过程中历经嬗变,至清及近代,闽中各地的丧葬礼俗已大致成型。闽南民间的丧葬习俗也经历了这一过程。但

---

① 参见彭维斌:《闽南丧葬仪俗的民间考察》,《南方文物》2004年第3期。

第四章 闽南民俗文化

由于闽南特殊的滨海地理位置及海洋经济与文化的历史熏陶,闽南地区的民间丧葬风俗具有独特的文化内涵

在闽南地区,丧葬礼仪非常隆重,这是由于闽南社会的鬼神信仰风气向来兴盛!同时办丧事还是衡量后辈对长辈孝顺、炫耀家族门风的标尺。一个完整的丧葬仪俗包括初丧、服丧、周年祭三个主要部分。

（1）初丧

在闽南地区家人断气后要立刻把尸体移到正厅,俗称"搬铺","搬铺"后,为死者搽身、穿寿衣,同时用白布将尸体盖上,俗称盖"水被"。

停尸期间,尸体并不装入棺材,另外,还要设临时牌位,安放遗像,并在尸体的脚后供一碗米饭,俗称"脚尾饭"。守灵一般为三日,此后进行"出山"仪式,即将尸体入殓。入殓由家属进行首先进行"辞生"祭礼,即备十二碗菜肴,荤素各半,然后由请来的道士献给死者,并将死者身上的钱分给死者后人,俗称"手尾钱",其意为让儿孙富贵万年。

入棺,有时要举行"敲棺材头"或"跳过棺"的仪式,敲棺材头时死者的父母尚健在者,入殓后父母拿木棒敲击棺材头,表示谴责死者未尽到养老送终的责任,跳过棺是指夫妇两人,一方去世后准备再婚者在配偶入殓时要背上包囊、手拿雨伞从棺材中部跳过。

出殡时,队伍前有"开路神"开道,灵柩随后,长子手捧遗像紧跟,其他亲属和乐手结尾。队伍过了本地繁华地段后,非直系亲属可自行散去,俗称"谢步"。送葬返回时须进行"返主"仪式,即把死者灵魂请回家。回家后,在正厅安放死者灵位,然后设酒席宴请亲朋好友"吃红糟肉"。

在闽南地区凡参加过丧礼的人都要吃红糟肉,因为红糟肉是葬礼的最后一道菜,由猪肉和红酒糟配制而成,象征吉祥。

（2）服丧

服丧期丧家一般都会举行佛事为亡者祭祀,在闽南通常称为"企孝"、"做功德"。做佛事期间,每隔七日格外祭祀一次,俗称"做旬"。做旬需进行七次,除了头旬、三旬、七旬,其他旬的仪式相对简单一些,仪式大致相同。

A.头旬:头旬清晨,被请来做司祭的道士进行敲鼓仪式,即"起鼓",目的在于"招魂"。如果死者是在异乡溺死或因别的原因死亡的,则由另一种方式代替,即由道士带领死者家属和一支乐队到海边焚香、烧纸钱,请海龙王帮助死者亡魂安全渡海回家。若认为亡灵已到就指引它回家,由道士进行"安灵"仪式。

道士安灵之后由和尚接替他们主持所有的典礼仪式,和尚一到丧家就直奔经堂念经为死者赎罪。此时,常会有丧家的亲戚和朋友前来凭吊死者。客人进灵堂祭拜死者时两手接过一杯酒,端到魂身前毕恭毕敬地举起来,双手水平画圈晃动杯子,慢慢把酒洒在地板上,这个仪式俗称"灌地"。富裕人家通常在头旬傍晚雇请戏班演出目连戏。

B.三旬:"三旬"由女儿女婿操办,比其他日子的佛事仪式更为豪华排场。三旬一般都要请和尚来念经,和尚还要表演"弄铙钹"娱乐亡灵和丧家。表演结束后,戏班再演大半夜的戏,经常也会演木偶戏供女性观看。

C.七旬:七旬即尾旬,是丧期最重要的一天,因为这是和尚们代表死者与阴间势力做的决定性的斗争,包括树旗杆、为死者安排阴间的舒适生活、款待饿鬼、放生仪式、摧毁地狱、过奈何桥、送亡灵去西天、烧纸祭品、血池仪式九个仪式。

(3)周年祭

亡者周年之时还要举行隆重的祭礼,俗称"做对年",这是整个丧葬礼仪的尾声,表示丧事告终。

上述闽南民间的丧葬仪俗,是在长期的历史发展过程中当地史前土著居民的灵魂崇拜与外来的多种信仰文化、宗教仪式特别是汉文化中的丧葬制度相互影响下所形成的。

当然,闽南特殊的山海环境和以海为中心的社会经济文化也对民间的丧葬习俗的形成起着重要的作用,闽南的丧葬礼仪较之福建其他地区的礼仪其隆重程度、花费之巨有过之而无不及,这是因为以海为家或在海外讨生计的闽南人惦念家乡的亲人,如若有亲人去世,必定往家中寄大笔钱为之办丧事,以表达自己对不能亲自操办丧事的歉意。还有,闽南人所固有的叶落归根的思想促使他们提前为自己准备丧葬费用,以便去世后让家人帮助其将灵魂引回祖地。这就使闽南民间的丧葬礼俗少了些传统等级观念的束缚,多了些适应社会各阶层需求的特色祭祀仪式。

闽南民间的丧葬仪俗体现了闽南人"侍死如侍生"的观念。自新石器时代的土著居民产生了灵魂的观念以来,人们就开始关心人死后灵魂的居所。孔子"生事之以礼,死祭之以礼,葬之以礼"的思想为丧葬礼仪在民间普及起到了推波助澜的作用。三国两晋时期佛教的传入,丰富了人们对灵魂所在的天堂和地狱的想象,道教提出的西天给了普通人死后能过上极乐生活的莫大希望。基于种种考虑,人们把丧葬仪式看作洗清罪孽、脱离地狱、飞升天国、来世幸福的关键所在,而且它还关系到子孙后代的命运。可以想见,在闽南这个自古就有信奉鬼神传统的地区,"吴越好鬼,由来已久",人们对鬼神和亡灵侍奉甚于对生人的侍奉,这也正是闽南民间丧葬仪俗的特殊性所在。

三、闽南信仰民俗

信仰民俗是传承文化的重要组成部分,我们主要讲述闽南民间信仰。民间信仰是一种以汉民族传统历史文化为深刻社会背景,并深深植根于民间的特殊文化现象,没有创始人,也没有固定的信条、教规和组织形式。从广义的角度也属于宗教信仰。

(一)自然山川崇拜

自然崇拜始于人类历史初期的原始社会,当时由于生产力水平和认识水平极为低下,人类无法理解大自然中的很多现象,认为自然界有某种超人的力量在主宰人类命运,于是就产生了自然崇拜。可以说对自然的恐惧和无能是产生自然崇拜的根源,这种恐惧与无能仍时时支配或影响着人们的日常生活,因此自然崇拜至今仍存于民间。自然崇拜的对象是多种多样的,如日月星辰、风雨雷电、山川水火、动物植物等等。我们这里只介绍在闽南人社会生活中影响较大或较有文化内涵的几种自然崇拜。

1. 酬天敬地

闽南人有敬奉天公和土地公的习俗。

人们对抽象的"天"崇拜出现较晚,大约开始于原始社会末期。当社会进入文明时代后,由于现实政治生活的启发,天上诸神中也出现了至尊的"帝",以作为天上的最高统治者,后来又进一步人格化,演变为玉皇大帝,成为道教和民间信仰中的最高神明,泉州人俗称"天公"。泉州始建于西晋太康年间(280—289年)的元妙观(初名白云庙),是敬奉玉皇大帝的庙宇,俗称"天公观"。人们认为玉皇大帝是主宰大地万物的至尊神,对其十分虔诚,以祈求人寿年丰,消灾纳福。闽南一年敬祀"天公"的日子很多,有除夕夜子时的"敬天公"、正月初九的"做天公生"、六月十五的"做半年"等,其中以正月初九的"做天公生"最为隆重。人们说正月初九这天为玉皇大帝的诞日,故各家要备牲礼"敬天公",并于厅堂点"天公灯",以祈求合家平安、风调雨顺。除此以外,在人生仪礼方面,如出生、结婚、寿辰等喜庆日子,也举行拜天、谢天的仪式。

也许是因为玉皇大帝居住在天上,对人间管理不便,所以人们就说灶神是受玉皇大帝的派遣而降临人间的,其身份相当于玉皇大帝的特派员,职责是维护各家各户的安宁和幸福,并监护各户人家的一举一动。据说每年腊月二十三日(或二十四日),灶神要与其他神明上天向玉皇大帝述职,奏报民间善恶,故民间对灶神甚为敬畏,尊称为"灶君公",并要于诸神上天述职前为之"饯行",称"送神"。为了让灶神"上天言好事,下界保平安",人们除备办丰盛菜肴外,还以酒糟抹灶门,谓之"醉(灶君)司令",贴纸剪神马于灶上,以让灶神纵马上天,供品中特备麦芽糖,使灶神口甜说好话。人们还为灶神安排了个诞辰日,晋江、惠安等地定在八月初三。安溪则定在八月初一,并说灶神在这一天大清早还要上天"奏好事",没有休息,因此为灶神庆诞和送行就同时进行了。

玉皇大帝听了灶神等神明述职后,稍作准备,过了两天,即腊月二十五日,由诸神陪同,下凡视察人间善恶疾苦,善者表彰,恶者惩处,俗谓"天神下降"。于是世间凡人又有迎玉皇大帝之举,设香案叩拜,备极虔诚。灶神陪玉皇大帝返回天庭后,至第二年正月初四才与诸神下凡"上班",于是各家各户又有"接神"之仪。

原始人类在崇拜天神的同时,也崇拜土地神。汉代时,称土地神为"地母"或"地媪"。唐代以后,根据天阳地阴的传统观念,民间塑造了女性的土地神像,称土地娘娘。今天土地神塑像多为男性,称"土地公",其造型为福相老人,慈眉悦目,银须飘洒,左手握一金锭,右手拄着长拐杖,姿势或坐或立,以坐姿多见。此神像为阳宅所祀奉,也称"福德正神"。阴宅的土地神位是一石碑,上书"后土"二字,其碑文在封建社会常因墓主人的身份而异,如平民称"后土",士大夫称"后土神"或"后土之神"。但也有其他称呼的,如位于惠安县埔兜山的宋朝宗室后裔的阴宅,其碑文为"土地神"三字。

尽管"土地公"在神灵体系中的等级不如"天公"之尊,所奉祀的庙宇也较小,但自古以来人们并不因此而加以轻视,反而是尊重崇祀的,且时常把天地并称,如新婚之日有"拜天地"的仪式。泉州人认为"土地公"与人们的日常生活关系甚为密切,如俗谚所说"土地公白目眉,无请自己来"、"得罪土地公,鸡母狗仔无法饲"等,因此祀奉活动较为频繁。如闽南人的"做牙",就是农历每月初二和十六祭土地神,以祈人安、财旺、年丰,"头牙"和十二月十六的"尾牙"最为隆重。此外,由于土地公是掌管一方土地之神,所以日常生活中凡有重要的活动,均需敬祀土地公。如大小建筑物破土时,要先向土地公祷告,并按时"做牙",新居落成后于乔迁之日"谢土",在安溪还要进行"关土地灯"仪式。上坟进葬要报土地神,并设"后土"碑位,以祈求亲人的灵魂在长眠之地得以安宁。

除此以外,闽南人还敬奉东岳大帝、三界公、三山国王、石狮王等。

2. 祈风乞雨

风、雨等自然现象也是民间崇拜的对象。在甲骨文卜辞中,风和雨被视为天帝属下的神灵,《周礼·大宗伯》称之"风师雨师",屈原的楚辞作品特称风神为"飞廉"和"风伯",雨神为"蓱"。古代泉州人对风神和雨神的崇拜很虔诚,各县都建有风云雷雨等神坛。为了祈求风雨,不少地方还专门建有祠庙,如清雍正五年(1727年)建于惠安县南门外新亭尾街的龙王祠,嘉庆二十四年(1819年)建于泉州府治东北虎头山上的风神庙,等等,均为地方官员主持兴建的。而光绪年间(1875—1908年)建于南安县署西面的龙王庙,不仅祀龙神,还兼祀风云雷雨师。闽南的祈求风雨还表现出鲜明的行业特色,如航海者祈风,务农者乞雨。

闽南特别是泉州祈风以宋代为盛,这与当时泉州海上贸易的发达有密切的关系。北宋末年寓居泉州近20年的李邴有记称:"泉之南安有精舍曰延福,其刹之胜为闽南第一,院有神祠曰通远王,其灵之著为泉第一。每岁之春冬,商贾市于南海暨番夷者,必祈谢于此。"宋代泉州祈风有民间祈风和官方祈风两种,《闽书》卷八《方域志》中关于北宋元丰年间(1078—1085年),泉州巡辖官陈益随从郡守前往南安九日山延福寺灵乐祠神运殿祈风的记载,是我们目前所见明确记述官方祈风的最早记录,而民间前往灵乐祠进行海舶祈风的记载,则早在唐代已有。官方祈风以南宋为多,现存于南安九日山的13段宋代官方祈风的石刻中,南宋即占11段。南宋泉州地方官员对祈风活动的高度重视,说明当时泉州海外贸易在社会经济中占有极其重要的地位。祈风活动的时节和地点,官方和民间不尽相同,南安九日山通远王祠为宋代官方的主要定点祈风处,一年两次,夏季的四月和冬季的十一月。而民间祈风则较为灵活可以是夏冬或春东两季,地点有前往南安九日山通远王祠的,也有就近进行,如惠安的海商祈风,即在本邑添奇铺海滨的大蚶庙。

祈雨,泉州民间俗称"乞雨",其崇拜的神灵对象甚多,包括龙神以及众多的地方神,仪式有民间和官方之分。以龙神为祈雨对象,与道教和佛教的影响有很大的关系,如道教的《太上洞渊请雨龙王经》说,天旱诵经可召龙王普降喜雨,佛教的《华严经》也说,龙神能兴云布雨。除了龙神外,人们还向一些地方俗神祈雨,如天后妈祖、保生大帝、青山王、通远王、清水祖师、临水夫人、蔡真人等。甚至连异石也成为人们祈雨的对象。

如今科学技术的进步和气象预报事业的发展,祈风乞雨之俗已经废止。

3. 生殖崇拜

生殖崇拜是自然崇拜的一种特殊形态,作为社会现象,曾普遍存在于人类社会的童年时期。原始人类的生殖崇拜是一种遍及世界的历史现象,不少地方至今尚未绝迹,在泉州这片有着丰厚文化积淀的土地上,也可以看到残存于民间的一些生殖崇拜的遗迹和民俗。泉州有一处被列为福建省重点文物保护单位的著名古迹,叫"石笋",位于泉州临漳门外的笋江畔,其高达三米多,由数段直径不等且石面粗糙的花岗岩石雕缀合而成,全形呈圆锥状,与竹笋相似,石笋与笋江及江上所造之石笋桥,都由此而得名。石笋从外形上看很像男性生殖器,崇拜石笋,可使不育妇女怀孕,家畜繁衍,五谷丰登。通过膜拜石笋来促进人口的繁殖和物质生产的发展,这正是生殖崇拜所具有的两个主要功能。

笋江公园的石笋

据现有地方文献的记载,我们只知道石笋存在于高惠连任泉州知州的北宋大中祥符年间以前,其建造的具体时间已无考。由于泉州素有"世界宗教博览馆"之誉,而笋江石笋又具有古代印度婆罗门教湿婆神祇的功能,因此它有可能是古婆罗门教在泉州的遗物。不过,早在北宋,已融入民间信仰,而长期以来,又主要是以信仰民俗的形态存于民间。类似笋江石笋的石祖崇拜遗迹,泉州市在进行文物普查时,在惠安、南安、石狮等地也发现多处。

生殖崇拜的实质是人口问题,它是研究人类社会发展的重要课题,有着不容忽视的学术意义,其现实意义则在于可以帮助我们从根本上认识某些社会弊端。20世纪80年代以来,生殖崇拜的研究,正成方兴未艾之势。泉州生殖崇拜的起源时间很值得深入研究。

(二)鬼神崇拜

1. 崇拜祖先

祖先崇拜在原始社会的氏族公社时期就出现了。原始人认为,人死后其灵魂不灭,这灵魂具有超自然力量,能够保护本氏族成员。直到今天,崇拜祖先仍是我国民间的传统习俗,人们通过敬祀仪式,来表达对祖先养育之恩的缅怀,同时又祈望祖先幽灵能庇佑子孙,福荫后代。

闽南对祖先的祭拜很讲究,如今在祭祖活动中,祭奠礼仪多有简化,其祭日也有所变通,只有世家大族才有严格遵行者,以求合于古礼。闽南的祭祀,可分为家祭和族祭两种,家祭是以家庭为单位进行的,规模较小,祭祀的时间主要为传统年节(如元宵、中元、冬至、除夕等)、家祖忌辰等。虔诚者每月初一、十五两日也要焚香致敬。另外,还有根据现实生活中的实际需要,不定时进行,如家人出生、婚嫁、寿庆、致富、脱险、解厄等,都要拜谢祖先。甚至受欺蒙冤无助者,也会拈香哭诉于祖先灵前,以祈求庇护。而清明、冬至等年节的前后各十天,则是前往祖先坟墓祭祀的日子。

族祭以同姓族人为单位,规模大,礼仪隆重,族祭时间为每年的清明节和冬至,称春、冬两祭,另外,各姓始祖诞辰日(俗称"祖公生")也举行祭祖仪式。在敬祀祖先的活动中,一些有功于国家和人民的远祖,后来还进一步演化成民间崇拜的俗神,如萧太傅、郭圣王等。萧太傅即西汉宣帝时的朝廷大臣萧望之,是萧姓族人敬祀的祖先神,传入泉州后转为当地保护神之一,民间崇奉为"阿爷公"。现供奉于南安县诗山凤山寺的广泽尊王,原是郭姓族人崇祀的祖先神郭忠福,后来也成为南安市的地方保护神。

崇拜祖先的习俗,有积极的一面,也有消极的一面。它表现了人们内心深处对伦理孝道的热衷,在社会生活中加强了宗亲之间的团结互助,如对贫困族亲的赞助,婚丧喜庆的帮办,家庭纠纷的调解,生产劳动的互助等等,也加深了海外同胞对祖籍故土的血缘亲谊。但是在敬祀祖先的活动中,也引发过宗族纠纷、民间械斗等弊端,应当加以批判和制止。

2. 崇拜俗神

闽南俗神众多，主要为地方性的民间神，也有全国性的民间神，其中以来源于历史人物的神明居多，他们生前或为封建王朝官员，忠勇节义，爱国爱民，功绩显著，从而得到人们的尊敬和崇祀；或为有一技之长的平民百姓，诚信仁孝，多有善举，堪为表率，也受到人们的怀念和奉祀。当这些历史人物由人成神后，据说又能显灵护国佑民，尤其是在日常生活中有求必应，能随时为民排忧解难，消灾纳福，这就赢得了越来越多的信仰者，而封建统治阶级为了利用神权来支持政权，也十分重视"赐命驭神"，这就使得俗神崇拜代代相传，并形成了相应的信仰民俗。闽南各地崇拜的俗神主要有：

（1）关帝爷

关帝是一尊全国性俗神。泉州崇拜关帝的庙宇很多，其中香火最盛的是泉州城内涂门街的通淮庙。明末泉州名学者李光缙在《重修关帝庙记》中写道："今天下祠汉寿亭侯者，遍郡国而是。其在吾泉建宫，毋虑百数，独我儒林里中庙（指通淮庙）貌为胜。询之故老，不知创所由始。相沿至今，上自监司守令居是邦者，迨郡荐绅学士，红女婴孺，无不人人奔走，祷靡不应，应靡不神。"故信男善女们来庙焚香求签者络绎不绝，求卜内容包括婚姻生育、建房置业、患病求医、出洋谋生、平安运气等。旧时每年农历正月初四日，还有求"公签"，即公推一地方绅士代卜当年地方的大事。

泉州关岳庙

（2）保生大帝

又称吴真人、花桥公，俗名吴夲（979—1036年），北宋泉州同安白礁（今属漳州市所辖）人，生前为一位医术高明、医德高尚的名医，去世后被闽南人尊奉为医神，在闽南各县都有吴真人宫庙,如漳州龙海有不少地方还把吴真人奉为境主。过去,人们除了平时前往吴真人庙祈求康复、消灾、赐福外,如遇上疫情发生,还抬出吴真人像巡境驱疫,仪式十分隆重。如今泉州的一些吴真人庙宇,已不是单纯的民间信仰活动场所,如花桥(传说曾是吴真人在泉州治病救人时的驻足之处)慈济宫,100多年来成为泉州民间公益事业的活动地点,其赠药、义诊等善举,至今不断,这正是吴真人生前济世救难精神的体现和弘扬。元明清以后,保生大帝信仰的传播范围扩大,呈现出遍地开花的趋势,而且各地奉祀保生大帝的宫庙数量也多了起来。明清时期,保生大帝走出福建,传播到台湾以及东南亚一带。

花桥慈济宫

(3)妈祖

原名林默,称林默娘,又称天妃、天后、天上圣母、娘妈,北宋人。因生前时常扶危济险,救人于水厄海难,故被后人敬奉为海神,是历代船工、海员、旅客、商人和渔民共同信奉的神祇。古代在海上航行经常受到风浪的袭击而船沉人亡,船员的安全成航海者的主要问题,他们把希望寄托于神灵的保佑。在船舶起航前要先祭天妃,祈求保佑顺风和安全,在船舶上还立天妃神位供奉。闽南各县大都建有天后宫庙,以沿海地区为多,其中最早的是始建于1196年的泉州天后宫(在今市区南门)。宋代泉州于晋江真武庙祭海和南安九日山延福寺祈风的仪式,到元代已被在大后宫(时称顺济宫)行香祈祷妈祖所代替。人们如遇水旱、病疫、盗贼等,也前往妈祖宫庙祈祷。由于妈祖和吴真人与泉州均有地缘之亲,且被认为能显灵庇护泉州人,因此泉州至今还流传着许多关于妈祖、吴真人的神话传说,民谚中也有"三月十五(吴真人生日)风吹头巾,三月廿二(妈祖生日)雨浇花粉"之说。泉州天后宫位于泉州市天后路,被认为是海内外建筑规格最高、规模最大的祭祀妈祖的庙宇,也是大陆妈祖庙中唯一被国务院审定公布的国家重点文物保护单位。

泉州天后宫

（4）清水祖师

清水祖师原名陈荣祖，从小落发为僧，法号普足，又称麻章上人，为北宋名僧。据宋政和三年陈浩然撰《清水祖师本传》称："麻章上人，道行精严，能感动天地。"他造桥、施药、祈雨，多植竹木，祷佛弭灾，足迹遍及整个闽南地区。正是"祖师生前，德高道深，多行善事"，所以在他去世之后，"百姓感恩，崇奉为佛，香火旺盛"。每逢天灾人祸，乡人就恭抬佛像，求祖师除灾去祸，保佑平安，乡邻以至府县官员，也必迎请佛像，祈雨驱灾。百姓赋予清水祖师神奇甚至神秘的色彩，奉为神灵。地方人士感念其德泽，屡次奉报朝廷，敕赐"昭应广慧善利慈济大师"封号。

清水祖师信俗经千百年历史积淀，文化内涵丰富，主要体现于祭祀类的迎春绕境和卜签类的药签，信众广泛，且一山共祀多神，体现祖师信仰的包容性，祭祀活动中具鲜明的民俗性，并寓有民间的文化诉求，参与者众。祖师信仰历时900余年，历史悠久，涉及诸多艺术门类，在福建泉州、漳州、厦门、龙岩、南平等地，广东的潮汕地区，浙江平阳地区，我国的台湾、香港、澳门地区以及日本、新加坡、马来西亚、印度尼西亚、菲律宾、泰国、缅甸等地区和国家，均见流布，形成了一个逾1亿的"清水祖师信仰"文化圈。是影响广泛的中华民族优秀文化遗产，其药签中蕴含有祖国不可多得的中医药宝贵遗产，故颇具历史、文化、科学研究价值。

闽南崇拜的地方性俗神甚多，除了上述诸神外，夫人妈、灶君、土地公等也都是闽南人崇敬的神。

安溪清水岩

(5) 光泽尊王

广泽尊王姓郭名洪福,五代十国人,922年二月二十二日出生于福建省泉州府南安县诗山,相传是唐代汾阳王郭子仪的后裔。自幼父母双亡,由家境贫困的叔叔代为扶养,后来他到地方的富豪家中当牧童,负责放牧牛羊。他所饲养的羊不但又壮又肥,甚至在主人把羊卖掉以后,次日羊群数目仍然不减,乡人啧啧称奇。但是主人生性刻薄,并未因此善待他。有一日,该富豪请了一位地理师来到家中看风水,对该地理师也非常刻薄,因此地理师虽明知羊舍为一块吉地,却存心不告知该富豪,而转而暗示给忠厚善良的郭洪福,告知他:"将父母葬于此吉地,日后必有异人引度他升化。"郭洪福按照地理师的话去做后,果然受到异人指引,找到一块磐石后,坐在上面心神专注地坐禅,不久他就升天化做神仙了。附近的民众们得知后,就为他建了一个小寺,也就是最早的凤山寺,该寺也不时显现灵迹,对于保国安民,大有贡献。清朝同治帝受他的善行感动,特别敕封他为"广泽尊王",并赐官帽和蟒袍,以示尊崇。该小寺经过多次改建后,变成了一座大寺院,而且成为泉州府人的信仰中心之一。

广泽尊王的神像造型十分特殊,由于他是在十多岁童年之时升天成佛,所以神像造型上都是以其幼童的面貌出现,看起来少年老成,可爱亲切中带着些许威严,十分特别。头戴官帽,身着蟒袍,右脚做打坐状,左脚下垂,是由于坐化升天时左脚遭叔叔拉扯住,迄今神像均以单脚打坐。

民间流传着有关太保的传说,广泽尊王与妙应仙妃结婚后,每当夜里传出婴儿哭泣声,隔天就会看见地上的铺石如妇人怀胎般的隆起,于是庙祝采集隆起的石块塑像,称为太保,童稚的造型则与广泽尊王如出一辙。"十三太保",有传说是尊王的部将,有的则说是尊王的儿子。广泽尊王也称"保安尊王",据传广泽尊王姓郭,所以又称"郭府圣王"、"郭王公"或"圣王公"。一说广泽尊王姓郭名乾,清代泉州人,秉性忠孝,时感国家危难,有一天,外出后就一去不返。后来,发现他坐在松树上,叫他也不答应,与死者差不多,经过数个月,仍保持正常的体温,百姓们都信他为神,其间,有人向他膜拜,居然如愿以偿,于是大家集资建了一座小庙,把他的遗体奉祀在庙里。不久,地方上发生干旱,大家到庙里祈雨,非常灵验,朝廷就封他为广泽尊王。据传雍正帝为太子时,患了天花,病势危笃,夜里有人送降痘丹药,雍正服后问他姓名,送药的人自称"泉州郭乾",说毕就不见其人,第二天,雍正果然病势好转,病痊以后,派人到泉州查访,始知郭乾就是广泽尊王,致又加封保安广泽尊王。但奉祀广泽尊王的南安诗山凤山寺已建寺过千年,与此传说时间并不吻合。

福建泉州南安籍人移民台湾时,都以广泽尊王为守护神。除了在家中供奉尊王神像外,目前台湾规模较大的广泽尊王庙,计超过了三十所,以台南市的西罗殿、永华宫较著名,在北部桃园市的镇抚宫颇具规模。广泽尊王庙,大都称凤山寺,这是承袭福建泉州南安人供奉广泽尊王的凤山古寺之名而来。每年农历八月廿二日或二月十三日,都是广泽尊王的祭日,在此日信众都会举行隆重的仪式来祭拜他。而台湾地区及泉州、晋江地区很多信众均会组团专程赴南安诗山凤山寺诚心拜祭。

诗山凤山寺

除此之外,闽南的民俗信仰里还有夫人妈、泰山妈、注生娘娘、城隍爷、大众爷以及各地方的守护神(如境主)等等。

3. 祭敬亡灵

在原始社会,人们认为外氏族成员及本氏族成员非正常死亡者的亡魂,会成为崇祸,危及人间,故崇拜鬼魂。到了奴隶社会,鬼魂迷信相当流行,在《左传》《国语》等古代文献资料中,记载有鬼魂感恩报答和怀怨复仇的故事,鬼魂崇拜至今在民间仍有很大的影响。在闽南祭敬亡灵很是普遍,尤其以泉州"普渡"最为典型。

"普渡"是泉州沿海地区(包括金门)的一种民俗文化现象,它是糅合农历七月十五日道教中元节和佛教盂兰盆会而形成的民俗节日。宋代泉州于中元节举行斋醮活动时,已把佛教的词语"普渡"转化为地方民俗的名词,在南宋泉州知州真德秀的《真西山文集》中,即有称为《普渡青词》的祝文。宋代以来,普渡是在七月十五日这天举行的,到清道光(1821—1850年)间,普渡祭祀仪式有所变化。道光《金门志》卷一五曰:"七月朔(初一日)起,各社延僧道设醮,作盂兰会,俗名普渡,以祭无主鬼。里社公祭,各家另有私祭。"至新中国成立前,泉州沿海地区的普渡仍十分盛行,自农历六月二十九日至八月初二日都可作为普渡日,如适逢闰月,又得复始重普。

泉州古代普渡的祭祀活动,都有地方官员出面主持,他们往往利用普渡日同时祭"无主鬼"和城隍神,利用普渡活动来为封建政权统治服务。泉州普渡后来被视为陋俗,当与普渡这种信仰民俗在传承的过程中,出现了竞尚奢侈和结怨械斗等弊端有关,而这已超出了民间信仰的范畴。宋代泉州的普渡祭祀活动,是认真遵守朝廷"洁斋行事,毋得出谒、宴饮、贾贩及诸烦扰"的规定。但在明代,情况已有所变化,人们于中元节祭亡魂之后,随即举行会饮。至清代,普渡奢靡渐成风俗。乾隆《晋江县志》曰:"普渡,拈香、搭幛棚,通宵达旦,弹吹歌唱,醵钱华费,付之一空。"光绪末年,泉州名士吴增著《泉俗激刺篇》,也称当时普渡"小乡钱用数百万,大乡钱用千万强"。在清代,泉州地方封建势力抬头,他们控制了铺、境的祀神祭鬼活动的指挥权,往往为了私人的恩怨,蓄意挑起铺、境间的械斗。有的好事者为向仇家示威,还于普渡日抬出铺主公和境主公巡境游行,也往往因巡境越界而导致流血械斗。清代泉州有名的"东西佛"械斗,延伸300多年,为祸之烈是历史上所没有的。

新中国成立后,普渡因被明令禁止而大力收敛,20世纪80年代以来,民间又于中元节前后的一个月时间内,私下敬拜无祀鬼魂。

第四节 闽南民俗文化的形成及传播

一、闽南民俗文化的形成[①]

当我们考察闽南民俗时,即可看到闽南民俗的形成及其传播与历史上的移民潮有密切关系。

福建在秦汉以前为蛮荒之地,虽有闽越人的开发,但社会经济的发展仍大大落后于中原地区。由于自然条件比较优越,社会相对安定,自汉晋开始,北方汉人就不断迁入福建,使福建成为一个移民社会。北方移民的继发性开发,使福建社会经济得到快速发展,并逐步跻身于全国发达地区行列,同时,北方移民带来的中原文化,在与当地原有文化交融中创造出独具特色的闽南地域文化。

语言是文化的载体。一般说来,一种方言的历史,往往是与该方言区的文化并行发展的,闽南方言与闽南文化的关系也不例外。因此我们对闽南民俗的研究,自然也应以闽南方言为切入点。尽管大家对闽南方言形成的时间看法不一,但都认为社会的分化与人们的迁徙是闽南方言形成的主要原因。由于北方移民入闽,是先闽江流域,后晋江流域,再九龙江流域,故闽南地区的开发迟于闽北地区。就闽南地区本身而言,今泉州地区的开发又早于漳州地区,因此,作为历史上闽南第一县的东安,即于孙吴永安三年(260年)在泉州晋江下游南畔设置。东安县的设置,是闽南开发和汉族人口初步汇集的第一个标志。北方移民定居闽南后所形成的闽南方言,其过程相当漫长,唐及北宋为其成熟发展的时期。闽南民俗即是在闽南方言广泛传播的基础上形成的。

闽南民俗是讲闽南话的族群在其长期发展过程中所形成并传承的民俗,闽南民俗史的发展轨迹与闽南移民史大体一致。闽南民俗不能简单地理解为"闽南的民俗",不能与闽南民俗形成前的闽南闽越民俗混为一谈。在我们所说的闽南民俗中,汉民俗居主体地位,同时保留了部分古闽越民俗,并在一定程度上受到外来文化的影响,具有多元互补蕴蓄的内涵与特色。在福建现存最古的旧方志《三山志》卷四〇《土俗类·岁时》中,我们可以看到,中原主要岁时年节习俗,如春节、元宵节、清明节、端午节、七夕、中元节、重阳节等,宋代时都已在福建普遍流行,闽南地区也不例外。《三山志》的作者梁克家(1127—1187年)为南宋初年的泉州人,志中所载的岁时土俗绝大部分至今在闽南与台湾等地仍然可见。而古闽越人风俗的遗留在现代的闽南民俗中亦能见到,如泉州城乡旧时端午节独特的驱邪消灾习俗"采莲",即被认为是古闽越人的遗风。

---

① 参见陈桂炳:《闽南民俗的形成及其传播》,《光明日报》2009年12月29日。

二、闽南民俗文化的传播

1. 闽南民俗文化在大陆其他地方

闽南民俗形成之后,又随着闽南人移民的脚步进一步向海内外传播。随着北方汉人不断迁入,宋代以后,福建经济快速发展,人多地少的矛盾开始突出。面对生存的压力,福建逐渐由移民的迁入区域转变为移民的输出区域。闽南自唐宋以来就是福建人口增长最快的地区,人地矛盾尤为突出,为进一步拓展生存空间,闽南人在对外移民上表现得更为积极,自宋代以来即先后大批地移入广东潮州、海南岛、雷州半岛、台湾岛、浙江温州,以及江苏、江西、四川等省的一些地方,乃至东南亚诸国及世界其他国家。随着闽南人向四面八方扩散、外迁,闽南方言和闽南民俗也向省内外、海内外广泛传播。据了解,现在温州地区讲闽南话的地方,民间都有布袋戏表演,特别是在苍南县,现在仍有26个戏班,他们都是用闽南话演唱。广东潮州与闽南的关系也非常密切,他们世代所传承的清明节吃"薄饼"(闽南人称"润饼")、冬至节吃"冬至丸"、除夕"围炉"等民俗,都与闽南人一样。

2. 闽南民俗文化在台湾

闽南民俗文化在台湾随处可见,今天全岛说闽南话的人口约占总人口的80%,由于在岛内的人口比例中占绝对优势,早年从原住地传去的闽南民俗,至今保留完好。例如,台南安平有种著名小吃"煎锤",过去是安平人平常居家的零食,尤其到端午节时,更是家家户户必备的节庆食品。关于"煎锤"的由来,当地人相传是郑成功故乡福建泉州的民俗食品,据说食用"煎锤"有"补天"的作用(泉州人认为,农历五月初正处梅雨季节,阴雨连绵,难得放晴,这是天"漏"了,应设法弥补),并寓以消灾解厄与补运之意。泉州人的"煎锤"食俗,至迟在清乾隆版《泉州府志》卷二〇《风俗·岁时》已有记载,称"煎堆",其所用的制作原料、制作方法及读音都与今天台南安平的"煎锤"完全一样。又如,作为闽南民俗主要内容之一的民间信仰,两地的源流关系非常鲜明。台湾的民间信仰,历史上自闽南地区传入的最多,如妈祖、关帝圣君、保生大帝、开漳圣王、清水祖师、广泽尊王和各姓王爷等等,其中以妈祖信仰的历史较为悠久,社会影响最为广泛。如果以主祀神的庙宇数量而言,根据1919年、1940年、1960年和1992年的四次调查,全台湾则以王爷名列前茅。在台湾众多的王爷庙宇中,以台南县的数量最多,有130多座,其中被尊为全台五府王爷信仰大本营的南鲲鯓代天府,即认定该宫祀奉的五府王爷来自素有"闽台王爷庙总部"之称的泉州富美宫。

3. 闽南民俗文化在海外

在海外讲闽南方言的华侨华人聚居地,也同样传承着闽南民俗文化。

在生活方式上,近代东南亚闽南的移民与国人无大的差异。在服饰上,男子保留了穿布纽对襟衫和宽头裤或衬衫西裤,一些有社会地位的男子也穿长袍马褂或西装;妇女多穿布纽斜襟的"唐装"。在饮食上,他们喜吃大米饭,有故乡的酱菜、青菜和猪肉。餐具和炊具也和故土没太多差别。发式上,辛亥革命前,男子大多保留着传统的辫子,女子青少年梳短发,中老年梳发髻。

在生活礼俗上,他们重视传统的养生送死观念,在婚丧嫁娶等方面都继承了中国的传统习惯。华侨身处海外,大多盼望早日"衣锦还乡",在意识里总考虑有朝一日返回故里,即使在世不能实现,死后也希望葬于故土、落叶归根之意。在婚事上,先请媒人提亲,订婚前先对"八字"看是否合婚,婚礼时要摆喜筵、闹洞房。在一些富豪华侨家逢婚丧喜庆,有时会聘请戏班演戏酬神,举丧出殡时,排设仪仗,鼓乐喧闹,同时呼召优伶,接迎彩阁等。华侨华人保存清明节扫墓的传统习俗,如在菲律宾,为先人守坟祭奠,从清晨到午夜,车水马龙,人山人海,入夜灯火辉煌,宛如迎神赛会。华人不但继承了闽南对婚俗丧葬崇尚侈观的传统,而且发展为更加繁杂的仪式。

华人移居世界各地,也把民风民俗带到各处,例如红灯笼、红彩带、红布、红封套,喜庆事情一律用红色来表达的特征,就十分完整地传承下来,成为民族凝聚的标志。在印尼的雅加达等地华侨华人早就把春节、元宵节当作狂欢节来过,这期间街上到处洋溢着喜庆的鞭炮锣鼓声,人们表演耍龙舞狮,互相拜年。在新加坡,中国传统节日大年除夕和元宵节要燃放鞭炮,合家团聚一起吃团圆饭,大年头几天祭祖拜神等。在印尼的苏门答腊,祖籍为泉州的华侨华人把除夕称"年兜夜",以"薄菜饼"举祭厝文、门宅诸神,在大门外"烧火囤",合家围坐在一起守岁,长辈给孩子们分发"过年钱"等。在印尼的苏门答腊,清明节扫墓对上山人数要求很严,除妇女"坐月子"外,其余人一律上山,其他扫墓过程与泉州大致相同。仅从这两例可体现出传统文化的两个特征:其一,华人重视死及厚葬。其二,借清明扫墓,强化下一代的尊祖意识,永远不要忘本。

在信仰民俗方面,早期华侨要出洋谋生,须横跨滩礁密布的重洋大海,要经受狂风骇浪的袭击,在航海技术不甚发达的情况下遭遇不测之灾更属常事,海路艰险使他们感到非常无助和恐惧,这种对命运不确定的恐惧和无所适从的迷茫心态助长了华侨们的宗教信仰情感,他们因此更加信奉神灵,祈求神明庇佑、消灾解厄,寻求精神上的寄托和安慰,故乡广泛奉祀的各种神灵和各种民间信仰习俗便随着早期华侨的足迹而踏入异国他乡。他们在出国前往往到家乡民间信仰祠庙祷告,祈求神明庇佑,有的更将信仰神明的香火、符纸、香袋、神像随身携带远渡重洋,这时候泉州民间信仰流传入印尼群岛属于华侨个体信仰,但这种个体信仰具有普遍性特征。到达侨居地后人生地不熟、当地政府的欺诈压迫、劳动环境的恶劣、侨居生活的不确定性等因素延续了华侨们的信仰崇拜。在侨居地娶妻生子、繁衍生息、建家立业是华侨融入侨居地社会生活的一个重要标志。这时候华侨往往将从家乡带去的民间信仰神像供奉在厅堂之上,年节奉祀。对家乡神祇的信仰是整个家庭的整体意识。包括一些娶原住民为妻、生下混血儿的家庭也是如此。

随着出国华侨人数的大量增多、华侨居住社区的形成、稳定和持续扩大,特别是华侨经济的发展,有了富余充裕的资金,建立华人民间信仰寺庙成为可能,华人寺庙的兴建使得华人民间信仰逐步走入华人社区,在社群中流播开来,成为社会群体性崇拜。有资料表明,在16世纪时印尼群岛就已经有华人寺庙的存在。由于闽南华侨在印尼华侨中人数多,占有重要地位,印尼的华人庙宇有许多是闽南华侨创建或参与创建的也就不足为奇了。如印尼苏门答腊岛巴东市的西兴宫,前身为观音亭,系由泉州、漳州早期华侨共同创建的,后观音亭毁于火,清咸丰十一年(1861年)重建,改名西兴宫。道光二十一年(1841年)泉州华侨参与创建中爪哇南旺的慈惠宫,奉祀天后。清光绪八年(1882年)西爪哇文登的泉州安溪籍华侨蔗农在丹戎加逸创建祖师庙,供奉安溪县保护神清水祖师,之后清水祖师崇拜在印尼群岛传播开来。在印尼的许多地方(包括城市和村庄)同时存在多座奉祀泉州所特有的民间信仰神如妈祖、广泽尊王、清水祖师、吴真人等,则从另一个侧面印证了上述现象。大规模兴建华人民间信仰庙宇的时期大约是在18世纪中后期(清朝乾隆年间),在这一段时间,仅在三宝垄一地就相继出现了三宝公庙(1742年)、观音亭(1746—1771年间)、振兴街庙(1753年)、泽海庙(1756年)、大觉寺(1771年)、唐街庙(1782年)、东壁庙(1782年)、和丰庙(1792年)、厚德庙(18世纪后期)等华人寺庙,这同清朝乾隆期间国内人口急剧膨胀,华人侨居印尼大量增多,侨居地华人社会经济迅速发展有非常密切的关系。

参考文献

陈琦、陈秀莲:《传承与发展——闽南传统民居建筑的新诠释》,《建筑与文化》2010年第9期。

陈桂炳:《泉州民俗文化》,福建人民出版社1993年版。

陈桂炳:《闽南民俗的形成及其传播》,《光明日报》2009年12月29日。

蒋姗姗:《近代东南亚华侨华人对传统民俗文化的继承》,《天府新论》2006年第6期。

赖观福等编:《马来西亚华人节日风俗》,马来西亚中华大会堂1997年版。

彭维斌:《闽南丧葬仪俗的民间考察》,《南方文物》2004年第3期。

施振民:《菲律宾华人文化的持续》,载李亦园等主编:《东南亚华人社会研究》(上册),台湾正中书局1985年版。

吴德芳:《为〈马来西亚华人节日礼俗〉所做的序》,载赖观福等编:《马来西亚华人节日风俗》,马来西亚中华大会堂1997年版。

王献忠:《中国民俗文化与现代文明》,中国书店1991年版。

钟敬文:《民俗文化学:梗概与兴起》,中华书局1996年版。

思考题

1. 中国民俗文化是如何形成的?谈谈你的看法。
2. 中国民俗有哪些特点?
3. 闽南民俗文化是如何形成的?
4. 为什么闽南民俗文化会在海外传播?谈谈你的看法。
5. 闽南的民俗中,你最熟悉哪种?请介绍一下。

第五章　闽南海丝文化

中国是一个背陆面海的大国,五千年的历史发展证明,国家的兴衰荣辱与海洋发展关系密切。从秦汉的崛起、大唐的繁荣、宋元的鼎盛,到明清的"海禁"和近代的海防危机,无一不折射出海洋对中国历史进程的重大影响。"21世纪是海洋的世纪",我国作为一个濒海大国,必须关注海洋,利用海洋,经略海洋。古今中外的史实说明,凡大力向海洋发展的国家,皆可国势走强,反之,则有可能落后挨打。回看我国海丝之路的变迁,对于今天实现中华民族的伟大复兴和国家富强的伟大战略目标,具有十分重要的现实意义。

大陆海岸线1.8万公里,岛屿海岸线1.4万公里。沿大陆海岸线,有许多优良海湾和港口城市,有大连、秦皇岛、天津、烟台、青岛、连云港、南通、上海、宁波、温州、福州、泉州、厦门、广州、湛江、北海、深圳、香港、基隆、高雄、澳门等。

第一节　海丝文化的形成与变迁

丝绸之路是古代对中国同西方所有来往贸易通道的统称。古代的对外贸易通道实际上不只是一条路。除了早期的陆上交通以外,还有一条经过海路到达西方的路线,即经中国海和印度洋到非洲所走的航路。这就是所谓的海上丝绸之路。海上丝绸之路除了运输丝绸,更主要的是向国外运输瓷器、糖、茶叶及五金等出口货物,并从国外运回香料、药材、宝石等进口货物。因此,也有人把它叫作"海上丝瓷之路",或称"海上香料之路"、"海上茶瓷之路"。历史上,中国借助传统名产,通过海上航道,与世界各民族之间建立了友好的海航往来,沟通了古代东西方之间的了解和友谊,推进了东西方经济文化的交流,对世界文明做出了重大贡献。

"丝绸之路"一名的提出,首推德国地理和地质学家李希霍芬(Ferdinand von Richthofen,1833—1905),他在对中国进行多次调查考察后,在所著《中国》(三卷)中提出此名。"丝绸之路"原指中西陆上通道。因为在这条路线上进行的主要贸易是丝绸,所以取名"丝绸之路"。此名出现后,有些学者认为中国的丝绸不仅从陆道运往西方,也经由海道,因此,法国汉学家沙畹(Edouard Chavannes,1865—1918)在其所著《西突厥史料》中提出,"丝路有海陆两道"。其后,日本学者三杉隆敏与香港学者饶宗颐教授对海上丝绸之路又作了进一步的研究。

但对这条路线作多方面详尽考释的,是北京大学的陈炎教授。他曾应邀参加联合国教科文组织发起的海上丝绸之路的综合考察,从西方的威尼斯航行到东方的日本长崎,途经16个国家和22个海港城市,并参加了马尼拉和泉州的重点考察及国际学术讨论会。他的研究不仅对各条路线进行考证,还特别着重于中外文化交流。

一、丝绸之路从陆地向海洋的转移

中国是世界上最早出产丝绸的国家。早在远古时代,我们的祖先便知道种桑养蚕。嫘祖"教民育蚕,治丝茧,以供衣服"①的故事,虽近似神话,但1977年在浙江河姆渡新石器遗址考古发掘证明,距今7000年前,河姆渡先民对生产蚕丝已有认识。4700年前,在浙江吴兴钱山漾一带,已能生产丝绢。在长沙马王堆西汉古墓出土的素纱蝉衣,长三尺七寸,重量不到一两,其工艺之精巧,轰动了整个世界。湖北江陵楚墓中出土的大量丝织品,更被誉为"世界丝绸宝库"。

值得注意的是,以上考古发现证明长江中下游是中国丝绸最早的发源地之一,否定了过去人们以黄河流域中下游为中国最早的丝绸发源地之说。西方人最初对中国的了解,就是从认识中国丝绸开始的。他们誉称中国为赛里斯("Seres"希腊文意为"丝绸"),中国丝绸从此誉满天下。据记载,至迟在公元前4世纪丝绸已经传入印度和西方各国。这条传播丝绸的道路,就是驰名中外的"丝绸之路"。中国丝绸是这样的美丽,它一传到西方就使西方人为之倾倒。罗马的贵族妇女,都以能穿上中国丝织的透明衣裙为荣,中国丝绸于是成为罗马帝国最大的奢侈品之一。丝价竟与黄金价格相等,于是商人竞相到中国贩运丝绸,丝绸之路因此日益繁荣。中国丝绸遂成为古代贸易中运销最远、规模最大、价值最高、获利最丰的商品。

这条在汉唐时期异常活跃的丝绸之路,因为从陆路外传,跋山涉水,路途艰难,有较大局限性,渐渐地开始转从海路外传。

据《汉书·地理志》记载,当时海船曾载运"杂缯"出海。"杂缯"即各种丝绸。其海上交通路线,实为早期的"海上丝绸之路"。

中国丝绸的海上输出之路,早在公元前,便已有东海与南海两条起航线。

东海起航线:据历史记载,早在公元前1112年周武王封箕子于朝鲜时,箕子便"教其民田蚕织作",中国的养蚕织绸技术就传入朝鲜。199年,中国蚕种由秦始皇第十一世孙从朝鲜的百济②传入日本。469年,中国派4名丝织和裁缝女工到日本传授技艺。日本开始出现吴服(今和服)。她们对日本丝织工业的发展起了很大作用。

---

① 《通鉴外纪》记载:"西陵氏之女嫘祖为帝之妃,始教民育蚕,治丝茧以供衣服。"《路史》则称:"伏羲化蚕,西陵氏之女嫘祖帝为妃,始教民育蚕,治丝茧以供衣服。"

② 百济(公元前18—660年),又称南扶余,是古代朝鲜半岛西南部的国家。532年新罗兼并伽倻后,在朝鲜半岛上,百济与高句丽、新罗三足鼎立,这段时间被历史学家称为朝鲜三国时代。

南海起航线：早在汉武帝（公元前140—公元前87年）时，中国海船就携带大批丝绸、黄金，从雷州半岛起航途经今越南、泰国、马来半岛、缅甸等国，远航到印度的黄支国（今印度康契普拉姆Kancipuram）去换取这些国家的特产。然后，从今斯里兰卡经新加坡返航。这样，中国的丝绸，早在公元前就传入上述各国。由于中国丝绸对世界各地具有极大的吸引力，东南亚、南亚乃至西亚、欧洲各国都派使节到中国通好，献礼品以求赏赐丝绸和进行贸易交换。自此便有中国丝绸传入今印尼、印度和缅甸，并通过缅甸传到欧洲的大秦（罗马）这一条海上路径。

二、海上丝路的最初发展

海上丝绸之路的发展过程，大致可分为这样几个历史阶段。周秦至唐之前为形成期，唐宋为发展期，元、明两代为鼎盛时期。

在唐朝之前的形成期中，汉末三国属于海上丝绸之路从陆地转向海洋的承前启后与最终形成的关键时期。这一时期，孙权雄踞江东，以古之大禹为榜样，主张"国以民为本，民以食为天"，"不更通伐，妨损农桑"，竭力发展经济，开创造船业，训练水师，以水军立国，并派遣航海使者开发疆土，与外通好，做出了重大贡献。

孙吴经营海上航行，是因为当时已具有以下几个海航条件。

1. 先进的造船业

航船是航海的必备条件与主要工具。在三国之前，一般都是靠帆船与信风，在海上漂泊无定，几近冒险，为此而丧生者，不计其数。到了三国时期，由于孙吴同曹魏、刘蜀在长江作战及海上交通的需要，积极发展水军，船舰的设计与制造有了很大的进步，技术先进，规模也很大。据张大可著《三国史》，孙吴造船业尤为发达。

汉代主要造船地区在长江下游苏州、无锡、安庆等地，多是平底内河船。孙吴造船中心，移往建安郡侯官（在今福建闽侯）、临海郡永宁县（今浙江温州）、横屿船屯（今浙江平阳）、南海郡番禺县（今广州）等港口。孙权设置典船都尉，专门管理造船工场。孙吴所造的船，主要为军舰，其次为商船，数量多，船体大，龙骨结构质量高。最大战舰可载三千士兵，有上下五层，雕镂彩画，非常壮丽，续航能力强。载马八十匹的海船称小船。航行在南海上的商船，"大者长二十余丈，高出水二三丈，望之如阁楼，载六七百人，物出万斛"。孙吴武装船队出海百余艘，随行将士万余人，北上辽东、高句丽（今朝鲜），南下夷州（今台湾）和东南亚（今越南、柬埔寨）等国，吴国灭亡时，还拥有战船、商船5000多艘。

据考证，当时孙吴造船业已经达到了国际领先的水准：1955年在广州出土了东吴的陶制船模，船模从船首到船尾有八根横梁，八根横梁说明有八副舱板，它们把船体分成九个严密的分舱（船舱）。这就是用横梁和隔舱形成的分隔舱结构造船技术。船要航行时，即使有一两个船舱受到破坏进水了，水也不会流入其他船舱中，船就不会马上沉没。进水的船舱可以抓紧时间抽水、堵塞漏洞以及进行其他修理，并不影响船的继续航行。

孙吴发达的造船业对后世出海远航奠定了有利便捷的条件,对于贸易与交通的发展、海上丝路的进一步形成起了积极的推动作用。

2. 精良的航海术

三国时期,随着造船业的崛起与发展,人们开始把目光从内河转向海外。江东地区的先民早就积累了相当的航海知识与技术。

一是观察季风(古称"信风")与海流,先民们认识到这是出海远航必不可少的自然条件。

二是掌握天文航海术与地文航海术,这是先民们远航时判别时间与方向的重要依据。

三是有良好的船舶操纵技术,为海航提供了可靠的技术保证。

正是航海术的大大提高,使三国时期孙吴多次派使者出海远航,成为开拓性的壮举。

3. 优秀的水师

有大船而无驾驭大船的水手和船员,也无法出海远航。东吴的"水军立国"战略思想,培养与造就了一大批善于水上作业的精兵强将。两汉时期,尚无这样的水师。孙吴政权的水军建设及其后多年的传承与发展,对后世航运业的开创具有肇始与开启之功。

当时的孙权,水军士卒训练有素,良将云集,纪律严明,因而战斗力很强。就连大政治家、大军事家曹操也十分钦佩。建安十八年(213年),曹操与孙权在濡须(现安徽省无为县城北边)的一场水战中吃了败仗,被歼三千,自溺数千;孙权一方战船高大,器械精良,军伍整肃,作战勇敢。曹操既惊奇又敬佩地说:"生子当如孙仲谋,刘景升(刘表)儿子若豚犬耳!"

孙权水军的精良,在客观上是因为它具有得天独厚的优越条件:

其一,有一条从黄海到南海漫长的海岸线;

其二,有长江、钱塘江、赣江、闽江、湘江、东江、北江、西江以及太湖、洞庭湖、鄱阳湖等大江大湖,而且江湖连接成网;

其三,拥有较发达的炼铜、炼铁、造船、纺织等工业,为发展水军提供了雄厚的物质基础和足够的技术力量;

其四,吴与魏、蜀基本上以长江、湘江为界,争夺要地的战争主要是水战,这就决定了发展水军的必要性和迫切性。

孙吴的"地利"条件之长,正是蜀魏"地利"条件之短,孙吴能发展好水军正是当时客观的需要。

孙吴经营海上航行,还因为那时已具有出航贸易的物资。

首先是丝绸业。东吴拥有出海的大船与技术,拥有人才与水兵,但是,如果缺乏从事海外贸易的物资,这条海上丝绸之路也就不可能形成。三国时期,作为海上贸易之"大宗"者,当首推丝绸。孙吴的丝织业已远超两汉的水平与规模,并有自己独特的创新与发展。

孙吴时期，统治者重视农桑，致力垦荒，许多大臣都提出了这类建议。永安二年（259年），景帝孙休下诏："今欲偃武修文，以崇大化，推此之道，当由于士民之赡，必须农桑……田桑已至，不可后时。"说明孙吴政权对丝绸生产的重视。非但如此，陆逊还在海昌屯田时"督劝农桑"，诸暨、永安等地也生产御丝，永嘉还贡八蚕之绵。可见丝绸生产区域得到了扩大。近年在安徽南陵县麻桥乡发现东吴墓葬，随葬有梭子、纺锭等纺织工具和记有练、绢、锈、锦、缯、纻、布的遣册，极有可能就是一位丝绸生产者的墓葬，这为东吴丝绸生产提供了实物证据。

三国时吴国还设有官营丝绸生产机构。史载孙权夫人潘氏，"父为吏，坐法死，夫人与姊俱输织室。权见而异之，召充后宫"。同时，孙权又曾"敕御府为母作锦被，改易帷帐，妻妾衣服悉皆锦绣"，由此看来，御府中也生产锦绣等丝绸产品，具体生产作坊就是御府下属的织室。

这官营丝织自三国孙吴始创以来，便代代相传，极大地促进与推动了中国丝绸业的发展。例如两晋时期，据《邺中记》记载："石虎中、尚方御府中巧工作，绵织成署皆数人。"石虎即赵石虎的官营丝织作坊，在当时规模最大，尚方御府，即后赵主管这类作坊的组织，其下又有织锦署、织成署等。南北朝时期，这类作坊还按军事系统编制，可见其织户工匠之多、管理之严。

三国孙吴的丝绸业经营都比汉代有较大进步。丝绸的生产使海航交易具备了客观条件，东海丝绸之路因而形成。

当时的出航要根据季风的变化规律和海流的方向，在6—8月的夏季从江浙沿海出发的。借助风帆和海流移动的力量，以及天文、地文导航，在顺风顺水相送下，航渡出海近则台湾，远则日本等地。这条航线已被后世的航行所证实。古代日本与中国南朝的交通、唐及唐以后遣唐使以及贸易商船的往来，大多采用这条路线，自然与利用海流、天文和地文导航有关。不过这条航线事先是不一定了解的，更不会知道所到之处是什么地方。远航的结果，往往是后来才知道。

三、海上丝绸之路历代的起点

海上丝绸之路的主港，历代有所变迁，但只有泉州是被联合国教科文组织正式承认的海上丝绸之路的起点，其他城市并无获此殊荣。汉代"海上丝绸之路"始发港——徐闻古港，从3世纪30年代起，广州取代徐闻、合浦成为海丝主港，宋末至元代时，泉州超越广州，并与埃及的亚历山大港并称为"世界第一大港"。明初海禁，加之战乱及环境影响，泉州港最终逐渐衰落。

1. 广州：早期海上丝绸之路的起点——唯一长期不衰的港口

最早、最详细记载海上"丝绸之路"航线的是著名的《汉书·地理志》。西汉初年，汉武帝平南越后，即派使者沿着百越民间开辟的航线，从广州出发，带领船队远航南海和印度洋，经过东南亚，横越孟加拉湾，到达印度半岛的东南部，抵达锡兰（今斯里

兰卡)后返航。汉武帝时期开辟的航线,标志着海上丝绸之路的发端。

从 3 世纪 30 年代起,广州就成为海上丝绸之路的主港。唐宋时期,广州成为中国第一大港。由广州经南海、印度洋,到达波斯湾各国的航线,是当时世界上最长的远洋航线。元代时,广州的中国第一大港的位置被泉州替代,但广州仍然是中国第二大港。在海上丝绸之路 2000 多年的历史中,相对其他沿海港口,广州被认为是唯一长期不衰的港口。明初、清初海禁,广州长时间处于"一口通商"局面。明清时期,以广州为起点的海上丝绸之路已经有 3 条航线。1784 年,美国"中国皇后"号访粤,标志着美国直达广州的航线开通。

目前,保存在广州市内各地的"海上丝绸之路"的遗址共有 20 多处,包括南海神庙、怀圣寺(光塔寺)、光孝寺、清真先贤古墓、莲花塔、沙面西式建筑、中山四路的秦汉造船工场遗址等。其中怀圣寺是伊斯兰教传入中国最早的清真寺之一。光学寺是中国古代四大佛教翻译基地之一,有宋代羊城八景"光孝菩提"。位于下九路的西来初地是印度名僧达摩首登广州的地方,建有西来庵,是今华林寺的前身。南海神庙,是古代扬帆出海前要祭拜的海神庙,历代皇帝都派人前来祭海,留有许多御碑。建于唐代的怀圣寺与光塔是古代阿拉伯人来广州经商的重要遗址,在唐宋时期这里曾居住过 12 万阿拉伯人,是盛极一时的"蕃坊"所在地。相关的文化古迹还有六榕寺与花塔、琶洲塔、赤岗塔、莲花塔、海幢寺、荔枝湾、长洲岛竹岗外国人公墓、琐罗亚斯德教徒墓地等。

2. 泉州:中世纪海上丝绸之路的起点——"东方第一大港"

泉州,古称"刺桐",作为中世纪"海上丝绸之路"的起点,泉州曾在东西方文明交流中占有重要的历史地位。

泉州的海上交通,起源于南朝发展于唐朝。到了宋元时期,刺桐港的海上贸易活动空前繁盛,被马可·波罗①誉为"东方第一大港"。当时的泉州已成为一个世界性的经济文化中心。

早在北宋前期,泉州港对外贸易已相当可观,"有蕃舶之饶,杂货山积"(《宋史·杜纯传》)。熙宁五年(1072 年),宋神宗下诏说:"东南之利,舶商居其一。比言者请置司泉州,其法讲求。"(《宋史·食货志·互市舶法》)"司"指市舶司,管理海外贸易的专门机构。海船出海贸易须经市舶司批准,回来要向市舶司纳税。重要的对外贸易港都设立市舶司。宋神宗要求研究泉州设置市舶司问题,说明泉州在海外贸易中已居重要地位。

正式在泉州设市舶司,是在宋哲宗元祐二年(1087 年)。这在泉州历史和中国对外贸易史上都是一件大事。市舶司的设立,标志着泉州进入中国最重要的对外贸易港的行列。设司以后,泉州港可以直接发船到海外贸易,也能接纳外来的商船,因而

---

① 马可·波罗(Marco Polo,1254—1324 年),意大利威尼斯人,世界著名旅行家和商人。1275—1292 年在中国游历 17 年。

进出口贸易便得到迅速的发展。泉州港在海外交通方面的地位,迅速赶上广州。《舆地纪胜》卷一三〇《福建路·泉州府》记载:"况今闽、粤,莫盛于泉州。"《梦粱录》卷一二《江海船舰》也记录:"若欲船泛外国卖买,则是泉州便可出洋。"泉州城南,逐渐形成为外国商人和水手集中居住的地区。与之相应,泉州出现了不少外来的宗教(伊斯兰教、印度教等),庙宇也相应建立,外来侨民也形成集中的墓地。

到了元朝,泉州港更加繁荣。"泉,七闽之都会也。番货远物、异宝珍玩之所渊薮,殊方别域富商巨贾之所窟宅,号为天下最。其民往往机巧趋利,能喻于义者鲜矣。而近年为尤甚,盖非自初而然也。"①"号为天下最"说明泉州在全国海外贸易中居于领先地位。而海外贸易的发达,使当地的社会风气发生了巨大的变化。

当时诗人对泉州有这样的描写:"厘头赤脚半蕃商,大舶高樯多海宝。"②许多外国商人、水手随着海船来到泉州,这个港口成为各国人杂居的海港都市。泉州遍种刺桐树,外来商人、水手便以"刺桐"名之,这个名字当时在海上丝路所历各处广泛流传。著名的外国旅行家马可·波罗、伊本·白图泰③都盛赞泉州的繁荣。马可·波罗说:"印度一切船舶运载香料及其他一切贵重货物咸莅此港,是亦为一切蛮子商人常至之港,由是商货宝石珍珠输入之多竟至不可思议,然后由此港转贩蛮子境内。我敢说亚历山大或他港运载胡椒一船赴诸基督教国,乃至此刺桐港者,则有船舶百余,所以大汗在此港征收税课,为额极巨。"伊本·白图泰在这里看到大船百数,小船千余。泉州港在当时不仅是中国第一大港,也是世界头等海港之一。一方面是"蕃商"(外国商人)川流不息出入泉州,另一方面,泉州也是中国商人出海的首选地。元朝官方的记载说,"泉州那里……做买卖的"前往"回回田地里,忻都田地里"经商④。"回回田地"即阿拉伯诸国,"忻都田地"即印度次大陆。这样明确的记载,是以前没有的。元朝后期,泉州商人出海经商,"其所涉异国,自高句丽外,若阇婆、罗斛,与凡东西诸夷,去中国亡虑数十万里。方是时,中国无事……诸国之来王者,且骖蔽海上而未已,中国之至彼者如东西家然"⑤。海上丝路将中国与海外诸国连接起来,来往频繁,友谊至深。成书于 14 世纪中期著名的地理著作《岛夷志略》,⑥记录了海外地名 200 余处,涉及中南半岛、马来半岛、菲律宾群岛、印尼群岛、印度次大陆及其周围地区、波斯湾和阿拉伯半岛,以及东非和北非。此书写成后,收在当时泉州的地方志内,可以看成当时泉州人的航海指南,也是这一时代海上丝绸之路的详尽记录。

---

① 吴澄:《送姜曼卿赴泉州路录事序》,《草庐吴文正公集》卷一六。
② 宗泐:《清源洞图》,《全室外集》卷四。
③ 伊本·白图泰(ibn Battuta,1304—1377 年),摩洛哥人,大旅行家。据说在 1340 年左右到过泉州。
④ 《通制条格》卷二七《杂令·蒙古男女过海》。
⑤ 王彝:《泉州二义士传》,《王常宗集》续补遗。
⑥ 作者汪大渊,豫章(今江西南昌)人,长期在泉州生活,随海船出海经商。

3. 历史上海上丝绸之路的其他港口

海上丝绸之路的主港,历代有所变迁。除了长期保留的广州港和曾经名列中国第一大港的泉州刺桐港,还有许多港口也参与了对外交流的海上经贸活动。

(1)南京

3—6世纪,六朝政权为了建立与朝鲜半岛和日本列岛国家的友好往来,形成了以建康为起点的海上丝绸之路的东海航线(也叫"东亚文化航线"),这为拓展和加强中国与东亚国家之间的文化交流奠定了基础。

六朝政权与东亚、东南亚、西亚等外国交往主要通过海上丝绸之路进行,建康都城也成为推动海上丝绸之路在各国文化交流方面的主要力量。传入中国的佛教经义乃至佛寺建筑,就是在此时从建康传入朝鲜半岛的百济和倭国(日本)。

412年,东晋高僧法显在南京的道场寺完成了记录他从陆上丝绸之路去印度,又从海上丝绸之路返回都城建康的纪实性著作《佛国记》。

魏晋南北朝时期,从汉代零星、断续的海上丝绸之路状态,与东亚国家之间开始形成连续、固定的航线,为文化交流传播奠定了基础。与此同时,六朝政权与东亚和南洋国家之间的使节、僧侣等人员的交流往来,让南京成为海陆丝绸之路、东海南海两条航线之间的连接枢纽之一。

到了15世纪,明朝组织的郑和七下西洋的航海壮举,使南京再次成为海上丝绸之路的东端始发港,同时将西端港口拓展到非洲东岸,见证了"海上丝路"由单向到多向、由线状到网状的转变过程,将海上丝绸之路南海航线拓展到了极限和顶峰,世界大航海探索时代的壮阔序幕由此拉开。

南京不仅是郑和下西洋的策源地、起终点和物资人员汇集地,也是郑和航海事业的发展中心的人生归宿地。永乐皇帝为表彰其出使西洋而修建的天妃宫、静海寺,以及专门为郑和下西洋出访各国兴建的大型官办造船基地——龙江宝船厂等历史遗存,在见证这一航海壮举的同时,也印证了南京在海上丝绸之路中的重要地位。

(2)北海

广西北海对外开放历史源远流长。西汉元鼎六年(公元前111年)就在北海设置合浦郡。独特的地理位置,使得北海在2000多年前,成为了中国与亚洲各国、欧洲各国通商往来的重要门户。合浦成为汉朝南海对外海上贸易的中心和枢纽,成为中国南方重要的对外开放窗口,古代海上丝绸之路的始发港之一。当张骞通西域、陆地丝绸之路出现之前,汉武帝就凭借海路拓宽贸易规模,派遣商船队从合浦、徐闻等地起航,直通都元国、夫甘都卢国、黄支国、皮宗国、已程不国①,随船送去了丝绸和黄金等

---

① "都元国、夫甘都卢国、黄支国、皮宗国、已程不国"是音译的古代东南亚一带的小国国名,《汉书·地理志》略有记载。

物。此后,此航道也被中西贸易用作交易之道,商船经常往来于南洋和印度洋之间,频繁地进行航海贸易。这条闻名遐迩的"海上丝绸之路",是中国从海上走向东南亚、南亚、欧洲的最便捷的海上通道。航线为古代中国与外国交通贸易和文化交往发挥了重要的作用。

(3) 扬州

从空间地理上来讲,把"陆上丝绸之路"与"海上丝绸之路"联系起来的是大运河。大运河因为其在中国水陆交通网络中的关键地位,长时间成为"东方世界主要国际交通路线"。扬州则借其在大运河沿线城市中的独特位置和大运河在全国交通体系中的作用,成为"陆上丝绸之路"与"海上丝绸之路的连接点"。

随着"陆上丝绸之路"逐渐衰落,"海上丝绸之路"成为中国对外交往的主要通道,而扬州则成为"海上丝绸之路"的重要起点城市和东方著名港口。

扬州处于江、河、海运交汇之地。"吴城邗"后,扬州兼得江、河、海运之便,隋代扬州就确立了全国水陆交通枢纽地位。唐朝全国经济中心南移,"海上丝绸之路"随之崛起,扬州成为唐朝吞吐四海、沟通宇内的主要窗口。宋元时期,扬州仍然起着纽带作用。扬州是漕运和南北物资集散中心,8世纪中期商业经济地位跃居全国首位。扬州出土的9—10世纪的贸易陶瓷品类与南亚、西亚、东非、北非国家同时期一些著名城市和港口遗址出土的中国外销陶瓷标本的类别非常近似或完全一致。扬州作为"海上丝绸之路"陶瓷商品主要中转站和集散地,其作用在10世纪以后依然可观。1998年在印尼海底发现的"黑石号"沉船上6万余件中国陶瓷器,同类瓷器在扬州都有出土。"黑石号"铜镜上面刻有"唐乾元元年戊戌十一月廿九日于扬州扬子江心百炼造成"的铭文。学者们普遍认为"黑石号"沉船是从扬州解缆起锚,目的地可能是伊朗的席拉夫。

(4) 福州

早在晚唐五代王审知时期,福州在对外贸易方面已经小有成就,福州与朝鲜、印度、苏门答腊等国家经常有商旅往来,在交往过程中,各种象牙、犀牛角等商品在福州市场上频频出现,也常可见到外国使节到福州交流学习、互通有无。同时,类似海关的"榷货务"以及负责海外贸易的市舶司在当时也都纷纷设立。

从明代开始,福州港逐渐取代泉州港,晋升为官方港口。郑和七下西洋的舟师以福州长乐太平港为休整补给、招募水手的"伺风开洋"基地,最长时间曾驻留10个月。目前长乐已对郑和下西洋文物遗迹开展保护,建成郑和史迹馆、郑和广场等,而过去7年间连续举办的"郑和开洋节"亦受到海内外的关注。

清末,福州被辟为"五口通商"口岸之一,各国商贾云集于此进行贸易与经商。海上贸易的繁荣,亦带动城市商业文化的递进,中国历史文化名街——三坊七巷至今仍保留有当时作坊、店铺与商行会馆杂陈的街市遗迹,"海上丝绸之路"带动福州"使西南洋诸色咸来互市"的繁荣景象可见一斑。

福州海上丝绸之路出发点主要是长乐港口,在与远洋交往的那段历史中,福州许

多物种、生活习惯等流传在外,福建的武夷红茶颇受英国皇室青睐。福州的生意人很多,福州的三坊七巷是各地商人的聚集地。

(5)漳州

漳州月港是明代以来福建四大商港之一。明景泰到天启年间(1450—1627年),月港从一个民间自由贸易港口发展成为我国东南沿海外贸中心,其兴起到繁荣昌盛近200年。它与东南亚、印度支那半岛以及朝鲜、琉球、日本等47个国家和地区有直接贸易往来,并以吕宋(菲律宾)为中转,与欧美各国相互贸易,在我国外贸史上占有重要地位。

明成化、弘治年间(1465—1505年),月港"人烟辐辏"、"商贾咸聚",成为闽南一大都会,有"小苏杭"之称。嘉靖三十年(1551年),置靖海馆,设通判。正德以后,月港海外贸易超过福州、广州。嘉靖四十五年(1566年)12月,遂置海澄县。隆庆元年(1567年),取消"海禁",海澄正式开设洋市,海外贸易更加发展,成为当时我国最繁荣的外贸港口,闻名于世。万历年间(1573—1619年)盛况空前,"四方异客,皆集月港","泉漳商民,贩东西二洋,代农贾之利,比比皆然",每年进出月港的大商船大者宽三丈五六尺,长十余丈,载重100多吨,来往船只之多,载重吨位之高,在当时都是相当突出的。

天启年间(1621—1627年),西方殖民者东侵,南洋各地为其控制,中国领土澎湖列岛和台湾也遭侵略,并屡次进犯福建沿海,月港海外贸易受到极大危害和削弱。战乱频仍,清初的禁海、迁界,使月港完全衰落而一蹶不振。

郑成功占据厦门时,厉行"以商养军",大力发展海运,厦门港开始起步。月港的作用渐被厦门所取代。清康熙二十三年(1684年)在厦门设海关,正式取代了月港的海外贸易地位。

四、海上丝路的衰落——元朝以来历代禁海令

元代由于连年对外征战和失败,先后进行了四次禁海:第一次海禁从世宗至元二十九年到三十一年(1292—1294年)止,第二次海禁从成宗大德七年到武宗至大元年(1303—1308年)止,第三次海禁从武宗至大四年到仁宗延祐元年(1311—1314年)止,第四次海禁从仁宗延祐七年到英宗至治二年(1320—1322年)结束。1322年复置泉州、庆元(宁波)、广州市舶提举司,之后不再禁海。

明太祖洪武三年(1370年),为了抵制番货,"罢太仓黄渡市舶司"。洪武七年(1374年),撤销泉州、明州、广州三个市舶司。洪武十四年(1381年),以"倭寇仍不稍敛足迹"为由,禁濒海民私通诸国。洪武二十三年(1390年),再次发布"禁外藩交通令"。洪武二十七年(1394年),下令一律禁止民间买卖及使用舶来的番香、番货等。洪武三十年(1397年)再次发布命令禁止下海通番。

明朝法律规定了严酷的违反禁海令处罚办法。《大明律》规定:"若奸豪势要及军民人等,擅造三桅以上违式大船,将带违禁货物下海,前往番国买卖,潜通海贼,同谋

结聚,及为向导劫掠良民者,正犯比照已行律处斩,仍枭首示众,全家发边卫充军。其打造前项海船,卖与夷人图利者,比照将应禁军器下海者,因而走泄军情律,为首者处斩,为从者发边充军。""敢有私下诸番互市者,必置之重法,凡番香、番货皆不许贩鬻,其现有者限以三月销尽。"

永乐二年(1404年),永乐帝下令禁民间海船,原有海船者悉改为平头船。从明太祖洪武元年(1368年)发布第一个禁海令,到明穆宗隆庆元年(1567年)废止海禁时止,接近200年之久。这个时期,正值葡萄牙、西班牙开始大航海的时候。1557年葡萄牙人已经来到大明国门口,建立了澳门殖民地。

清廷从顺治开始到雍正时期,实行了四十年海禁(1655—1684年,1717—1728年)。清廷入关之后,为了禁止和截断东南沿海的抗清势力与据守台湾的明郑联系,以巩固统治,曾于顺治十二年(1655年)、十三年(1656年),康熙元年(1662年)、十四年(1675年)五次颁布禁海令。顺治十七年(1660年),康熙元年(1662年)、十七年(1678年)三次颁布"迁海令",禁止人民出海贸易。

1683年清军平定台湾后,康熙接受东南沿海的官员请求,停止了前期的海禁政策。但是康熙的开海禁是有限制的,其中最大的限制就是不许与西方贸易。康熙曾口谕大臣们"除东洋外不许与他国贸易",并说:"海外如西洋等国,千百年后中国恐受其累,此朕逆料之言。"而且此时日本的德川幕府为了防止中国产品对日本的冲击,对与清廷的贸易也采取严格的限制。因此,此时的海外贸易与明末相比,已经大为衰弱。

到了乾隆以后,清廷开始实行全面的闭关锁国政策,一开始还是四口通商,到后来只有广州开放对外通商,且由十三行垄断其进出口贸易①。清廷的闭关锁国政策彻底阻碍了我国与西方世界的接触,使清朝丧失了与世界同步发展的最佳时期,为后来的百年积弱落后埋下伏笔。清廷为此负有不可推卸的责任。当时西洋的科技发展蓬勃,渐渐地超越了以土耳其(奥斯曼帝国)为首的伊斯兰世界和以我国为首的东方世界。

第二节 泉州海丝的地位

泉州位于中国东南沿海,唐五代环城种植刺桐树,亦别称"刺桐城"。在长达400多公里的海岸线上,三湾十八港点如众星拱月组成了泉州港,是宋元时期中国海外交通贸易重要港口,海上丝绸之路起点之一。"州南有海浩无穷,每岁造舟通异域。"早在6世纪的南朝,泉州就与南海诸国有交通往来。唐代,泉州成为中国四大对外贸易港口之一,"市井十洲人"就是当时的真实写照。南宋,泉州与广州同为中国最大外贸

① 鸦片战争前广州官府特许经营对外贸易的商行。

口岸。元代,中国对外贸易重心转移到泉州,由是泉州港进入鼎盛时期,与世界近百个国家和地区商贸文化交往密切,影响力可与亚历山大港匹比。国内外商贾从泉州运载丝绸、瓷器、茶叶等货物往他国销售,从他国运来香料、药材、珠宝到中国贸易,泉州港呈现出"涨海声中万国商"的繁华景象。

一、泉州"海上丝绸之路"的特色——茶磁香料之路

1973年,一艘沉睡了700多年的宋代古船在泉州湾后渚港被发现。次年,沉船从海滩4米深处出土。《人民日报》以《泉州湾发掘出一艘宋代木造海船》为题发表了新华社的报道:"福建省文物考古工作者在泉州湾发掘出一艘我国宋代的木造海船,并在船内发现了一批珍贵文物。"这次考古发现在当时轰动全国,震惊世界。

(一)宋代沉船见证历史

1974年7月15日,这艘至今已有700多年历史的宋代古船在古刺桐港出土。它是目前中国发现的年代最早、形体最大的木质海船,出土时残长24.2米,残宽9.15米,复原后长34米,宽11米,型深3.27米。船身扁阔,船底尖削,船底板和船舷板分别用二至三层木板叠合制成,船内分13个水密隔舱。可载重200多吨,相当于唐代"陆上丝路"一支700多头骆驼队的驮运总量。它代表了当时世界上最先进的造船技术水平,是宋元时期泉州作为中国海船制造中心的实物见证。

泉州宋代沉船现场

同样,这一发现也引起了医学史界的注意,因为在这艘海船里发现的众多文物中,还包括数量可观的香料、药物,可以确认是海船运载的货物。其中可辨认的有

香料木、胡椒、槟榔、乳香、龙涎、朱砂、水银、玳瑁等。未经完全脱水的总重量达4700多斤,经初步鉴定,从船舱中发掘有2300公斤的香料、500多枚唐宋古钱、50多件宋瓷和其他珍贵文物。

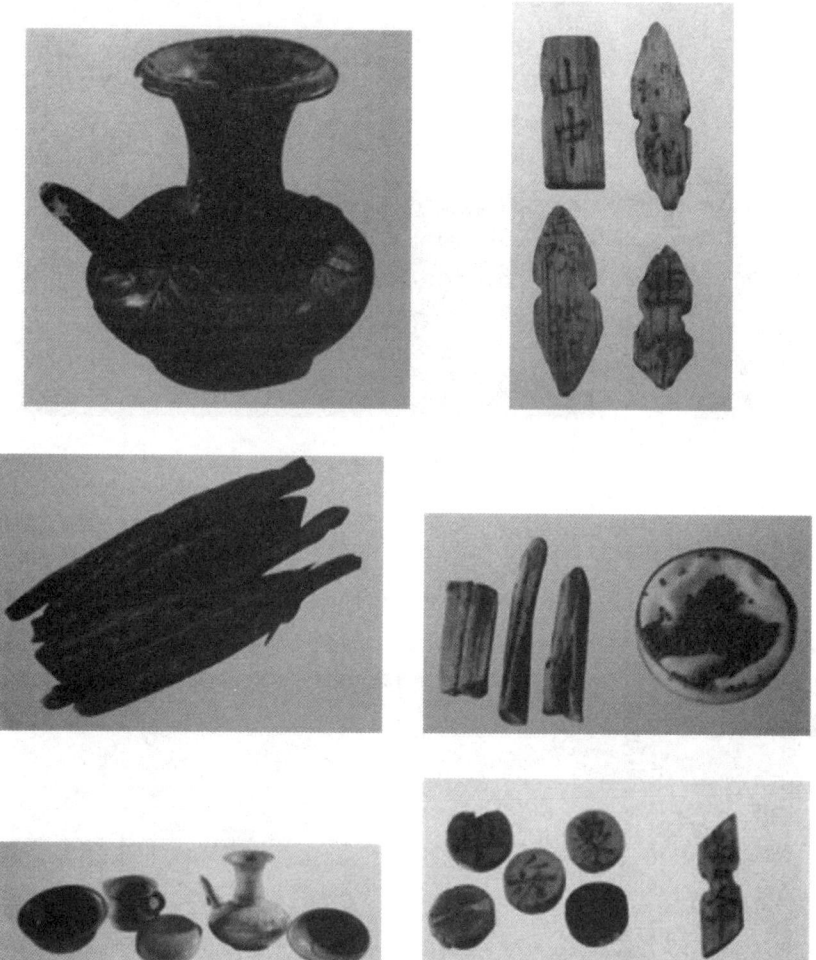

沉船上的宋瓷、香料、象棋子与其他文物

(二)宋代海事活动举例

1. 富美渡码头

富美渡头位于德济门外晋江畔,是距泉州城最近的一处码头。宋元以来,外来商舶可在此登岸贸易,泉舶也可从此上船出海,水陆交通十分便捷,现仍在使用。渡头附近原有造船厂和聚宝街、万寿路等商品交易市场,可以想象出当时这一带海交贸易的繁荣景象。

今日的富美渡头

2. 九日山祈风

九日山位于泉州市区西郊，是宋代泉州市舶司官员和地方军政长官为出海举行祈风典礼的圣地。"山中无石不刻字"，九日山现存77方石刻中，有10方祈风石刻，

九日山石刻

是研究宋代祈风制度的珍贵资料。

3. 安平桥甲天下

宋元时期,泉州海外交通空前繁荣,为适应货物转运、商民往来的需要,11—13世纪出现修建石桥高潮。据乾隆《泉州府志》记载,泉州历代造桥260座,其中宋代105座(著名的有洛阳桥、安平桥等),仅宋绍兴年间(1131—1162年)造的就有15座,素有"闽中桥梁甲天下"之誉。

南宋绍兴二十一年(1151年),安海安平桥竣工,该桥长5.4华里,故又称"五里桥",有"天下无桥长此桥"之誉。

安平桥

二、"天下之货仓"①

地处我国东南沿海的闽南都市福建泉州,在10—14世纪之间是中国最大、最昌盛的通商贸易港口,也是世界最大的贸易港口之一,是一座繁华的国际大都市,它创造了诸多当时中国乃至世界之最的神话。泉州当年的繁荣以及由此对世界的影响,成为中外史学家情有独钟的议题,他们尝试着以不同的角度,力求表述当年泉州的繁华以及它对世界的影响和贡献。近年来一批欧美学者称,那个时代的泉州,是"天下之货仓",确立了物资的生产和集散,是泉州经济的主要特征。而已故的历史学家庄为玑教授,为我们描述了那个时代的泉州是一座中外友好的丰碑。他说:"各国先人的坟墓,还完整地保留在这里;他们先人的教堂,也被我国宣布为国家重点文物加以保护;他们的后裔作为我国少数民族共享平等的权利;他们的祖先,仍被记录在泉州各姓族谱里;他们的血统,保存在中国人民的血统里;他们的花草,也曾移植在泉州的

---

① 参见吴鸿丽:《"天下之货仓"——宋元时期的泉州》,《光明日报》2010年2月23日。

土地上发出馨香……"我们是否可以这样理解,"天下货仓"所装的"货"它不仅仅是商业意义上的而且是文化的,诸如民族、宗教多种文化的交流与融合。那个时代泉州这一"天下货仓"对世界和人类的深刻影响,人类学家李亦园教授指出它具有"普世价值"的意义。他认为:首先,长久作为世界文化交流接触中心的泉州,其居民喜爱与不同文化的人交往,而以平等互惠的心态结交朋友,绝不具政治企图与殖民心态,在当代,可以作为世界公民学习的价值典范。其次,泉州居民在长久接触海外不同文化的族群经验中,学习到能欣赏吸收别人文化之美的特性,表现出中华民族兼容并纳、"美人之美"的文化特质最为突出,可以成为"全人类文化多元一体"理念的基本范式。再次,泉州文化遗产中所表现的宽容不歧视不同宗教信仰的精神,是追求全人类和乐相处、宽容并存的好典范。中外历史学家们对中世纪泉州的描述与欣赏并非虚美之言,大量的文献资料,众多的海丝史迹群,足以证明千年以前,泉州的确是一座令世人仰视的昌盛繁华都市。

宋代泉州经济高度发展,达到当时国际大都市的水准。元祐二年(1087年)十月,朝廷在泉增置市舶司,市舶司的设立,对泉州外贸经济的发展意义十分重大,1087年是一个转折点,在这之后泉州经济不断发展,直至成为世界性的贸易大港。绍圣二年(1095年),永春知县事江公望在《多暇亭记》中说:"海船通他国,风顺便,食息行数百里,珍珠玳瑁、犀象齿角、丹砂水银、沉檀等香,稀奇难得之宝,其至如委。巨贾大贾,摩肩接足相刃于道。"这形象地描绘了泉州港舶辐辏、宝货如山的繁荣景象。市舶司设立后,还实行了一系列与之相配套的发展海外贸易的措施,例如政和五年(1115年)在泉州设来远驿,接待来自世界各国的贡使人员,并拟定伎乐迎送、犒设津遣等则例,体现出一个贸易大国的风范。南宋宝庆年间担任泉州市舶司提举的赵汝适,曾对诸商贾作出调查考察,据其著作《诸蕃志》记载,当时同泉州有海外贸易关系的国家和地区已达50多个。元代海外贸易在宋代基础上有了更进一步的发展,而达到空前繁荣。据《梦粱录》记载,泉州是中国商船最主要的出海口,外国使臣、商人、学者来华最主要的入境口。而《诸蕃志》和《岛夷志略》则记载,宋元时期泉州成为计算我国与世界各地航线里程的起点。泉州开辟了由泉州港至三佛齐航线,泉州港至西亚航线,泉州港至澎湖经台湾至三屿航线,泉州港至明州、高丽、日本航线。意大利著名旅行家马可·波罗在《游记》中说:"应知刺桐港(泉州)即在此城,印度一切船舶运载香料及其他一切贵重货物咸莅此港。是亦为一切蛮子(中国南方)商人常至之港,由是商货、宝石、珍珠输入之多竟至不可思议,然后由此港转贩蛮子境内。我敢言亚历山大或他港运载胡椒一船赴诸基督教国,乃至此刺桐者,则有船舶百余,所以大汗在此港征收税课,为额极巨。"至正七年(1347年)到达泉州的摩洛哥旅行家伊本·白图泰,在泉州看到大舶百艘停于港内,小船不可胜计,称泉州为世界大港之一,甚至是最大的港口。汪大渊在《岛夷志略》记载:元代泉州与海外贸易的国家达到98个,品种达250种以上。元人吴澄称:"泉,七闽之都会也。番货远物、异宝珍玩之所渊薮,殊方别域富商巨贾之所窟宅,号为天下最。"可见,元代的泉州是舶货的集散地,巨舶与货物数

量都冠绝全球。"天下货仓"宋元时期的泉州当之无愧。

中世纪的泉州,比经济意义上的"天下货仓"更令世人瞩目的是文化意义上的"天下货仓"。它表现为"海丝"多元文化在泉州和平共处、融于一体的独特现象。大观、政和之间(1107—1118年)泉州设番学,番学是培养外国人子弟和中国人学外国语言文字的学校。南宋时,来泉州贸易的外商"有黑白二种,"皆居泉州,为了便利外国人居住,照顾不同民族的风俗习惯,泉州划定固定范围让外国人居住,其地方叫番坊。番坊中由外国人推选出番长、理讼师等自行管理,并由他们与当地政府进行日常生活和办理商务的联系。元朝居住在这座国际大都市的居民,除了汉人和蒙古人外,还有来自阿拉伯、波斯、叙利亚、也门、亚美尼亚、印度、占城、爪哇、吕宋群岛以及遥远的非洲和欧洲各地的人们。他们当中有商人、传教士、教徒、旅行家、水手、骑士,有王子、贵族和使节。这座国际大都市不免时有排挤和争斗,但更多的是相互影响和融合,许多异国人与当地人通婚,从此定居下来,他们的后代被称作"半南番",在泉州的阿拉伯后裔有蒲、丁、郭、金、夏、葛、马等姓,他们与泉州人民共同谱写中世纪泉州的文明史的乐章。北宋泉州建起了中国第一座跨海长桥洛阳桥,南宋泉州所建的安平桥创造世界桥梁史上"天下无桥长此桥"的纪录长达数个世纪。两桥的费用绝大部分是商民募捐兴建的,洛阳桥"靡金钱一千四百万,求诸施者"。安平桥"因众志之和,资乐输之费",这些民间的资金相当一部分来自泉州的番商,他们也像热心于襄助其他公益事业一样为建桥出资出力,南宋泉州太守真德秀实事求是地说:"惟泉为州,所持足公私之用者,番舶也。"由此可见,当时泉州公共建设资金,主要来自番舶权税,番客们不仅为泉州创造财富,而且为泉州贡献智慧与力量。而"楚材晋用"是那一时代泉州人的胸怀。例如,回回人蒲寿庚任福建、广东招抚使,兼管一切海舶事务,1281年印度教徒挹伯鲁马尔,在泉州港得到元廷的"御赐执照",并被任命为"泉州港主",1298年福建行省(省治泉州)平章政事是基督教徒(景教)阔里吉思(乔治),1349年泉州的达鲁花赤偰玉立,是畏吾儿人,出身摩尼教世家,主持重修泉州通淮街清净。"市井十洲人"在"涨海声中万国商"的国际贸易大港泉州这块土地上和睦相处。泉州是一座多元、开放、包容、有国际视野的城市。

宋元的400年间,多种外来宗教与泉州的道教和民间信仰和平共处,融于一体。元代的泉州对异域文化在本地的存在和传播,视为正常现象。外国宗教文化与中国儒家思想相互融合。佛教长期在泉州传播,且不断世俗化,成为泉州人重要的宗教信仰,泉州人对其他传入泉州的外国宗教的教主,亦一律称"佛";外国宗教徒也对他们的主神称"佛"。元代泉州有六七座伊斯兰教清净寺、三座天主教堂、多座景教堂、多座印度教寺、多座佛教寺庙、民间信仰宫庙和道教宫观。允许基督教、伊斯兰教、印度教、佛教、犹太教、摩尼教和平共处于一个6平方公里的小小城市之中,使得这座商业气氛极为浓厚的泉州城,增添了不少异国情调的文化氛围,在这种氛围之下,宗教与商业的结合显得那样亲密无间,温情脉脉的共荣共赢,替代了唯利是图的残酷争斗。人类文化差异和共同生存的问题得到很好的诠释,泉州这种海纳百川的胸怀,使之创造出历史上仅有的世界宗教博物馆的称誉。此外,多元的建筑雕刻艺术和南音、戏曲也随着宋元时期繁荣的海外贸易传入泉州,至今其外来的宗教文化艺术仍然随处可见。泉州的"海丝"多元文化建筑雕刻艺术可谓琳琅满目。从而成为"海丝"多元一体文化的典范。

泉州这座中世纪"天下之货仓"所装载的宝贵的文化特质——和平、友谊、发展的精神,彼此平等、互相尊重、和平共处、共同发展的观念,"具有普世价值的潜力"。如何使之转化并上升为当代价值理念,"应是有识之士们共同探讨、思考的对象"。

第三节 海丝文化的世界影响

一、泉州文化走向兼容并蓄①

泉州是我国著名的海上丝绸之路的起点,同时也是一座富有神奇色彩的历史文化名城。泉州文化广融博纳,在继承发展中华传统文化的同时对海外的舶来文化兼容并蓄,因此史学界譬喻它为"宗教博物馆"。在泉州历史上曾出现过许多宗教文化,有些已经在历史长河中逐渐消失,有些则融入泉州地方文化之中,这其中最具特色的当属阿拉伯—伊斯兰文化。

(一)早期阿拉伯人从泉州传入伊斯兰文化

伊斯兰文化是由阿拉伯人、波斯人(伊朗人)、希腊人、埃及人,以及其他许多民族共同创造的。其特点是以阿拉伯语为主要语言工具,并以伊斯兰教为指导思想。②

伊斯兰教传入中国有两条路径:一是陆上丝绸之路,它是由汉武帝的使臣张骞于公元前2世纪开辟的;二为海上丝绸之路,泉州是伊斯兰教传入中国起始点之一。

在刺桐港崛起之前,已有阿拉伯人来往泉州。明万历年间晋江人何乔远依据回回家言(即当时伊斯兰教长老或阿訇口述)在所著的《闽书·方域志》中写道:"自郡城南折而东,遵湖岗南行为灵山。有默德那国二人葬焉,回回之祖也……唐武德中(618—626年)来朝,遂传教中国。一贤传教广州,二贤传教扬州,三贤四贤传教泉州。卒葬此山。"③

到了8世纪,当时的广州、泉州、扬州都是阿拉伯商人经常来往的地方。泉州的

---

① 参见侯世欢:《浅谈泉州的阿拉伯—伊斯兰文化》,《福建史志》2002年第4期。
② 参见艾哈迈德·爱敏:《阿拉伯—伊斯兰文化史》第一册,商务印书馆1982年版,第14~17页。
③ 何乔远:《闽书》卷七,方域志·灵山。该圣墓位于泉州东郊灵山南麓,是全国重点文物保护单位。

海外贸易出现了"云山百越路,市井十洲人"的盛况。大批阿拉伯商人来到泉州并长期居留下来。他们从事宝石、香料的进口与瓷器、丝绸的出口贸易,同时也带来了他们的伊斯兰教信仰,并对泉州的城市建筑和人民的精神生活与文化生活产生了深刻的影响。

(二)宋元时期伊斯兰文化在泉州的扩散

宋元祐二年(1087年)在泉州设置市舶司,后来又设立来远驿、番坊和番学,同时允许建立清真寺和外国人墓葬区,于是当时出现了外国人聚居的"番人巷"。这些番人"每岁以大舶浮海往来,致象犀、玳瑁、珠玑、玻璃、玛瑙、异香、胡椒之属"[①]。宋代许多在泉州的阿拉伯、波斯商人,还积极协助政府击盗,或捐钱,或联姻,因此而获官者不少。同时他们大都拥有巨额家资,权势很大,这对伊斯兰文化在泉州的传播起了重要的作用。在这些商人中,最有代表性的当属从广州迁来的阿拉伯后裔蒲氏,其中蒲寿庚不仅善于经营海贸,拥有大量船只,而且"因击盗而被授予福建安抚使兼沿海都制置使之武职"[②]。蒲氏家族的实力对于宋末元初福建的政治、经济、文化都产生了重大影响。泉州的海外贸易也在这个时期进入全盛,与泉州海外贸易的国家、地区从南宋时50多个增加到100多个,至元末年以后,更被誉为世界最大港之一。大量海外客商云集,阿拉伯—伊斯兰文化在泉州的传播也在这个时期达到全盛。

在泉州发现的许多刻有阿拉伯文、波斯文的墓碑石和清真石刻,从纪年上看多是元代阿拉伯、波斯穆斯林的遗物。可见中国元朝是阿拉伯—伊斯兰文化在中国传播的鼎盛时期。现存的宋大中祥符二年伊斯兰教徒创建的通淮街清真寺历经战火至今保存完好,成为中国最古老的伊斯兰教建筑之一。它不仅反映了中世纪阿拉伯—伊斯兰文化中建筑艺术的精美,同时也成为中阿文化艺术交流的珍贵文物。

随着元政权的衰朽,统治阶级内部斗争日益激烈,这种斗争反映到地方就出现了伊斯兰教什叶派与马逊尼派的斗争,史称"亦思巴奚兵乱",其实质就是泉州的穆斯林富商赛甫丁、阿迷里丁、阿巫那等为了自身贸易利益,而被元廷斗争双方所用,是元末宫廷斗争在泉州的反映。总之,经过这场兵乱,泉州的伊斯兰文化受到严重地摧残,特别到明朝皇帝颁海禁令后,海外私人贸易剧减,大部分来泉州的穆斯林返航离去;一部分被杀;另一部分因长期居留中国逐渐汉化而留在中国,但也逃往偏僻海湾(如陈埭、白崎等地)或山区(如永春、德化等地)。在这种大环境下,泉州港失去了往日辉煌,在泉州的伊斯兰、穆斯林也逐渐与外部失去了联系,而融入中国文化的大潮中。

(三)伊斯兰文化与泉州文化的融合

伊斯兰文化与泉州地方文化的融合,经历了一个复杂而漫长的过程。首先表现

---

① 祝穆:《方舆胜览》卷一二,福建路·泉州。
② 吴幼雄:《泉州宗教文化》,鹭江出版社1993年版,第183页。

为泉州回族的形成。世居的阿拉伯人逐渐汉化,与汉人通婚,取汉姓、汉名,使用汉字。泉州人称这些阿拉伯人后代为"土生番客"或"半南番"。我们至今所知的泉州两大回族聚居点——陈埭丁姓和白崎郭姓,即元代从江浙的苏杭南来的穆斯林,而由蒲开宗从广州迁来的蒲氏家族,发展最大。他们不仅几代人在泉州贸易,如蒲寿庚还担任地方要职,蒲寿庚之兄蒲寿晟还是一位受中国文化熏陶的回回诗人,在他的诗中不仅蕴含大量伊斯兰文学色彩,而且反映了道家的思想。泉州地区的回族谱牒大多修撰于明代,此时,绝大部分阿拉伯人已与汉人相融合,成为中国新的民族——回族。

泉州文化也在与伊斯兰文化碰撞、排斥与交流中,逐渐容纳了这种舶来文化。如泉州的别称刺桐城就来源于波斯人对泉州的称呼。在晋江王留从效时期,泉州城遍植刺桐,每当花开便出现"刺桐屏障满中都"的美景。而以"刺桐"城取代泉州之名,大约是1154—1292年之间,这一结果,无疑是由前来通商或旅行的波斯人阿拉伯人促成的。此外,伊斯兰教徒在海上航行时大都祈祷真主保佑,或向阿布·依斯哈格道堂进供,或举行祈风。而中国沿海(包括泉州)居民也接受了这种仪式。《伊本·白图泰游记》就载道:"这位谢赫阿布·伊斯哈格甚受印度和中国人的崇敬。中国的乘客们习惯在海上遇气候骤变或担心海盗时,便对阿布·伊斯哈格许愿,把每人所许的愿记录下来,一俟安抵大陆,道堂的仆役到船上来取。"①明代伟大的航海家郑和下西洋时也曾到泉州灵山伊斯兰教圣墓行香,以祈求灵圣庇佑航海平安。上述种种皆体现了此时的伊斯兰教已被中国人所接受。也正因为如此,在元末兵乱与明朝排外运动中,仍有少数德高望重的阿拉伯清真寺住持在主持事务;也正因为如此,泉州伊斯兰教才能延续至今。

二、泉州文化体现博大胸怀

宋元时代泉州成为"海上丝绸之路"的起点,这铸就了泉州人"海纳百川,有容乃大"的开放性、包容性和宽容性。外部世界什么东西进到泉州,泉州人都能够吞吐自如。适合的东西可以吸纳,不适合的东西加以扬弃,"择善而从"。泉州人视野开阔、胸怀也开阔,有一种很大的包容性,所以泉州能够成为多种文化的荟萃之地,成为多种宗教共生共荣之地。

(一)泉州宗教多元性的形成②

泉州文化在历史上就表现出开放性与包容性的典型特征。作为一个早期开放的对外贸易港口,泉州鼓励外商定居,容许各种外来宗教并存。除了佛教、道教与本土的民间信仰外,各方教士也随商人拥入泉州建寺传教,相继传入的外来宗教有伊斯兰

---

① 伊本·白图泰:《伊本·白图泰游记》,马金鹏译,宁夏人民出版社1985年版,第172页。
② 参见李双幼:《"蓝蓝的泉州湾"——历史上泉州的海洋文化》,www.chinashishi.net,访问日期:2010年7月10日。

教、婆罗门教、天主教(包括景教)、摩尼教等,泉州因此有"宗教博物馆"之称。当地人民对各种宗教持兼容并包的态度,对各种宗教的区分并不那么严格,往往把佛教、道教的祀神同视为中国的"佛",而把婆罗门教、摩尼教等外来宗教的称为"番佛"。

  天主教于唐代初期传入中国。根据《大秦景教流行中国碑》的记载,唐太宗贞观九年(635年)天主教的聂斯托利派从中亚传教至中国,当时称为景教,并在元朝时期得到元廷政府的大力支持而得以盛行。1293年,受罗马教皇尼古拉四世派遣的孟高维诺取道海路来到中国,此后被任命为大都大主教与全东方之总主教。泉州陆续出土有基督教教徒石棺和墓碑石墓顶数件,上刻十字架、天使、莲花以及各种花纹图案,碑石上还有古叙利亚文字或拉丁、巴思巴文字,这些遗物成为元代基督教曾经在泉州活跃的最好证据。

  婆罗门教是印度教的前身,它随着印度人的活动经过海道传播到爪哇群岛,并达泉州。泉州临漳门外有一处罕见的石笋遗址,高3米余,底部直径1.26米,是为印度的"林加"(男性生殖器)崇拜遗迹。至今在泉州发现的印度教神像、石柱和各种石刻,已达多方,各种石刻包括神祇造像、石龛、石柱、柱头、柱础、门框等,且都雕有印度宗教故事。其中有"磨盘"形石龛,有的刻"磨盘"和大象,有的刻"磨盘"和母牛,比较突出的有现存于泉州海交馆的印度教善神毗湿奴的单体立身造像,以及开元寺大殿后檐的十六角形辉绿岩石柱。元代,泉州城南建有一座印度教寺院"番佛寺",毁于元末兵乱,根据陆续发现的遗物可以断定,"番佛寺"颇具规模。确凿的实物可以肯定,印度教在泉州广为传播,因而才有一座或数座印度教寺的兴建。

  摩尼教是3世纪在巴比伦兴起的世界性宗教,唐高宗、武后时传入中国,流行的地区以西北、华北地区为主,在福建、浙江沿海地区,因与波斯等国有海路交往,摩尼教也有一定势力。据《闽书·方域志》云,唐代"有呼禄法师(摩尼教对僧侣称呼)者,来入福唐,授侣三山,游方泉郡,卒葬郡北山下"。宋代,摩尼教因与其他宗教结合而汉化为明教,元朝统治者允许明教信徒在传统的聚居地区造庵奉祀。泉州设有"管领江南诸明教、秦教等"的管领,晋江有明教徒公开活动,在罗山苏内村建有草庵,至元五年(1339年)有谢店"信士陈真泽立寺",舍资建造摩尼光佛石像。

(二)泉州人经商理念的拓展

  海外经商已成为泉州民间谋生的一种习惯,尤其是明清时期,在人稠地少的谋生压力下,又迫于政府的海禁政策,经商传统浓厚的泉州人或寻求走私的途径,或移居海外拼搏。出国成为泉州人一种司空见惯的谋生行为,因此泉州人认为女子"第一好过(嫁)番(南洋)","第二好过(嫁)台湾",可见,舍弃重农轻商的传统思想,往海外寻求谋生之道,是泉州人的一种追求。重商精神成为泉州文化的一个重要特征。泉州人在长期的生活和生产实践中接近海洋,发展海外贸易,不仅熔炼了海纳百川的宽厚情怀,也培养出了远洋经商的文化特质。独特的海洋文化孕育的泉州社会多元文化因素,对泉州海外交通与经济贸易的发展发挥了积极的作用。

三、开放拓展与走向世界

泉州素有"海滨邹鲁"之誉,人文荟萃,文化昌盛,中西文化长期在这里交流汇聚,造就了灿若繁星的文化名人,留存了以南戏、南音、南少林为代表的辉耀古今的文化遗产和大量世人罕见的中外历史文化瑰宝。属国家级文物保护单位的有开元寺、老君岩、清净寺、伊斯兰教圣墓、草庵等中世纪世界几大宗教的寺院;有洛阳桥、安平桥、崇武古城等传统建筑精品,又有九日山摩崖祈风石刻等见证着宋元时期泉州与外国商人友好交往的遗址,还有民族英雄郑成功墓、著名的民间信仰宗庙天后宫、德化屈斗宫古窑址等。到处弥漫着浓厚的乡土文化气息,梨园戏、木偶戏、高甲戏、打城戏古朴幽雅,中世纪宫廷音乐"活化石"南音,被海外游子视为最亲切的乡音。德化瓷器、惠安石雕、鲤城木偶头、安溪乌龙茶、永春老醋等土特名产,闻名遐迩,是馈赠亲朋挚友的上乘礼品,远销海内外。

(一)历史上曾经的"泉州时代"①

台湾学者将宋元时代的海外交通史称为"泉州时代"。伴随着中国港口进入"泉州时代","海上丝绸之路"也正在形成新的国际贸易图景。宋元时代的欧亚大陆展开了前所未有的商品和技术交流。这一切以足以改变中国的模样和心态。到宋高宗赵构时,皇帝已经对海外贸易特别留意,他说:"市舶之利最厚,若措置合宜,所得动以百万计,岂不胜取之于民,朕所以留意于此。"

商人的地位也上升到古代中国的一个制高点。依据"诸市舶纲首能招诱舶舟,抽解货物,累价及五万贯、十万贯者,补官有差"的规定,致力于增加国际贸易量、使政府税务增加的大海商可以依据功劳大小,获得高低不等的官衔。这使得商业阶层的能量像滚雪球一样越滚越大,到南宋末期,大海商蒲寿庚"提举市舶",也就是当上了泉州市舶司的总负责人。

在宋代的大多数时间里,对国际贸易货物抽解的比例大多都为十抽其一,在南宋中期,市舶总收入为200万缗,其中泉州港可占到100万缗,而当时的国库总收入还不到1000万缗,这也表现出当时国家对"市舶之利"的仰赖。

此时的海外贸易是如此重要,牵动着每一个人的神经。宋代的泉州官员每年都举行两次祈风仪式,并刻石以记之——现在泉州九日山的祈风石刻就是实物见证。南宋泉州太守真德秀将祈风目的解释得很清楚:"唯泉为州,所恃足以公私之用这,番舶也;番舶之至,时与不时者,风也;而欲使风之从律而愆期者,神也……是以国有典祀,俾守土之臣,一步而再祷焉。"

到了元朝,由于广州在改朝换代的乱局中三历战火,而泉州以蒲寿庚主导的海商力量主动降元,和平过渡,这也使得泉州港在元朝几乎获得了实际意义上的垄断地

---

① 参见何书彬:《泉州:站在世界的十字路口》,《先锋国家历史》2008年第7期。

位。这时泉州所获得的贸易政策也是很有推动力的,"癸酉,世祖令商贾市舶物货已经泉州抽分者,诸处贸易,止令输税"。并且,对于从事海外贸易的海商,元朝给予了"所在州县并与除免杂役"的优待,即便在今天,庞大的人口数量依旧是一个城市繁荣的标志,在古代社会更是如此。正是海外贸易的持续兴盛,使泉州这个"人稠山谷瘠,虽欲就耕无地辟"的地方在北宋时人口就超过了 20 万,成为全国六大都市之一。元时,泉州的人口达到历史最高点,户数超 8 万,口数超过 45 万。

(二)走在世界的十字路口

斯塔夫里阿诺斯在其著作《全球通史》中,对于中国宋元时期的世界图景是这样描述的:"宋朝期间,中国人在造船业和航海业上取得巨大的进步,12 世纪末,开始取代穆斯林在东亚和东南亚的海上优势。蒙古人征服中国,建立元朝后,中国的船只体积最大,装备最佳;中国商人遍布东南亚及印度港口……中国的进出口贸易情况也值得注意,它表明这一时间,中国在世界经济中居主导地位。"

泉州港既然在这么一个特定的历史时期,跃居中国最大港的地位,那么它在世界性海上贸易圈的枢纽地位显而易见。

13 世纪,当马可·波罗来到泉州时,他看到一座"宏伟秀丽"的城市,"在它沿岸有一个港口,以船舶往来如梭而出名……刺桐是世界上最大的港口之一,大批商人云集这里,货物堆积如山"。

让马可·波罗感到惊讶的是,从海外运到这里的胡椒是如此之多,他估计,每有一艘载运着胡椒的船只进入亚历山大港,就有"一百艘"同样规模的船只来到泉州。让马可·波罗印象深刻还有:这里的生活必需品非常丰富,德化出产的瓷器物美价廉,一个威尼斯银币能买到 8 个瓷杯;永春的白糖是经埃及人来此传授技术后而制造出来的;这里的文身师技艺精湛,有许多人从印度来到这里文身。

在印度洋沿岸的八罗孛国(今印度西海岸),马可·波罗看到的景象亦和中国有关:"此国输出之粗货香料,泰半多运往蛮子大省;一部分由商船运至亚丁(也门),转运至埃及亚历山大,然其额不及运往极东者十分之一,此事颇可注意。"

亚丁、亚历山大,此外还有故临(印度南端)、西拉夫(伊朗)、三佛齐(位于今印尼)等,都是那个时代世界上的重要港口,如今我们没有确切的数字比较它们各自的贸易量,但是从马可·波罗等中世纪大旅行家们的惊叹,从当时各国规模、商业还有技术发达程度的对比,我们不难想象出泉州在中世纪国际贸易中所处的地位。

在马可·波罗之后,在印度古里候船的伊本·白图泰发现从印度洋到南海,来往的大多数是中国船。他还仔细地记下了这些船的区别。这些船分为三种,大者曰 Junk,中者曰 Zao,三等者曰 Kekam。大海船有四层,设备齐全,"每一大船役使千人"。"此种巨船只在中国的刺桐城制造,或在广州制造。"①

---

① Junk、Zao 和 Kekam 都是泉州方言音译。

与伊本·白图泰一样,同时代的中国人也在兴致勃勃地了解着世界。南宋时,宋宗室成员赵汝适任泉州市舶提举,他详细咨询了泉州外商,写成《诸蕃志》一书,记载了从东亚到今天的西西西岛的58个国家和地区;元朝时,中国游历家汪大渊两度从泉州浮海,撰成《岛夷志略》,涉及国家和地区220多个,并对它们的疆域、土产、地名、风土、人情都做了详细描述。

从《岛夷志略》以及后来学者的研究,我们可以知道,在宋时,中西商人多到三佛齐进行货物中转,而到元朝时,除了在东南亚的华商贸易口岸增多外,锡兰岛之高浪步,印度东岸的沙里八丹,西岸的小呗喃、下里、古里、放拜等地都已成为华商常至之处,印度西岸成了新的中西贸易中转点,这"无疑是元代中西贸易大盛的重要表现"。

在商品方面,宋元时期的中国输出的多是瓷器、丝绸等加工品,输入的多是香料宝物等特产,这体现出了当时中国的技术优势,同样,在航海方面,中国也是中世纪世界的捐献者。

马可·波罗在游记中提到了中国船的水密隔舱技术,这项技术在西方一直到18世纪才被应用,而在中世纪的世界,采用了水密隔舱技术的中国船是安全性最高的。

1973年,泉州后渚沉船的发现即呈现了这幅图景。这艘船龙骨的设置、多层板的运用、橹和船舵的使用等,都代表着当时全球最先进的造船技术,复原的船长34米,宽11米,张帆后,就可呈现出一幅"浮南海而南,舟如巨室,帆若垂天之云"的场面。尤其值得注意的是,肋骨和隔舱板的组合将古船分成互不相通的13个水密舱区。

如今泉州发现的古船就陈列在泉州海外交通博物馆,古船旁是船上发现的文物和对当时航海技术的介绍。中国是最早发明指南针并将之应用到远洋航海的国家,而后此技术由阿拉伯人转传到欧洲。宋代中国出现了大量与特定航线和航海图配套的"指南针经",表明远洋航海已经进入了高度精确的定量化阶段;此外,古船陈列馆里还陈列着"过洋牵星"——这是古代中国的GPS技术,通过一套观测恒星的办法来确认航船的坐标。

如今这一切都像被发现的古船一样成为历史了。元末,长期保持和平的泉州地区燃起了战火,明朝皇帝朱元璋从一开始就对海洋世界存在恐惧,他说:"尽力求利,商贾之所为;开边启衅,帝王之深戒。今珍奇之产,中国岂无?朕悉闭绝之,恐此涂一开,小人规利,劳民伤财,为害甚大。"

海路就此闭门,虽然此后有过郑和下西洋的壮举,但是贡舶贸易实际上已经杜绝了民间海洋力量登上前台的任何可能。至于泉州,则在海禁之后换了另外一副面孔,私商贸易迅速崛起,大批移民流向海外,泉州因此成了一个著名的侨乡。

(三)面向海洋,泉州输出善意与生意;迎接来客,泉州体现交流和融合

作为一个早期开放的对外贸易港口,泉州历史上长期鼓励外商定居,容许各种宗教并存。除了佛教、道教与本土的民间信仰外,国外各种宗教也随来泉经商的商人来

到泉州,在泉州发现的伊斯兰教、基督教、印度教、摩尼教及其他石刻多达 160 余方。泉州因此有"宗教博物馆"之称。

远道而来的马可·波罗见到满城的红色刺桐花,将泉州称作"刺桐城"。刺桐是一种原产马来西亚的热带植物,如今已成为泉州的市树。这是一个象征,它象征着泉州既是中国的,也是世界的。联合国教科文组织也将全球第一个"世界多元文化展示中心"定址在泉州。

明代以后,政策变迁,泉州港逐渐淡出。世界对泉州逐渐陌生,但泉州并未因此而忘记世界。

凭泉州造船业的发达和海上交通的优势,凭向海而行多年形成的胆魄,泉州人一如既往地走向世界,一批又一批泉州人跨洋出海,在世界各地开花结果。

如今,泉州是全国著名侨乡,也是台湾汉族同胞主要祖籍地。改革开放,泉州再度崛起。面向大海,发挥优势,团结拼搏,锐意进取,30 多年来,侨乡经济社会面貌发生了翻天覆地的变化。泉州,在经历了衰退之后又获得新的生命再次发展,如今是全省三大中心城市之一,经济总量连续 11 年保持全省首位。

当年出海讨生活,如今回家助发展。改革开放以来,泉州对外开放扎实推进,泉籍海外乡亲或回乡投资兴业,或慷慨解囊兴办公益。截至目前,泉州市累计实际利用外资达 187 亿美元,累计实际利用台资 15.3 亿美元。全市累计接受侨胞、港澳同胞捐资近 80 亿元,约占福建省接受捐赠总额 60%。

30 多年来,一条被誉为"泉州模式"的发展之路已然形成:民营经济与外向型经济互相促进为最大特色、县域经济发达为突出亮点、品牌化为突出优势。

附录:海上丝路历代航线

海上丝绸之路是古代海道交通大动脉。自汉朝开始,中国与马来半岛就已有接触,尤其是唐代之后,来往更加密切,作为往来的途径,最方便的当然是航海,而中西贸易也利用此航道作交易之道。

先秦

中国南方是南岛人种的发源地。先秦时代称之为百越民族,是世界上分布最广的民族之一,他们拥有优秀的航海经验和冒险精神,足迹遍及太平洋和印度洋,史前时代起即开始了向远洋迁徙,马达加斯加、夏威夷、新西兰均有分布。

秦代

海路西探,到达东南亚诸国,并且到达印度。

秦灭六国后,开始着手平定岭南地区的百越之地。公元前 219 年,秦始皇派屠睢为主将、赵佗为副将率领 50 万大军平定岭南,屠睢因为滥杀无辜,引起越人的顽强反抗而被杀。秦始皇重新任命任嚣为主将,并和赵佗一起率领大军南征,经过四年努力,于公元前214年完成平定岭南的大业。秦在岭南设三郡:南海郡、桂林郡、象郡三郡,并以南海郡为中心逐步发展起繁荣的岭南经济圈。秦末,北方征战不休,岭南地区由赵佗统治,史称南粤国,是当时少有的和平地区。

公元前202年汉立国,汉高祖为实行休养生息政策,与南粤国议和,两国得以发展经贸。公元前195年高祖驾崩,吕后摄政与南粤国发生冲突,双方在南岭发生激战,战局僵持。当时岭南地区主要出产丝绸类纺织品,赵佗为寻找重要的军需物资铁资源开始谋求海上路线通往西方国家开展贸易。广州南越王墓中出土的希腊风格银器皿以及南粤国宫殿遗迹发掘出来的石制希腊式梁柱就是相当好的证明,证实了秦末汉初海上丝绸之路已经诞生,岭南地区向西方输出丝绸以换取各种物资,并且有希腊工匠来到中国参与了南粤王宫殿的建造。

两汉

海路西达印度、波斯,南及东南亚诸国,北通朝鲜、日本。

西汉时期,南方南粤国与印度半岛之间海路已经开通。汉武帝灭南粤国后凭借海路拓宽了海贸规模。南从日南、徐闻、合浦通都元国、夫甘都卢国、黄支国、皮宗国、已程不国(今斯里兰卡)。

东汉时期,"至桓帝延熹九年(166年),大秦王安敦(Marcus Aurelius Antoninus,161—180年)遣使自日南徼外献象牙、犀角、玳瑁,始乃通焉。"这是历史记载的中国与罗马帝国第一次往来。

中国商人运送丝绸、瓷器经海路由马六甲经苏门答腊来到印度,并且采购香料、染料运回中国,印度商人再把丝绸、瓷器经过红海运往埃及的开罗港或经波斯湾进入两河流域到达安条克,再由希腊、罗马商人从埃及的亚历山大、加沙等港口经地中海海运运往希腊、罗马两大帝国的大小城邦。

三国、魏、晋、南朝

东吴黄武四年(225年)扶南国王范旃遣使来吴国,历时四年来到东吴,献琉璃。孙权派遣中郎康泰出使扶南国。黄武五年(226年)大秦商人到交趾、吴国首都建业(今南京)。法显陆上西行,海上归国,由印度多摩利底经狮子国、耶婆提、到山东牢山。

与中国通商的国家:波斯、天竺、狮子国、扶南、婆利。

隋、唐、五代

与中国通商的国家:赤土、丹丹(今马来西亚吉兰丹)、盘盘、真腊、婆利。中唐之后,西北丝绸之路阻塞,华北地区经济衰弱,华南地区经济日益发展,海上交通开始兴盛。与中国通商的国家:拂菻、大食、波斯、天竺、狮子国、丹丹、盘盘、三佛齐。

航路：由泉州或广州起航，经海南岛、环王国（今越南境内）、门毒国、古笪国、龙牙门、罗越国、室利佛逝、诃陵国、固罗国、哥谷罗国、胜邓国、婆露国、狮子国、南天竺、婆罗门国、新度河、提罗卢和国、乌拉国、大食国、末罗国、三兰国。

唐人移民海外。

唐人杜佑对历代南海交通作了个总结："元鼎（前116－前111年）中遣伏波将军路博德开百越，置日南郡，其徼外诸国自武帝以来皆献见。后汉桓帝时，大秦、天竺皆由此道遣使贡献。及吴孙权，遣宣化从事朱应、中郎康泰奉使诸国，其所经及传闻，则有百数十国，因立记传。晋代通中国者盖鲜。及宋、齐，至者有十余国。自梁武、隋炀，诸国使至逾于前代。大唐贞观以后，声教远被，自古未通者重译而至，又多于梁、隋焉。"

宋代

宋朝先后在广州、临安府（杭州）、庆元府（明州，今宁波）、泉州、密州板桥镇（今胶州营海镇）、嘉兴府（秀州）华亭县（今松江）、镇江府、平江府（苏州）、温州、江阴军（今江阴）、澉浦镇（今海盐）和嘉兴府（秀州）上海镇（今上海市区）等地设立市舶司专门管理海外贸易。其中以广州、泉州和明州最大。泉州在南宋后期更一跃成为世界第一大港和海上丝绸之路的起点。

与中国通商的国家：占城、真腊、三佛齐、吉兰丹、渤泥、巴林冯、兰无里、底切、三屿、大食、大秦、波斯、白达、麻嘉、伊禄、故临、细兰、登流眉、中理、蒲哩鲁、遏根陀国、斯伽里野、木兰皮等总计五十八个国。出现了《岭外代答》《诸蕃志》，记载与中国通商国家情况的专著。

元代

与蒙元通商的国家：三岛、民多郎、真腊、无枝拔、丹马令、日丽、麻里鲁、彭亨、吉兰丹、丁家卢、八都马、尖山、苏禄、班卒儿、文老古、灵山、花面国、下里、麻那里、沙里八丹、土塔、忽厮离、假里马打、古里佛、放拜、万年港、天堂、忽鲁模斯等200多个国家和地区。中国商人汪大渊，航海远至埃及，著有《岛夷志略》一书。

明代

郑和下西洋，到过占城、爪哇、旧港、满拉加、哑鲁、苏门答腊、那孤儿、勃泥、小葛兰、彭亨、锡兰山、三岛、苏禄、吕宋、溜山、打歪、八都马、柯枝、南巫里、古里、坎八叶、木克郎、甘巴里、阿拨巴丹、阿丁、天方、米息、麻林地、忽鲁模斯、祖法儿、木鲁旰、木骨都束、抹儿干别、不剌哇、慢八撒、木兰皮等国。

《明会典》记录了130个朝贡国，其中海上东南夷有62国，包括安南、苏禄国、锡兰、朝鲜、日本、琉球、爪哇等。

参考文献

陈炎:《海上丝绸之路与中外文化交流》,北京大学出版社1996年版。

广州古都学会等编:《论广州与海上丝绸之路》,中山大学出版社1993年版。

思考题

1. 中国古代海上丝绸之路起点的转换及其原因?
2. 中国海上丝绸之路的衰落对中国在世界发展的走向中产生什么影响?
3. 泉州海上丝绸之路为什么会有别称?
4. 泉州海上丝绸之路对泉州文化的发展起了什么作用?
5. 谈谈闽南地区海上丝绸之路的历史影响。

第六章 闽南文学艺术文化

第六章 闽南文学艺术文化

人类的艺术活动领域非常广阔,几乎涵盖了社会生活的方方面面。闽南文学艺术文化内容广泛、内涵丰富、历史悠久,品味闽南文学、观看闽南艺术、聆听闽南戏曲,可以感受和体会到闽南人的性格特征以及闽南文化的历史传承。文学艺术文化的门类非常丰富,静态视觉艺术又占据了极其重要的位置,本章我们把具有造型性、视觉性、静态性和空间性的艺术形式归为静态艺术,主要讨论绘画、雕塑、手工等门类。其余的归为动态艺术。文学艺术形式当作为书面内容时是静态的,而当搬上舞台表演时却是动态的,因而我们单列一节进行阐述。

第一节 闽南动态艺术的历史传承

一、闽南民间舞蹈

闽南民间舞蹈作为具有独立风格的舞蹈,是指产生和流行于福建南部的泉州、厦门、漳州三市及所属各县闽南话系地区,流传于闽南、台湾以及东南亚闽籍华侨聚集居地的闽南民间舞蹈。闽南民间舞蹈是中国民间舞蹈的重要组成部分,同时又是中国民间舞蹈中一个具有鲜明地域特色的舞蹈形式。而这独特的风格又主要表现在其肢体"横摆"动律形态上。闽南民间舞蹈动律,是经过漫长的历史演变与文化磨合,以及独特的地理环境等多种因素逐渐形成的。闽南民间舞蹈,基本可以概括为三大类,第一,踩街类,闽南历史悠久,传统节庆繁多,如春节、元宵节、清明节、端午节、中秋节以及佛诞、拜谒祖宗等等。其中踩街活动规模最大的是元宵节,届时侨乡各地都组织队伍踩街游乡,增添喜庆祥瑞的气氛。如泉州每年元宵组织的踩街表演队伍十分壮观。其中表演的舞蹈有几十种。在台湾无论是迎神赛会还是传统节庆,村民均会自发组织艺阵进行活动。第二,民间仪式类,民间仪式类的舞蹈,主要指民间婚丧喜庆活动中所使用的舞蹈仪式,其中包括民间古老的祈雨、敬神、做道场、婚嫁丧葬等。虽说其内容具有宗教的色彩,但从舞蹈文化角度审视,其中有不少具有古老祭祀的一些遗风。如泉州端午节除灾避邪、祭祀祖先必跳的《嗦啰莲》《采莲舞》、人死之后请道士"师公"做道场中穿插表演的《掷铙钹》《道士舞》和道教斋醮设坛祭祀中表演的《五梅花》以及闽南早期民间在祭祀庆典仪式中表演的《拍胸舞》都具有古老祭祀舞蹈的特征。第三,民间歌堂类,民间歌堂,即指以载歌载舞的形式表现一定的戏剧情节和人物形象的表演形式。在闽南,每逢节庆,人们聚集在一起,边跳边唱边演,张灯结彩,通宵达旦。如《车鼓舞》常把民间流传的各种故事情节编成唱段,穿插表演,有时也表演各个戏曲小段,如《管甫送》《桃花搭渡》《番婆弄》等。

1. 拍胸舞

"拍胸舞"又称"拍胸"、"打七响"、"打花绰"、"乞丐舞",广泛流传于福建南部沿海泉州、漳州、厦门以及金门、台湾等地区。"拍胸舞"为男性舞蹈,舞者头戴草圈,赤足,裸上身。动作以蹲裆步为主,双手依次拍击胸、胁、腿、掌,配合怡然自得的颠头,并随着舞蹈环境和情绪的变化不同,动作节奏、幅度相应产生不同变化。高昂、激越时可双脚反复顿地,双手使劲将胸、胁、全身拍得通红;舒缓和畅时则抚胸翻掌、扭腰摆臀,动作圆柔而诙谐,活泼而妙趣横生。

拍胸舞表演

"拍胸舞"基本动作为"打七响":双手首先于胸前合击一掌,接着从右手开始,双手依次拍打左右胸部,随后双臂内侧依次夹打右左胁部,双手再依次向外拍打右左腿部,共得"七响",时值合七拍。同时配合双脚于蹲裆步位置有节奏的跳动,身体随之左右晃动。如此循环往复,动作始终不变,只在队形上稍作些进退、出入、交叉变化,即可完成一场"拍胸舞"的精彩表演。正因为"打七响"既是"拍胸舞"的基本舞步又最突出地代表了拍胸舞的基本动律和风格特色,所以泉州、漳州、金门、台湾等地民间又将"拍胸舞"称为"打七响"。

关于拍胸舞的源起问题,历来众说纷纭,总结起来主要有以下几种:

第一,起源于古汉族"踏歌"舞蹈①。拍胸舞相传早在唐宋时期就已流传于福建。当时,统治者崇尚佛教,寺庙四起,僧尼云集,泉州府曾有"此地古称佛国"之说,拍胸舞就是在迎神赛会踩街活动中的一种舞蹈形式,其神态、动态、形态与宋代马远"踏歌图"有相似之处。

第二,源于宋元梨园古剧《郑元和》中场的"拍胸"②。该说在社会上流传最普遍,最有影响。相传踢球舞及拍胸舞这两个民间舞蹈都是从这个剧目中来的。说是当时富家公子郑元和上京赴考,途识名妓李亚灿,郑落入烟花院,三千两黄金散尽后,被鸨母赶了出来,与叫花子为伍,他苦中作乐以卖唱为生,自编出拍胸这一亦唱亦舞的独特艺。后来戏曲艺人为了剧情的需要,对"拍胸"进行艺术加工,赋予舞台上的规范动作,充实其表演内容。

第三,直接源于劳动生活——割稻庆丰收的即兴舞蹈。与古代闽南人劳动习俗有关,闽南人习惯赤脚劳动,由于田野蚊子多,休息时常击掌拍胸,晃头、抖头等动作,逐渐发展成为以稻草扎头,拍胸互相逗趣取乐,起舞自娱。

第四,古闽越族原始祭祀舞蹈遗风有关,其外在表演形式和内在律动度保留有闽越遗风③。从舞种分布的角度看,中国南部少数民族地区的诸多舞蹈如土家族的内连响等,与拍胸舞有类似之处。"拍胸舞"外在表演形式保留有古闽越族原始祭祀舞蹈如赤裸身、边歌边舞等特点,习见在迎神赛会,丧仪、祭祀等场面表演,蛇形头饰则与古闽越人崇拜蛇图腾的风俗吻合等④。

2. 端午节闽台对渡

"云南陆上泼水,蚶江海上泼水。"泉州石狮市将当地端午节的"海上泼水节"及相关民俗、商贸活动整合为闽台对渡民俗项目,并申报国家级非物质文化遗产。

农历五月初五端午节,俗称"五月节",是中华民族最古老的传统节日之一。福建石狮市蚶江传承了300多年的竞渡泼水闹端午,成为一种别具特色的闽台对渡文化习俗。

据考证,蚶江海上泼水最早见于明,盛行于清。清朝年间的《对渡碑》记载:"蚶江为泉州总口,与台湾鹿仔港对渡,大小商渔,往来利涉。"当时蚶江成为大陆与台湾通商通航的中心码头,对渡贸易繁荣兴盛。

泉州石狮与台湾血脉相连、生息相通,石狮蚶江与台湾鹿港相隔仅130多海里,千百年来,两岸同胞在这片海域上乘船往来、互通有无。1784年,清政府因蚶江所处的重要位置,特令开放蚶江与鹿港对渡,并设立管理对渡事务的蚶江海防官署,蚶江

---

① 《中国民族民间舞蹈集成》(福建卷),中国 ISBN 中心 1992 年版,第 10 页。
② 何绵山:《福建民间舞蹈探论》,《广播电视大学学报》(哲学社会科学版)1999 年第 3 期。
③ 蔡湘江:《拍胸舞探源》,《艺术论丛》2004 年第 12 期。
④ 蔡湘江:《泉州民间舞蹈》,福建人民出版社 2005 年版。

由此成为大陆与台湾通商通航的中心码头。随着贸易往来的密切,当时闽台两地的民间文化交往也十分活跃。尤其是每逢端午节,蚶江与台湾鹿港两地民众身着节日盛装,在海上举行各种各样的活动,祈求风调雨顺。时值春夏之交,天气炎热,便驾船竞渡,追逐泼水,驱热消暑,祈求吉祥,寓为人与船的大洗礼。后逐步演变为通过泼水活动,倾吐思念、交融情谊。至今,海峡两岸民间还广泛流传着一首"对渡泼水"民谣——《欢喜船入港》:"欢喜船入港,我君走船人,蚶江与鹿港,对渡来通航。海峡起风浪,隔岸等亲人,相思两地牵,盼君守空房。欢喜船入港,两岸心相同,盼君早归航,泼水喜团圆。"

时至今日,两岸对渡已经从当年的经贸往来逐步演变成为一种文化习俗,它见证了闽台两地商贸兴盛、关系变迁、习俗相同、文缘相续的历史。闽台对渡文化节是文化部、国台办对台交流重点项目,也是闽南文化生态保护试验区的重要项目。闽台对渡文化习俗,是闽台民间文化交流、经贸合作的有力见证,为两岸人民带来更多的实惠和福祉。

3. 火鼎公婆

火鼎公婆是一项具有300多年历史的闽南独特民俗表演形式,源自泉州民间的"火鼎踩路"。宋元时间,泉州民间在春节、元宵期间时常举行城隍爷出巡之类的民俗活动。活动前一夜群众必先抬一"火鼎",沿第二天城隍出巡路线"踩路"一遍,以扫除一路邪恶污气。"火鼎踩路"等抬"火炉"习俗后来逐渐独立出来,并吸收地方戏曲丑行科步,在清代中叶时定型形成火鼎公婆的表演形式。该民俗因其表演独特,气氛热烈而诙谐生趣,寓意人们扫除一路污浊、驱除疾疫,祈求风调雨顺、国泰民安的心愿,具有较强的娱乐性和观赏性。遂广为流传,形成闽南地区人们喜闻乐见的民间舞蹈。亦被海内外来宾誉为闽南"地道的民间艺术"。

火鼎公婆民俗演出人数比较灵活,少则由两人扮成火鼎公、火鼎婆独立表演,场面宏大时可加入驴子戏、四锦戏、公背婆、婆背公等表演形式,演员可以多达32人。我们在演出现场看到,扮演火鼎公者身穿羊羔黑裘,下穿宽筒裤,裤脚束紧,脚穿圆口软底布鞋,腰束长绸巾,一手拿着桔木长烟管,一手执芭蕉扇;扮演火鼎婆者身穿镶边大襟红衫,下着镶边宽筒大红裤,头顶盘起高高的发髻,脚穿厚底绣花大红布鞋,一手掌红手帕,一手执大圆蒲扇。公婆二人抬着一口架在木架上的铁鼎,鼎中柴火烧得通红。伴随着民间小调《正月点灯红》等乐曲的节奏,或快步飞穿或缓缓踯躅,舞姿神态随意变化,颠而不狂,醉而不痴,不时用蒲扇煽火鼎,一路上,做出种种滑稽逗人的动作或用幽默语言惹得观众捧腹大笑。

4. 踢球舞

俗称"贡球舞"、"碰球舞",舞蹈的名称直观地反映了该舞蹈最重要的特色,即以脚踢球,以手抛球,以身体其他部位,包括肩、臂、肘、膝、头、脖等碰球与接球等。

踢球舞源于我国春秋战国时期的军事体育游戏"蹴鞠"。汉代刘向《别录》:"蹋鞠,兵势也,所以练武士,知有材也,皆为嬉戏而训练之。"汉王室所藏的军事书籍中有

火鼎公婆

一部《蹴鞠新书》,《后汉书·艺文志》将其列入"兵技巧十三家"之内。古汉语"踢"、"蹴"即"踢","鞠"即"球","踢鞠"、"蹴鞠"即"踢球"。这种游戏后来演变为两个分支,一个是现代足球运动的雏形,另一个就是通过与音乐、歌舞等艺术形式的结合,逐渐舞蹈化,成为蹴鞠舞。唐代《内人踢球赋》载述,"球体兮似珠,人颜兮似玉","疑履地兮不履其地,疑腾虚兮还践其实",把女子踢球描写得惟妙惟肖。

蹴鞠舞蹈形式流布泉州及整个闽南话区域,泉州踢球舞至今保留"手托"、"脚踢"、"肘碰"、"膝接"、"头顶"、"肩点"、"脖停"等古代蹴鞠舞蹈的经典动作,最为可贵,也最为古老而风趣。踢球舞传入泉州后,经地方戏曲吸收、改造,与梨园戏科步结合,吸收南少林武术动作,包括球手的动作,使"踢球"的动作更加科范化和舞蹈化。保留至今的宋元南戏梨园戏,其宋元旧篇《郑元和》中"亚仙踢球"一场,即保留了宋元时代泉州踢球舞的科范程式。另外,泉州高甲戏以丑角艺术见长,泉州踢球舞加入丑婆表演动作,妙趣横生,极尽诙谐戏谑。这些表演使得这种舞蹈成为雅俗共赏的民间艺术,流传、影响了闽南各地的民间踢球舞。

泉州踢球舞一般按娘、婢、女丑等角色扮演,除司球者外,其余皆为女性,表演大致可分为"舞台彩球"、"踩街彩球"和"高跷彩球"三种类型。"高跷彩球"因受高跷的制约,动作上不如其他两种翻越自如。"踩街彩球"主要是在踩街活动中行进表演。

踢球舞

还有一种"彩球弄"舞队形式，一般为男一人舞彩球，彩旦一人，彩婢（青年姑娘）四或六人，随后是手执洞箫、南琵、月琴、二胡以及打击乐"小叫"、"铜钟"、"响盏"的演奏者，有浓郁的乡土气息和地方特色。

5. 跳火群

"跳火群"又称"跳火盘"。民间认为"大人跳入来，年年大发财。小孩跳出去，欢喜无忧虑……"既寓意来年生活红火，也有驱邪避灾之意。除夕夜，吃过年夜饭后，在神案上燃好香烛。庭院里早已准备好用以点起火堆的草料——稻秸秆和番薯藤。用春草迅速点火，待番薯藤烧起大火后，一切准备就绪。接下来家中男丁在庭院起点处等候，由辈分最高的男丁带头最先跳过火堆，其他人按长幼顺序跳过。跳过火堆，拾阶而上，从正门进入"厝内"，一直走到神厅内的"天公灯"下，完成一趟。然后沿原路折回庭院里的起点处,接着跳。跳几趟都无所谓。待到火势渐歇,家中妇女手持火钳和瓦片(现在瓦片少了,可以用其他容器代替),从火堆里夹出一些未燃尽、带火星的番薯藤条,放入瓦片上,放到床底下。(只是夫妻住的"房内"才需要),还是辈分最高的男丁,手持扁担,将火堆往大门方向一打,让火星灰烬散开。最后是燃放鞭炮。

跳火群

"跳火群"这一习俗保留了中国封建社会的传统思想:首先是重男轻女思想。女性是不允许跳火堆的。小女孩例外,可以由其他人抱着一起跳过,保佑小孩子健康成长。其次是长幼有序思想。参加跳火堆的男丁必须按照长幼辈分的顺序跳,切不可颠倒次序。可以说长幼有序的思想在"跳火群"的过程中得到很好的保留。

现在过年的习俗似乎越来越少了。但只要还有"跳火群",再冷清的除夕都会让人很兴奋。

6. 车鼓弄

车鼓弄是集说唱、表演合一的民间歌舞艺术,是古代弄戏的遗存形式。"车"就是

车鼓弄

翻转，"弄"就是舞弄之意，又有"弄车鼓"的俗称，是中国闽南特别是同安地区一种具有浓厚地方色彩的民间娱乐形式。它是一种说唱、表演合一的民间歌舞艺术，它以动作朴实简单、易学易演、诙谐幽默的风格受到了广大人民的喜爱。关于车鼓弄的来历，闽南地区流传着"磨豆夫妻逗唱"、"武装劫救"、"丰收庆贺"等几种说法。在同安，流传较广的是"磨豆腐夫妻逗唱"说。相传在明代，同安有一对开豆腐店的夫妻，夜里磨豆腐时编歌唱逗，受到邻里欢迎。老夫妇继而用装豆子的斗篮代替石磨，戏弄玩乐，遂在民间流传开来。明末清初，车鼓弄传到台湾，成了海峡两岸人民喜爱的民俗娱乐项目。

车鼓弄表演时，二人扮作男丑与彩旦，扛着竹篮搭扣的鼓轿，踏着四方交叉步，进三步退三步，一唱一答，妙语如珠。内容多为孝道劝善、夫妻情趣、情人相思等。实际上，它是闽南早期滑稽小戏——"弄戏"中的一种。"弄戏"演员通常为一丑加一旦，以滑稽的动作和诙谐的对答为主，在简单场地上即可表演。由车鼓弄继而发展出闽南"车鼓戏"，保留车鼓弄的表演形式，增添了更完整曲折的故事情节。歌仔戏在形成过程中也充分吸收了车鼓弄的表演特色，车鼓弄是歌仔戏的源头之一。

车鼓弄通常在庙会祭祀时表演，有时也被邀请到婚庆人家演出，是农村自娱自乐传统表演项目。近年来，经过改编整理提高的"车鼓弄"也出现在广场民俗活动、文艺踩街、大型晚会上，对保持民间表演艺术的多样化，丰富群众文化生活起着积极的作用。

7. 嗦罗连

"嗦罗连"是福建省晋江安海古镇端午节时一个著名的民俗活动。每年一到端午

2011年端午的嗦罗连

节,安海镇街头男女举着缚挂"榕枝艾草"的采莲旗,抬着"嗦啰连"的龙王头,一路轻舞,一路和唱着"嗦啰连"曲子,沿街沿巷,入室入户,为人们送去祝福,家家户户的人都会跑出来祈求平安福气。古代时,每年到了端午节前后,经常是雨水连绵,导致蚊虫非常多,卫生环境不好,容易发生瘟疫,人民群众就只好寄希望于龙王。一是因为五月初五是龙王的生日,龙王可以呼风唤雨;二是我们炎黄子孙都是龙的传人,所以就请龙王来为世人驱邪、消灾。因此龙王头才是表演活动中最重要的道具。

"嗦啰连"与约定俗成的民俗类项目不同,它有古老的音乐、有演奏的队伍、有演唱者等。每次表演都要进行彩排,因为演出队伍庞大,主角有旗手、铺兵、花婆以及配角,有时候一个角色有三个演员同时进行表演。

"嗦啰连"已有1800多年的历史,汉乐府即有《采莲曲》。至今保留历代宫廷"采莲舞"遗迹,所唱"嗦啰连"褒歌与古代佛教、道教、戏神平安咒语同出一源。旧时曾广泛流传于晋江、泉州老城区、南安、惠安等各沿海地区。1987年,"嗦啰连"被载入《中国民间舞蹈集成》一书。2008年6月8日,"嗦啰连"正式入选国家级非物质文化遗产保护名录。目前,晋江安海是泉州乃至全国唯一保留"嗦啰连"舞"采莲"这一民间习俗的乡镇。

8. 大鼓凉舞

大鼓凉舞是流传于漳州、龙海一带的民间传统舞蹈。它起源于明嘉靖年间抗倭

大鼓凉舞

名将戚继光的军队欢庆胜利时跳的一种群舞。场面壮观,气势恢弘。表演时,领头打大鼓的小伙子边打鼓边变换舞姿,动作矫健潇洒。一群小伙子在大鼓引导下,随着节拍边舞边有节奏地敲打着小鼓,粗犷豪放。少女们则舞动着造型别致的凉伞,踩着鼓点,翩翩起舞。尤其有趣的是,在青年男女中,穿插着一对逗乐的老头和打俏的老太婆,动作滑稽诙谐,令人捧腹。每逢传统节日或喜庆盛事,都可看到这种独特的舞蹈。

9. 踩高跷

踩高跷

踩高跷,是汉族传统民间活动之一。踩高跷俗称缚柴脚,亦称"高跷"、"踏高跷"、"扎高脚"、"走高腿",是闽南民间盛行的一种群众性技艺表演,多在一些民间节日里由舞蹈者脚上绑着长木跷在广场进行表演。踩高跷技艺性强,形式活泼多样,演员踩跷比一般人高,便于远近观赏,而且流动方便无异于活动舞台,因此,深受群众喜爱。关于高跷的起源,学者们多认为与原始氏族的图腾崇拜、沿海渔民的捕鱼生活有关。

二、闽南武术

闽南武术文化遗产资源丰富、体系完整、特色显著,是闽南文化的重要组成部分。而泉州作为闽南文化的发源地之一,其武术文化也是非常悠久和博大的。北宋刘昌言在《泉南到处少林风》的诗中写道:"智空武击法闽中,王氏附梁毁此宫。遗迹清源兴国建,泉南到处少林风。"描写了宋代时期泉州已经习武成风(但此诗句不足以作为南少林在泉州的证据)。泉州民谚"拳头、烧酒、曲"生动地反映了泉州武术文化在民间的渗透和普及程度。

泉州武术的发源[①],可以追溯到西晋末年,中原板荡,八姓入闽。可能就是从那时起,北方先民将武术和其他文化一同传入泉州。南安丰州曾发现一东晋古墓群,出土文物有"太元三年"(378年)纪年墓砖及一枚珍贵的篆书阳文陈文绛"部曲将印"的

---

① 《泉南到处少林风 拳头里面有文化——访国际南少林五祖拳联谊总会主席周焜民》,《泉州晚报》2009年9月14日。

铜印。在东晋时期,"部曲"是半官半民的武装组织,一将领五部,一部辖五曲,一曲两百人。带弓箭而事锄樵,人人有武术基础,拥有较强的战斗力。所以,泉州武术可能于东晋之时就已经有了。

唐朝末年,黄巢、王审知带兵入闽;北宋末年,管理宋室皇族的南外宗正司迁至泉州并带来太祖拳,这些历史事件都推动中原武术向泉州传播。泉州武术到了明朝俞大猷时代,已经臻于完备,更趋实战化和理论化,练兵教艺,尽去花套。俞大猷所著中国第一部武术专著《剑经》,把泉州南派武术理论提到一个前所未有的时代高度,直到今日,还无人能及。明清交替之际,郑成功坚持抗清,各地仁人志士纷纷来投,其中就有不少身怀武技者。在长达22年的明清拉锯战中,作为郑成功家乡和郑部主要根据地的泉州,俨然成为中国武术的集散地。

整个清代,反清复明的帮会斗争在泉州也没有停过。天地会、红钱会(永春)、小刀会(厦门)、三合会(晋江)等帮会组织的武装斗争此起彼伏。社会动乱,泉人习武成风,泉州武术因而在清代民族斗争的过程中顽强传播。这一时期诞生了永春白鹤拳,也形成了拢太祖、达尊、罗汉、行者、白鹤于一门的五祖拳。这是泉州拳术成熟的标志。林俊、陈湖、邱二娘农民起义失败以及帮会活动遭到镇压后,往广东、海外逃散,客观上促成拳术南传。泉州人在清后期大量出洋发展,各种武术随着华侨的足迹遂亦在海外生根开花。

泉州武术文化遗产地方特色显著,具有典型的闽南文化特征。例如,五祖拳就具有刚猛激烈、富阳刚之美,直进直退、闯趟短捷,重短打、手法简约、实战性极强,刚柔相济、内外兼修等特色;具有以短打和刚猛为性格特征的地域性,以博弈为基础的套路技术设计和崇尚"狭路相逢勇者胜"的爱拼敢赢的风格塑型;具有门户派别排他性、言传身授、门派和师徒内部延续的家族式传承特点等。对比我国的北方拳种,泉州武术具有动作细腻、功架较小、稳扎稳打、注重内修、攻防稳健等风格特征。

泉州武术拳种众多,资源相当丰富。1983年全国武术挖掘整理时,发现泉州地区武术拳种达到28种之多,不仅包括大家耳熟能详的太祖拳、罗汉拳、达尊拳、行者拳、白鹤拳(这五种就是通常所说的五祖拳),还有少林花拳、纵跳花拳、虎拳、龙拳、鹰爪拳、扁担拳、铁线拳、狗拳、龙尊拳、玄女拳、五枚花拳等[①],以及"蛇脱壳"古阵法等具有重大历史意义的武术表现形式。

1. 五祖拳

在泉州武术文化遗产中,以五祖拳最具影响力和代表性。根据研究观点的不同,当前五祖拳又同时出现"少林五祖拳"、"南少林五祖拳"、"太祖拳"、"五祖鹤阳拳"、"五祖白鹤拳"等称谓。针对五祖拳的拳性问题,当前主流观点有四,一是认为五祖拳包括五种拳法:"一达摩,二太祖,三罗汉,四行者,五白鹤"的总称,有套路两百余套,

---

① 泉州市武术协会编撰:《泉州南少林文存》,香港银河出版社1993年版,第1~3页。

空拳、长短兵器自成系统,小套动作仅十几招,大套繁复至百余招式①;二是认为闽南地区存在着包括传统的五种拳及蔡玉明所传的五祖拳等六个不同拳性的拳种;三是认为五祖拳是太祖拳的延续,等于过去的太祖拳②;四是认为五祖拳是由蔡玉明所创,在吸收传统达摩、太祖、罗汉、行者、白鹤基础上的新发展③。据《福建省志·体育志》记载和翁信辉、文木等的研究观点,五祖拳是19世纪中叶由闽南人蔡玉明(1853—1910年)所创,后经历多代传人推广,主要盛行于福建闽南地区(漳、厦、泉)及东南沿海一带。④ 当前认为五祖拳包括五种拳法的观点占据主流,而认为五祖拳是由蔡玉明所创,是在吸收传统五种拳法基础上的综合发展的历史依据和推论则较为符合逻辑。总之,外形简单易学,功用讲究简单实用,少花招,走中门,连消带打,直截了当等,则是大家对五祖拳较为公认的风格特点。相对我国北方的拳种,五祖拳具有架势较小、讲究功力、注重发力、动作细腻、攻防含义明确等显著的地方特色。

2. 永春白鹤拳

永春白鹤拳属于内家拳种,它以鹤为形,生动体现出白鹤的高度灵敏、步法沉稳、静中寓动等习性,是一项动物象形特色突出、技击内涵显著、集健身与趣味性于一体的优秀地方武术。尽管当前比较流行将永春白鹤拳规划为五祖拳范畴之内,但考虑到永春白鹤拳实际的影响力和清晰的历史渊源、传承脉络等因素,在此还是将其单独进行介绍。

永春白鹤拳是清朝顺治年间(1644—1662年),由少林拳师方种的独生女方七娘所创。明末遗民方种原为浙江处州府丽水县人,为躲避时乱,南迁到福建省福宁州北门外居住。方七娘是方种的唯一子女,自幼随父习武,练就一身的好功夫。据传方七娘的未婚夫是个负情之人,受婚姻失意和传统观念的影响,她便持节投白练寺为尼。一日,方七娘在寺中织布,见一只白鹤飞栖梁间,昂首振翮,舞脚弄翼,缠脖栖息,其姿态极为奇妙。她便以手中梭盒投向白鹤,却被白鹤闪跳而过,随即又以纬尺掷之,亦被白鹤展翅弹落,并立即奋翮凌空,冲入云霄。方七娘在感叹白鹤的精睿骁巧之余,对白鹤的动作、神态进行反复地琢磨,并将其糅合于自己掌握的拳法之中,经过反复的推敲和历练,便形成了别具一格的"似刚非刚,似柔非柔"白鹤拳法。

后来方七娘与曾四结为夫妇,一起研练白鹤拳法并逐渐形成风格。清康熙年间(1662—1722年)方七娘、曾四夫妇搬迁到永春定居,开设武馆广授门徒,使得白鹤拳在永春生根发芽,逐渐发扬光大。

自清初迄今数百年来,永春白鹤拳兼收并蓄不断吸收各家拳术之长,在繁衍、传

---

① 卢义荣:《五祖拳源流初探》,《八闽武坛》1984年第4期。
② 周焜民:《五祖辨析》,《八闽武坛》1984年第4期。
③ 周盟渊:《福建少林五祖拳简史》,香港人民出版社2008年版,第40~50页;翁信辉:《南少林五祖拳的历史与文化——体育人类学的视角》,香港人民出版社2008年版。
④ 福建省地方志编纂委员会:《福建省志·体育志》,福建人民出版社2010年版,第7~9页。

播和总结中发展壮大,独特的理论、技术体系不断地得到充实。其间,1928年8月,永春白鹤拳组团参加了南京首届国术统考,选手们在这次国考比赛中都取得了很好的成绩,永春白鹤拳一时声名鹊起。同年秋,永春翁公祠武术馆成立,馆址位于闽南古镇五里街镇新亭路,匾名为"中央国术馆福建省永春分馆",这是当时全国武馆唯一享此殊荣的。1929年10月,永春武术界应爱国侨领陈嘉庚之邀,以潘世讽为主任,组成"中央国术馆闽南国术团"到马来西亚、新加坡等地巡回表演,传播拳艺,开启了永春白鹤拳海外交流、传播的序幕。永春白鹤拳从此开始了国内外的传播与发展的辉煌历程,并赢得了"永春白鹤拳,无烧也拉仑"[①]的美好赞誉。

3. "蛇脱壳"古阵法

所谓蛇脱壳阵,即队形演练采用两行纵队,两队逆向推进,按套路绕阵,队员依序不断交换对手,一个一个过招,犹如蛇脱壳一样,一节一节地行走。参加演练人数不限,所用器械通称为"家私",可以是各种传统兵器、家具和农具,如板凳、耙子、扁担、锄头、雨伞等。

相传蛇脱壳阵阵法是由明代泉州人俞大猷所创的"独轮车"阵法演变而来,是应对倭寇纵深的疏散队形作战特点而形成的克敌制胜的阵法。明代时期,倭寇屡犯东南沿海,泉州地方不得安宁,促使了太祖拳的普及和提高。明嘉靖三十一年(1552年),傅姓裔孙傅应嘉,身怀太祖拳绝技赴省乡试武举,得中第二名武举人,授"把总"武职。当时正值倭寇猖獗害沿海诸县,傅应嘉受命协同俞大猷、戚继光抗击倭寇,屡立战功,倭寇闻风丧胆。当时有"俞龙戚虎傅蛟龙"之誉。由于协同抗倭,傅应嘉有机会与抗倭名将俞大猷共同切磋武艺。傅应嘉从俞大猷处学得"独轮车"阵法,出于抗倭战术上的研究,他将"独轮车"阵法用于太祖拳法中,形成了一门科学、完整的以防为手段、以攻为目的、环环紧扣、阵法严谨的南拳阵法"蛇脱壳"古阵法。

4. 泉州刣狮

刣狮又叫"舞狮"、"弄狮",相传由少林和尚"一元祖师"创建,是闽南地区一项集武术与民间舞蹈为一体的活动。闽南话中"刣"为"杀"的意思,"刣狮"也就是"杀狮"。泉州刣狮是中国地方武术文化与龙狮舞蹈文化的完美结合。泉州"刣狮"民间分"乌狮"、"青狮"、"青狮白目眉"三种不同的级别,任由表演者视自身功夫的深浅和对抗激烈程度选用。据说以"青狮白目眉"武艺最为高强。敢于表演"青狮白目眉"的人就必须敢于接受任何人的挑战。因此才有泉州人流传至今的一句俗语:"青狮白目眉,有本事任你来。"

此项目在表演时,由两人扮成狮子,套上"狮衣",其中狮头、狮衣、狮尾、狮眼都可以动。其他人扮成武士,手持刀枪剑戟盾牌等十八般武器,包围着狮子"大打出手","狮子"则时而左逃右闪回避兵器的攻击,时而腾空而起勇猛出击扑向人群。刣狮表演场面往往是刀光剑影,吼声阵阵,惊心动魄。"刣狮"队表演方式多样,每种兵器有

---

① 无烧也拉仑:闽南方言,意思是即使不加热也微温,表达永春白鹤拳很厉害。

不同的出击对象,有不同的套路,有二人、四人、十几人、几十人等等的表演套路,最为出众的是 108 人的宋江阵表演阵法。

泉州刣狮

"刣狮"作为民俗表演项目是中华武术文化和闽南文化交融的结晶,作为武术项目完整保存了五祖拳的技艺精华。刣狮武术套路,具有丰富的攻防内涵,不仅传承了闽南地方武术的技击功夫,而且将传统技艺升华到艺术表演的形式,有很高的观赏价值。

泉州的石狮卢厝"刣狮"历史有一百三四十年时间。因卢厝村地处石狮沿海一个偏僻小村,常有海盗、强盗出没,村里年轻人,为了保护自己的家园,特聘广东少林寺姓顾的师傅到卢厝村传承少林武术,并在卢厝村成立第一支"刣狮"队,作为强身健体,自娱自乐的队伍,实为乡村的地方护村队。之后附近的乡村便纷纷加入该队伍,并在各村组建"刣狮"队伍。1930 年,中共闽南第一支部也是泉州地区最早的中共党支部,在卢厝村秘密成立,卢厝"刣狮"队曾经作为一支重要的队伍,为保护地下党支部的安危,大力支援地下斗争做出重要贡献。

三、闽南音乐

闽南音乐形式非常丰富,包括梨园戏、高甲戏、南音、打城戏、北管戏、布袋戏(又名掌中戏)、提线木偶(古称嘉礼戏)、北管、歌仔戏等等。

1. 高甲戏

高甲戏是闽南地方戏曲剧种之一,又名弋甲戏、九角戏、大班、土班,流行于福建省闽南方言地区和台湾,以及东南亚各国华侨、华人聚居地。高甲戏孕育于明末清初,早期只是在民间乐曲伴奏下作即兴的化装表演,后来发展成专业戏班,主要演宋江故事,被称为宋江戏。清代中叶,宋江戏吸收了其他艺术门类的表演形式,发展成有文有武的合兴戏;清末又吸收徽剧、昆腔、弋阳腔和京剧的艺术因素,形成具有独特风格的闽南地方戏曲剧种高甲戏。

高甲戏的剧目分为大气戏、绣房戏和丑旦戏三大类,以武戏、丑旦戏和公案戏居多。它有600多种传统剧目,包括《大闹花府》《困河东》《斩黄袍》《林文生告御状》《管甫送》《杏元思钗》《孟姜女》《番婆弄》《唐二别》及连台本戏《三国》《岳传》等。高甲戏的音乐曲牌属南音系统,大都来自南音和木偶戏,但节奏、旋律有所变化。演员演唱时用本嗓,行腔雄浑高昂,也不乏清婉细腻的音韵。高甲戏使用的乐器分文乐和武乐两种,文乐以唢呐为主,辅以品箫、洞箫、二弦、三弦、琵琶等;武乐包括百鼓、大小鼓、大小锣、大小钹、响盏、小叫等,显示出浓厚的地方特色。

高甲戏的角色行当原只有生、旦、丑三个行当,后来陆续增加了净、贴、外、末和北(净)、杂等。这些行当中,以丑最为突出。丑行有男丑、女丑之分,男丑又分文、武丑。文丑有长衫丑和短衫丑,武丑有师爷丑和捆身丑。女丑则有夫人丑、媒人丑、老婆丑、婢丑等几十种。丑行表演艺术丰富多彩,艺人们从生活中提取素材,创造设计了公子丑、破衫丑、傀儡丑等表演类型,以对不同人物典型行为的拟示或以对木偶戏和动物动作的模仿作为表现人物性格的手段,轻松幽默,妙趣横生,夸张而不失实,带有浓厚的生活气息。高甲戏的武打中吸收了提线木偶和民间舞狮的技艺,形成"冷煎盘"、"大碰场"、"凤摆尾"等动作,别具特色。可以说在中国传统戏曲中独树一帜的高甲戏是闽南地方文化的典型代表,在海内外有着极大的影响。

新中国成立以后,泉州高甲戏经过改革、创新,有了很大的发展。1963年,泉州高甲剧团演出王冬青创作的《连升三级》等优秀剧目,倾倒大江南北。郭沫若题诗赞誉泉州的高甲戏艺术是"南海明珠"。1994年,该团的《大河谣》新编历中剧晋京献演,获得中国戏剧最高奖——文华奖。1995年,南安高甲剧团的《大汉魂》,喜获第五届文华奖。1996年,安溪高甲剧团的《玉珠串》也荣获第六届文华奖。

2. 梨园戏

梨园戏发源于宋元时期的泉州,与浙江的南戏并称为"搬演南宋戏文唱念声腔"的"闽浙之音",距今已有800余年的历史,被誉为"古南戏活化石"。梨园戏广泛流播于福建泉州、漳州、厦门,广东潮汕及港澳台地区,还有东南亚各国闽南话系华侨居住地。

历史悠久的梨园戏,至今尚保留不少南戏剧目和音乐。明嘉靖四十五年(1566年),已有"潮泉二部"的《荔镜记》刊本,可见当时梨园戏已经流行。梨园戏有大梨园和小梨园之分,大梨园又分"上路"、"下南"两支,三种流派都有各自的保留剧目和专用唱腔曲牌。宋时,行省称为路,闽南泉、漳一带人称上头的省份为上路,故"上路"戏系指由浙江传入的戏曲。其剧目较为古老,保留了不少南戏脚本,如《蔡伯喈》《王魁》《王十朋》《朱买臣》《刘文龙》《孙荣》《朱文》(即《朱文太平钱》,存有《赠绣箧》《认真容》

《走鬼》(三出)以及《苏秦》《林招得》《孟姜女》等。梨园戏表演有一整套严格规范的表演形式,其基本动作称为"十八步科母",各个行当均受其严格规范。音乐保留了南戏的鼓、箫、弦伴奏为主的形式;唱腔源于晋唐古乐,一字多腔,用泉音演唱,属曲牌体,至今沿用古曲牌名,如"摩诃兜勒"、"霓裳羽衣曲";琵琶系南琶,横弹,与唐制相仿;上弦乃晋代奚琴遗制;洞箫即唐之尺八;打击乐以南鼓(压脚鼓)为主,打法独特。

20世纪80年代以来,福建梨园戏实验剧团多次获得文化部嘉奖。其中新编梨园戏《董生与李氏》获首届曹禺戏剧文学奖,并荣膺2003—2004年度国家舞台艺术精品工程"十大精品目";另一新编梨园戏《节妇吟》获首届中国戏剧节优秀演出奖、第四届全国优秀剧本创作奖及入选2005—2006年度国家舞台艺术精品工程初选剧目。这些精品节目先后在意大利、英国、荷兰、瑞士、日本、新加坡、菲律宾、印尼等国家及中国台湾、香港、澳门演出,获得各界美誉。2006年5月20日,梨园戏经国务院批准列入第一批国家级非物质文化遗产名录。

3. 打城戏

"打城戏"是一个古老剧种,为"南戏的一支",南宋时江西即有,时称"师公戏",源于道教。常在水陆道场上为人们演出,演员也常由道士(泉州人统称之为"师公")来担任,其名称则来源于:打开地狱门,让亡灵上天。打城戏戏班的真正形成是1905年。泉州开元寺和尚超尘、圆明为了招揽法事,合资购置行头道具,以演戏的道士为基本演员,又吸收"香花和尚"(吃荤)参加,聘请泉州木偶戏艺人传授整套《目连戏》,组成一个半职业性质的戏班,叫"大开元班"。吸收木偶戏的曲调作为演出的音乐,并由广场搬上舞台。不久,戏班主圆明与超尘,各自分开组班。超尘仍旧主持"大开元班",圆明另行组织的"小开元班"。1920年,晋江县小兴元村的做法事兼演戏的道士,组织了一个"小兴元班"。活跃在晋江、石狮、东石、英林一带。而"小开元"则流行于泉州、惠安、南安及晋江等地,因其班主是和尚,所以叫做"和尚戏"。后统称为打城戏。打城戏走上舞台,渐渐地形成自己一套具有独特风格的传统剧目,大致可分为神话、神怪剧、历史故事和武侠剧三类。新中国成立以来,创作一批新的剧目,如《郑成功》《龙宫借宝》《岳云》《宝莲灯》《潞安州》等,颇受观众欢迎,也使该剧种更臻成熟。

4. 提线木偶

泉州提线木偶戏,古称悬丝傀儡,源于秦汉。据文献记载,木偶戏至迟于唐末五代已在泉州及周边地区流行。此后历经宋、元、明、清以至当代,传承不辍。至今保存700余出传统剧目和由300余支曲牌唱腔构成的独有剧种音乐"傀儡调"及南鼓(压脚鼓)、钲锣等古乐器。同时形成了一整套精湛规范的操线功夫,一般都系有16条以上,甚至多达30余条纤细悬丝,线条繁多,操弄复杂,与我国多数传统木偶戏相比,技巧表演难度最大,偶头雕刻、偶像造型艺术与制作工艺独特。

泉州提线木偶戏传统剧目中保存着大量古代闽南话系地区的民间信仰及婚丧喜庆等习俗内容。保存着大量"古河洛语"与闽南方言的语法、语汇及古读音。保存着许多宋元南戏剧目、音乐、表演形态等方面的珍贵资料,具有多学科研究价值。千年

提线木偶

来,泉州提线木偶戏不但与闽南话系地区民众生、老、病、死等人生礼俗相伴共生,而且从明代开始,即向台湾省和东南亚一带华人华侨聚居地流播。

2002年,泉州傀儡戏同昆曲等共10个项目被联合国正大文化中心列入"传统民间表演艺术数据库"。2005年,联合国南南合作网示范基地批准泉州市木偶剧团为"联合国南南合作网木偶艺术项目示范基地"。

5. 布袋戏(掌中偶)

布袋戏又称作布袋木偶戏、掌中戏,是一种起源于17世纪中国福建泉州或漳州,主要在福建泉州、漳州、广东潮州与台湾等地流传的一种用布偶来表演的地方戏剧。布偶的头是用木头雕刻成中空的人头,除出偶头、戏偶手掌与人偶足部外,布袋戏偶身之躯干与四肢都是用布料做出的服装;演出时,将手套入戏偶的服装中进行操偶表演。而正因为早期此类型演出的戏偶偶身极像"用布料所做的袋子",因此有了布袋戏之通称。

布袋戏的演出分为前场与后场,前场即戏台部分,观众可见到操偶师傅操作人偶于戏台上的表演,后场则包括了操偶师、乐团和口白师傅。

6. 南音

南音,发源于福建泉州,又称"南曲"、"南管"、"南乐"、"弦管","郎君乐"、"郎君唱"等,各地名称不一,"南乐"乃就流传地域而言,"弦管"指南管音乐以丝竹箫弦为主要演奏乐器,古代大多称"弦管","郎君乐"、"郎君唱"指的是南管乐者祀奉孟府郎君为乐神。还有称"锦曲"、"五音"等,相传为五代孟昶整理古华夏之音而创立的。孟昶也被视为南曲祖师。又据民间传说,南曲是唐朝末期闽王王审之兄弟入闽时带来的,

布袋戏

原是宫廷高雅音乐,传入民间后,与民间乐种逐渐融合,在长期的发展过程中,又受到元曲、昆曲、弋阳腔等的影响,形成了一种地方色彩浓厚的乐种。厦门的南曲活动,相传始于明末清初。至清道光年间,金华阁等曲馆先后建立。厦门系闽南对外通商口岸,为华侨进出必经之地,故南曲又随华侨传入南洋各地。20 世纪 20 年代,厦门南乐界所灌制的南曲唱片,传至英国,被《大英百科全书》誉为"东方明珠"。音乐理论家周传豹引证美国华盛顿大学的研究结论,称"南音可以说是全世界历史最悠久的传统音乐"。音乐家赵沨称南曲为"音乐的一块活化石",海外侨胞称南曲是"中国音乐之根"、"东方音乐之花"。

2004 年,泉州南音向联合国申报"世界人类口头与非物质文化遗产",李白燕作为该申报项目中担任主唱演员前往法国巴黎演出,演唱传统南曲《山险峻》,以高质量的演唱获得演出的圆满成功。

7. 北管

北管又名北曲、小曲、小调、曲仔,是流传于泉州市泉港区的一种丝竹音乐,相传是明清时期江淮一带的民间音乐,通过海上运输、南下盐兵、淮河缺堤难民等渠道传入,与"南管"(南音)并称"南弦北管"。北管分为曲和谱两大类,曲即声乐曲,谱即器乐曲。曲大多数来源于明清以来的江淮小调,谱大多数来源于广东音乐、江南丝竹和京剧曲牌。歌词以叙事抒情、写景抒情居多,在乐句、乐段、乐曲结束处常有衬词"哎哟",演唱采用官话,在曲的前奏和乐句、乐段结束处常有演唱者边唱边执打打击乐器为之伴奏,给曲子增添很多生气;演唱常采用提高八度并借鉴了莆仙音乐、泉州南音的一些演唱方法,使歌声高亢有力、悠扬柔婉和秀丽。谱演奏时一般不用锣鼓,只用板或木鱼鼓打强拍,演奏主要运用民间常见的"支声复调",拉弦乐器多用短弓、一弓一音和在主要骨干音的基础上略作变奏,加以"变徵、变宫"进行润饰。在曲式结构上,以多首曲牌连缀的形式为常见,也有以板式变化手法构成的曲式结构。乐队沿用江南丝竹乐器,参用闽南、莆仙音乐的乐器,主奏乐器京胡、笛子,特色乐器月琴、三弦、双清、伬胡。后来"北管"向外传播,与台湾中部的北管、日本琉球乐、东南亚北管同属一个乐种。

闽南北管

8. 歌仔戏

歌仔戏又称"台湾歌仔戏",流行于厦门、漳州、泉州、台湾等闽南话区以及东南亚华侨居住的地方,是以闽南歌仔为基础,吸收梨园戏、北管戏、高甲戏、潮剧、京剧等戏曲的营养形成的闽南方言戏曲剧种,音乐曲调十分丰富,既有悠扬高亢的"七字调"、"大调"和"背思调",又有民谣诉说式的"台湾杂念调",更有忧郁哀伤的各种哭调。此外,它还吸收了台湾当地的民歌小调和部分戏曲音乐作为补充。生旦净丑都用真嗓演唱。主要乐器有壳仔弦、大广弦、台湾笛和月琴等。它的表演、角色、服装、脸谱和打击乐等方面基本上都取法于京剧。明末清初,民族英雄郑成功东渡收复台湾时,将流行于闽南民间曲种"锦歌"带到台湾,很快在台湾广泛传唱,台湾民间逢年过节迎神赛会,时常组织民歌民谣、锦歌车鼓、列队游行表演,俗称"歌仔阵"。19世纪末,受乱弹、四平、京戏传入的影响,根据故事情节,装扮角色演唱,并经常在广场拉个圈子表演,被称为"落地扫"。20世纪初,宜兰县欧来助创作"七字调",传播演出,很受欢迎,遂以七字调为主要乐曲,组织剧团表演,定名为"歌仔戏"。宜兰县成为诞生歌仔戏的摇篮地。新中国成立后,歌仔戏进行体制和艺术改革,成为闽南主要剧种之一,1954年参加华东首届戏曲观摩会演,厦门与漳州联合组队,定名为"芗剧代表队"。1980年厦门芗剧团恢复原歌仔戏名称,改名为"厦门市歌仔戏剧团"。

2006年5月20日,经国务院批准歌仔戏被列入第一批国家级非物质文化遗产名录。2007年6月8日,厦门市歌仔戏剧团获得文化部颁布的首届文化遗产奖。

9. 闽南话歌曲

闽南话歌曲以浓厚的生活气息为其创作背景,具有几大特点:第一,用生活气息中的场景表现某一种感情。如《车站》中的车站送行,再平常不过的生活场景在经过民间音乐人士的加工渲染成了一幅富有诗意的送别画面:人家是欢喜来接亲人,阮是悲伤来相送。通过两种画面的强烈对比,更能表现出亲人离别的那种悲哀与无奈。第二是利用人物的身份特点进行某一方面的哭诉。如《舞女》正是通过舞女对现实生活的描述引出社会底层人士对社会无情的控诉。第三是爱拼才会赢闽南人精神的励志歌曲。《爱拼才会赢》,在台湾歌手叶启田倾情演唱中,把闽南人爱拼才会赢的闯荡精神演绎得淋漓尽致。第四是具有江南特色的爱情歌曲。"情歌对唱"是其主要的特色。大家熟悉的《再见阿郎》的片头曲《阿郎》是大家比较熟悉的对唱歌曲中的代表之作,男女歌手依据剧情的故事把主人公的悲惨命运用歌声表达出来,用对唱方式演绎着闽南儿女的爱恋情爱。

四、闽南说唱

说唱艺术是用来讲唱历史、传说叙事及文学作品的一种艺术体裁,是音乐、文学和表演相结合的综合艺术形式。其音乐以叙述功能为主,兼有抒情功能。由于我国各民族以及民族内部各地区语言的不一致,形成的说唱音乐也就有多种多样的曲调,具有浓郁的地方色彩。据调查,目前我国说唱艺术有341个曲种。除少数曲种(如评书、快板)只说不唱外,大部分说唱曲种或有说有唱,或只唱不说。在闽南就有不少富有地方特色的说唱艺术,如锦歌说唱、荷叶说唱、方言讲古、答嘴鼓、大广弦说唱、月琴说唱等。

1. 方言讲古

闽南方言讲古是闽南方言的曲艺说书形式。它是闽南百姓闲暇时喜闻乐见的一种娱乐活动。传统讲古的表演形式是艺人坐或站在讲古场里放着惊堂木的桌边,手执书本或折扇,用生动丰富、风趣诙谐的闽南方言词语、俗话、顺口溜或四句念等,伴着抑扬顿挫、轻重缓急、变化多端、动人心弦的语调和声腔,辅以丰富的面部表情和其他肢体语言,必要时还拍响桌上的惊堂木,绘声绘色地讲述古今富于曲折变化的各种故事,刻画各色各样栩栩如生的人物,让听众在潜移默化中了解中华民族和闽南地区的历史知识、社会生活、风俗习惯和人生价值观等。传统的"讲古"多以长篇历史故事为主,像《封神榜》《三国演义》《说唐演义》《水浒传》等,新编的故事如《郑成功》以及《鲁迅在厦门》《安业民》等。长篇故事,往往要讲述数日至数十日,由于说书艺人叙述故事引人入胜的感染力和善于分截故事情节的技巧,使听者如痴如醉,欲罢不能。

2. 答嘴鼓

答嘴鼓亦名触嘴古、拍嘴鼓或答嘴歌,台湾叫触嘴古,触嘴是斗口、舌战的意思,古就是讲古、讲故事的意思,是流行于福建省闽南地区和台湾省及东南亚闽南籍华裔聚居地的一种以闽南话表演的喜剧性的说唱艺术,具有浓郁的乡土气息,它以韵语对话为主要形式,其艺术手法幽默、风趣、诙谐,成为闽台人民喜闻乐见的民间曲艺形式之一。在闽南方言中,"嘴鼓"也作"腮"、"嘴巴"解,答嘴鼓也可解释为专靠嘴巴对答,以语言风趣取胜,内容不一定都是"古"(故事)。

3. 锦歌说唱

锦歌是闽南地区一种民间说唱音乐,随着郑成功驱荷而传入台湾和南洋群岛,并在那里扎根开花。在台胞努力之下,锦歌在台湾还发展成为歌仔戏。据地方史志记载,锦歌是在宋元时期闽南地区民歌、民谣的基础上吸收了戏曲、南曲、南词的养分,经过民间艺人揉融而成,流传于闽南广大农村地区。在旧社会,农村萧条,农民流入城市,锦歌也跟着流进城市;锦歌艺人像乞丐一样沿街卖唱,所以有人说它是"乞丐歌"。新中国成立后,锦歌也获得新生。

锦歌的唱腔风格大致要分为堂、亭两大流派。堂派主要流传在农村中,唱腔粗犷有力,曲调接受民间歌谣,擅长唱"杂念调",旋律灵活,变化多样,每句后面都有落尾。亭派流行在城市,唱腔比较幽雅、细致,咬字分明,采用南曲的曲调比较多,使用的乐器和指法比较近南曲。曲调大体可分为四类。一类叫"杂念仔"、"杂咀仔";一类是"四腔仔"、"五腔仔",也叫"七字仔"、"大调"或"丹田调";一类叫"花调"、"杂调";一类是"顺乐曲"。锦歌演唱形式有一人唱念,两人对答,三、四接着唱念,也有自唱乐队伴奏的。在漳州市坐着弹唱多,厦门有许多节目是站着演唱,并借助动作来表现。

锦歌使用的乐器有月琴、二弦、洞箫、南三弦、拍板等,也有以琵琶代替月琴,用品箫代替洞箫的,有的还加上唢呐。厦门地区演唱时,有用木鱼代替拍板的。

4. 荷叶说唱

荷叶说唱是厦门首创的一个曲种。

50年代,音乐工作者郑德如把四川清音的表演形式融入闽南方言说唱,加以改进,采用歌仔戏"七字仔调"、"卖药调"、"杂碎调"、"四腔仔"等曲调,经过一段时间的创作、演出实践,逐步形成一种曲调优美、节奏鲜明、道具运用自如、唱念字正腔圆、善于表现各种人物性格的新曲种,并很快地在厦门流传。

荷叶说唱通常是演员一人,男女均可。表演时,演员左手拇指挂一竖板,食指裹一薄钹,下垂长彩带,右手执竹筷,自开介头,自打节奏。后台有壳弦、二胡、大广弦、二弦、三弦、箫笛等乐器演奏。因表演者手持一彩带的钹,形如荷叶,这种曲艺形式被定名为"荷叶说唱"。

20世纪60年代中期,荷叶说唱在表演形式上有所突破,由原来一人独演发展为数人同演的"荷叶群",有独唱、轮唱、合唱等,更加生动活泼。纪芋如、苏朝润、林赐福等都是较有名的荷叶说唱艺术家。纪芋如自弹自唱的《司各脱自叹》参加1958年全国群众业余文艺会演获一等奖,苏朝润演唱的《两张烟纸》参加1958年全国职工文艺汇演获演出优秀奖,林赐福演唱的《海上轻骑兵》参加1963年福建省群众文艺汇演获

优秀奖。此外,在1992年举办的福建省农村文艺调演中,陈令督创作、杨友德演唱的《追踪》获创作二等奖、表演一等奖。

五、民俗阵头

阵头是闽南民俗技艺,是闽南地区及台湾地区民间庙会喜庆不可或缺的民俗曲艺之一。常见的有如宋江阵、蜈蚣阵、牛犁阵等。

1. 宋江阵

闽南宋江阵亦称"套宋江",是在春节、元宵、中秋等传统节日里表演的一种群众性武术操,流传于泉州各县、市、区。明末清初,泉州不少义士支持郑成功反清复明,受到清政府打压。这些义士遂转入以迎神赛会化装表演形式,保持练武习俗和武术套路,"宋江阵"以武术表演为主,人数可多可少,一般有36人、72人、108人三种。主要扮演宋江、卢俊义、公孙胜、李逵、孙二娘、武松、阮小二等。由于"宋江阵"人物众多,性格鲜明,气氛热烈,不断丰富发展。一路便走上舞台,成为"宋江戏",即"戈甲戏"、"高甲戏"的主要源头;另一路历代沿袭,仍沿武术方面发展,并经100多年前的泉州少林五祖拳师蔡玉明最终成为如今模样。

2. 蜈蚣阵

亦称蜈蚣棚、蜈蚣坪、蜈蚣阁,金门地区称为蜈蚣座,为台湾与闽南庙会重要艺阵之一,系由适龄儿童扮演作历史或神话人物,安坐于长条形的台座上,由人力或装上车轮行走。蜈蚣阵在民俗研究上,有归类于阵头者,亦有归类为艺阁者,于各地庙会间定位亦有所不同。一般作蜈蚣造型,亦有采"龙头凤尾"造型者,则称"龙凤阁"、"龙凤棚"、"龙阁"。因其具有浓厚的宗教色彩,台湾南部常认为具有神性,称其为"百足真人"。

3. 牛犁阵

牛犁阵亦是早期台湾农村生活的歌舞小戏,为人们模仿农耕所创造出的游艺,无特殊的表演技巧,但是唱词、道具、场地不受限制,又能反映农村社会的生活与艺术趣味。牛犁阵演唱曲调是以牛犁歌(或称驶犁仔歌)为主,并融合其他民间小调。

第二节 闽南静态艺术的历史传承

闽南的静态艺术内容广泛,我们把闽南工艺、民间美术等都划入到静态艺术中。

一、闽南工艺

闽南工艺包括漆线雕、石雕、影雕、木偶雕刻、彩扎、漆篮、漆器、水仙花雕刻、泥塑、面塑、珠绣等、竹编、草编、纸扎、花灯、瓷器、瓷灯、瓷壶、剪纸、刺绣等。

1. 剪纸

剪纸是我国民间艺术的瑰丽花朵,是闽南地区具有很高水平的一种工艺。我国南方的剪纸常采用寓意象征的手法表达自己的思想,如用蝙蝠、鹿、鹤体现人们对福、禄、寿的祈望,也采用夸张手法,强调形象的某一特点,从而产生艺术魅力。闽南剪纸比较有代表性的是泉州、漳州一带的民间剪纸。闽南剪纸创作题材十分丰富,大致可分为四种:一是用于春节美化环境的吉祥如意题材;二是用于婚娶装饰洞房的喜庆题材;三是用于制作家具、刺绣、花灯的底样及图案;四是用于神像、灶王爷等。泉州老艺人李尧宝的作品就很有代表性。泉州的刻纸自唐以来品种只有红签、福符两种。李尧宝把题材大大地扩展了,增加了博古钟鼎、交枝缠草、花鸟走兽、瓜果虫鱼、几何形纹样、吉祥图案等。他的作品神形兼备,富有创造性。例如,他剪的龙,不论是双龙夺珠还是九龙云游,不论是幼龙还是老龙,都各具性格,各具形态,十分动人。

2. 花灯

花灯又称灯彩、灯笼,起源于西汉时期,是我国传统农业时代的产物,是我国各地普遍流行的装饰性的传统手工艺术品。这种"光"与"彩"综合的灯彩艺术,具有独特的使用功能和审美价值。它是以竹木、绫绢、玉佩、丝穗、羽毛、贝壳等传统材料,以及玻璃纸、压克力等现代材料,经彩扎、裱糊、编结、刺绣、雕刻,再配以剪纸、书画诗词等装饰制作而成的综合工艺品。

泉州花灯

泉州自古以来就是"月牵古塔千年影,虹挂长街十里灯"的名城,《泉州府志》中有"灯火三层,蘸沉檀其上,香闻数里"的记载。虽然唐代以前泉州就有观灯的习俗,但唐宋时就更为普遍,因此初步可以认为,泉州花灯起于唐,经元、明、清的发展延续至今。

从泉州的历史看,唐代士族南下,将闹花灯习俗也带到泉州,来泉州的大商富贾在文化习俗上也极力仿效苏杭一带的风尚。泉州花灯的兴起与发展是在这种情况下形成的,各种式样的花灯形式也随着文化的交流、贸易的发达不断从外地引进。相传泉州的"宫灯"和"龙灯"就是客商自广东引进来的,至于彩灯,则是仿效扬州。在这种学习引进的后面,又有泉州当地群众的创新。

元代因统治者施行分化政策,阶级矛盾和民族矛盾十分尖锐。因此,全国花灯活动处于低谷,泉州也不例外。到了明代,朱元璋建都南京,规定从正月初八挂灯,到正月十七收灯,与宋代相比,明代的元宵灯节更长,前后达十天,灯的品类也更为繁多。到清朝元宵放灯已成一种民俗了,而且向乡间蔓延,王世懋在《闽部疏》中也写道:"闽俗重元宵,十三日已放灯……如是者至下弦犹肯撤。"清代泉州元宵热闹的场面除各种花灯外,还有舞火把、火球、火雨等民俗活动,《晋江县志》记载:"岁时行乐,如元宵闹灯,端午竞渡。"清末陈德商《温陵岁时记》:"上元:……上元灯——市人制灯出沽,或以五色纸,或以料丝,或扎通草,作花草人物虫鱼,燃以宝炬,惟妙惟肖,俗名古灯。恒于府治西畔双门前作灯市。……故桐荫吟榭邱家树《上元灯》词云:一年元夕一回换,怪听声声卖古灯。""上元:……弄龙——各铺好事者,是夜以青纱数丈,制为金龙灯,燃蜡炬,十数人执而舞之,曲伸盘旋,鳞甲毕动。前导一球,随之上下。亦且敲鼓鸣金吹笛,与儿童竹马,群履踢球,杂游市上焉。""闹"字当头,扩大了灯节的热闹程度。

泉州花灯也随着泉州人到台湾开拓而流传到台湾,台湾花灯的历史必然追溯到大陆的花灯历史,特别是闽南花灯历史,它跟闽南人到台湾开拓垦殖,定居繁衍的时间表一致。台湾、闽南风俗习惯相近,花灯的形式也脱离不了闽南花灯的形式。特别在闽南话中,"丁"与"灯"同音,而提灯游行与"出丁"谐音。台湾、闽南两地的风俗都希望家里多出男丁,因此都热衷提灯这种活动。另外在台湾,每年正月私塾开学时,家长都会为子女准备一盏灯笼,由老师点亮,以象征该学生前途一片光明,也被称为"开灯"。刘浩然先生在《闽南掌故传说》中写道:"……居住在台湾的东石人每年元宵节都派人回家祭祖,并带来了台湾东石的宫灯数,并挂在故乡东石的'三公宫'中,又把故乡东石的宫灯数带回去。这样好让海峡两岸的东石人互相了解泉台两地子孙繁衍发展的具体情况。"由此可见,在闽台花灯的功用上、型制上,由于同文同种、血脉相连、文化同俗,有很大的一致性。这点上说明,闽台是同源的,其花灯的风格形式,也是闽南民间传统的延续。泉州花灯以独有的刻纸、针刺工艺和料丝镶装技艺闻名。

2006年5月20日,泉州花灯经国务院批准列入第一批国家级非物质文化遗产名录。2007年6月5日,经文化部确定,福建省泉州市的李珠琴、蔡炳汉为该文化遗产项目代表性传承人,并被列入第一批国家级非物质文化遗产项目226名代表性传承人名单。

3. 惠安石雕

惠安石雕历史悠久,源远流长,技艺巧夺天工,久负盛名,是中华民族优秀传统文化的一朵奇葩,素有"中华一绝"之美称。追溯历史,惠安雕艺来源于"青山王"张悃

（五代闽将），张悃率兵驻扎青山（惠安县城东三十华里），镇守边陲，其部下（大多数从中原带来），把中原的先进生产技术包括石雕带来并不断发展壮大。史料记载，张悃部下先是在青山一带传授石雕特艺，后来向崇武惠安全境不断扩大传授的范围。清代是惠安石雕大发展的时期，艺术风格趋向精雕细琢，注重线条结构和形态神韵之美，形成了惠安石雕的南派风格。这一时期，是惠安石雕发展史上的承上启下的时期，也是石雕工人开始走出惠安向外发展的时期。从甲

惠安石雕

午战争后，台湾岛内大兴建筑之风，吸收了不少惠安工匠到台湾参加石雕加工生产，并有不少人在台安居。张悃部下带来的石雕技艺，成为闽台关系的重要媒介。新中国成立以后，惠安石雕工艺获得了新的发展。集美鳌园建设、北京人民大会堂建设、毛主席纪念堂、南昌八一起义纪念馆、南京雨花台纪念馆、湄洲岛妈祖雕像、厦门郑成功雕像都大量地倾注了惠安石雕艺人的心血。

改革开放以来，特别是2000年第一届雕刻艺术节在惠安举办后，惠安石雕注入了强烈的现代艺术新观念、新标准、新创意、新视点。惠安石雕成为全县经济增长的支柱产业。仅2003年，全县雕刻产业实现产值80亿元，出口创汇50亿元，并被文化部授予"中国雕艺之乡"的称号。

4. 水仙花雕刻

漳州水仙花雕刻

漳州人的生活,已和水仙密不可分。水仙成了漳州人代表吉祥美好的节日礼品,花乡农民过年时,往往要贴上蕴涵水仙的门联,并在厅堂上张挂水仙图案的年画剪纸。水仙花可人为塑造成为艺术珍品,漳州水仙艺人擅长此道。他们运刀雕刻,"据形授意",临摹飞禽走兽、鱼虫蟹鳌、古玩雅品、自然美景,将水仙培养塑造成千姿百态、趣味盎然、神形兼备的各式水仙盆景,如"桃李争春"、"鸳鸯戏水"、"金鸡报晓"、"孔雀开屏"、"双龙戏珠"等等。这些盆景"虽有人为,宛如天成",构筑出雅、静、仙、佳、艳、清、殊、禅等意境,令人遐想。成为一种独具特色的水仙文化,具有很高的艺术欣赏和经济价值。水仙盆景在农历春节前后开放成型,被人们视为纯洁美好、吉祥如意的象征。节日期间观摩水仙盆景,交流雕刻技艺,成为漳州人休闲的高雅享受。

5. 木偶雕刻

木偶头雕刻主要分布在福建省漳州市、厦门市、泉州市及周边地区,是木偶戏道具制作中的一门特殊技艺,属于民间工艺美术,起于晋盛于唐,已有近2000年的历史。泉州早期的傀儡头都是由雕刻佛像的专业作坊兼营,目前所能追溯到的,是清代较著名的傀儡头雕刻作坊"西来意"和"周冕号"。在闽南的木偶雕刻中,漳州木偶雕刻应该是较为有名的,它与漳州布袋木偶戏一起被列入第一批国家级非物质文化遗产名录。其造型严谨,精雕细刻,彩绘精致,着色稳重不艳,保留唐宋的绘画风格,人物性格鲜明,夸张合理,并有地方特色。木偶头基本造型有生、旦、净、末、丑,又有神仙、鬼怪、动物,还有传统名剧的角色例如关公、曹操、梁山好汉等,种类繁多。闽南布袋木偶最重要是木偶头,闽南艺人雕刻木偶头注重五形(眼、口、鼻、眉、耳)、五骨(眉、顶、颧、额、颏骨)。其中,木偶头最重要的是木偶脸。脸要讲究的是五形三骨,形形色

木偶头

色的五官根据角色的外形、性格、身份、经历和气质来构思,加上利用造型、线条、色彩来雕琢角色的精髓,木头人也自然地活了起来。如嘴尖刻薄的媒婆,翘髻角目的老丑,长眉垂目的慈祥老者,嘴厚面肉坠的憨汉。

闽南木偶雕刻除刀功外,对原材料樟木的鉴别选择、涂料的配制都很有讲究。雕刻一件作品至少要用两三天,若要将人物独特的内心世界通过表情刻画出来,花费的时间就更多。而家传的秘制涂料尤为重要。一件作品每种色彩都要涂上数十遍,这样,木偶保存百年都不会掉色、变形。

这一雕刻历来师徒相承,且以家族传承的方式为主,一直流传至今而无中断。新中国成立后,民间艺人徐年松、许盛芳的木偶作品被美术工艺部门收藏。1959年,徐年松雕刻的生、旦木偶头,表现扬眉、醉目、微笑、宽额的古代才子和柳眉凤眼、樱桃嘴、高髻发的仕女形象,选送参加全国工艺美术展览,受到文化美术界的好评。徐的儿子徐竹初继承家传并有所创新,1979—1989年,其作品在澳大利亚、美国和我国台湾、香港展出,赢得很高声誉。

6. 德化瓷器

德化瓷的制作始于新石器时代,兴于唐宋,盛于明清,技艺独特,至今传承未断。它一直是我国重要的对外贸易品,与丝绸、茶叶一道享誉世界,为制瓷技术的传播和中外文化交流做出了贡献。如今德化县内保存着宋元时代的碗坪和屈斗宫等窑址。最早可追溯到新石器时代烧造印纹陶器,唐代已开始烧制青釉器,宋代生产的白瓷和青瓷已很精致,瓷器产品开始大量出口。元代,德化瓷塑佛像已经进贡朝廷,得到帝王的赏识。明、清两代,德化瓷器大量流传到欧洲,它的象牙白釉(又名奶油白)对欧洲瓷器的艺术产生很大的影响。德化陶瓷的装饰艺术十分精湛,装饰手法丰富多样,它在继承发扬刻花、划花和印花等传统装饰技术的基础上,

德化陶瓷

又大胆创新,大量使用了堆花、贴花和刻写诗词美语等装饰技法,充分利用德化白瓷质地纯白、杂质少等特点,塑造出各种艺术品而不施任何彩料,成为德化瓷器的艺术特色。其装饰内容多取材于民间生活,多为人们所喜闻乐见的题材,如梅花、玉兰、荷花、八仙、龙凤等等,具有浓厚的民族风格和地方特色,是中国灿烂的民族文化遗产的一部分。

二、民间美术

闽南民间美术如漆画、漳州木版年画、漳州棉花画、同安农民画、永春纸织画等。

1. 漳州木版年画

旧时中国民间多数地方都有张贴年画、门神的习俗,年画是最普及的艺术品之一。过年前,家家户户在室内贴年画,门上贴门神,以祝愿新年吉庆,驱凶迎祥。年画因为一年更换所以称作"年画"。

漳州木版年画始于宋代,盛于明清,主要流传于漳州的芗城区和闽南、岭南一带,并远销台湾、香港和东南亚等地。繁多的民间民俗活动是漳州木版年画业生存和发展的基础,年画内容主要也是喜庆迎新和避邪两大类。

漳州木版年画作坊,有"红房"和"黑房"之分:"黑房"是专指印制文字书籍的作坊,其制品供福州、厦门、漳州、泉州及其他各地考生作科举应试所用;"红房"指专门印制年画的作坊,除了逢喜事和

漳州木板年画

逢年过节以及平时家中欣赏所用的年画以外,也制作冥事活动所用的"忤料"(如糊"纸膺"及"做功德"的用品之类)。作坊老板一般是创作画稿和刻板兼能,或二者居一。作坊雇用一些工人,分别安排于刻、画、印、调制颜料、裁纸、销售、采买材料等各种活儿。大的作坊,雇工可达数十人,小的作坊三五人不等。作坊的面积,大的达数百平方米,小的作坊才数十平方米。据考证,明代漳州城镇内有大小十几家作坊,清代至民国初,漳州木版年画作坊曾发展到二十几家。

2. 永春纸织画

据《永春州志》卷十一记载:"织画此为永春特产。其法以佳纸作字或画。乃剪为长条细缕而以纯白之条缕经纬之。然后加以彩色。与古所谓罨画及香笔记挈画相类。"在中国工艺美术的百花丛中,永春纸织画与杭州丝织书、苏州缂丝画、四川竹帘画并称为中国的四大家织。

由于纸张不易保存,现存最早的纸织画也仅为清初年间作品,加之没有文献记载,永春纸织画的起源问题变得扑朔迷离。一般有三种观点:第一种是相传隋唐年间,永春桃溪沿岸种植了许多桃树,又被称为"桃城"。每逢春花烂漫时,桃花姹紫嫣红,薄雾笼罩,吸引着许多踏青赏花的人。雾中观花,这种独特的景致激发了当地艺人的创作思维,纸织画就是在这种特定的环境里产生出来的(艺人周文虎观点)。第二种认为隋灭陈朝,陈后主之子敬台携军队、百工、族人由建康(南京)入永春(时为桃林场)。古代的永春,漫山遍野的竹木林,是制作生活用具的资源,当时人们模仿陶器

图案,在竹编用品上进行纹样装饰。受竹编装饰的启示,宫廷画师把传统中国画与竹编技巧相结合,创造出纸织画工艺。它是宫廷绘画与民间技艺的结合(艺人林志恩观点)。第三种观点认为是宫廷艺术流落民间(艺人李自杰观点):在唐朝玄武门之变中太子建成中箭身亡,建成太子妃带领孩子及宫中侍女(纸织画织女)前往西域。建成太子妃能书善画,沿途与侍女相依为命制作纸织画,使纸织画得到了一定的传播,后潜回祖国,居宁夏,又隐姓埋名转居成都金堂县太平乡。直到李斌(李肇永)命为总屯官,才在永春县城办金堂纸织作坊,其子分别经营金堂纸织及贵(桂)亭纸织作坊。

永春纸织画制作现场

唐初只是纸织画的萌芽状态,到了盛唐才趋向成熟。泉州是著名的"海上丝绸之路",宋代时纸织画远销南洋各埠,成为富贵人家的柜中珍品。但元朝以前的文字记载不多,直到了清代才有比较多关于纸织画的文献记载,如清代泉州翰林陈肇仁在《纸织白鹤幛诗》中写道:"是真非真画非画,经纬既见分纵横;我闻桃源场中客,妙技别出关徐荆;并力劳作万万缕,缕以素纸痕分明;烟云斯须出素手,笔墨化尽恒睢盯。"杨复吉在《梦兰琐笔》:"闽中永春州织画,以罗纹笺剪为片,五色相间,经纬成纹,凡山水、人物、花鸟皆具。"而王士祯《分甘余话》卷下写道:"闽虫纸织画,山水、花卉、翎毛皆工设色亦佳。或言今日中史创为之,余按《留青日札》嘉靖中设严嵩家货有刻丝、衲纱,纸织等画之名则其来久矣。"这让我们清楚知道明代就有纸织画的存在且已经相当成熟了。清乾隆年间(1736—1795年)是纸织画历史的高峰,永春已有姓李、施、黄、翁、蒋、王、章、郑、洪、庄等10家60多人从事纸织画制作,此后又逐渐走下坡,自清末后开始经历了近一个世纪的沉寂。20世纪30年代,仅有李桂亭、章难亭、王华亭、黄芳亭4家。其间,纸织画产品大多销往南洋(东南亚一带),日本侵华时,日寇封锁了海上交通,销路一断,很多艺人没法谋生只好改行,纸织画几乎陷入人亡艺绝的境地。新中国成立时,仅剩福建省文史馆馆员黄永源一家。现存纸织画最早实物为瑞典斯德哥尔摩收藏的清初《耕绘图》,黑白二色共48幅,每幅24.5厘米×28.1厘米,插图及康熙帝御笔题诗与刻本很逼真。至今,故宫博物院还珍藏着清乾隆年间的纸织瑰宝——清高宗御制诗十二扇屏风。

3. 漳州棉花画

棉花画始创于1963年。当时,漳州一带弹棉匠为满足顾客的需要,在棉被上铺花缀字。弹棉师傅黄家声、游秋源等人为寻找弹棉行业的新路,大胆创作,把附在棉被上的平面棉花画分离出来,运用扎、塑、贴等工艺手法,配上无光纺布山水画作背景,镶入精致的玻璃镜框,创造出别具一格的棉花画工艺品。棉花画品种繁多,规格各异,分普通型棉花画、绸扎画、银线画等五大类,有140多种规格。棉花画,原名"棉堆画",其萌芽于漳州民俗文化,内容主要有如"双凤牡丹"、"鸳鸯戏水"、"和合二仙"、"双喜临门"等。

棉花画是珍贵的馈赠品,也是具有地方特色的旅游纪念品,是居家厅堂优雅大方的装饰品,在国内外享有盛名。20世纪90年代,漳州棉花画有较大发展,市区有两家专门生产棉花画的企业,一厂生产"创始牌"棉花画,二厂生产"家声牌"棉花画。此外还有漳州市镜艺厂、广告公司、工艺厂、民政工艺厂和龙海镜艺厂等10多家企业也兼营棉花画。漳州的棉花画产品畅销省内外,远销日本、德国、美国等地。我国外交部曾把漳州棉花画作为外交馈赠礼品。

漳州棉花画

4. 漆画

漆画是地方性比较强的艺术类型,是闽南比较传统的艺术,漆画是以天然大漆为主要材料的绘画,除漆之外,还有金、银、铅、锡以及蛋壳、贝壳、石片、木片等材料。入漆颜料除银朱之外,还有石黄、钛白、钛青蓝、钛青绿等。漆画的技法丰富多彩。依据其技法不同,漆画又可分成刻漆、堆漆、雕漆、嵌漆、彩绘、磨漆等不同品种。漆画有绘画和工艺的双重性。它既是艺术品,又是和人民生活密切相关的实用装饰品,成为壁饰、屏风和壁画等的表现形式。

漆　画

第三节　闽南文学的样式与传播

闽南文学作为闽南文化的重要一部分,自然是脱胎于中原传统文化,闽南文学形象的审美性格必然带有母体文化的基因。仁义忠孝、古道热肠、慷慨豪迈,这些由自然经济基础形成的从黄河血脉流淌出来的文化品性,一样成为东南沿海一带的文化性格,投射在闽南文学的影像中,构成闽南文学形象的主导美学性格(本章我们主要介绍闽南歌谣、闽南民间故事、闽南话俗语等三种形式)。

一、闽南歌谣

1. 闽南童谣

闽南童谣,是以闽南方言进行创作和传唱的儿童歌谣,它流行于闽南、台湾和东南亚华侨华裔的居住地。闽南童谣是闽南歌谣的一个重要组成部分,是历代闽南百姓根据儿童的理解能力、心理特点,用闽南方言富有音乐美的韵语和平仄节奏创作,并在传唱过程中不断完善而成的民间口传文学,是老百姓集体创作智慧的结晶,被列

第二批国家级非物质文化遗产名录。

闽南童谣的起源、沿革没有详细的文字记载,但据福建地方典籍记载,唐代福建观察使常衮州曾看到民间有人传授《月光光》的童谣,并记下该首童谣:"月光光,渡池塘。骑竹马,过洪塘。洪塘水深不得渡,小妹撑船来前路。问郎长,问郎短,问郎一去何时返。"闽南各地童谣都有《月光光》一首,跟唐代这首《月光光》比较,虽然文字或多或少做了改动,但主题和结构十分相似。由此可见,闽南童谣的历史源远流长。

15—16世纪明中叶以后,随着闽南人大批过台湾、下南洋,闽南童谣也随之传播,在台湾、南洋扎下了根,又创造出许多新的童谣。其中的许多又很快传回福建闽南,相互融合,相互启发,使得闽南童谣更加丰富多彩,生动迷人,也成为两岸百姓、两岸儿童相互了解、相互认同、相互交流的一条文化纽带。

闽南话童谣从内容可分为时政(如《拍日本》)、育儿(如《摇啊摇》)、游戏(如《拍手歌》)、动物(如《小蜜蜂》)、植物(如《果子歌》)、知识(如《一二三》)、民俗(如《围炉过年》)、趣味(如《阿不倒》)等类。从形式上分,有摇篮曲(如《唔唔睏》)、叙述式(如《和顺歌》)、问答歌(如《草蜢公》)、连锁调(如《白鹭鸶》)、谜语(如《一点一划长》)、绕口令(如《铜钉钉铜版》)等形式。从表演上看大体有念谣(即口头阅读或吟诵)、唱谣(将童谣配曲来唱)、戏谣(在做游戏时念童谣)、舞谣(边念童谣边舞蹈)等种。

闽南童谣是一座丰富的知识宝库,是帮助儿童学习语言、认识社会、认识生活的重要手段之一。抢救、传承闽台童谣,不仅具有文化传承发展的意义,而且能增进两岸民众相互的了解认同。

2. 闽南民歌

闽南民歌与闽南文化的构成关系极其密切,是闽南文化的折射和体现。闽南文化与闽越文化的遗风、中原文化的传入、宗教文化的传播关系相当大,闽南民歌从不同的角度反映了闽南文化独有的丰富内容。中原文化因北方汉人大量的迁入而传入闽,所以福建闽南歌谣中的许多表现与中原文化相关。如闽南民歌当中的传说故事歌——史诗类:德化的《舜哥歌》从盘古开天地唱起,讲了尧舜禅让的故事。佛教和道教长期影响着福建人民的生活,这些内容在民歌中大有体现,如惠安的《正月正》歌中有一段唱佛教的盂兰盆节的热闹:"盂兰大会号无遮,到处募缘笑语哗。演唱《目连》三日夜,纷纷看剧乱如麻。"各类巫师在举办各种法事时常唱出独特的经咒诀术歌谣,如永春的《乌髻观音咒》《黄公祖师咒》、德化的《关帝咒》等。

更为主要的是,闽南民歌反映出了闽南文化的多元性特征,这里说的多元性指的是闽南不是一种征服力很强的强势文化,而是多种文化并存,谁也征服不了谁,谁也取代不了谁,由此形成的文化割据的状态。在闽南文化当中有:厦门文化(作为经济特区和历史上五口通商的对外开放的港口城市逐渐形成了独特的文化体系,比较容易接受外来文化的交流,这是主要针对岛内而言的,针对岛外,海沧、杏林、集美、同安,又因距离差距大小的不同形成了不同的文化方言区,这是由于这些地方靠近内陆又没有对外开放所决定的)、泉州文化(沿海的石狮、晋江文化与山区的安溪、永春文化又不一样）、漳州文化（从石码、东山、漳州市区等地又随着地理位置、经济情况的差异表现出的语言和文化的差异）。这种多样性，主要表现在各文化区域人的性格差异、方言差异、民间信仰差异、民俗民风差异、民间艺术形式差异等方面，正是这些差异使闽南文化更加丰富多彩。

二、闽南民间故事①

闽南地区流传着丰富多彩的民间故事，这些民间故事以其生动感人的人物形象、扣人心弦的故事情节及其独特有序的叙事模式，巧妙地传达着中华民族的传统美德，对构建和谐的闽南人文社会所起的重要作用是不能忽视的。闽南民间故事中所积淀的丰富的文化内涵，由于其丰富的艺术想象、浪漫的故事情节、千奇百怪的人物形象而吸引民众并广为传播，不断彰显其独特的作用与价值。茶余饭后听讲民间故事常常成为闽南民众放松自己、调节生活压力的娱乐方式之一。同时闽南民间故事中透露出来的优秀文化传统和思想精华，如扬善惩恶、行侠助人、勤劳勇敢、尊宗敬祖、拼搏进取、义利和谐等等，不仅成为民众教育孩子弘扬中华传统美德的好材料，也成了民众精神追求的标准和榜样。民间故事源于民众，又在民众中广泛流传。可以说，闽南民间故事是闽南文化不可缺少的重要组成部分，是人类宝贵的文化遗产，它不仅通过潜移默化的熏陶提高了民众个人的道德修养，同时对整个闽南社会的建设、和谐、繁荣都具有重要的促进作用，成了一种闽南文化精神的有力载体。

和所有的民间文化一样，闽南民间故事由于来源于广大劳动人民的智慧，在民众中具有广泛的基础因而得到了很好的继承和发扬，成为闽南地域传统文化的典型代表。泉州师院戴冠青教授在分析了厦、漳、泉三地 403 篇的研究，认为闽南民间故事在文学想象中折射出的闽南审美文化取向主要表现为以下几个方面：

（1）神鬼想象与善恶有报的审美文化取向

由于闽南特殊的地理环境和自然条件，人在自然面前变得非常弱小，闽南人特别迷恋超人力的神鬼和巫术，希望能借助这种虚幻的力量，征服自然，摆脱危机，庇护自己。这种对神鬼下意识的迷信和敬仰，又扩展到对祖辈先贤的崇拜，因为他们认为德高望重的祖辈先贤去世后也会变成神灵，在冥冥之中保佑后人惩罚恶人。任何神凡是能保佑平安发财的均是闽南人敬拜的对象。在闽南民间故事中关于神灵的想象十分丰富。如"洛阳桥"系列故事之一的《夏得海投书海神》，讲述的是泉州太守蔡襄派衙役夏得海往龙宫送牌，借助海龙王神力退潮三日以便奠基砌墩修建洛阳桥的故事。而《观音化美女》和《八仙显神通》两则故事前者讲述观音化身为美女助蔡襄筹集资金作为建桥费用，后者讲述八仙施以援手助蔡襄完成建桥善举。在这一系列故事中，神灵都能在蔡襄需要帮助的时候及时出现，这不仅反映了民众碰到困难时对神灵的期

---

① 本部分参阅戴冠青：《民间想象中的文化盛宴——论闽南民间故事在构建和谐社会中的积极作用》，《福建论坛》2007 年第 7 期。

盼心理,而且也将心目中景仰的历史人物蔡襄提到了通神的高度来加以传说。从民间故事中可以看到,民众认为蔡襄可能是神灵转世,才有能力在恶劣的自然条件下建成洛阳桥。人们甚至在桥南建了一座蔡襄祠,把蔡襄也当作神来崇拜。由此可见神灵在闽南民众生活中的重要作用和非凡力量。正是通过文学想象从不同的角度体现出闽南人对待神鬼先贤的独特文化心理。他们对神鬼超人力的宣扬以及崇拜,既从侧面证明神鬼的实用意义,同时也借助"神鬼"的超人力传说对世人起到震慑和规范作用。

(2) 冒险想象与拼搏进取的审美文化取向

众所周知,闽南人敢于冒险,闽南人这种冒险拼搏的进取精神,在闽南民间故事的文学想象中得到了丰富表现。有的表现只有勇于创新才能获得成功的事实,有的告诫人们拼搏使人致富、懒惰使人破产的道理,有的反映远涉重洋的危险和勇气。如《瓮仔周巧雕转头狮》讲述石雕学徒瓮仔周敢于冒险打破传统开拓出南派石狮的独特技艺而获得成功,《圆人会扁、扁人会圆》讲述一位孤儿跟随堂叔冒险出洋谋生,通过自己的拼搏奋斗,终于成为有名的富商,等等。这在一定程度上激发了许多闽南年轻人拼搏开拓的冒险精神。闽南民间关于冒险和拼搏发迹的想象在民众中具有广泛的存在基础,通过民间故事的传承,许多闽南人(特别是年轻人)对异国他乡的创业生活也充满了向往,虽然其中不乏一些辛酸的故事,但这并不会影响闽南人冒险的热情。由此可见,这种文学想象十分突出地体现了闽南文化拼搏进取的价值取向。

(3) 英雄想象与行侠助人的审美文化取向

闽南民间故事关于英雄的文学想象也很丰富,这些想象充分体现出闽南文化豪爽侠气的性格特征。闽南文化重义气,乐善举,因此闽南人喜爱结交朋友,豪爽侠气,仗义疏财,对于他们而言,友情远远重于金钱。因此,闽南民间故事常常把这种豪爽侠气、仗义疏财的人想象成英雄式的人物形象,来演绎民众的崇拜和景仰之情,诠释闽南文化行侠助人的审美取向。人们通过创造和传颂这类故事,不仅透露出民众对豪爽侠气、仗义疏财的英雄人物的神往和期待,而且也促使了尚义重情的闽南优秀品格的深厚和发展。如郑成功形象在民间的流传就是一个例子。

(4) 乡恋想象与"尊宗敬祖"的审美文化取向

闽南人爱拼敢赢、冒险拼搏、尊宗敬祖、饮水思源,不忘宗亲故土,作为民俗文化综合体的民间故事,就常常通过乡恋情怀的想象,表达了闽南人这种"尊宗敬祖"的文化情结以及对故土和宗族的深沉牵挂与虔诚信仰。《思乡曲》《香火袋的传说》《金顶珍》《补伯不爱热闹》《三保龙洞》等民间故事,可以说是这类闽南民间故事的代表。闽南民间故事的乡恋想象还表现在对闽南民间风俗的演绎中。如《元宵节的传说》《清明节的习俗》等。

(5) 儒商想象与义利和谐的审美文化取向

闽南民间故事还有一种儒神儒商的文学想象,这些想象主要表现在《李贽的传说》《李九我定席位》《浮钱岭》《石狮甜的来历》《田螺碗糕的故事》等篇目之中,十分鲜明地透露出尊儒重商、义利和谐的闽南审美文化取向。闽南人通过神化名儒传达了对儒学推崇和敬重的深层心理。如欧阳詹、梁克家、李九我、林希元、谢獬、李贽等历史文化名人的各类传说在民间广为流传,其中很大一部分故事将这些知识分子想象成"神的化身"。帮助百姓解决困难,甚至充当起斩妖除魔的重任,不计个人得失,将民众的利益放在首位。

然而,任何一种文化都具有两面性,在社会环境变迁和文化传承的过程中,闽南文化中的某些不利于社会发展的消极因素也是值得我们警惕的。例如,闽南人对鬼神和祖辈先贤的敬奉,仍普遍存在于现代闽南社会,但是一些地方对鬼神和祖宗的过度敬奉,如"普度"和"佛祖生日"的大型祭祀活动,也会对闽南的经济发展造成一定的负面影响,不仅消耗大量的财力、物力,还会导致民众对鬼神的依赖心理;其次,浓厚的家族观念以及仗义性格,也会影响闽南人往外拓展的视野和眼光。另外,在现代经济利益的驱动下,敢于冒险拼搏,重视功利实用的文化取向,也会使闽南的一些商家越来越注重利益回报,有时甚至会利用法律法规的漏洞牟取暴利,无形中削弱了义利和谐的优良传统。闽南文化中的这些消极因素是不利于构建和谐的社会秩序的,因此当我们在考察闽南民间故事的价值取向时,应特别注意批判和剔除这些消极因素。

三、闽南话俗语[①]

闽南话俗语包括很多,有谚语、成语、惯用语,还有歇后语。

俗语是汉语语汇里为群众所创造,并在群众口语中流传,具有口语性和通俗性的语言单位,是通俗并广泛流行的定型的语句,简练而形象化,大多数是劳动人民创造出来的,反映人民生活经验和愿望。闽南人在千百年的劳动生活中,也创造了很多的俗语,而这些俗语反过来又记载着闽南人的生活、情感和价值倾向,具有浓厚的地方文化色彩。

(1)俗语内涵丰富,浸渍浓厚的乡土气味,沉淀生动的历史典故,孕育丰富的闽南文化精神。

"花草生于山间,谚语出自民间。"闽南俗语是一块发酵了的面团,浑身上下散发着浓郁的乡土芳香,当地的风土人情、特产杂什如番薯(地瓜)芋头、猪狗牛羊、田螺、多尼(桃金娘,野果)、加令(八哥鸟)、客鸟(喜鹊)、内叶(老鹰)、嘉礼仔(提线木偶)、水仙花、芥菜、甘蔗、盾、龟粿、狗屎等等,凡是闽南有的人生百物全在俗语中。水仙花装蒜——假不知。六月芥菜——假有心。一粒田螺泡九碗汤。七月七,龙眼乌(颜色深),等等。闽南俗语保持原汁原味的乡土气息,富有地方色彩,百姓怎么生活,俗语就怎么概括;百姓的农耕劳作、婚姻家庭、人生百事全部反映在俗语中。

闽南俗语既源于中华文明,又取材于本地故事,吸收多种优秀文化的精华,折射闽南发展的脉络。源于中华文明的俗语,如食如秦琼倒铜旗。遇文王施礼乐。程咬

---

① 参见张静容:《现代化进程中的闽南俗语研究》,《南阳师范学院学报》2012年第8期。

金出戏,三下斧头花。五月十三落雨,关公磨刀水落土。魏延撞倒七星灯。红面关公白目眉——无人请家己(自己)来。客鸟衔毋着批(喜鹊咬错信)。王母娘娘命喜鹊传旨:"牛郎和织女七日相见一次",但喜鹊误传:"让牛郎织女七夕相见一次。"俗语"油炸鬼"(油炸桧),在泉州已流传800多年了,是一种油炸的面食,将两根面条交缠在一起,下烈锅炸熟,香脆可口。两根面条象征秦桧夫妇;他们虽死,但人民余恨犹存,巴不得他们死后在阴间下地狱、落油锅。

闽南俗语是方言与文化交融的载体,是用历史典故做出的一道道高汤,蕴含人伦常理,对百姓具有教育、启发意义。取材本地历史故事的俗语,如云霄人都认王爹作祖。

闽南俗语通过方言、谚语、歌谣走进百姓生活,形成独特的语言习惯,它割不断与乡土民俗、家园故土的千丝万缕联系。与此同时,伴随着俗语走进百姓心田的不仅有闽南民俗及民间信仰,还有闽南人的性格特征、道德标准及价值观念。勤俭、耐劳、和顺、拼搏,历来是中国百姓的传统美德,也是闽南俗语传诵多年的精神内核。千百年来,闽南俗语教育百姓如何做人、如何勤俭持家、如何拼搏进取,随时随处提醒百姓不要犯过错。闽南的人性在闪耀,闽南的人文精神也随之在民间深深扎根。如"全家勤,厝前厝后出金银"、"俭吃急计(勤快)做"等等。

(2)俗语的语言生动、幽默、诙谐,高度概括凝练。

闽南话俗语突出的特点是口语性和通俗性,具有凝练通俗、形象生动、诙谐幽默、区域性强和相对定型等特色。闽南话俗语在传承和流播的过程中,不断被修改、增删、润色、加工,经过煅词炼句成通俗、简洁、朗朗上口,为人们喜闻乐见、爱说爱用的语言。闽南话俗语的语言精练简洁,用词取精用宏、造句以少总多,用最少的字概括出丰富的内容,蕴涵深刻的道理,形象描述人情事态,或生动地变深奥为浅显。以"卖瓷食缺"为例,仅四个字就抓住了问题的本质,生动地道出了制造或销售瓷器的人自己使用的瓷器大都是次品或残缺的,比喻劳动者享受不到自己的劳动果实。又如"斤鸡两鳖",指一斤左右的鸡、半斤上下的鳖,肉质鲜嫩,营养丰富,味道最好,同样只用四个字就概括出选用鸡、鳖的经验。

口语化是闽南话俗语的鲜明的特点。闽南话俗语多使用口头语言、民俗语言,朴素自然,具有清新、爽朗的风格。它不追求文辞华丽,更不矫揉造作、刻意雕琢。这是闽南话俗语通俗性的重要表现,不仅平易、亲切、感人,而且含有深刻的道理。"大船偲起碇",喻人架势大,行动缓慢或做事拖拉。"猪屎篮结彩",指低劣物乔装打扮,喻极不相称。"饲狗齩主人",喻恩将仇报。"菜瓜揠狗去一刜",喻得不偿失。"尖钻怀值拄撞",喻钻营不如机遇。这些俗语让人说了或听了之后,都会为其高度凝练、简洁而喝彩。

(3)闽南话俗语的语言另一个突出的特点是用形象思维的方式,通过比喻、烘托、夸张等修辞手法,把要说的事理表达出来,具有形象、生动、活泼,有感人的魅力。

很多闽南话俗语都有生动形象的描述,具有强烈的艺术感染力,使人听了以后,在脑海中浮现人或事物以至行为等活生生的影像,从而使人明白道理、分清是非、吸取经验教训、学到科学知识等。"猫仔尾愈捋愈翘",用"翘尾巴"形象地映射出小人得志、得意忘形的丑态,惟妙惟肖。"紧纺无好纱,紧嫁无好大家",比喻操之过急是办不好事情的。形象生动,说服力强。"裉赤骹骨力拼,穿皮鞋贫惰行",用"裉赤骹"和"穿皮鞋"比喻人从穷到富的变化,形象而生动。用"骨力拼"和"贫惰行"的反差作鲜明对比,说明"由俭入奢易,由奢入俭难"。"狗抛车辇,着力无好看",诫人量力而行,不做力所不及事情。用"狗抛车辇"作喻,很是生动。闽南话中有许多俗语用于说明为人处世的道理,它们不是板着面孔讲大道理,而是用诙谐、俏皮的语言来表达。这样的俗语,幽默风趣,让人说着或听了都感到趣味横生,在笑声中领悟一种道理,获得一种乐趣,也更容易接受。"痟贪圈鸡罩",喻心存贪念的人,干了偷鸡摸狗的事,迟早会像鸡因贪吃而落入鸡笼一样被捉住,甚至进了监牢。"人心肝,牛腹肚",夸张而形象地比喻人的欲望是无止境的,语言诙谐幽默。

参考书目

陈艺凤:《从闽南诀术歌看民间召鬼文化》,《语文学刊》(高教版)2007年第5期。
陈泉泳:《浅谈泉州民间拍胸舞的传承与发展》,《音乐大观》2012年第2期。
蔡湘江:《论闽南民间舞蹈的多元性特征》,《东南学术》2005年第3期。
戴冠青:《民间想象中的文化盛宴——论闽南民间故事在构建和谐社会中的积极作》,《福建论坛》2007年第7期。
戴冠青:《民俗想象中的文化精神——闽南民俗故事研究》,《福建论坛》2012年第1期。
林华东主编:《历史、现实与未来:闽南文化的传承创新研究》,厦门大学出版社2011年版。
李少丹:《闽南谚语句式修辞探析》,《漳州师范学院学报》2011年第1期。
翁世晖:《闽南"打城戏"兴衰的思考》,《北京舞蹈学院学报》2009年第3期。
吴少静:《闽南音乐在东南亚的传播》,《八桂侨刊》2006年第4期。
张静容:《现代化进程中的闽南俗语研究》,《南阳师范学院学报》2012年第8期。

思考题

1. 闽南静态艺术文化有哪些?各有哪些特色?请介绍一两种。
2. 闽南动态艺术文化有哪些?各有哪些特色?请介绍一两种。
3. 闽南的文学样式有哪些?请介绍一两种。
4. 闽南民歌如何体现闽南文化的内涵?
5. 分析闽南俗语的语言特色。

第七章 闽南宗教文化

第一节 闽南宗教文化的形成与传播

泉州是闽南文化的发源地,在历史上有着非常重要的地位,是早期闽南文化的代表,闽南的各种宗教形式在泉州最为集中,因此本章以泉州为立足点,分析闽南宗教的形成、特征及其对闽南文化的影响。

一、什么是宗教

"宗教是一种以神明崇拜为核心、具有特定崇拜礼仪和组织管理形式以及围绕信仰而建立起思想体系的文化现象。"其一,任何宗教都具有神明崇拜的意识和行为,如道教的以元始天尊、灵宝天尊、道德天尊为主神的庞大的宝塔式的神仙体系、佛教的以释迦牟尼为核心的神明信仰系统。其二,任何宗教都存在一定的崇拜礼仪,如道教的斋醮科仪,基督教的礼拜、祈祷、洗礼安魂弥撒,佛教的受戒仪式、法会礼忏、超度亡灵仪式、放生仪式、课颂等。宗教仪式是一种特定的崇拜仪式。其三,宗教具有适应信仰生活的组织管理形式,如基督教有堂务管理、佛教道教有宫观寺庙的管理制度、戒规等,伊斯兰教有行政制度、司法制度、军事制度、土地制度和年俸分配制度等。其四,宗教具有传播信仰的经典及其思想体系。如道教的《道藏》《藏外道书》,佛教的《大藏经》、基督教的《旧约圣经》等。

二、什么是闽南宗教

闽南在本书中,我们定义为闽之南,也就是福建的南部,主要指厦门、泉州、漳州三地,因此我们本章中讨论的闽南宗教也就是曾经在这三地存在的并影响人们生活的宗教形式。在我国,宗教信仰不仅仅对广大信徒产生影响,对其他民众,对政治、经济、文化等各个领域也都会产生影响。闽南宗教类型多而庞杂,佛教、道教、基督教、天主教、伊斯兰教、婆罗门教、摩尼教等制度化的成熟宗教都在这里传播过。闽南宗教文化是国内难得的多元和谐的宗教文化。

三、各地宗教与闽南的因缘

1. 道教

道教在闽南地区传播有着悠久的历史。早在魏晋南北朝时期，就有天师道的著名道士左慈、葛玄、郑思远相继入闽云游或修道。据乾隆《泉州府志·方外》记载，早在秦汉之际，泉州就有隐者和方士巫术的活动。晋江内坑瑞云岩有葛仙翁寄迹之处，故名"仙境"；据传葛玄显道化杖为龙，故又号"葛州"。西晋太康年间（280—289年），泉州建有规模宏大的道教宫观白云庙，后改为玄妙观。

白云庙

白云庙是道教传入泉州后所建的第一座道观，也是道教传入福建后的第一座道教宫观。唐代崇奉道教，奉老子为祖先，泉州的道教得到地方官倡导，发展很快，并出现一批著名道士和著名道教学者。五代时闽王政权推崇佛教和道教，晋江王留从效、节度使陈洪进，既推崇佛教又倡导道教。他们亲近道士，兴建道教宫观。宋代，泉州受北方战乱影响较少，经济、文化继续发展。泉州的道教经历唐、五代时期的发展，至宋代进入儒、道、释合一的新时期，出现不少著名的道士。他们或善书法，或精于岐黄，或有种种灵异而闻名于世。元代，元太祖和元武宗均尊崇道教，经常赐封著名道士，所以元代泉州的道教也很兴盛。道士有许多特殊的待遇，如免除差役，这为元代泉州道教的发展提供了有利条件。至元十八年（1218年），著名阿拉伯人后裔蒲寿庚，时膺任福建行省左丞，与受道学影响极深的兄长蒲寿晟，两人"协力捐财"，重建清源纯阳洞道、佛寺观。至元二十一年(1284年),蒲寿晟之孙蒲一卿与万户孙信斋,再次协力修缮清源山纯阳洞道、佛寺观,至今名留摩崖之上。

明朝前半期,道教仍然盛行,泉州修建不少的宫观,如洪武年间(1368—1398年),重修建紫帽山金粟真观。明朝中期,封建统治思想支柱是儒家思想,视道教为异端,但又强调"神道设教"以助教化,又吸收道教某些思想来充实儒家思想,作为封建统治的有效工具。故明朝中后期,上层道教虽然逐渐衰微,然民间道教仍然十分盛行。明代泉州也出现一些著名的道士,如吴云靖、董伯华。清代,最高统治者采取重佛抑道的政策。上层道教的地位日益衰微。但是清朝统治者仍然继续利用民间道教,作为维护其统治的补充。所以泉州的民间道教仍然流行。清政府为了"有助教化"的目的,对泉州一些重要的宫观屡加修缮,因此一部分道教宫观得以保存。如元妙观、东岳行宫、府(县)城隍庙、北帝庙、法石真武庙。清代,泉州也出现一些著名的研究道教的学者,如康熙间宰相安溪人李光地。

清末民初以后,泉州的道教受新文化运动的影响,以及受外来宗教文化(基督教、天主教)的冲击。特别是20世纪二三十年代,泉州地区曾经出现破除迷信的运动,民间道教受冲击最为严重,许多宫观、礼器遭毁,道士有的被迫改行,多数则散布于民间,为人斋醮、度亡、做法事度日子。民国初期,泉州道士必须到江西龙虎山受箓,方可取得正式道职,道教表现了儒、道、释合一的特点。这个特点,早在宋代开始出现,经元、明、清,可以说合儒、道、释而形成一个越来越庞大的神团系统。在这个神团系统里,有孔夫子、关夫子、玄天上帝、如来佛祖、菩萨、十八罗汉、地府阎君、祈仕妈、保生大帝、天妃、不知名的王爷、夫人妈,历史人物蔡襄、张巡、陈元光、郑成功,等等。可谓儒、道、释和杂神济济一堂。这种三教合一的庙宇十分普遍,而特别著名的有泉州城门内南门天妃宫和石狮永宁镇的虎岫寺。因此,一些道教宫观逐渐被改造成以祀佛为主的寺庙,同样,也有一些佛教寺庙被改造成为道教神仙为主的宫观。这成为当时闽南道教传播的一大特点。

新中国成立后,泉州市人民政府设立宗教局,指导管理各门宗教。执行宗教信仰自由政策,道士享有公民平等权利。

闽南其他地方如漳州、厦门,道教的发展也与泉州道教的轨迹大同,据初步的调查统计,漳州地区的宫观庙宇供奉主神的约近2400余间,其中道教的宫观850余间,占总数的32%左右。

道教在泉州流传1000多年,宋代以后,儒、道、释为格局的文化思想形成,对泉州社会产生重大影响,泉州的岁时、婚事、生育、寿庆、丧事、营建和避邪等民俗,无不打上道教的烙印。此外,泉州的地方戏曲、雕刻艺术、医药、体育民间文学等,都深受道教的影响。

道教对泉州民俗的影响。泉州保留不少与道教有关的民俗。泉俗正月初九日叫"天公生",即天诞,也称"天香",为玉皇大帝的生日,要举行各种活动"祈年拜天"。正月十五日(上元)夜张灯,举行迎神赛会,谓之"进香"。三月,清明节,俗称鬼节,各家要祭祀祖先和扫墓。五月五日,是端午节,家家户户大门插松艾避邪,以纸扎大舟和五方瘟神,然后焚之。七月七日,为七娘夫人神诞,各家设神案敬七娘妈,并焚烧"七娘纸桥"。七月十五日,为中元节,据传是日地官赦罪,各家做"普渡"祭祀祖先和无祀鬼神。八月十五中秋日,以薯、芋和月饼敬奉神与祖先。十月十五日,为下元节,据传水官解厄,沿溪河居民做"水普"。十二月廿三日,要祀灶神,谓之"送神"。据传是日灶神上天,各家设酒菜佳肴送之,希望在天帝面前多讲好话。十二月廿九或三十日,各家隆重祭祀神和祖先,"烧过年金",吃团圆饭。此外,每月的初一、十五日要敬天公,初二、十六日要祭土地公。还有许多道教俗神的生日,也都演变成为地方民俗的节目。

古代泉州还有雕刻石狮镇风、镇邪的道教风俗。泉州道教界认为"甲卯风为风水之大忌",故刻"石头风狮"以镇风。现在泉州随处可见单只的昂头朝前的"风狮"。此俗现在金门县仍然很流行。风狮往往置于村口大道旁,或置于自家大门口。而现在则发展为石狮镇邪,往往于大门口两旁各坚立石狮,昂首雄踞,既是作为镇邪之用,亦可作为艺术品点缀。

泉州还有一种与道教风俗有关的风俗,即私家住宅朝巷口正中(即丁字街口),必须于朝巷(街)正中的墙面上刻上一个狮头。这种刻"石敢当"镇邪的风俗,在泰国首都曼谷也可以见到,可知"石敢当"也是曼谷华裔驱魔祛灾的保护神。据传"石敢当"是古代大力神,专司抓鬼、镇邪。这种民俗在今日的泉州、莆田、福州和闽西还很流行。如今,有的则于巷口的墙下,筑一座祀土地公的小庙或刻泗洲佛像替代,道教信众认为可以避邪。

此外,民间婚事的"拜天"、"谢土"庆典,以所谓"生辰八字"测算;民间的求子和其他妇幼问题,即找祈仕妈祈祷;寿庆要拜天、谢天;丧事要做功德,超度亡魂;破土建屋要举行"安土"、"上梁"、"镇宅"等仪式;造船航海,从开斧动工到造龙骨、安桅、落成下水,都要举行法事。避邪的形式,除前文说过的"石敢当"、土地公、四洲佛以外,有的在屋梁上、门楣上、厅堂中、照墙上等,悬挂八卦图案。还有,古代丧葬,下葬处要埋下"买地券",标明墓地四至,写上道教咒语,并于墓地树石碑,上刻"土地神"(即土地公)三个大字。今此葬俗已演变为树"后土"石碑。

道教对泉州地方戏曲的影响很深。(如对泉州"打城戏"的影响,我们在第六章已经讲述。)

道教对泉州建筑、绘画、雕刻艺术的影响。神佛造像、庙宇的出现使泉州雕塑、建筑出现新的气象。清源山老君石雕坐像高5.1米,厚7.2米,宽7.3米,为北宋的巨型石刻,刀法柔和而有力,线条简练,衣褶分明,两眼深邃平视,耳大垂肩,左手按膝,右手靠石几,闲逸安详,它既精致,又不失夸张,很有特色,堪称宋代石像雕刻艺术代表作,现在是全国重点文物保护单位。

明代道士董伯华所绘的"风、云、雷、雨"四幅道教神像,即被称为"四顾眼"的珍品,是古代泉州道教艺术的代表作。

老君岩

此外，元妙观、东岳行宫的主殿建筑形式，都采用重檐歇山顶建筑，整体美观稳重，内部空间廓大。元妙观、东岳行宫、府城隍庙和法石真武庙的山门，都采用牌坊体建筑，且多为三开间庙门，气派恢宏，十分壮观，是闽南地区的典型古建筑群。

道教丰富了泉州的民间传说。泉州流传着与道教有关的民间传说很多，著名的有蔡襄修建洛阳桥的故事。还有罗隐画马石、吴真人丝线诊脉、裴道人除蛇妖、吕洞宾与韭菜成、董伯华卖雷和飞阳庙与金鸡的故事。

泉州的地名也渗入不少道教神仙的名称。如土地后、二郎巷、祈仕巷、裴巷、天后路、大城隍口、小城隍口（县城隍）。青龙苍、上帝宫巷和登仙桥巷等。这大约是该地历史上祀奉过有关道教神仙，或道教的民间传说与该地有关而得名。

泉州的民间谚语与道教有关的很多。如"阿散仙"（喻游手好闲的人），"有烧金就有保庇"（鞭挞贿赂之风），"仙人打鼓有时错"（喻犯错误难免），"通天教主专收无好徒弟"（喻别人的手下人不称职），"乞丐背葫芦——假仙"（嘲笑伪装行为），"做天公也难中众人意"（喻办事难），"本地道士治本地鬼"（喻必须先知情，后方能解决问题）。这些有关道教民间谚语具有一定的哲理性，耐人寻味，丰富了民间的语言，是一份宝贵的文化财富。

道教对泉州的医药、体育等方面也有一定的影响。近代泉州地区有10多家专事生产、销售丹膏丸散的老字号店铺，它们大多创业于明清代，世代相传，且与道教单传秘方有关。如城隍庙种德堂徐镜心的"万应神曲",西街台魁巷内保和堂的"白塔疗膏",扶元堂的疠药,柯世德的消炎膏,保婴堂的"保婴丹"(专治幼儿惊风病),花桥慈济宫的"金汁"(专治发高热病症),还有东门的"秋石丹"(专治过度劳累)。泉州花桥慈济宫,设有义诊所,施医赠药,且辟有草药园圃,栽种中草药,设置"金汁"制作、储藏地窖,对民间卫生事业做出贡献。道教讲清心寡欲,修性养神,又讲按摩,还讲导引(武术),三者称练气功。泉州现行的"八段锦"、"太极拳",其源流皆与道教有关。

道教与泉州古港的航海技术关系十分密切。16 世纪,泉州的航海者写了一本航海针路的书,该书名《顺风相送》(作者佚名),书中载 15 条航线,从泉州起航的占 10 条,太武山起航 3 条,福州起航 2 条。

道教对泉州与台湾文化交流的影响也很明显。台湾道教所信奉的神仙有不少是由泉州传播过去的。随着海峡形势的缓和,台湾道教宫观多次组织回乡谒祖进香团,到泉州谒祖和举行文化学术交流,促进台湾与大陆的交流。

2. 佛教

西晋时泉州就有佛教的建筑延福寺,位于西门外九日山。

九日山延福寺

唐朝为中国封建社会的黄金时代,亦为佛教的兴盛时期。泉州的社会经济、文化迅速崛起,为佛教在泉州流传提供了有利的社会环境。佛教寺庙的兴建是佛教兴盛发展的重要标志。有唐一代,泉州一府五县(同安、惠安、安溪、南安和晋江)共造佛寺院40多座,泉州开元寺就是闽中诸寺中最有名的佛刹,而泉州开元寺以"桑莲、云草"为最为著名的胜景。足见唐代泉州佛教之兴盛。虽然一度受会昌年间武宗"灭佛"的打击,但很快得到纠正。唐代佛教逐渐与中国的传统文化相互融汇,形成具有民族文化特色的佛学体系。五代时,福建偏藩海隅,社会独安宁。闽王氏统治者推崇佛教,大造寺院,大造佛塔,大造(或铸)像,大印(或铸)佛经,并大量剃度僧尼,大造佛寺。比较著名的有承天寺、水陆寺、崇先广教寺、空相院、保福寺、方广寺、法石寺、金池寺、玉泉寺、玉泉广济院、凤凰寺、凉峰弥陀寺等数十座。

宋初泉州逃赋役而入佛门的百姓之众,成为社会经济的严重问题。于是宋朝统治者对佛教采取经济上限制,政治上利用的政策。宋代兴起的程、朱理学在批判佛教的同时,又吸收佛教那些有利于封建统治的部分教义,提出儒、道、释合一的主张。但是宋代泉州的社会经济繁荣,特别是泉州的海外贸易繁盛,佛教寺院积聚了巨大的财富,僧人和善信兴起了历史上没有过的大规模的修寺、建塔、造桥工程。唐、五代遗留下来的规模较大的佛寺得到重修,也新建不少的寺庙,如崇福寺、南天寺、法石寺和小雪峰寺,在泉州开元寺建甘露戒坛等。宋代泉州开元寺东西二塔的建筑,既反映了社会经济的发展,也反映了泉州佛教寺院积聚的财富。也出现了僧人参与公益事业的盛况。

泉州崇福寺

元朝的统治者对各门宗教采取兼收并蓄的态度,在泉州出现世界多门宗教自传共存的盛况。元朝的泉州佛教体现两个特点:佛教寺院规模很大,进一步的世俗化。

佛教与道教进一步地合流,甚至佛教僧人也支持这种进程。元末,元廷挑起的并直接指挥的,由福建行省、泉州地方官和泉州外商参与的泉州"亦思巴奚"战乱,长达十年之久。在这十年战乱中,泉州开元寺大部分被焚毁,其他各门宗教的寺院也大都被毁,泉州的佛教受到严重的摧残。

明代泉州佛教进入衰落时期,寺产被豪右强占,明朝中后期,倭患日炽,泉州首当其冲。明军云屯泉州,驻军佛寺。如泉州开元寺原有寺田园273顷又91亩,但因明代寺院衰微,为维持寺院计,寺田被变卖,有时官府征用,有时豪右大户强占,寺田在量减少。到了明末,泉州开元寺田仅剩26顷又86亩,不及原来的1/10。

清代,泉州府设僧纲司,置都纲一员,管理佛教事务。顺治皇帝发愿崇信佛教,对清初佛教的恢复起一定的作用。民国初,泉州开元寺、承天寺和南安雪峰寺等还有开坛传戒的度僧尼仪式,1948年举行最后一次度僧尼仪式,但地点转移至厦门南普陀。辛亥革命后,随着新思想的传入,泉州出现一股破除迷信,革除陋俗,驱逐僧尼、道士,没收寺产,兴办新学的风潮。

抗日战争胜利后,南洋侨汇恢复,泉州民间的佛事活动发展很快,民间的祈福酬愿的佛事盛极一时,大部分寺僧都参与佛事活动,佛学知识又趋淡化。一部分寺庙靠少数寺田过农禅生活,佛事活动成为多数寺院的僧尼、菜姑的重要经济来源。

新中国成立后,贯彻宗教信仰自由政策。"文化大革命"期间,泉州佛教被作为"四旧"而禁止,法器被没收,寺庙被占用,僧人、菜姑被驱赶出寺门。

1978年12月以后,国家宗教政策得到落实和贯彻。陆续退还寺庙,寺庙还都进行重修,僧尼和菜姑相继反寺住持,并先后收度一些知识青年出家住持。1982年以后,先后开放开元寺、承天寺、崇福寺、海印寺、铜佛寺、龙山寺、南天寺、普济寺、净峰寺、雪峰寺等。

延至清末,泉州佛教办出现一种特殊现象,即出现皈依佛门的"菜姑"。民国时期,泉州寺庙半数以上为"菜姑"住持,这加速了泉州佛教世俗化的进程,不少寺庙出现兼祀杂神的现象。1980年以后,落实宗教政策,归还寺产,僧尼返寺,逐步建立僧尼培训制度,创立女子佛学苑。泉州的开元寺、承天寺、崇福寺、雪峰寺等,建立起了正常的课诵制度。又建立佛教协会,与外地区和国外佛教组织进行宗教交流。泉州佛教走上正常轨道,扩大了社会影响。

泉州佛教对闽南文化的影响很大。

唐朝,泉州被誉为"泉南佛国"。宋代,随着泉州海外贸易的发展,泉州僧人聚集了大量财富,兴起了史无前例的造桥、造塔工程,这既有利于交通、经济的发展,又弘扬了佛教的文化。如泉州的万安桥、安平桥都为全国著名的跨海长石桥;泉州开元寺的镇国塔和仁寿塔,两塔均为石构,是全国唯一的大型石塔,以"刺桐双塔"而享誉海世界。两塔的人物雕像和万安桥、安平桥上的婆罗门金涂式石塔上的佛雕像,都是弘扬佛教文化的石刻艺术品。

泉州古代佛教建筑艺术很著名。开元寺"百柱殿"具有建筑艺术上的独特风格。

大雄宝殿屋架上的飞天雕刻,混合印度传入的佛教"嫔伽圣禽"的艺术和中国古代"飞人"艺术于一体。此外,泉州古代佛教石雕艺术也很著名,如九日山五代石雕弥陀坐像,法石乌墨山澳发现的五代立姿石观音雕像,清源山瑞像岩的宋代雕刻的碧霄岩西方三圣坐像,弥陀岩的弥陀立像等,都有很高的艺术价值。

佛教在泉州的历史悠久,社会基础很深,影响到各门宗教。宋元时代,传入泉州的伊斯兰教、基督教、印度教和摩尼教,为求其生存和发展,在它们的宣传讲道和生活习俗中,均称其崇奉神祇叫"佛"。如元代泉州基督教墓碑上,刻有"侍者长"、"大德黄公"、"匪佛后身,亦佛弟子"、"兼兴明寺住持"等。其中"侍者"、"住持",皆为佛教寺院管理人员的职名。"大德",即对和尚的尊称。"弟子",为表示佛门师承关系的名词。这里竟然把耶稣基督也称"佛",教堂也称"寺",足见元代泉州佛教对基督教碑刻中的飞天雕刻,大多的飞天头戴僧帽,或双手合十,或足不禅露,或跌从,或耳长垂肩,或身穿袈裟。这些无不受佛教雕刻艺术的影响。

晋江草庵摩尼教的摩崖上刻"摩尼光佛"、"祈荐考妣早生佛地"。这里把摩尼也称"佛"了。泉州开元寺大雄宝殿门楣上嵌一方印度教石刻门楣,上刻两个束腰飞天,扶持一方华带牌,上刻"御赐佛像",把印度教主神也称"佛",崇祯十四年(1641年),木庵禅师在开元寺作"六殊胜"和"八吉祥"诗,把"御赐佛像"作佛寺的六殊胜景称赞;把大雄宝殿后廊的两根印度石柱上的牡丹花石雕,作佛寺"八吉祥"胜景称颂。古代泉州佛教和印度教互为影响于此可见。

宋代泉州佛教出现儒、道、释合一,历元、明、清、民国而逐渐世俗化,愈来愈与民间杂神信仰结合,也与民俗相结合。人们突破佛门清规,观世音菩萨成为意识中的"佛祖",信徒认为观音"大慈与一切众生乐,大悲拔一切众生苦"。认为既能消灾添福寿,又能许诺人们的世俗愿望的祈求,即佛教更容易为下层民众所接受。在泉州佛教漫长的世俗化过程中,多数寺庙现佛、道、杂神共祀一庙、一堂的现象。如元初清源山纯阳洞裴仙人又祀观音。永宁虎岫寺唐为佛寺,后为真武庙兼祀杂神。又如万历间泉州通淮关帝庙祀观音大士。而今日承天寺内有小庙祀张巡、许远和关羽,以为辟邪之用。

唐朝后期,泉州就有南禅少林招庆寺。明代俞大猷把剑术回传河南登封嵩山少林寺。至今泉州仍流行"太祖拳"、"五祖拳",都是少林拳术的遗风。泉州佛教的音乐、书法和戏曲等都很有名。近代,泉州开元寺僧人,为适应群众做佛事的需要,组织大开元、小开元班和和尚戏班,称"打城戏"。音乐曲调是佛曲、道情调和木偶曲的混合,节奏是木偶、京戏和法乐的混合,演技则有舞蹈和南禅少林寺拳的配合,剧目具有浓厚的佛教色彩。此外,泉州佛教办举办的承天寺鹦山义学、开元慈儿院、温陵养老院、铜佛寺收养弃婴,以及抗战时期的义务掩埋队等义举,都对社会产生良好的影响。承天寺住持圆拙法师创办的"泉州佛教义诊",居士陈珍珍创办的泉州女子佛学苑,都造福了泉州的社会。

清初,泉州佛教黄檗宗外传日本,至今日本佛教黄檗宗派,还组团来开元寺谒祖。

清末以后,不少泉州僧人和菜姑远赴菲律宾、新加坡、马来西亚等国弘传佛教。如今,他(她)们又在国外募捐来泉州建造、修缮佛教寺庙。如开元寺、雪峰寺、崇福寺的重修,承天寺的重建,摩西寺、同莲寺、南天寺等的重修,对泉州佛教的发展起了很大的作用。

3. 基督教

基督教何时传入泉州,文献没有记载。泉州发现有纪年的较早的基督教碑是元至元十四年正月"戴舍王氏十二小娘"为其"故妣二亲"合葬刻立的汉字墓碑。元代,泉州的基督教很盛行,已经出土的基督教各类石碑有数十方,其中有宗教职业者和宗教官员。但是随着元朝的灭亡,泉州基督教也慢慢衰弱。近代基督教传入泉州,是在鸦片战争以后,随着不平等条约而进入的。近代基督教传入泉州主要有三派,其中以英国的长老公会传入泉州最早,势力最大。1856年,教士杜嘉德从厦门到安海传教。1863年,势力发展到泉州城内,然后逐步向晋江沿海、南安、安溪、永春、德化发展。至1900年,泉州地区的基督教会基本上属长老公会控制。近代基督教在泉州的传播是与教会创办学校、医院同盟进行的。这对近代泉州文化教育和医疗卫生发展起了积极的作用。

基督教对闽南的影响有消极的,但大多是积极的。基督教在传入闽南的初期,如在英文的基础上编写一套字母,既便于拼读圣经,又便于外国人学习厦门话,编写白话拼音《厦门音字典》,对外国人读汉字也起方便作用。清末以后,泉州社会上还流行妇女缠脚的陋俗。教会反对妇女缠脚,教徒的女孩不得缠脚,这就起着移风易俗的革新作用。泉州地区、晋江、南安等地,民间婚、丧、喜、庆多铺张,积习难移,已成陋俗。基督教反对铺张浪费,教徒婚丧,仪式简约。

4. 伊斯兰教

伊斯兰教何时传入泉州,学术界尚无定论。有人认为是唐武德年间穆罕默德派他的四大门徒来中国朝贡,后留中国传教,其第三、四门徒遂留泉州传教,逝世后葬泉州灵山,称圣墓。

这是伊斯兰教传入泉州的最早传说。但是谨严的史家大都不赞成此说。20世纪70年代,惠安出土10世纪波斯蓝色瓷瓶碎片。这表明10世纪泉州与波斯贸易频繁,伊斯兰教伴随传入是理所当然的,但是缺乏直接的证据。

但可以肯定的是,自13世纪中期至14世纪中期的100年间,大量阿拉伯、波斯穆斯林客商涌向泉州。他们在泉州建清净寺、设番坊。据泉州《重立清净寺碑》载,元代泉州城内的清净寺"增至六七"座。阿拉伯人蒲开宗举家从广州迁住泉州,对商贸屡立功劳,朝廷赏赐官职,父、子、孙的相继任官,对发展泉州的海外贸易,促进泉州伊斯兰教的传播有巨大的影响。伊斯兰马木鲁克王朝和中国的元朝,是泉州伊斯兰教传播的鼎盛时期。元至正十七年到至正二十六年(1357—1366年),泉州港的波斯人万户赛甫丁、阿迷里丁和市舶阿巫那,介入元末宫廷内讧的夺权斗争,泉州港巨额的税收,因此成为争夺的焦点。史称"亦思巴奚"战乱,泉州伊斯兰教受到严重打击。入

泉州灵山圣墓

明之后,朝廷宣布"禁蒲姓者不得读书入仕",伊斯兰教受到严重摧残。

明代,泉州回族内部出现了不少的儒士化知识分子,他们一方面淡化伊斯兰教信仰,另一方面在儒礼所涉及的典章制度里,找到了儒、道、释、回四者最根本的共同点,即对天要敬、奉天、法天,对已要其心诚敬,其行明洁。嘉靖、万历年间,泉州伊斯兰教势力衰退了,清代,泉州伊斯兰教有几次重兴,均由来官泉州的穆斯林捐资协助,并倡导教务,但终究衰微。1924年,许宝玉阿訇受北京回教总会的派遣,来泉州住持清净寺。

伊斯兰教对闽南文化的影响很大。宋元时代,阿拉伯、波斯穆斯林商人到泉州贸易,定居泉州,与当地汉人通婚,其后裔当地人称"半南番"。明朝中期,他们的人口繁衍,聚居点形成。他们有共同的民族生活习惯和民族心理,并且保留其祖先的伊斯兰教信仰,以当地汉语为其语言文字。伊斯兰教伴随海外贸易传入泉州,在文化方面留下深刻的影响。

北宋大观、政和年间(1107—1117年),泉州建立番学。所谓番学,即授番客以其国之文字的学校,或授其以中国文字的学校。古代每一座清净寺都是一座学校,阿訇教习阿拉伯、波斯文字。这种经院的教学形式,在泉州被长期沿袭下来,为伊斯兰教文化的长期流传提供了条件。明、清时代,泉州清净寺也教习"小儿锦",它是西北穆斯林创造的一种"经堂"文字,即用阿拉伯语字母拼写汉语,方便中国穆斯林学习《古

泉州清净寺

兰经》和《圣训》。被聘请住持清净寺的阿訇,不论住持时间长短,几乎都办学员班,教习阿拉伯文字,对中阿文化交流起了沟通和桥梁作用。

泉州回族语言里,还保留着不少阿拉伯的痕迹,特别在穆斯林中更是如此。如星期五礼拜日,即沿用阿拉伯语音称"主麻"日,"阿含抹",即世称长老,"布伯"者,即主管,"安拉"即真主,"以玛目"、"阿訇",即教长,清净寺的主持人。现今泉州保存数百方阿拉伯文字的清净寺碑和墓碑。这些都是在泉州遗存的文字实物。现在,泉州穆斯林在过春节时,则在自家大门口贴上阿拉伯文字书写的"清真言"。

现存泉州通淮清净寺大门门楼的三层穹顶,其建筑形式是仿阿拉伯、波斯和叙利亚清真寺的建筑形式。第一为藻井式尖拱穹形顶结构,第二层为藻井式龟背纹穹顶结构,第三层为甬道顶"拱拜"式圆顶盖。这座门楼混合伊斯兰和中国藻井式建筑艺术,是中阿合璧的建筑艺术佳作。

泉州古老的乐曲南音,以及著名戏剧梨园、高甲、木偶戏等戏种中,有一种重要乐器叫唢呐,声音清扬,音色优美,泉州人叫"暖仔"。西北穆斯林称为"苏尔奈",是从波斯传入的古老乐器。

军持是古代泉州的一种外销瓷器。"军持"一词,来源于印度梵语,意即水瓶。原为印度佛教僧人云游四方携带的贮水瓶。伊斯兰教传入南洋群岛和中国后,军持又为伊斯兰教徒所采用,用以盛水作为礼拜前的小净之用。因此军持成为伊斯兰教流行地区的一种销量很大的瓷器。宋元时代,德化屈斗宫窑、晋江磁灶土尾庵窑和蜘蛛山窑出产军持,泉州港成为大宗军持出口港。

5. 天主教

意大利的天主教是在元初从欧洲传入北京的,1313 年在泉州设立了一个主教区,明万历三年(1575 年),西班牙天主教会教士到泉州。明崇祯十一年(1638 年),泉州城东郊、水陆寺、东湖畔等三处,各发现一方十字架石刻,分别移入"桃花堂"、"圣堂"保存,这表明那时泉州城内有天主教堂。天主教在厦门的传播最早可追溯到明末。1575 年,奥斯定会马六甲主教马丁·德·拉达和修士加罗氏·马丁由马尼拉取道厦门到福州。同年又取道厦门返回马尼拉,成为最早踏上厦门的天主教宣教士。

明万历三年(1575 年),西班牙天主教奥士定会士德·拉达大主教到达泉州,向兴泉道官尹要求允许居留和传教,但遭到拒绝。明天启五年(1625 年),大学士叶向高邀请天主教艾儒略教士来福州,艾氏曾到泉州府城和永春县传教,吸收了数百名教徒。清雍正年间,因教会不尊重中国传统文化,提出的禁止中国教徒"用中国礼仪"而被禁绝。鸦片战争后,天主教再度传入泉州。

6. 日本教

清光绪二十二年(1896 年),驻厦门的日本教大谷派(东派)遣教士来泉州传教。泉州人因它是日本人的教,就叫它日本教。日本教属佛教,讲的是佛经,符合泉州人的信仰习惯,因此信奉的人不少。

后因教徒日多,购买城西北大寺后(开元寺后)民屋拆建教堂,颇具规模,堂中为观音厅,龛内塑释迦牟尼立像。厅可容纳三四百人坐席。教徒礼佛,依照泉州人习惯,定于阴历每月初一、十五、二十八日。礼佛仪式于上午举行。教士供奉花果,烧香点烛,诵经、敲钟,然后说法。

泉州人称观音大士为佛祖妈,每逢阴历二月十九日,六月十九日和九月十九日,称为佛诞。这几天泉州的日本教堂教要事事铺张,设宴演戏,招待泉州的地方官员和绅士,地方官绅也雇布袋戏、小梨园戏以应酬。

泉州大寺后的日本教教堂,全称是"大日本真宗大谷派本愿寺布教所",系属东教。为传教方便,在教堂设立医院和漳化学堂,学堂分普通科、专修科两种,学制三年。日本教士田中善立兼堂长,小岛由道、川村启吉为教员,又聘请当地人为汉文教师。普通科修日文、算学、中外史地、理科、汉文、修身(四书、五经、尺牍)、唱歌、体操、图画。专修科修日文和科学技术常识。全校学生 50 人左右。汉文都放在下午学习,由秀才吴国恒及王锡丹、何祝尧授课。普通科毕业一届,专修科中途停顿了。田中善立在泉州传教和教学过程中,注意调查福建和台湾的社会,著有《南靖与台湾》(一名《南支那与台湾》)一书。许多日本人到泉州,都寄宿日本教堂。

其时泉州新门街有洪氏大族人洪浦南,想另树一帜,到厦门联络日本教西派教士来泉州,在新门街洪姓大厝另立日本本愿寺真宗派西教堂,但势力不及东教,活动不久便停顿了。

辛亥革命前夕,日本教士曾一度离开泉州。民国初年,又派遣教士继续住泉州日本教堂。最后一任教士大内正雄,卒葬教堂内。1915年,袁世凯承认日本帝国主义者的"二十一条卖国条约",中国掀起反日高潮,泉州的日本教也就销声匿迹了。这所教堂,以后改为西隅学校。

7. 印度教

印度教是公元8世纪婆罗门教糅合佛教和耆那教某些教义,经过改革而改称的印度教派。婆罗门教何时传入中国,史学界有不同的看法,一般认为循海路和陆路传入。

秦汉时期,婆罗门教的势力已初植于越南南部,有可能于秦汉时期在华南作蠕动式的传播。对狗的崇拜,是波罗门教的遗风。爪哇发现波罗门教石雕狗像,中国的海南岛、广州和泉州教有膜拜狗将军的小庙,可能是波罗门教的遗绪。泉州临漳门外(新门外)的"石祖"(俗称"石笋"),可能是早期波罗门教的遗物。

宋初,泉州人认为"石笋"与风水有关,因为它既象征着生命的再生,与婆罗门教湿婆神的功能是一致的。后来泉州"石笋"的崇拜融入民间信仰,人们认为对它崇拜可以人丁繁衍,仕进发达,所以保存至今。

元代泉州的印度教寺庙,祭坛有多处。泉州出土的印度教神话故事石刻,反映了泉州的印度教有不同的派别。如开元寺大雄宝殿后回廊的两根十六角形石柱上有毗湿奴的雕像,南校场上出土立姿毗湿奴雕像和摩罗、猴王哈努曼的石雕门框石。这一切表明元代泉州有印度教毗湿奴教派创建立毗湿奴神庙。印度教湿婆教派崇拜男性生殖器,又视牛为神圣,泉州发现的元代湿婆石雕神像、"磨盘"石雕和石牛,这表明元代泉州有印度教湿婆教派创建的湿婆神庙。

20世纪20年代以来,泉州城区出土和发现大批印度教石刻,它们是湿婆神庙、毗湿奴神庙和祭坛的建筑构件。如十六角形石柱、半人半兽柱础、哥林多式柱头。半鸟半兽门楣石、莲花瓣门框石、圆弧形屋盖石、雕刻湿婆神像的壁龛石、雕花梁架石、兽面人石雕、人面羽翼石雕、人面狮身石雕、毗湿奴立雕石像、石卧牛,以及十六角形石柱上雕刻的印度神话故事和刻有"御赐佛像"的门楣石等等。其雕刻艺术及风格,则受到泉州石匠工艺的深刻影响。石刻上常可以看到素为我国人民所喜爱的传统图案花纹,如双凤朝牡丹、狮子戏球、海棠形图案及菊花案、母鹿教子等。泉州这批印度教石雕,带有浓厚的古希腊艺术风格。如哥林多式柱头石、半人半兽柱础石、半鸟半兽门楣石、人面狮身间柱石,以及印度风格的用蛇作为图案的门框建筑石构件。这些泉州印度教神庙、祭坛的遗物,是中国与印度、希腊文化交流的物证。

8. 摩尼教

摩尼教,由波斯人摩尼创始于3世纪,唐初传入泉州,称为明教。宋元时期,泉州海上交通贸易日益频繁,泉州成为世界闻名的"东方大港",各种外来宗教在当地落足。泉州最早的摩尼教传播是由海上丝绸之路传入的,唐末以后摩尼教在中国的传播,已逐渐发生了变异;或混入道教、佛教等其他宗教的教义和成分;或借存于道、佛等其他宗教中。其教义崇尚光明、反对黑暗,故亦称"明教"。但因摩尼教处于非法地位,又与民间巫术结合,逐渐改变了原来摩尼教的性质,而成为民间驱鬼逐魔的民间宗教。此后的中国明教,也主要是在社会的底层中流行,而许多农民起义则利用为组织起义斗争的思想工具。一些农民起义军入闽都是持明教而来的,北宋时,明教在浙江、福建十分流行,摩尼教的经文还得到官方的承认。此时,为避闽王曦之乱,许多泉州人迁徙温州,明教也随移民进入温州。而据《西山杂志》载:南宋绍兴十八年(1148年),"在石刀山之麓"的"龙泉书院"之后建寺,寺曰"摩尼寺"。可见,在宋元时期泉州已有摩尼教寺,说明了元以前泉州摩尼教传播的存在,甚至是公开传教的。元代,明教更为兴盛,所以政府必须派遣"管领江南诸路明教、秦教"的高级僧官驻扎泉州。

至明代初年,因其明教教名上逼大明国号而为朱元璋所不容,下令禁止,拆毁寺庙、驱逐僧侣,摩尼教从此一蹶不振,逐渐被其他宗教所融合。到了清代,明教遗址大多湮灭。晋江市罗山镇苏内村华表山麓的草庵明教寺,是唯一保留至今的元代明教寺。

草　庵

"焚我残躯,熊熊圣火。生亦何欢,死亦何苦?为善除恶,惟我明教。喜乐悲愁,皆归尘土。怜我世人,忧患实多。"——这便是金庸笔下豪杰云集的中土明教的宗旨。2004年金庸来到草庵时就感慨:"草庵说明明教不是我杜撰的。"并欣然为晋江市博物馆题写了"熊熊尊火光明之神"的墨宝。

如今,摩尼教、印度教在泉州虽早已失传,日本教后在泉州绝迹,但在晋江华表山尚留有举世稀有的摩尼教珍贵史迹——草庵。经过千百年的变化兴替,如今泉州尚有道教、佛教、伊斯兰教、基督教和天主教的寺观教堂五六百座。此外,还有少量的官方信仰乡土神祇小宫庙数千座。由于宗教逐渐走向世俗化,有些寺庙把佛、道、乡土神祇一同奉祀,兼容并蓄,它们各自拥有不少信教群众。

四、闽南多种宗教融合的成因[①]

闽南多种宗教集中在泉州。泉州古属"七闽"之地,与"楚蛮"、"戎狄"并称,与中原相比开发较晚。所在地势背山面海,丘陵多而土地少,开发农业有限,有利于发展海外交通。中原地区虽然较早进入文明时代,然因利益所在,政权争夺,自春秋战国以来遂成多事之地,其"问鼎"、"逐鹿"的对象大多集中在黄河与长江的中下游地区。而闽南地区多山陵丘壑,地产贫瘠,且远离中原权力中心,因此自古以来战事较少,社会比较稳定。这样就在中原发生战乱、民生维艰之时,成为中原民众避乱迁移的理想地方,而原有传出地区的宗教信仰与民风民俗也随之进入迁移之地。由于这样的原因,道教与佛教都是在产生形成不久之后,就经由江南与岭南地区随着移民的步伐传进了闽南泉州。此外,泉州有着天然的港湾条件,经过魏晋至隋唐的长期开发与经营,到宋元时期樯桅林立,商客云集,成为当时中外交通的前沿海港。因此自隋唐至明清,中东、南亚与西方的各种宗教传统先后传入泉州,使泉州成为多元宗教文化并存的特殊之地。

中外宗教由于泉州的特殊地理条件得以先后传入,这只是泉州地区自身具有的客观物质条件。宗教属于文化的范畴,倘若文化传播的区域不具备接受外来文化的主观因素,那么文化的交流与融汇将很难成功。因此,众多文化传统不同的宗教之所以能够在泉州取得生存空间并能长期和平共处,其根本原因即在于闽南文化的特殊性格,这种闽南文化的特殊性格即是其复合性与开放性。闽南文化渊源于古代的闽越文化,而从历史的角度来看,闽南之地的闽越文化遗存资源却极为有限。从春秋战国至秦汉之际,闽越文化的重心是在越王勾践后裔所建立的闽越国,即今以福州为中心的闽东地区,而偏处闽南的泉州之地是迟至三国孙吴时期才正式设立东安县进行管辖的。汉武帝时期,中央政权出兵平定闽越族的反叛,将闽地原住民强迫迁往江淮地区,"以虚其地",能够留下的仅是避于山区偏僻之地的少数人。因此,后来福建的人口构成主要来自三大部分:其一为内迁以后侥幸留存下来的少数原住民;其二为中央政府为填补空虚之地从长江流域或其他地区迁入的人口;其三则为中原动乱之时大量迁入的"衣冠士族"。福建文化(包括闽南文化)已经是中国多种地域文化长期融合的产物,即原有的古代"七闽"文化、江南地区的吴越文化、长江中游的荆楚文化、黄河流域的中原文化,甚至还包括部分山东地区的齐鲁文化等,显然这是一种特征突出的复合性文化。从文化的衍变历程来看,单一的主体文化具有较强的延续性与传承性,然而往往也有着比较顽固的封闭性;而复合性文化很难孕育形成"吾道一以贯之"的一元化的文化精神,大多具有多元化的综合文化精神,而在中外历史上与这种多元

---

① 参见黄海德:《泉州地区宗教文化特征论略》,《成都大学学报》(社科版)2005年第3期。

化的综合文化精神同时并存的就是文化的开放性,譬如中国古代的盛唐文化与当今世界的美国文化。因此,正是这种具有复合性与开放性特征的闽南文化的主体因素,才能得以在闽南之地接纳中、西、印的各种宗教文化,形成泉州地区多元宗教共存发展的文化繁荣局面。

第二节 闽南宗教文化的特点[①]

泉州位于闽南沿海,地非通衢,境域有限,然而却能引入中西文化而长期和谐相处,多元共存,深厚的宗教文化积淀,构成泉州地区宗教文化的多样性特征,成为以"世界宗教博物馆"著称的历史名城,其特点形成的原因,既有泉州的特殊地理条件,也有深层的闽南文化因素。因此,我们以泉州为例,来介绍闽南宗教文化的特点。

一、多元性和兼容性

泉州的居民大多是在不同历史时期从中原迁徙而来的后裔,有一小部分是外来民族的后裔,所以,泉州的宗教文化是以儒家文化为主体,兼容了民间宗教和外来宗教。泉州的原始宗教以蛇作为图腾崇拜。从秦朝到唐代,大量的汉人多次入闽,带来了中原文化,佛教、道教就跟随南迁的移民传入泉州。从唐代开始,泉州成为中国的重要港口,对外经济、文化交流更加频繁,伊斯兰教、基督教、印度教、摩尼教的传入使泉州成为世界宗教博物馆。道教在东汉年间(25—220年)就开始传入福建,泉州的道观散布很广,信奉者应不在少数。泉州地区最早的佛教古寺是延福寺,据记载延福寺始建于288年[②]。南朝时印度高僧拘那罗陀曾在延福寺翻译《金刚经》。泉州开元寺始建于686年,在宋、元、明曾扩建、重建。唐代印度高僧释智亮曾来开元寺弘法,住东律院。中国雕版印刷的佛教经典也被僧人带到了日本、朝鲜。1217年日本僧人庆政离开泉州回日本时,带回了福州版的大藏经。五代泉州招庆寺僧人静筠二禅师编的《祖堂集》在朝鲜开雕,并保存在朝鲜海印寺,成为珍本。

伊斯兰教在唐代传入中国,泉州灵山有"圣墓",据明代的何乔远《闽书》介绍,这是唐初来泉传教的穆罕默德门徒三贤、四贤的墓地。泉州艾苏哈卜清真寺建于1009年,根据陈达生同志的考证,泉州现存伊斯兰教寺门楣石刻4个,重修寺碑、建寺碑各1个,说明泉州历史上曾经存在过六七座清真寺。这反映了宋、元之际泉州存在许多穆斯林,现在保存在泉州海外交通史博物馆内的200多方伊斯兰教墓碑石证实了当时泉州穆斯林人数的众多。他们中的一些人与汉族通婚,在泉州地区繁衍生息,晋江

[①] 参见陆芸:《泉州的宗教文化特点》,《西北民族大学学报》(哲学社会科学版)2004年第3期。

[②] (乾隆)《泉州府志·延福寺》。

陈埭丁氏、惠安百奇郭氏就很典型。基督教在唐代贞观九年(635年)第一次传入中国,中国称之为"景教"或"秦教",属于聂斯脱里派。唐会昌五年(845年),唐武宗禁佛灭教,景教也不能幸免,北宋时景教在内地已不复存在。元朝时聂派第二次传入中国,同时另一教派方济各派也传入中国,1294年罗马教皇特派孟德哥维奴到北京做方济各派的总主教,孟德哥维奴派了3名意大利人来泉州做方济各派主教。目前,泉州发现的基督教碑刻属于两种不同的教派,大致都是元代的,元代以前的只发现一块①。明万历十年(1582年),基督教第三次传入中国,意大利耶稣会教士艾儒略,在福建活动25年,足迹遍及南平、建瓯、福州、泉州等地。清雍正五年(1727年),基督教第四次传入中国,意大利传教士马尔蒂尼(卫匡国)、西班牙天主教士塞拉莫雅都到泉州进行传教活动。摩尼教在唐会昌年间(841—846年)由呼禄法师传入福建,宋、元时期福建成为中国摩尼教的主要活动中心。

晋江草庵现保存有世界唯一的摩尼雕像,草庵前还曾出土过"明教会"字的黑釉碗和60多块残片,这些碗片是摩尼教教徒的食具,这些都说明草庵曾是摩尼教的重要活动据点之一。印度教在北宋(960—1127年)通过海路传入泉州,泉州曾建有规模宏大的印度教寺院番佛寺,其石刻虽已散布各处,但仍能感觉到番佛寺原先的宏伟。泉州的土著居民是很少的,其居民大多是在不同历史时期从中原迁徙而来的汉族后裔,有一小部分是外来民族的后裔。佛教、道教对泉州的影响很深,除佛教外,其他外来宗教在泉州不是社会的主流文化,所以它们的影响是有限的,而且有一些外来宗教随着时间的推移而消失,如印度教、摩尼教;伊斯兰教从明代开始在泉州的影响也逐渐衰退;虽然基督教曾先后四次传入泉州,但直到18、19世纪基督教在泉州的影响才开始显现。总的来说,泉州多种宗教盛行的情形持续了唐、宋、元三个朝代,超过700年,这些外来宗教在泉州传播过程中都出现了一些与当地主流宗教融合的现象。佛教从汉代传入中国,到唐朝成为中国主流文化的一部分,由于禅宗用儒家的观点来解释佛教的世界观,把佛从遥远的彼岸拉入内心,心就是佛,把渐悟改为顿悟。用儒家的宗法制度改造佛教戒律,制定出适用于中国禅宗的戒律。禅宗的兴盛与一些福建僧人有关,因为他们是创始者或中坚力量,如怀海、灵佑、希运、义存等。泉州偏于福建一隅,受到儒家的强烈影响,氏族宗法是社会底层构建中最主要的要件,家族寺庙修建体现了血缘和神权的结合,泉州人既在家庙、族庙中供奉祖先牌位,又供奉与本族关系密切的神明。家庙、乡庙也是泉州地区民间管理的中心,既可以调解民事纠纷,又可以解决经济争端乃至管理教育、慈善工作。

这样,泉州人普遍信奉鬼神的现象得到了很好的解释,因为人们关心的是自己的愿望能否实现,至于所祭拜的是何方神圣,那无关紧要。而且通过家庙、乡庙也加强了家族内部的团结和扩张,保护家族的势力范围甚至对外扩张,这样,宗教的力量不

---

① 吴幼雄:《元代泉州两方基督教(景教)墓碑研究》,载《泉州港与海上丝绸之路二》,中国社会科学出版社2003年版,第460~489页。

仅巩固了家族的社会地位,也强调了家族利益的最大化。泉州独特的宗教兼容性与这些因素息息相关,同时出现了佛教、道教与民间宗教的神明,乃至祖先牌位同时供奉在同一寺庙的现象。

二、海洋性和开放性

泉州有430千米的海岸线,港湾众多,是对外贸易的重要港口,有利于文化的吸收和传播,妈祖信仰就随着移民的步伐传播到了世界各地。道教、佛教、伊斯兰教、基督教这四大宗教,能在泉州和平共处,相安无争,在全世界来说是不多见的。泉州还有众多的民间保护神,如妈祖、广泽尊王、清水祖师等,如此众神共处同一蓝天下,形成了泉州独特的宗教景观。这些与泉州特有的开放性是分不开的,而开放性一与泉州的地理因素和人文环境有着密切关系。

泉州依山面海,境内戴云山脉从东北部向西南延伸,地势西北高东南低,呈阶梯状倾斜,依次为山地、丘陵、平原。气候属南亚热带海洋性季风气候,湿润多雨,四季常青。泉州土著居民的人数很少,居民大多是历代移民的后裔,也有一部分是外来民族的后裔,所以泉州接受外来文化的影响是必然的。汉唐时期,政府注重道教、佛教的传播,所以当时泉州道教、佛教的影响较大。宋、元时期,政府对宗教采取了"兼容并包"的举措,各种宗教寺院林立,民间地方保护神大量出现,随着宋、明程朱理学的兴起,儒家吸收了道教、佛教的内容,成为社会的主流文化,外来宗教和民间宗教都出现了向主流文化靠拢的趋势,这一趋势在明朝达到了高峰。明太祖朱元璋以恢复中国传统礼教为己任,提倡程朱理学,对宗教采取了严格控制的措施。即便这样,泉州对地方保护神的崇拜还是禁而不止,出现了向政府讨取封号、自行附会封号、以有功于地方的有道之神面目出现等多种形式,这样做的目的在于取得合法的地位,使对地方保护神的崇拜得以顺利进行。旧时,泉州城被划分为不同的铺境,当地居民视铺境为神圣之事,整个泉州城分成东西两佛,下面分为36铺。大铺下面再分为数境,每境都有自己的神明,叫境主。每铺祭祀的神明叫铺主,各铺各境信奉的神也不尽相同。泉州有记载的寺庙有上百座,未被记载的小宫小庙更是不计其数,其信奉的神祇至少有100多种①。这种海纳百神的崇拜使泉州的宗教信仰十分繁杂,既有全国性的神明如观音、关帝,也有福建省的神明如妈祖,还有地方的神明如清水祖师,更有铺主和境主之别。由于泉州地区山地、丘陵面积多,平原面积少,而且泉州平原是海湾海漫滩涂淤积而成,直到唐宋时期才逐渐形成并被开垦利用,所以,泉州具有陆地文明和海洋文明的双重特征。长期生活在海边上的人会产生一种冒险、探险的心态,面临变化莫测的海洋,人们需要随机应变、避险趋安,化险为夷。这种外向型开放心态使泉州人很早就同外域发生关系,敢于向海外开拓,甚至远涉重洋。所以泉州籍的海外侨胞、侨商数量很多,这也是泉州海洋文化商业特征的反映。泉州有重商的习惯,历代

---

① 泉州市鲤城区地方志编委会、泉州市区道教文化研究会:《泉州旧城铺境稽略》,1990年。

泉州人弃儒入商、弃农经商的不在少数,还有的人亦商亦儒,他们"朝为原宪暮陶朱","只博黄金不博诗"①,早晨读书,傍晚经商。原宪是孔子的学生,陶朱是商人的始祖范蠡。这种开放的、变通的心态也影响着泉州人的宗教观,他们对于外来宗教见怪不怪,欢迎而不排斥,从中吸取有用的成分。

明代泉州人李光缙认为儒家与佛教、儒家与伊斯兰教有相近的地方,如果从佛教、伊斯兰教中学习好的、有用的东西,那么都会有所得。反之,则得不到提高②。正是这种宽容、包容的心态使许多外国商人、旅行家、僧侣汇集泉州,出现"市井十洲人"的繁荣景象。泉州曾同世界上100多个国家有贸易往来,著名的旅行家马可波罗和伊本白图泰都在其游记中记载了泉州的盛况,保留至今的艾苏哈卜清真寺、灵山圣墓、草庵摩尼像,以及许多伊斯兰教、基督教、印度教石刻,反映了当时外来宗教在泉州的盛况。外来宗教既然能传入泉州,泉州的宗教也能传播出去。佛教、道教和民间宗教随着移民的步伐传播到东南亚各国。最典型的例子就是海神妈祖,妈祖本是福建湄洲岛上的一民女,经过宋、元、明、清历代帝王的加封,她成为海上航行的保护神。在中国沿海的港口,几乎处处可以见到妈祖庙,在日本、朝鲜、新加坡、马来西亚、印度尼西亚、越南、泰国、菲律宾等国家都有妈祖庙宇或祀奉场所。另外,泉州通淮关岳庙的香火也远播东南亚,仅菲律宾就有几十座。清水祖师、郭圣王的庙宇也遍布印度尼西亚、马来西亚、新加坡、菲律宾等国。海洋成了宗教传播的路径,"海上丝绸之路"也是条宗教传播之路。

三、实用性和变通性

虽然泉州的宗教信仰十分繁杂,但仔细观察,可以发现泉州人对宗教采取了实用的心态。佛教、道教渗透到民间宗教中去,其礼仪为民间宗教大量吸取。道教的内丹修炼成为民间宗教的重要内容,关帝、城隍、瘟神等民间神祇逐渐成为道教的神祇。明代以后,道教、佛教都出现了衰退和世俗化的倾向,与此同时,对民间神祇的崇拜有增无减,人们希望生活幸福,远离灾难。至于所祭拜的是何方神圣,以及他们的教派、教义等,反而是无关紧要的。

这样,就出现了多种宗教混杂的现象。在寺庙史迹体现得尤为明显,如晋江城关晋州孔庙的大成殿墙壁砖头上有道教的八卦图案,晋北道教的天心洞旁有"水观音"和"王文昌夫子"并立,永宁的虎岫寺殿堂上有玄天上帝、如来佛祖、四手观音、孔夫子等塑像。一般寺院也附带设坛祭祀关公、上帝公、夫人妈、土地公等。泉州城内县后街有一白狗庙,主祀白狗,其后殿则附祀真武帝、文昌帝君和田都元帅。同样的情形也发生在外来宗教上,泉州开元寺的后殿有一对印度教的石柱;草庵的摩尼像胡须被敲断了一节,想把摩尼变成释迦牟尼,所以草庵是一座佛化的摩尼寺。凡此种种,都

---

① 刘克庄:《泉州南廓二首》,载《后村大全集》卷一二。
② 李光缙:《重修清净寺碑记》,泉州伊斯兰教石刻。

说明了泉州人对宗教采取的实用心态,即为我所用。这种实用主义心态还反映在他们的变通性上。宋、元时期,伊斯兰教是泉州主要的外来宗教,在经历了元末"亦思巴奚"战乱和明初排斥色目人浪潮后,一些家族如蒲、金、苏、林等当时就脱离了伊斯兰,另一些家族虽然起先还保持着伊斯兰教信仰,但伊斯兰教的传播已受到了很大挫折,反映在为自己家族取汉姓,修撰家谱,冒以名人为先祖,许多风俗改随汉俗,以致最后逐步放弃伊斯兰教信仰。例如,白奇郭氏家族伪托唐朝名将郭子仪为其先祖,陈埭丁氏家族的七世祖丁养静舍弃原先的家谱记载,以北宋名人丁度为先祖,林(李)姓家族的李广齐改姓林为李,并删去林姓后裔世系,以李氏世系图修谱。

元朝灭亡后,基督教在中国的传教活动沉寂下去,16世纪中后期基督教在中国重新活跃起来,由于天主教耶稣会传教士来华主要通过海路而来,所以泉州也曾有2位西班牙传教士拉达和马林来过,虽然未能得到官吏的允诺进行传教活动。对福建天主教传播贡献最大的是艾儒略,他精通汉语,知识渊博,善于交际,首先在扬州、常熟、杭州传教,1625年来到福州,以后足迹遍及福建各地,在福建共建大教堂22座,小教堂不计其数,受洗约1万人。他提倡"耶儒和流",认为天主教教义和儒家学说是相似的,努力把天主教教义和儒家学说融合后进行传教,允许受洗入教的中国教徒参加"敬孔"或"祭祖"活动,得到了知识分子和百姓大众的认可,他被认为是"西来孔子"。

由"中国礼仪之争"导致的康乾年间的禁教和排教运动,使福建天主教的活动由公开转入地下,出现了天主教与民间宗教相结合的趋势①。两种不同的宗教文化,在政府严厉打击的高压政策下,居然达成了某种认同,再一次说明了宗教间的变通性。

泉州宗教文化的特性是相互包容的,多元性和开放性是息息相关的,兼容性和变通性也是有联系的。这种无心的、没有意识的宗教对话方式深深影响着泉州人的生活和他们看待世界的观点,他们用开放的眼光、冒险的精神,吸取外来宗教的内容,同时也丰富了他们的生活。由此可见,外来宗教在中国的传播过程中,或多或少都出现了向儒家思想靠拢的势头,佛教、基督教如此,伊斯兰教也不例外。明末清初,在江南出现伊斯兰教汉文译著活动中可以发现儒家思想对中国伊斯兰教的影响和渗透,这说明了儒家思想作为中国社会的基础文化,它的影响力是广泛和深远的,影响到社会体制、政治体制乃至家庭、生活的各个方面。外来宗教要在中国生存下去,必须融入当地的生活,而儒家文化无疑是最佳的切入点。当然,儒家文化也是在不断发展的,它也曾吸取了佛教、道教的某些思想和观点。这种宗教融合的趋势对于我们处理当前纷乱复杂的国际局势也是有启发的,塞缪尔·亨廷顿认为"21世纪是作为文化的世纪开始的,各种不同文化之间的差异、互动、冲突走上了中心舞台","文化的两个

---

① 杨钦章、何高济:《对泉州天主教方济各会史迹的两点浅考》,《世界宗教研究》1983年第3期。

核心要素是语言和宗教"①。所谓没有宗教的和平就没有国家间的和平,宗教间的对话是各种宗教面临的共同挑战,如何进行有效的对话,消除彼此的误解,加强合作,对于21世纪的世界和平显得尤为重要。

第三节 闽南宗教文化对海外的影响

各类宗教随着闽南人的足迹传遍世界各地。明、清时期,随着台湾的开发,许多闽南人渡海到台湾垦殖,道教也东传台湾。同时,西方殖民者东来,占据东南亚各地,为了掠夺当地资源,需要大量的劳动力。其时,苦于残酷封建掠夺和战乱的闽南人,迫于生计,大量移民东南亚各国。鸦片战争后,根据不平等条约,有更多的泉州苦力被往东南亚、美洲和澳洲。闽南的宗教文化亦随移民向世界各地传播。

一、闽南宗教文化对台湾岛的影响

在闽南的多种宗教中,佛教信仰对台湾的影响最大。我国现代著名高僧广钦和尚(1892—1986年)被台湾佛教界誉为"圣僧"、"一代高僧"。他少年出家,1947年以前在福建泉州清源山和承天寺弘扬佛法,专修念佛禅定法门。1947年6月,他赴台湾。在台湾的40年间,为了弘扬佛法,他致力于三件大事:一是建寺安僧,先后在台北、高雄、台中、台南、花莲等市县创建了广明寺、广照寺、日月洞寺、承天寺、广龙寺、广承岩寺、妙通寺等一系列庙宇,以安顿僧人。二是讲授开示,以动人的辞藻弘扬佛法,发展佛教弟子。三是传授三坛大戒,延续佛教文化命脉。广钦和尚为闽南佛教文化在台湾的传播与发展付出了毕生的精力,做出了重大的贡献,达到了"法雨普施台湾,甘露滋润大陆"的效果。这一善举为台湾佛教界认同大陆佛教文化,达成共识奠定了基础。

在民间宗教信仰方面,由于闽南是台湾人民的主要祖籍地,在台湾人中闽南人占有相当的比重,而且最早入台开发的移民主要是闽南人。在地缘、血缘、神缘关系上,闽南与台湾极为密切。台湾流行的民间宗教文化大多来自闽南,闽南民间流行的宗教文化在台湾几乎都可看到它的影响,如妈祖、保生大帝、清水祖师、广泽尊王、青山王、开漳圣王以及众多的王爷信仰等,其中妈祖和保生大帝信仰尤为广泛。据有关资料,仅妈祖和保生大帝这两尊神在台湾就分别有500余座和400余座的神庙。郑成功收复台湾后的第二年(1662年),泉州人就在台湾建起了台南天妃宫。1668年又在鹿港建起了鹿港天妃宫。清康熙二十二年(1683年),施琅收复台湾后,他向康熙皇帝上奏,认为"泉州神女天妃显灵,协助平台有功"。次年,泉州的"天妃"升格为"天后";施琅在台湾的台南建造大天后宫;随后,又在台湾的台中、嘉义、淡水、彰化等地,

---

① 张力、刘鉴唐:《中国教案史》,四川社会科学院出版社1987年版,第15页。

建起了从泉州"天后宫"分灵出去的天后宫多座。因为台湾是个海岛,妈祖又是海上救苦救难的"女神",所以妈祖信仰遍及台湾各地。从偏僻的乡村到繁华的城市,到处都建有妈祖庙。因此,闽南民间宗教文化不仅是在台湾的闽南移民维系群体团结、寄托思乡恋土之情的重要形式,而且对于强化台湾人民寻根拜祖的观念、激发台湾同胞的爱国热情、维护祖国统一也产生了积极的作用。

二、闽南宗教文化对世界各地的影响

闽南是福建省的主要侨乡。闽南华侨华人遍布世界各地。随着闽南华侨华人的足迹,闽南民间信仰也在世界各地广泛传播。妈祖信仰、广泽尊王信仰、清水祖师信仰、保生大帝信仰是闽南民间信仰的主要代表,即闽南主要民间信仰。妈祖信仰是闽南一项非常重要的民间信仰。据学者研究,目前全世界有妈祖庙135座,比如,清道光二十一年(1841年)印尼泉州华侨即参与创建了中爪哇南旺的慈惠宫,奉祀妈祖;马来西亚永春华侨于清光绪三年(1877年)在马六甲永春会馆中建造了天上圣母殿等等。在港澳地区也同样可看到闽南民间宗教文化的影响。比如,妈祖信仰在港澳地区独特的经济社会文化氛围中仍然得以存在与发展,两地都有中心庙宇,祭神活动规模浩大,具有相当的影响等等。

广泽尊王灵迹显著,因而闽南出国华侨便把其信仰传播到海外。目前见之于史籍记载的海外最早的广泽尊王庙,是1836年新加坡南安华侨梁壬癸发起的侨居地创建的新加坡凤山寺。接着,印尼、马来西亚、菲律宾、泰国等地的广泽尊王庙也纷纷建立。缅甸、荷兰、加拿大等国也建有供奉广泽尊王的庙宇。据载,目前海外各地的凤山寺共达100多座。

闽南出国华侨也把清水祖师信仰传播到海外。1574年(明万历二年),华侨就在泰国北大年建造庙宇,供奉清水祖师,称"祖师公祠"。这座祖师公祠是较早的华侨庙宇之一,也是东南亚最早的清水祖师庙。19世纪30年代以后,新加坡、马来西亚、印尼、缅甸、泰国、菲律宾、越南等地又陆续建起了不少供奉清水祖师的庙宇。由此可见,清水祖师信仰在海外华侨华人中是很盛行的。

明天启三年(1623年)日本三江帮华侨便在刚创建的兴福寺中附祀保生大帝。后来,保生大帝的神像或香火又不断被迎往印尼、菲律宾、马来西亚、新加坡等地奉祀。不少华侨华人还在家中供奉保生大帝,新加坡华人史学家邱新民先生在介绍20世纪50—60年代新加坡华人在家中奉祀的神灵中,即有保生大帝一尊。保生大帝信仰在华侨华人中的影响于此可见一斑。

闽南华侨把祖籍地的民间信仰神明带到侨居地以后,一般都建庙奉祀。由于供奉同一神灵的华侨,一般都是来自同一地域的乡亲或同一宗族的宗亲,因而供奉神明的庙宇便成了他们聚会的地点、联络的场所。新加坡早期漳泉华侨创建供奉福德正神的恒山亭,主要用来办理乡侨丧葬祭奠事宜,但其时闽侨比较严肃的集会和议事也都在这里举行,事实上已经成为闽籍华侨的总机关。另一方面,我们从不少宗亲会、

同乡会(即会馆)与寺庙同处一所的情形,也可以想象到庙宇在会馆成立过程中的作用。例如,马六甲安溪会馆四楼的蓬莱殿中供奉着清水祖师。缅甸旅缅晋江公会大楼直称"旅缅晋江公会城隍庙",底层供奉石狮城隍及城隍夫人等神明。

从以上种种情况,我们可以清楚地看到,寺庙在各种会馆成立过程中是发挥过不可忽视作用的。我们知道,华侨华人宗乡社团等各种侨团组织是促进华侨华人社会的发展而产生的,并在其发展过程中发挥过很大的作用。因此,可以说各种寺庙(即民间信仰)在联络乡侨共同奋斗以推动华侨华人社会发展的过程中,也是发挥过很大作用的。

华侨身居异域,心怀故国,时刻思念自己的祖籍之地、桑梓故里。由于他们所供奉的神明都是从祖籍地带过去的,他们对神明的信仰就不仅是一种精神慰藉,也成了他们对故土思念的象征。闽南华侨也是一样。

同时,我们从他们在建筑寺庙时的一些行动以及有关祭祀活动,也可以进一步窥见他们这种不忘故国的心境。漳泉华侨在建筑新加坡天福宫时,所需材料是从故乡运去的;而在建筑印尼中爪哇供奉妈祖的南旺慈惠宫时,建筑工匠均从家乡聘请而去;泰国普吉福元宫的庙貌与闽南宫庙几乎一样。新加坡凤山寺"所供奉的神像及香炉,皆来自南安凤山寺"。

华侨华人还如在故乡时一样,在他们所供奉的神明诞辰或其他纪念日举行庆祝活动,借以联络乡亲情谊。由于华侨华人把建筑庙宇的一木一石、建筑形式、神像香炉、庙宇名称乃至庆祝活动都与故乡联系起来,可见其故国情怀之深厚。民间信仰的纽带作用也于此可见。基于此,闽南民间信仰经由国内传播到国外以后,又由国外反馈到国内,即不少华侨华人捐资前来国内修建有关庙宇。自从我国实行改革开放政策以来,华侨华人捐资前来闽南祖籍地修建庙宇者就更多了,如泉州天后宫、泉州通淮关岳庙、石狮城隍庙、晋江深沪宝泉庵、青阳石鼓庙、德化石牛山石壶殿等,皆有华侨华人捐资参与修建。不少华侨华人还在此基础上进而前来中国投资创办企业。因此,目前继续运用华侨华人民间信仰这一纽带,借助他们的资金和技术力量来加速我国的社会主义现代化建设,仍然有着积极的现实意义。

闽南宗教随着华侨出国,传播到海外各地以后,在华侨华人与当地人民共同开发建设当地社会的过程中,某些部分已经逐渐与当地宗教信仰互相融合,并为当地居民所接受。例如,泰国普吉主祀清水祖师的福元宫,"到庙祭祷的除了华侨华人以外,还有暹罗人"。在菲律宾马尼拉大千寺农历八月廿二日举行庆祝广泽尊王谒祖圣寿大典时,包括菲律宾副总统在内的许多达官贵人都送来花篮以表祝贺。1954年,全世界天主教在菲律宾举行祈祷大会,教皇特封妈祖为天主教七圣母之一,并隆重为妈祖加冕。我们于此可以清楚地看到闽南一些宗教的影响是何等广泛、深远啊。当然,随着华侨华人逐渐融入当地社会,某些传统的民间宗教已经逐渐被冷落,甚至被抛弃,例如大伯公信仰等。这是由于随着第三、四代华人的出现,这些信仰难以满足他们在生活上、事业上的更高追求的缘故。然而,作为闽南民间宗教主要代表的妈祖信仰

(这也是福建以至中国民间宗教的主要代表)等,由于它们传播的范围非常广泛,影响深远,仍然具有较高的品格,因而能够继续流动,继续传播,甚至渗透到当地其他民族的宗教文化之中。

参考文献

陈桂炳:《关于民间信仰概念的思考》,《福建论坛》2012年第11期。
陈桂炳:《20世纪的泉州民俗研究》,《福建论坛》2008年第2期。
陈支平:《闽南宗教》,福建人民出版社2007年版。
陈洒东:《宋代泉州的医药环境与吴真人的成神》,《泉州鲤城文史资料》第6辑,1991年。
弗雷泽:《金枝》,中国民间文艺出版社1987年版。
郭志超:《〈泉州宗教石刻〉的历程与创新——宋元时期泉州多元宗教和谐共处的历史见证》,《泉州师范学院学报》2012年第3期。
黄海德:《泉州地区宗教文化特征论略》,《成都大学学报》2005年第5期。
陆芸:《泉州的宗教文化特点》,《西北民族大学学报》(哲学社会科学版)2004年第3期。
陶阳:《中国民间信仰·序》,上海人民出版社1995年版。
吴幼雄:《闽南多元宗教文化和谐共处探源——以泉州为例兼谈闽南文化生态保护》,《泉州师范学院学报》2011年第1期。
乌丙安:《中国民俗学》,辽宁大学出版社1985年版。
王铭铭:《中国民间宗教:国外人类学研究综述》,《世界宗教研究》1996年第2期。
乌丙安:《中国民间信仰》,上海人民出版社1995年版。
林瑶棋主编:《两岸学者论妈祖》,台湾省各姓渊源研究学会1998年版。
颜章炮:《晚唐至宋福建地区的造神高潮》,《世界宗教研究》1998年第3期。
杨小霞:《浅谈闽南宗教文化的生态智慧及其当代启示》,《赤峰学院学报》2012年第12期。
张禹东:《试论中国闽南民间宗教文化的基本特点》,《华侨大学学报》1999年第4期。

思考题

1. 闽南尤其是泉州宗教非常繁荣,谈谈你的看法。
2. 闽南的宗教有哪些特点?
3. 为什么会出现多种宗教和谐共处的景象?
4. 闽南宗教文化对世界各地有哪些影响?
5. 闽南各种宗教对闽南文化产生哪些影响?谈谈你的看法。

第八章 闽南华侨文化

第一节 闽南华侨的历史形成及分布

一、闽南华侨的形成

由于特殊的地理环境,闽南人大多靠海为生。随着海外交通的发展和对外贸易的兴盛,有不少海商留居南洋经商,有的还与当地妇女结婚。闽南人的侨居地首推吕宋,因其地距漳最近,故贾舶多往,"民初贩吕宋,得利数倍,其后贾客丛集,不得厚利,然往者不绝也"。许多商人久居不返,渐至数万,爪哇、苏门答腊、满剌加、渤泥、日本等地也有华侨足迹。

郑和下西洋时,闽南人有不少人随其出国而居留不回。到了明代中后期,随着私人海上贸易的发展,闽南人移居东南亚的人数日益增多,据载当时闽南人至吕宋"商贩至者数万人,往往久居不返,至长子孙"。到了清代,闽南人移居海外已成为民间谋生的一种习惯,"闽漳泉人避地往菲律宾、马来西亚等地若尤多"。在泉州,据20世纪的一些统计数字记载,有些族姓向海外移居的族人已超过了留居在本国的族人人数。如永春东平乡东山村颜姓在国外人口有800多户6000多人,而国内仅有2000多人;城郊乡桃溪村周姓1950年修谱时登记海外人口4000多人,比国内人口多1倍以上。又如永春东门后村郑姓在国外人口达3万余人,而国内人口只有1万多人;城效乡张埔村李姓1937年调查国内人口不足300人,而国外人口则达600多人。至于现在台湾的汉民,原籍为福建泉州、漳州二府的,约占台湾人口的70%以上,台湾的开发以及海外华侨华人社会的日益增长,是与闽南人勇于冒险进取的海洋文化精神紧密联系在一起的。

闽南各地的海外移民时间还有一定的区别。在泉州,唐天宝十二年(753年),鉴真和尚东渡日本成功。据《唐大和尚东征传》载,随行弟子中有"泉州超功寺僧昙静"。

唐代中期,随着泉州对外贸易的发展,大历(766—779年)中泉州涌现"市井十洲人","还珠入贡频"的兴盛景观,对泉州人的成批移民出国起了促进作用。据考古资料,在唐代因华侨众多而被称为"小中国"的桑多邦(闽南人称为"山猪墓")发现有唐代泉州出产的黑瓷与白瓷。在文莱,也发现过安溪的唐瓷,从而证明文莱已有泉籍华侨。咸通十四年(873年),泉州僧人释智宣出国取经,在印度侨居25年,于天祐四年(907年)回国。

乾隆《泉州府志》载:唐末五代初王潮、王审知兄弟及其后裔王延杉据闽期间,发展生产,大兴海舶。到了"闽国"晚期,"弊政百出"。泉州地区人民成批逃往国外谋生。

北宋泉州人出国,各国资料都有些记载:《宋会要》载有泉州海商邵保往返占城的事迹。据《高丽史》及中国史籍记载,大中祥符八年至元祐六年(1015—1091年),前往高丽的泉州人有林仁福、陈文轨、庐遵等19批次,其中注明人数的有7批500多人。其中欧阳征、陈亿、刘载等人留在高丽为官。《参天台五台山记》载,熙宁三年(1070年)已有泉州人往日本。日本的史料录存的泉州客商、纲首李充的"公凭"载:李充及同船计67人,于崇宁元年(1102年)贩丝瓷往日本,滞留两年后回国,翌年再往。

南宋时期,泉州人口继续增长,人稠地瘠,且造船业发达,为泉州人远航提供有利条件。此后,侨居国外者渐多。《夷坚志》载:泉人王元懋,"少时祗役僧寺,其师教以南番诸国书,尽能晓习。尝随舶诣占城国,王嘉其兼番汉书,延为馆客,及嫁以女。居十年归来"。南宋后期,暹罗素可泰王曾慕名招来中国工匠,仅晋江磁灶吴氏族人就有多人"泛海传艺"。1972年,文莱穆斯林公墓发现一块南宋墓碑,上刻"有宋泉州判院蒲公之墓,景定甲子(1264年)男应、甲立",为宋代泉州人侨居国外的物证。宋代三佛齐与泉州之间关系密切,有不少泉州人定居印尼三佛齐,从事农业生产。宋末战乱,"泉州地区居民纷纷外逃出洋"。或仕占城,或婿交趾,或别流远国到柬埔寨和泰国等地。

元朝致力于拓展海外贸易,泉州列居东方大港,泉州人出国较前兴盛。据《岛夷志略》载:元代,泉州对外交往已达99个国家和地区。其时,泉州与爪哇之间有船舶通往,流离其地的泉州人颇众。《岛夷志略》古里地闷条载:"昔泉之吴宅(今属洛江区河市镇),发舶稍众,百有余人,到彼贸易。即毕,死者十之八九,间有一二而多羸弱乏力驾舟随风回舶。"同书还记载有泉州人"往麻逸国、酥禄"。

元末战乱和明初"海禁",泉州港逐渐衰落。明初,泉州只"通琉球"。洪武二十五年(1392年),赐琉球国"闽人三十六姓善操舟者,令往来朝贡"。据《久米村蔡氏家谱》载:始祖讳崇,福建泉州府南安县人。"大明洪武二十五年,备三十六姓之例奉敕来铎中山。中山蔡姓,自此始也。"这些是泉州人移民琉球的具体例证。其后,明朝廷再赐姓的尚有泉州林姓,其中林易庵于成化二年(1466年),率长子林琛引琉球入贡,林易庵以年迈请准回乡养老。有些向来依港市贸易为生的泉州人,不得不向海外发展,其中假道琉球往日本、高丽(今朝鲜)及南洋各地的,为数不少。《瀛涯胜览》也记载:杜坂,"此处约千余家,以二头目为主,中国广东及漳、泉州人多逃居于此"。同书还记载:"旧港,即古名三佛齐国","国人多广东、漳泉逃居此地"。据W.J.凯特《中国人在荷属东印度的经济地位》一书记述:明初,在今印尼的杜板、锦石、旧港、泗水、饶洞、日葛礁及西婆罗洲等地已有华人居住区,以福建闽南人占多数,并已开始了伊斯兰化的过程。据推算,明初,印尼各地的华侨最多时估计总数至少有 2 万多户、5 万多人,整个东南亚地区华侨总数不少于 10 万人,其中泉籍华侨人数约有四五万人。

自嘉靖三十四年(1555 年)起,倭寇屡犯泉州,战乱频仍,灾荒饥馑,农民破产,逃生海外日多。如《石狮蔡氏宗谱》载:"兵燹后,阖族苦于倭寇,纷纷外逃出洋。"安溪县龙门地区因倭寇入侵被迫出洋的有七八百人。《海国图志》载:"嘉靖间,闽粤人多至满剌加。"《瀛涯胜览》冯承钧注也提到:"嘉靖间,漳、泉及潮人多至马剌加、渤泥、暹罗。"《明会要》载:嘉靖间,张链居三佛齐,"列肆为番舶长","漳、泉人多附之"。"嘉靖而后,国用不足,屡行加派。"加上灾荒所迫,泉州地区出洋人数就更多了。安溪《尚卿苦竹林吴氏族谱》和《金谷河图郑氏族谱》,永春《岵山陈氏族谱》和桃城《鹏翔郑氏族谱》均记载了族人在嘉靖、隆庆、万历年间往日本、吕宋等地的情况。至万历年间(1573—1619 年),"漳、泉民贩吕宋者,或折阅破产及犯压冬禁不得归,流寓土夷,筑庐舍,操佣贾杂为生活;或娶妇长子孙者有之,人口以数万计"。仅晋江金井坑西村,万历三十四年前后,漂洋过海前往吕宋的即达 150 多人。见之于安海黄、陈、颜三胜族谱,自万历三十五年至崇祯十二年(1607—1639 年)卒葬吕宋者即有 13 人。嘉靖、隆庆年间,金门居民也开始向海外移居。

明朝后期,东南亚华人区不断扩展。16 世纪中期,安海颜姓即有 5 人卒葬顺搭(即万丹)。其他,如乌戎卡鲁、马鲁古、马辰、望加锡、巴城(雅加达)、三宝垄等都有不少泉籍华侨。而前往日本的人数,也续有增加。南安石井人郑芝龙,万历四十年(1612 年)往长崎,当时日本有华侨 3 万多人,泉州人李旦为平户华侨领袖,与其弟李华宇同为平户最有势力的海商。芝龙的岳父翁翌煌也是泉州人,他的结拜兄弟中如排在前列的船主杨天生、张宏即分别为晋江、南安人。

清代泉州人出国高潮迭起。清初的"海禁"和"迁界"造成人民流离失所的惨剧。涉海船户、渔民、商贾,或随郑成功东渡台湾,或辗转流寓南洋,就连山区德化县也有徐奇勋因往南洋经营致富。康熙二十二年(1683 年),清军入台湾,实现祖国统一。而原来随郑成功渡台的泉籍官兵不愿回内地者,相继乘船赴小吕宋或爪哇、马六甲各处。翌年,"海禁"解除,此后,从安海、后渚经厦门、澳门、广州往国外的泉州人,见于各侨乡族谱的记载,不胜枚举,如永春《东山鲁国颜氏族谱》、南安石井《曾氏族谱》《洪氏族谱》以及安海 10 姓 11 部族(房)谱,均有族人往吕宋、暹罗、巴城、安南、日本、文莱、柔佛的记载。

乾隆元年(1736 年),朝廷虽再次实行"海禁",仍有不少泉州人私下出洋谋生。庄为玑等《福建晋江专区华侨史调查的几个问题》一文的附表载:乾隆年间(1736—1795 年),仅晋江县侨乡族谱记载前往泰国、越南、柬埔寨三国就有 46 人。

鸦片战争后,殖民者开始在厦门、金门拐卖华工,人口贩子深入泉属各县"招募"华工。泉州人成为西方殖民者拐卖出国的"契约华工"的主要来源。据《华工出国史料》第三辑及冲绳县《历代宝案》载,1852 年,美国"猪仔"船罗伯特·包恩号从厦门运出 410 名(一说 475 名)遭难"契约华工"中,载明祖籍为晋江、惠安、南安、安溪、永春五县的泉州人共 207 名。在殖民者支持、纵容下,东南亚华人私会党控制的华商"客馆"经营贩卖"契约华工"的规模更远远超过西方殖民者的拐卖华工活动。此外,因农民起义失败逃亡国外和遭受自然灾害被迫出洋谋生的,以及传统的牵亲引戚前往国处的自由移民,也有相当数量。例如咸丰三年(1853 年),以永春林俊为首的红钱会起义失败后,林俊的儿子观麟、观柔和部属姚元章等一起逃往悉尼。同年,惠安县邱二娘和安溪县陈圣领导的农民起义失败后,也有一些人逃往南洋。同治四年(1865 年),永春人民反征收"厘金"火烧税馆事件发生后,因统治者残酷镇压,导致人民大批出国。光绪十八年(1892 年),德化陈拱领导的反盐税农民起义失败,陈拱的家乡浔中丁溪"父老相率渡洋者不下数十家"。陈拱的军师德化赤水陈政楷兄弟和先锋陈政合同时出走马来亚。辛亥革命前夕,新马地区"三生馆"领袖戴炎、蔡水应及拳师魏木器都是逃亡国外的泉州"三合会"会员。泉州南门外亭店村杨嘉钟及其宗亲牵引出洋前往菲律宾的,至第一次世界大战期间(1914—1918 年)有 600 多人;泉州新门外树兜村蒋备球及其族亲往印尼泗水的,至民国初达千人以上。

  清末民初,泉州沿海地区封建械斗盛行,导致田园荒芜,村民纷纷外逃出洋。晋江林股械斗中,前仓村 24 户中有 16 户 18 人先后往印尼、菲律宾等地。1914 年春涝、秋旱;1916 年大旱,水井、河流干涸;1917 年,台风暴雨成灾;紧接着护国军、靖国军、粤军、北洋军此来彼往,战火纷飞,抓丁、抓夫、派款、派饷,人民饱受苦难,纷纷携眷漂洋过海谋生。

  1918 年以后,泉属各县民军蜂起,各霸一方,互相攻掠争战;日为军,夜为匪,兵匪一体,敲诈勒索、烧杀抢掠,弄得鸡犬不宁,人民处于水深火热之中,造成泉州历史上规模最大、人数最多的出国潮。据 1921 年 9 月 9 日《奋兴报》载:"吾永(春)……近来政变,地方骚乱,匪徒蜂起,遂相率遁逃,挈妻携孥,偏安海外,此吾邑年来所以十室九空也"。同年,安溪湖头后坑陈氏,反抗民军骚扰,打死匪首陈梧桐,因怕报复,全村 200 多人逃往新加坡。1923 年 4 月,晋江金井坑西村,因陈国辉匪徒骚扰,全村 400 多人有 300 余人四处逃难,其中不少逃往海外。1925 年 7—11 月,"永春、德化民众苦于军匪,相率渡洋……达六千余人"①。1926 年,泉州地区因民军混战出国人数估计近 20 万人,净增数超过 13 万人。

  1927 年,国内大革命失败后,泉州各属有不少人被迫出国。此后,也有不少人为逃避抓丁前往国外,如石狮钞坑村民因逃避抓壮丁,一天中前往菲律宾的竟达 40 多人。

  1934 年,南洋橡胶和锡价格上涨,海峡殖民地急需劳工,以及国内农村经济破产和抓壮丁的影响,泉州地区出国人数迅速增多。1934—1938 年,泉州地区出国人数估计净增近 10 万人。其中永春县出国的青壮年达两三万人,岵山乡因青壮年男子出

---

① 《永春 18 年来大事记》,《崇道报》。

国,几乎成为"女人国"。

1938年5月厦门沦陷后,大部分华侨出国改从泉州经上海转赴南洋各地,交通不方便,加上南洋各口岸限制华侨入口,造成泉州地区华侨出国人数锐减。

1939年,泉属各县从泉州口岸出国人数,据《福建华侨档案史料》所载数字净增3426人。此后,泉籍华侨回国的急剧增多。据1945年国民政府侨务委员会编印的《侨务工作十三年》载,在太平洋战争爆发后的一年半时间里,有135万多名华侨回国,其中福建华侨40多万人。估计这一时期泉籍华侨回国人数在25万人以上。1945年秋至1946年,东南亚各国战争创伤未复,一时无法吸收新移民,出国人数仍然少于回国人数。

1947年起,泉州地区出现了出国高潮衰落后的短暂出国高峰。据厦门侨务局统计,1947—1949年9月,从厦门出国人数净增84625人。另据林真《战后闽籍华侨复员东南亚问题概述》一文统计:1947—1949年,闽籍华侨复员东南亚人数19682人。而据泉属各县(市、区)有关侨情调查资料估计,1947—1949年间,泉州地区出国人数达25万人左右,其中部分经香港移居到世界各地。

新中国成立后,由于社会主义革命和建设事业不断发展,社会安定,就业人数不断增加,人民生活改善,从根本上消除了促使劳动人民大量出国的因素;加上东南亚各国先后独立,并采取进一步限制华侨入境的政策,泉州地区移居国外的人数大幅度下降。但作为中国著名侨乡,出国人数仍然不少。尤其晋江县出国人数40多年来一直居泉州各县、市首位。另一方面,1949年10月至1951年,华侨青年回国学习和参加祖国建设至少在5万人以上。据福建侨务委员会1951年公布的材料,晋江专区各县、市(缺金门县数字)旅外华侨有120多万人。

1950—1990年,泉州人移居国外曾出现三次高峰:第一次在1956—1962年,共有4万多人经香港转赴国外定居。其中1956年、1957年、1962年出国的人数较多,年达6600多人。同期,回国定居的也有4万多人,出国与回国的人数大体持平。第二次高峰从1972年持续至1979年,以1978年出国(境)18839人最多,占全省出国(境)人数的70%,其中部分滞留香港、澳门。第三次高峰出现在1985年以后,每年移居国外的均在4000人以上。其特点是大量以自费留学或旅游、探亲出国后,转为定居,以投资移民形式出国的人数亦颇众。

在漳州,漳州人民出国历史悠久,早在唐末,漳州就有人到南洋谋生。明成化年间,漳州月港对外贸易十分活跃,"闽南通番,皆自漳州月港出洋"。从月港出国的漳州华侨大多前往东南亚各国和日本,而以移居菲律宾(吕宋)人数最多。

明末清初,由于战乱(倭寇之乱、抗清斗争),加上清政府强迫沿海人民迁界,漳州沿海地区因迁界田地荒弃,漳州人民纷纷移居东南亚,形成了漳州人民第一次移居海外的高潮。鸦片战争发生后,西方帝国主义先后侵略我国,强迫清政府签订一系列不平等条约,允许英、法两国在中国招募华工。当时漳州一带土地兼并严重,加上连年灾荒,民不聊生,大批破产的农民和手工业者被迫卖身当"契约华工",形成了漳州人民第二次移居海外的高潮。辛亥革命以后,闽南地区军阀混战,兵匪劫掠,连年不断;1937年日本侵略中国,在这段时间内大批漳州人被迫相继逃往国外,形成了漳州人第三次移居海外的高潮。

二、闽南华侨的分布

中国人大规模向海外移民始于16世纪末。到17世纪初,世界华人数量约10余万人,主要分布在东南亚各地。至19世纪中期,世界华人数量约150万人,仍高度集中于东南亚。19世纪中叶以后,大规模华工出国从根本上改变了世界华侨华人分布的状况,北美、拉丁美洲、大洋洲和欧洲都出现数量不等的以华工为主的华人社区。由于19世纪后期东南亚以外的国家和地区均排斥华工,20世纪初华人的数量仍高度集中于东南亚。到20世纪50年代初,世界华侨华人约有1200万~1300万人。20世纪70年代以来,大规模的中国新移民决定性地改变世界华侨华人高度集中于东南亚的格局。到2008年,世界华侨华人总数超过4500万人,而东南亚华侨华人的比例降为73%,北美、欧洲、澳洲和日本、韩国的华侨华人数量激增。

1. 泉州华侨在海外的分布

自唐代开始,泉州人因商贸、谋生、避乱、游历前往今菲律宾、文莱、印尼、越南、日本、印度等国家和地区。北宋元祐二年(1087年),泉州设置市舶司后,泉州海商前往的国家渐多。至南宋开禧二年(1206年),已与30多个国家和地区有贸易往来。此后,又有不少的泉州人在泰国、柬埔寨定居。元代,泉州海商前往的国家、地区进一步增多。至元末明初,旅居海外的泉籍华侨估计已达四五万人。

明代中后期,葡萄牙殖民者在闽南沿海劫掠劳动人民运到印度果阿卖为奴隶。嘉靖三十六年(1557年)葡萄牙殖民者窃踞澳门后,一直以它作为从事"凌棘居民"、"掠卖人口"的据点。有些被掠卖的闽南人被转运非洲的阿尔及尔和莫桑比克当奴隶,这是泉州人移居非洲之始。16世纪初,随着西班牙殖民者在漳州月港、菲律宾和墨西哥之间"大帆船贸易"的兴起,泉籍华工、华商随船前往墨西哥、秘鲁,有的并在当地的纺织工场做工。之后又将泉籍华侨居住地扩展到南美洲。

清乾隆年间(1736—1795年),开始有泉州人定居新加坡;道光年间(1821—1850年),已有永春人侨居老挝的闽楼(芒隆)。至鸦片战争爆发前夕,旅居海外的泉籍华侨估计总数已达30多万人,分布在泰国、印度尼西亚、马来亚、新加坡、菲律宾、越南、文莱(包括捞越、北婆罗洲)、柬埔寨、日本、朝鲜、老挝、琉球、缅甸、锡兰(斯里兰卡)、帝汶、印度、墨西哥、南非、毛里求斯等21个国家和地区。

鸦片战争后,被西方殖民者招募或拐卖的"契约华工",有的幸存下来,在契约期满后再移民;也有些华侨开始从东南亚向欧美移民;加上泉籍海员受雇于远洋轮船等因素影响,泉籍华侨逐渐扩散到世界各地。至宣统三年(1911年),估计海外泉籍华侨总数已超过80万人。分布在印尼、马来亚、北婆罗洲(沙巴)、沙捞越、纳闽、新加坡、菲律宾、泰国、越南、柬埔寨、老挝、缅甸、文莱、帝汶、日本、朝鲜、锡兰(斯里兰卡)、

印度、伊朗、埃及、留尼汪、毛里求斯、塞舌亚、马达加斯加、南非、刚果、澳大利亚、新西兰、巴布亚新几内亚、所罗门、斐济、新喀里多尼亚、西萨摩亚、大溪地、檀香山、美国、加拿大、墨西哥、巴拿马、古巴、牙买加、马提尼克、瓜德罗普、安提瓜和巴布达、多米尼加、特立尼达和多巴哥、荷属西印度群岛、秘鲁、智利、巴西、委内瑞拉、圭亚那、苏里南、哥伦比亚、荷兰、法国、英国等50多个国家和地区。这种分布状态，自19世纪后期至20世纪40年代没有多大变化，仅增加德国、苏联等几个国家，但出国人数却有较大增长。

新中国成立后，由于东南亚各国纷纷独立，中国政府鼓励海外华侨加入居住国国籍，东南亚各国华侨先后成为外籍华人，仅与祖籍地保存若干亲缘关系。

20世纪50年代以来，由于东南亚国家华商经济的发展，商务、投资活动的日益国际化，居住香港、澳门、台湾地区的泉州人出现了再移民的热潮；而从70年代中期开始，印支难民潮的出现，使大量泉籍印支华人，包括大量多代土生华人流向世界各地，使泉籍华侨、华人分布的国家、地区大增。

2. 漳州籍华侨在海外的分布

截至2006年，漳州华侨华人有70多万人，主要旅居东南亚(印度尼西亚、马来西亚、新加坡、菲律宾、泰国、缅甸、越南)、美国、加拿大、澳大利亚、法国、日本等21个国家和地区。

早在唐代，漳州已有人到苏门答腊谋生。明永乐年间漳州人在东爪哇的图班和苏门答腊的巨港定居的相当多。清代前期，爪哇的华侨已达10万多人。

1840年鸦片战争后，漳州一带年年都有众多的移民到印尼定居。抗日战争爆发前后，漳州社会治安混乱，百姓生活困难，出国往印尼的漳州人大量增加。

自1953年起，印尼政府严格限制中国移民入境。20世纪80年代，祖籍漳州的印尼华侨95％加入印尼国籍。据20世纪80年代末侨务部门的统计，祖籍漳州的印尼华侨华人有20.08万人，主要分布在爪哇岛的雅加达、万隆、泗水、三宝垄、井里汶、玛琅和苏门答腊的巨港、棉兰等地。万隆是祖籍漳浦县佛潭、湖西的华侨华人聚居地。苏拉威西的望加锡是祖籍长泰县坂里乡的华侨华人聚居地。

明永乐年间，漳州已有人到马六甲经商定居。1613年，葡萄牙人伊里狄所绘制的《满剌加城城市图》中，就标有"中国村"和"漳州门"地名，说明当时已有不少漳州华侨定居。1673年，在漳州籍华侨甲必丹郑芳扬的倡导下，闽籍华侨在马六甲三宝山兴建青云亭，作为福建同乡聚会、祭祀的场所。

1860年，诏安人田考到沙捞越，初当店员，后种植甘蜜。他因在垦荒中偶然挖掘到金矿而致富，后移居到古晋经商。同族人通过其关系相继到古晋谋生，形成聚居地"诏安路"，有诏安籍华侨3000多人。

1965年，新加坡独立后，华族人口比例发生了较大的变化。据80年代末侨务部门统计，祖籍漳州的马来西亚华侨华人有7万多，主要分布在马六甲、雪兰莪、槟城、巴生、麻坡、笨珍、巴株巴辖、丁加奴、沙捞越的古晋、诗巫、美里坡、拉叻等地。其中古晋、美里、笨珍、拉叻以诏安人最多,诗巫以海澄县人为多。

新加坡开埠后,祖籍海澄县、出生于马六甲的陈笃生跟一批富有冒险精神的闽南华商到新加坡创业。早期新加坡移民中,除从马六甲移居的华商外,多半直接来自漳州、泉州两府各县。1828年,从马六甲移居新加坡的漳浦人薛佛记等华商,率领同乡在石叻路兴建了"恒山亭",作为福建同乡的联谊机构。此后,陈笃生又带头集资在直落亚逸街兴建"天福宫",作为福建籍华侨祭祀和聚会的场所。

20世纪20—30年代,是漳州人到新加坡谋生的最盛时期,仅云霄县就有数百人。据1929年的统计,旅居新加坡的漳属华侨达10多万人。1965年新加坡建成独立的共和国后,当地华侨全部成为新加坡公民。据80年末侨务部门的统计,祖籍漳州的新加坡华人有18.2万人。祖籍东山的华人多数聚居在小坡一带,祖籍云霄列屿乡汤姓华人多数聚居在大坡丹绒巴葛区。

明代漳州人移居菲律宾的甚多。1584年,由漳州月港驶往菲律宾商船有25~30艘,随船前往的商民和移民多达4000人。明万历年间,西班牙殖民当局两次屠杀华侨,漳州移民视菲律宾为畏途,转往马来西亚、缅甸、安南等地。

清代,从漳州往马尼拉的移民又逐渐增多。19世纪80年代,龙溪籍华侨分布在印尼各地约有一万多人。据1925年出版的《菲律宾华侨年鉴》的《华侨开发菲岛之功绩与史乘》一文中说:1898年就任第一菲律宾共和国总统的荫米溜·亚银那洛将军的祖母是华人,姓蔡,是福建漳浦县南蔡乡人。亚银那洛因年幼时即成为孤儿,是这位蔡姓华人祖母抚育长大的。亚银那洛还曾两度回到中国的家乡去祭祖。据80年末侨务部门的统计,祖籍漳州的菲律宾华侨华人有3.3万,主要居住在马尼拉市区和郊区一带以及宿务。

明代中叶起,漳州就有人乘帆船往暹罗(今泰国)经商。清代往暹罗的漳州人逐渐多起来。1885年,旅居暹罗的诏安沈氏族人发起兴建"沈氏大宗祠"。民国初期,平和县大溪乡壶嗣村吴氏族人已有近300人在北大年定居。云霄县曲溪村吴氏族人也有50多人到泰国当矿工。20世纪二三十年代,平和九峰、崎岭、下寨、芦溪等地陆续有人移居泰国。据统计,祖籍漳州的泰国华侨华人有13.9万人,其中以诏安县籍最多,有7.88万人,龙海籍2240人。漳州华侨华人主要分布在曼谷、也拉府、北大年、春蓬府、夜功府、北柳府。

清光绪年间,南靖县曲江村张氏族人,长教村简氏族人有不少移居缅甸,并与1888年成立"缅甸仰光清河堂"(张廖简颜宗亲会)。1936年旅居缅甸的海澄华侨在仰光成立"旅缅海澄同乡会"。1938年,旅居缅甸的南靖长教简氏族人在仰光成立"简氏旅缅范阳堂"宗亲会。据20世纪80年代末侨务部门的统计,祖籍漳州的华侨华人约2.8万人,其中以南靖县人最多,约万余人,主要分布在仰光和伊江三角洲以及沿海地区。

明嘉靖年间,漳州已有人到安南(今越南)经商。至19世纪末,漳州华侨曾成立漳州会馆。据1905年的《越南游历记》记载:当时"河内有漳泉人仅200余人"。1906

年张荫桓的《三洲日记》记载西贡华人有漳州帮。

据1971年调查统计,在越南定居的漳州华侨以诏安人最多,约4000人,其次为龙海人,有522人。据20世纪80年代末侨务部门统计,祖籍漳州的华侨华人约7000人,主要分布在河内、海防、西贡(今胡志明市)一带。

明代漳州人移居日本众多。万历年间,日本长崎已有漳州商人欧阳华宇、欧阳云台、陈道隆等定居,形成漳州帮。抗日战争前后,有一部分旅居台湾的漳州人,如平和人林水、诏安人张廖富源、南靖人张青渊等先后从台湾移居日本。据80年末统计,漳州旅日华侨华人有2800人,主要分布在东京、大阪、长崎、冲绳等地。

早期前往美国的漳州人都是被西方殖民者拐骗去加利福尼亚和夏威夷的契约华工。20世纪50年代,不少漳州人从我国香港、台湾以及东南亚各地移居美国,如祖籍长泰的美国共和党华裔全国总会第二副主席黄惠珍、全美华裔华裔共和党联盟主席苏丽凤就是从我国台湾移居美国的。据上个世纪80年代末统计,漳州的华侨华人约3.5万人分布在加拿大、美国、澳大利亚、荷兰、德国、古巴及欧洲、非洲的一些国家和地区。

第二节 闽南华侨对闽南文化的影响①

任何民族的文化在其历史发展的过程中,总是会不断地引进和吸收外来文化,以此来丰富和提高自己的文化,这是人类社会文明进步的表现和必然趋势。闽南文化也是如此。闽南文化在发展过程中,接受国外文化的影响主要有两大部分,一是宋、元时代,许多阿拉伯等外国商人来闽南(主要是泉州)经商,甚至与闽南人结婚,定居在闽南,在闽南繁衍生息。他们到闽南后,也把阿拉伯等国的文化带来闽南;二是广大华侨从海外带来的文化。闽南华侨出国历史非常悠久,人数众多。他们到国外(主要是东南亚)去,看到一些比较好的文化,就自觉不自觉地带回故乡来传播,并成为闽南文化的一部分。海外华侨对闽南文化的影响比宋、元时代阿拉伯等国商人对闽南文化影响的时间更长、范围更广、影响更深、贡献更大。

一、闽南华侨充分地展示了闽南人勇于冒险、敢于拼搏的精神

闽南过去与祖国绝大部分地方一样,同属农耕文化,中原人来闽南带来的也是农耕文化。农耕文化最大的一个特点就是对土地的依赖。人们依靠耕种土地为生,没有耕地就意味没有一切。闽南地处祖国东南沿海,与东南亚各国只有一衣带水之隔。随着海上交通、国际贸易的发展和华侨到国外去谋生,并获得很大成功等事实,使闽

---

① 参阅郑炳山:《海外华侨对闽南文化的影响》,载黄少萍主编:《闽南文化研究》,中央文献出版社2003年版。

南人在思想观念上有了新的飞跃。从上节闽南华侨的形成历史我们可以发现,在宋朝闽南人在海外的人数已经很多,闽南文化已从农耕文化向海洋文化转变,闽南虽然"人稠山谷瘠",缺乏农地耕种。但是"州南有海浩无穷",可以前往海外去谋生,把海外作为耕地的延伸,真是"柳暗花明又一村"。可是,要到海外异域去谋生,其艰辛是常人难以想象的,他们需要乘木帆船(晚清以前还没有轮船和飞机可乘)穿过惊涛骇浪的大海,才能到达彼岸,没有一点冒险精神是不行的。到达彼岸后,一个完全陌生的地方,要生存还要有艰苦奋斗和各种谋生之术,要有"爱拼敢赢"的精神。这可以说闽南人的敢于冒险、爱拼敢赢的特质在华侨身上得到充分的体现。

二、闽南华侨铸就闽南中西合璧的民居建筑形式

闽南的许多民居建筑与中国传统的民居建筑不同,其最大的特点是中西合璧。中国传统的民居建筑以土、木、石、砖为主要建筑材料,注意中轴,讲究对称,绝大多数为民屋,较富裕的人家则建"府第式"、"大厝式"的民居,"三间张"、"五间张"或再加盖"护厝",很少盖楼房的。

华侨到国外后,看到国外一些民居建筑,特别是欧美式的民居建筑,深感祖国的民居建筑有优点也有缺点,国外一些民居建筑形式值得我们学习,可以洋为中用,因此纷纷采取"中西合璧"的民居建筑形式,这就是现在闽南侨乡中到处可见的"洋楼式"的民居建筑。其特点是既保持了闽南传统民居以土、木、石、砖为主要建筑材料,又增加了洋建筑的钢筋、水泥、有色玻璃、金属材料、马赛克、釉面砖等(有的还从国外直接运来),这些建筑材料,新中国成立前的一般民居是很少见的;既采取以木刻、石雕、泥塑等方法为建筑的装饰品,又增加了一些西方或东南亚的花纹、图案等装饰方法;门窗宽敞,注意通风与采光;多采用层楼建筑形式,少采用合院式的单层建筑形式;门前多采用科林多式的圆形廊柱;楼前屋后多有一些花草的园地。这种民居建筑形式既坚固又美观,既大方又实用,既有中国传统的,又有西方的形式,形成独具特色的闽南侨乡民居建筑形式。如20世纪20年代初,许多华侨纷纷到厦门鼓浪屿置业建房。其中最为豪华的当推印尼糖王黄奕柱的"黄家花园",当年号称"中国第一别墅"。黄家花园中楼注重欧陆风格,处处显示中西结合的古典美,既具欧式别墅风采,又有贵族的华丽装饰,并兼有许多中国传统装饰技艺,是一座中西结合的以欧式风格为主的高级别墅,中楼新颖华贵,稳重大方,加上花木陪衬的花园庭院,十分秀美。据《黄奕住传》载,南北二楼造价为七八万银元,而中楼高达29万银元,可见其豪华气派。

三、闽南华侨为闽南方言注入新的色彩

闽南话使用的地区很广,除闽南外,在台湾、广东、浙江以及东南亚许多国家,都有使用闽南方言。闽南话有一些外国语言,这些外国语言,可以说都是华侨传来的。华侨到海外谋生,回归家乡,经常喜欢把国外生产的一些新奇或优质产品携带回

黄家花园——中国第一别墅

归故乡,供亲人使用或赠送亲戚朋友(也有部分是由国家或地方从国外进口的)。过去,我国国内的工业生产还比较落后,居民尚未普遍使用过这些产品,不知要叫它们什么名字,就在这些物品加一个"番"字或"洋"字,或把这些物品的国外语直译为闽南方言,有些其他称谓也是如此。如把煤油称为"番油"、"番仔油",把肥田粉称为"番肥"、"番仔肥",把水泥称为"洋灰"或"红毛灰",把香烟称为"番仔烟",把火柴称为"番仔火"或"洋火",把华侨与侨居国结婚的妇女称为"番婆"、"番仔婆",把与侨居国妇女所生的子女叫"番仔"、"出世仔",新加坡、马来西亚地区还把他们中的男孩叫"峇峇",女儿叫"娘惹",把裙子叫"番仔裙",把圆珠笔叫"原子笔",把肥皂叫"雪文",把雪茄叫"朱律",把毡帽叫"招瓢",把缝纫机叫"马僅",把留声机叫"马狗琴",把手杖叫"洞葛",甚至把不明事理的人叫"番仔洞葛",把咖啡叫"哥卑",把朱古力叫"则龟力",把西红柿叫"甘马的",把运动场上球类比赛的出界叫"欧赛",没有出界叫"引赛",暂停叫"太荫"等等,这些话既融入了闽南方言之中,也丰富了闽南方言的内容。

四、华侨、侨眷题材的民歌、童谣丰富了闽南文学的内涵

闽南有许多民歌、童谣,其中有不少有关华侨、侨眷的内容,反映华侨出国艰难和在外生活状况的《番客歌》《过番歌》《番平歌》《番邦水路真难走》《脊背当盐埕》《心头压石板》;反映被西方殖民者掠夺的《华工歌》《华工血泪歌》;反映华侨在外思念家乡和亲人的《大船行到七洲洋》《一身来到大海边》《娘子在家我出洋》;反映侨眷送丈夫

出洋的《送别》《雨濛濛》《十指尖尖奉一杯》《欢喜船入港》;反映侨眷思念丈夫的《我君在外头》《夫妻何时得团圆》《肝肠寸断》《日夜来想君》;反映华侨回归故乡的《亲像月缺再团圆》《番客返来真风光》;反映华侨寄信回来的《报佳音》;反映收到侨汇的《到批银》;反映嫁给华侨,但丈夫迟迟不来举行婚礼的《父母主意嫁番客》;反映华侨回乡盖房子的《大楼托着天》;反映抗日战争时期侨汇中断、侨眷生活困难的《番客婶歌》等等。有的一个歌名就有好几个不同的歌词和唱法,如《番客歌》《番客婶歌》等。

由于这些歌谣绝大部分都编得很逼真、很生动,符合华侨、侨眷的生活状况,唱起来很感人,很受侨乡人民的欢迎,甚至流传到海外。如《番客歌》的歌词唱道:

　　唱出番客有只歌,
　　番邦趁食无投活(华侨出国谋生无奈何的意思);
　　为着生活才出外,
　　离父母,离某(妻)子。
　　三年五年返一摆(次),
　　做牛做马受拖磨;
　　想着某(妻)子一大拖,
　　勤俭用,不敢乱子花(不敢随便使用的意思)。

这首民歌,至今还在海内外广泛流传和演唱。

这些反映华侨、侨眷生活状况的民歌、童谣,一般都不很长,但是也有很长的,如安溪县官桥镇善坛村新加坡归侨钟鑫根据自己的亲身经历,于20世纪20年代编写的一首长达760多句的《过番歌》(又称《番平歌》)。歌词里有离父母、别妻子的悲呼,有翘首故园、梦萦家园的乡愁,一唱三叹,扣人心弦,催人泪下,在闽南侨乡中广泛流传,甚至流传到海外,被新加坡博物馆所收存。

五、推动闽南兴学重教的风气,推动家乡基础设施的建设

闽南华侨历来有重视教育的传统,华侨过去在出国前,多数是生活贫困,文化水平很低。他们在国外亲身接触西方先进的科学文化,更加痛感到发展教育事业的急迫需要。因此,广大华侨不仅在海外自觉创办华侨学校,教育自己的子女,而且对祖国和家乡的教育事业也极其关注。闽南华侨捐资在国内办学历史悠久,最早可追溯至道光七年(1827年),福建省惠安县海后村归侨郭用锡父子乐捐纹银20两,兴建考棚(现惠安县一中所在地),一时轰动全县。自那时候起,闽南华侨先后捐资、集资创办或助办的书院、学塾及学校陆续出现。清朝末年,清廷实施"新政"以后,许多侨乡在华侨资助下,纷纷兴办学堂或改私塾为学堂。对于侨商回籍创设学堂,清政府在这时给予了积极的鼓励,并采取相应措施"妥为保护"及"奏准立案";官办的《东方杂志》和民办的《教育杂志》等分别开辟了"侨民兴学"、"侨学类志"与"殊方兴学类志"等栏目,专门宣传、报道华侨兴学事迹,使得华侨回乡捐资兴学蔚为潮流。

在兴学重教风气的事例中,首推著名爱国侨领陈嘉庚先生的事例。

陈嘉庚,厦门市集美镇人。他17岁出洋至新加坡,初经营米店,后经营橡胶业。当他的事业有成以后,就于1913年在其家乡创办小学,1918年创办集美中专学校,1919年创办厦门大学。据统计,他一生所捐献的教育事业经费,总数在1000万元(新加坡币)以上,相当于他的全部不动产。有人估计,他当时如果把这些钱拿去买黄金,相当于现在的1亿美元左右。尤其难能可贵的是后来他的企业破产后,有人劝其停止办学,而陈嘉庚先生却说:"我的经济事业可以牺牲,学校绝不可以停办!"他克服种种困难,筹集经费,把厦门大学和集美学村继续办下去,被誉为"倾家兴学"的楷模。其女婿李光前(南安市梅山镇芙蓉村人),除支持其岳父续办厦门大学外,也在自己的家乡创办一所中学、四所小学和一个医院。李光前逝世后,其哲嗣又继承父志,除继续支持这些学校和医院外,还在梅山镇上增加创办一座公众图书馆和一座艺术馆,并另选新址,将"国专医院"建为闽南规模宏大的侨办医院。

现在,闽南各个侨村都有侨办小学,侨办中学、中专、大学也陆续兴办起来了。据1990年统计,泉州市已有各类侨建、侨办学校(包括幼儿园)1000多所、占全市各类学校总数的42.8%,其中小学1031所,中学138所,成人中专2所,中专4所,大学2所,幼儿园173所。

侨胞们兴学重教的行动,既为祖国和家乡人民做出了贡献,也促进了侨乡人民兴学重教思想的进一步提高。侨乡的农民们虽然资金比较缺乏,但每当侨亲捐资在家乡兴办教育等公益事业时,都主动、积极地出工、出力共同为兴学重教等方面做贡献。

闽南侨胞们除在家乡兴办教育事业外,还参照国外的先进经验,在家乡兴办了许多交通运输、电灯、电话、自来水等基础建设。新中国成立前,闽南侨乡的这些基础设施,基本上都是侨胞们创办的。如闽南民办泉安汽车路股份有限公路(泉州至安海、石狮等地)、漳浮长途汽车路始兴股份有限公司(漳州至海澄浮宫)、漳嵩汽车路有限公司(漳州至嵩屿)、漳程路汽车运输行(漳州至程溪)、厦禾汽车股份有限公司(厦门至高崎)、华侨商办同美汽车路股份有限公司(同安至集美)、泉永德汽车路股份有限公司(泉州至永春、德化)、华侨永大德路长途汽车股份有限公司(永安至大田、德化)、水石莲汽车公司(水头至新店)、泉溪民办汽车路股份有限公司(泉州至南安、安溪)、泉洛汽车公司(泉州至惠安洛阳)、石东石永蚶民办汽车路联合股份有限公司(石狮至东石、永宁、蚶江)、安溪民办汽车路股份有限公司(安溪境内及至同安南诗山)、泉围民办汽车路股份有限公司(泉州至金井围头)、厦门电灯电力公司、鼓浪屿中华电气公司、厦门电话公司、厦门自来水公司、泉州电灯电力公司、安海电厂等等。海外华侨在闽南兴办这许许多多当时比较先进的基础设施,既给闽南人带来了方便和利益,为闽南经济的发展做出了贡献,也促进了闽南人进一步解放思想,提高认识。

六、爱国爱家,重视乡情与亲情

华侨大部分因家中贫困而出洋谋生,家中还有他们的父母、兄弟、老婆、孩子和祖宗坟墓,所以时刻挂念着,永远不会忘记他们的亲人、祖宗坟墓和"摇篮血迹"。经常要携带在外的子孙回乡寻根、拜祖。每逢故乡修祠堂、建祖厝、抄族谱,海外华侨都乐于出许多钱来赞助。洛江区马甲镇霞井村的华侨吴克奎,其先辈过去因土匪猖獗而跑到印尼去避难。出生于印尼的吴继松,经常听其祖父母和父母讲述这段家史,立下誓言,一定要回到祖籍地看望其祖先的坟墓和曾祖父的"摇篮血迹"。因此,年已54岁并已加入印尼籍的吴继松,克服种种困难,于1997年和1999年先后两次到达马甲霞井村寻根、认祖。

海外华侨关心祖国的兴亡安危,与历次民主革命运动中,无数华侨爱国志士与祖国人民一道出钱出力,毁家纾难,前仆后继,英勇献身,在中国革命史和闽南革命史上写下了许多可歌可泣的篇章。辛亥革命时期,不少泉籍华侨在侨居地加入中国同盟会,出资出力支持孙中山的革命活动。辛亥革命光复厦门、泉州之役,不但经费来自华侨,主要组织者和大部分领导人也是来自国外的泉籍华侨。抗日战争爆发后,1938年10月在新加坡成立南洋华侨筹赈祖国难民总会(简称"南侨总会"),多数执委是泉属各县籍华侨。南侨总会发动和领导东南亚广大华侨支援和参加祖国抗战。抗战胜利后,中国国民党发动反共反人民的内战,一大批泉籍华侨从东南亚各国回到闽西、闽南、闽中参加中国人民解放军和中共领导的游击队,为福建省和泉州的解放作出重大的贡献。

华侨初到国外,谋生不易,处境艰辛。为联络乡谊和亲情,组织了许多以地缘为基础的同乡会,以血缘为基础的宗亲会,主张同乡、同宗的人团结互助。这些宗乡、社团,是以中华文化思想为基础组织起来的社团组织,是海外华侨最普遍、最基本的社团组织,直到现在的华人社会,仍在发挥其重要的作用,甚至已发展到跨村联乡、跨州联帮,连接五洲四洋、国际性的社会团体了。海外华侨宗、乡社团提倡同乡、同宗加强团结、扶贫济困、互相帮助的宗旨也必然反映到侨乡中来。他们希望家乡人民团结向上,并为此出力、出策。

第三节　闽南侨批

现今也许很多人不太清楚什么是侨批,在闽南方言中,批就是信,寄信称寄批。但侨批并不仅仅是普通的侨信,侨批是侨信、侨汇的俗称,是出国华侨和国内家眷及亲友进行经济联系和通兑信息的纽带。

一、闽南侨批的历史形成

闽南侨批产生于清末时期金融邮讯机构尚未正式建立或不完善的年代,至今已有100多年历史,是海外华人华侨给国内侨眷侨属汇钱和寄家信的主要方式。早期华侨银信通过同乡、亲友回国时,或托"水客"或"客头"走单帮(整个侨批、回批运作流程由一人完成)带回。水客最初只是往返于国内和南洋各地的华人,回国之际顺便帮

· 244 ·

熟人带批信、带款,一般为老洋客,而后逐渐演化为一门职业。他们替东南亚华人移民带款带批信、口信至移民家中,偶尔顺便做些生意,把南洋的土产运回国内销售,或把国内货物运往南洋销售。随着带钱带物的数量与次数增多,生意也做大了,自然就成了职业。后来其中一些水客投资办了侨批局。由于有的水客大多兼营招募华工,往南洋时引带来一批新客出国,因此水客又常被称为"客头"。

水客对南洋各地华侨及其家乡的亲属非常熟悉,他们既可以携带物品、书信、原货币(大银、鹰银),也可以传口讯,并且能够深入穷乡僻壤,收揽银信,登门派送侨批,所以很受家乡人的欢迎。

随着华侨寄信汇款业务的大量增加,国内代水客、客头转递信款的信局就出现了,如恒记信局、永春人开设的黄日兴信局等。一些富裕客头、水客或商人也开设专营或兼营的批馆或信局,并在海内外建立机构网络,大大加快了汇款速度,提高了侨批与回批的传递效率。

此后,侨批信局借助于不断完善的邮政和银行系统开展侨批业务,侨批的经营进入分工协作时期,即侨批信局负责收"批"与登门分"批",邮局负责跨国及长距离侨批或回批的"传递",银行负责侨款资金头寸的调拨与兑换。1972年中国国务院下发通知取消国内侨批业,1979年闽南侨批业全部归入当地国家银行,侨批的汇款功能由银行接替,而其交流情感之书信渠道则由不断发达的电讯及邮政所替代,至此国内侨批业结束。① 而继续经营的国外侨批局仍然以侨批方式通过国内银行渠道委托解付侨批,直到20世纪90年代末纸质形态的侨批才消失。

闽南侨批业从产生、发展到消失大体历程如下:

(1)清末,"水客"个人"走单帮"经营侨批;

(2)个人经营规模扩大,使用个人名章宣传,商铺兼营或代理;

(3)19世纪90年代后,水客或商家创办侨批信局,在一个国家经营(单帮);

(4)信局发展自己分支机构,经营多个国家侨批(杂帮),20世纪20年代后开始兼营汇兑业务;

(5)以自家局为主,代理局为次的开始建立网络;

(6)以代理局为主,自家局为次的代理网络迅速扩大;

(7)汇款业务逐步由银行取代,书信由电信替代,侨批网络衰退,侨批局转型,有的锐变为银行;

(8)20世纪70—80年代初,国内侨批业取消,从业人员归入国家银行。

结合上述的阐述,可以看出其生命周期是伴随着社会科技尤其是银行与邮政技术的进步而变化的。

---

① 参见中国银行泉州分行行史编委会:《泉州侨批业史料》,第五章"侨批业的取消",厦门大学出版社1994年版。

二、侨批的运转过程

侨批的运转过程,由隶属邮政局监管的侨批局进行,具有较为严密的运营组织机构,连接国内外的侨批局和信局及银行。信局一般会在南洋设立本店,南洋信局大都为普通商人兼营。此种营业与国内同样须受当地管制,先领有营业执照,方准经营。信局向华侨吸取汇款,普通华侨多按月汇寄家费传达侨情乡情。侨批局在南洋收到华侨信款后,就会在侨批信封上写明收信人地址、姓名等。汇款的方法分为两种:一种为"外付",即汇款人在信封上左方标明汇款的数额,故亦称"信汇",这种汇款,数目较小,且将款数写明在信封上"外附大洋××元"等字样。左图中间之图所示为1898年由新加坡寄福建永春大路头的侨批封,封上文字左读:"烦至永春大路头呈交/李府印种德舍家中收/外附英银壹元由呦弟淑信托"。此封系"水客"邱铜携带封,在批封上明确写有"外附英银壹元"。① 侨批信汇是侨批汇款最原始的最通用的汇兑方式,这种汇兑方式从清末一直沿用至20世纪90年代侨批消失之前。

2012年9月15日新加坡侨批文化展座谈会海报

信局为便利侨属收款,派信差持信连款送到收信人家中。一种为"内汇"则指汇款人购买信局或邮局汇票,由原信中寄回,亦称"票汇"。票汇有正式汇票,且数目较大,在闽南开始由南洋汇到厦门,再由厦门汇兑机关通知家属领取。

其次在国内通商口岸设立南洋代理局,是南洋信局和内地信局的承转机构,福建过去均设在厦门。因为厦门是闽南的通商口岸,与海外往来便利。南洋代理局办理侨信手续较为简单,收到南洋寄来的信件,酌收一定的手续费,就分别交给内地信局转送。

再次在侨乡设立内地代理局,南洋信局与内地代理局,一个为集款,一个为散款,两者并居重要地位,只是工作情形不同。内地局仍常在厦门设总局,内地设分局。一

---

① [新加坡]李梅瑜、泉州市档案馆:《家书抵万金——新加坡侨批文化展》,新加坡国家图书馆,2012年。第18~19页详细介绍此封侨批,内信写明"寄去邱铜官英银壹元"。

般会请若干信差将信和款一并送至侨民家中,并收取回执,作为交款凭证,寄回南洋信局,最后回执会回到寄信人手中。早年侨批的信差主要是步行在侨乡送侨批信,没有保镖,也没有护卫车押送,因此在路上经常有劫匪拦截批款。民国初年,信差被劫杀就有数十人。后来派送时,以称之为"山单"的"汇票"代替现款,风险才降了下来。

三、闽南侨批的文化内涵

文化对一个民族的影响是潜移默化的,也是根深蒂固的。闽南人虽然背井离乡,但是家乡的文化始终伴随他们一生,闽南侨批中折射出了闽南人的文化精神。儒文化渗透在侨批的字里行间。侨批是侨乡特有的事物,从不同角度展示出华侨华人丰富的历史文化内涵。

(一)体现中华文化的"百善孝为先"的内涵①

"孝"字最早见于殷商甲骨卜辞。《尔雅·释训》以为:"善父母为孝。"东汉许慎《说文解字》对孝作了生动而准确的解释:"善事父母者。从老省,从子,子承老也。"所谓善事父母,是指物质奉养和精神奉养两个方面。因此,孝是中国传统伦理道德的核心,影响着中国历朝历代人的思想。正是在这种思想影响下,闽南华侨远涉重洋,身在异域,打拼奋斗,心系家园,不忘亲情。有机会就寄信"搭钱"、寄"番银",赡养父母、妻儿、兄弟、姐妹。莱佛士在《爪哇史》一书中,估计1810年印尼西加里曼丹的采金业中,华侨获得利润370万西班牙元;100万元用于购买鸦片和纺织品;100万元用于购买盐、油、烟草和其他食品;70万元寄到中国;100万元由返回中国者带回。汇回中国的170万元,为其总收入370万元的47.22%,将近一半。一半生活,一半养家。有关侨批的最早记载,是福建省石狮市大仑《蔡氏族谱》关于明朝嘉靖年间(1522—1566年)菲律宾华侨汇款回家的情况。该谱曰:"思叔弟也……娶妇后,遂往吕宋求资,迭寄润于兄弟,二兄景超全家赖之,修理旧宇,俾有宁居。"此处很明确地指出思叔侨居吕宋后,"迭寄润于兄弟",其二兄景超的生活"全家赖之",并进行"修理旧宇"。因而此处之"润"必为款项,即侨批。

批信中处处蕴藏着中华民族做人要节俭、勤劳、孝敬父母、忠于家族的传统文化。例一,1928年六月廿五日玉版给其出嫁的妹妹的侨批信中写道:"达者,别来转眼已经年矣,想迩来妆次安好,兄旅外诸亦迪好,勿为锦注,但望妹恪遵上命,承挚妇道,视睦邻里,各事求和为祷"。家信中处处表现尊重亲人,自谦自责,因日寇侵占,交通断绝不能定省双亲,深感不安。1945年12月,交通恢复不久,洪氏给他父亲的信就颇典型:"自菲岛沦陷,音讯断绝,定省之礼既疏,甘旨之奉殊缺,不孝之罪渊甚深"。例二,如1921年(辛酉年)十月一日晋江侨领王珍艮的家信:"书奉慈母大人膝下:拜别以来转眼阳春,瞻恋萱堂,日夕怀念,倾接示信一札,并姆大人玉体康安,幸叨芎苍之

---

① 参见邓宏达:《闽南侨批:中华儒文化的缩影》,《东南学术》2008年第6期。

庇,得以健旺之安,儿远游外夷,不能随侍晨昏,罪戾大焉!前日接母亲来书一缄,要讨茨参,儿已有寄信岷地,××别叔代买,若有妥人回乡,定必寄回。儿所寄本份尚荩叔去针指12个,若是到家,即向他取之,末审咱份今年冬节桌轮到何人,祈母亲顺笔来晓。身子平安,伏望玉体自珍,免致游子身心两地矣!兹因羽便特修寸楮,并付去彬银两大元,到祈查收,回信来知,余情别陈。"中国文化以孝为根本,宗法社会以孝为基础在侨批中得到充分的印证。这种思想观念,已深深地植根于中国传统文化的土壤之中,成为中华民族深层文化。

1898年新加坡寄永春大路头的侨批,内信写到"此际暂为新客,百凡生疏,未得微利,先借英银贰元,寄邱铜官带回"。这显示了闽南男人对家人、父母的爱,哪怕是新客没有赚到钱也要借钱先寄回家,勇于承担家庭的重担,负有很强的家庭责任感。

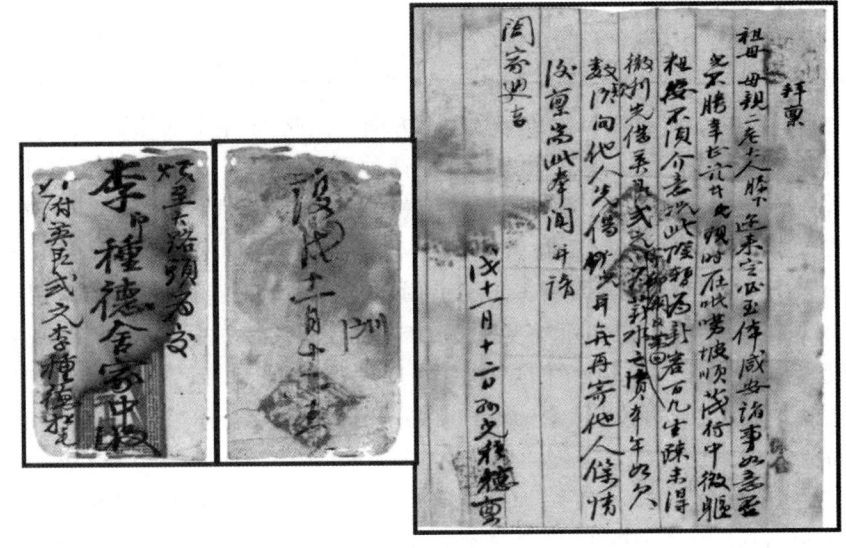

1898年新加坡寄永春大路头的侨批[①]

寄信人除了回复先前海外寄款悉数收到外,还娓娓向远在南洋的母亲细述自己以及国内亲人的状况,对于母亲的嘱咐,"惟儿尊命",更表达了对阔别20多年的母亲深切的怀念之情,希望母亲能尽快回家,"也好厚待母亲",尽管母亲出洋离家已久,寄信人对母亲的孝心却不为大洋所阻隔。

除了孝敬父母、长辈外,海外华人还传承了强烈的家族观念,因而,他们在侨批书信中除了父母外,也充分表现出对兄弟姐妹、晚辈子弟等家族宗亲,乃至对邻里乡亲

[①] [新加坡]李梅瑜、泉州市档案馆:《家书抵万金——新加坡侨批文化展》,新加坡国家图书馆,2012年,第41页。

的牵挂。最典型的例证如晋江籍旅菲华侨施能杞①的侨批书信,节选如下:

> 夹汇票伍佰元,拨交四兄壹佰元,锥嫂叁拾元,乌钗嫂叁拾元,二嫂拾元,三嫂、四嫂、乌客嫂、相任、藩任、养任、能修、能从、维荣、颜健、家栋各分壹拾元,悦治嫂、信棕嫂、纯秀、养肇、阿报、主任、玖任、郎刺、淑月女婢、笑仔各伍元,孙钧贰拾元。以上计应分三百五十元,外付法币五元。合共除外,尚余壹百伍拾元,嫂可收用于年关。……嫂自己费用外,可主裁酌给邻右贫寒亲众……②

从该批信中可见,能杞先生身在海外,却心系家族人脉中的每一个人,在汇款赡养、接济家人的时候做了细致的安排,将汇寄回国的银钱按身份、地位,和实际需求做了逐一的分配,而所分配的人数多达 26 人,并将尚余之款交由家中最具权威的兄嫂处理,并提及"酌给邻右贫寒亲众",可见其强烈的家族宗亲观念。

(二)体现华侨同仇敌忾的爱国热忱

"生我所欲也,义亦我所欲也,二者不可得兼,舍生而取义者也。"这种为维护高尚道德不惜牺牲自己生命的高尚情操,激励了一代代华侨爱国志士仁人,海外华侨为国家、民族振兴,舍生忘死、勇于献身的爱国情怀在侨批中常有表现。

1928 年 5 月 3 日,日军进攻济南,杀害特派员蔡公时,进行大规模屠杀,制造济南惨案,华侨同仇敌忾,迅即行动,陈嘉庚即领导"山东惨祸筹赈会",开展筹募赈款运动,得到树胶公会的支持,该会所筹赈义款 20 万元,占全部惨案义款 134 万元的 18%。该年 5 月 12 日菲律宾怡朗的侨批封就出现抗日歌的戳印:"奉劝诸君要记得,东洋货色习不得。如果买了东洋货,便是洋奴卖国贼。"批笺上有"勿忘国耻"笺头。

20 世纪 30 年代"进"字批局封的系列抗战戳印,有"进"-1623 帮,5229 号的批封,无框 4 号字竖排戳印:"买日货者就是国贼,国贼人人得而诛之。"同一封背还有同类戳:"欲救国亡,抵制仇货。万众一心,坚持到底。""进"-38 帮 7061 号有 3 号字竖排戳印:"矢志救国,彻底抵制日货。卧薪尝胆,誓雪此仇方休。团结起来,共同为国捐躯,勿贪小利,勿作亡国奸商。"共 40 字,是侨批封上所见最长的戳印之一。对侨批的作用,1939 年邮政总局作出了充分的肯定:"重庆。交通部张部长勋鉴:查闽南批信局为华侨汇款机关,当此抗建紧张,此项侨款关系外汇、活动地方金融至为重要,从前闽南批信局多设总局于厦门,遍设分局于泉、漳各地……地方赖以获益。"救国救民。

---

① 施能杞,字季方,福建省晋江市龙湖镇衙口村人,出生于经商富家。20 世纪 30 年代末 40 年代初,为筹建故乡南浔小学校舍,受乡亲委托,南渡菲律宾,筹募经费。然而工作未及进行,太平洋战争爆发,能杞先生忧郁成疾,不久逝世,终年 56 岁。

② 李天锡:《家书抵万金——〈施能杞先生家书〉解读》,载《回望闽南侨批——首届闽南侨批研讨会论文集》,华艺出版社 2009 年版,第 118 页。

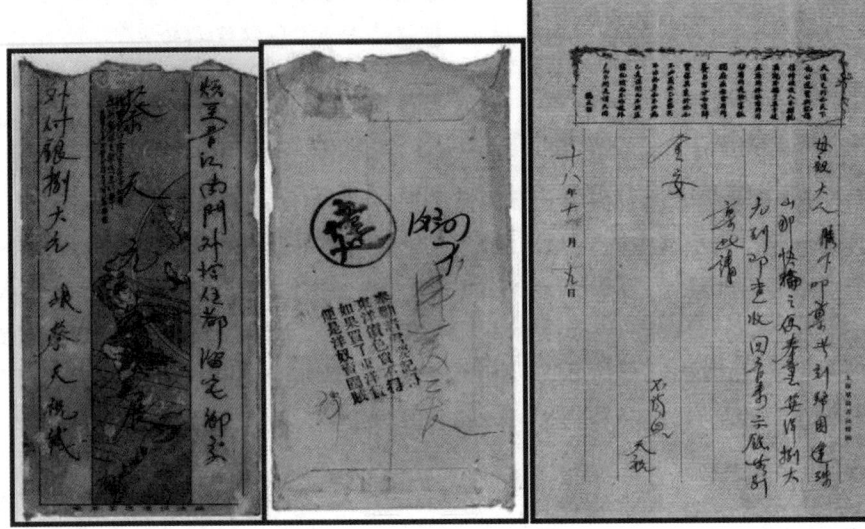

1929年10月菲律宾马尼拉寄晋江金井的侨批

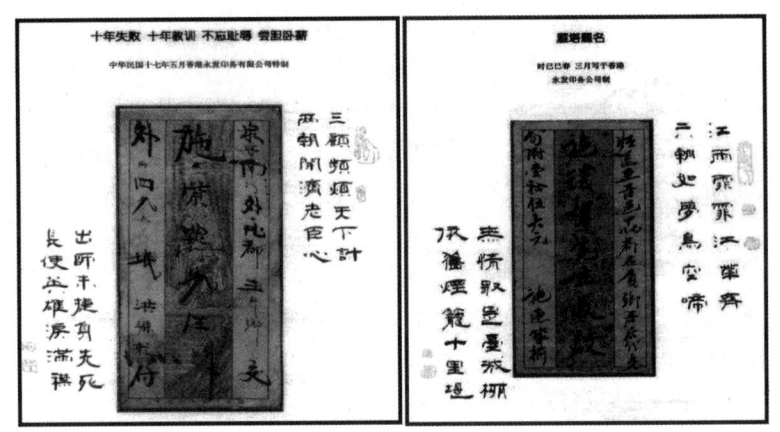

1931年11月菲律宾马尼拉寄晋江金井刘宅的侨批

1928年香港永发公司印制两枚侨批美术封,美术图题文字分别:"十年失败 十年教训 不忘耻辱 尝胆卧薪""雁塔题名"。

这种爱国情怀体现在对孩子的教育与期望,如1931年10月31日菲律宾华侨林锡国先生的回批,批的内容如下:①

我的亲爱的儿子琼英和本渊:

我接着你们八月十九日和九月十一日写寄给我的信,安慰得很!我的唯一希望

---

① 侨批原件由林锡国儿媳王燕燕女士提供。林锡国系泉州籍旅菲华侨,20世纪二三十年代先后在菲律宾马尼拉普智学校、怡朗华商学校任教。

第八章 闽南华侨文化

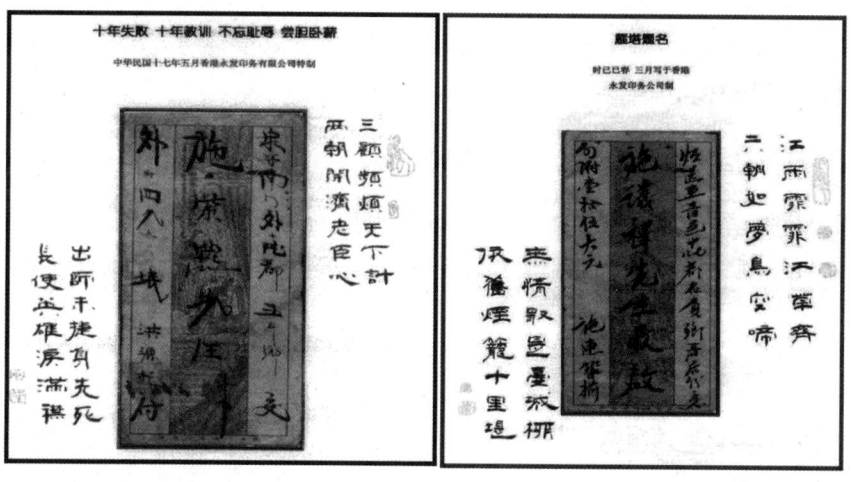

侨批美术封

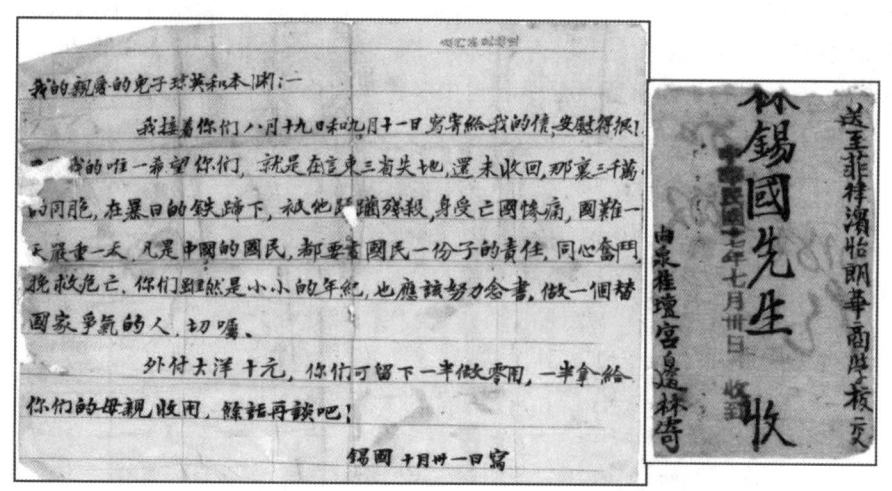

1931年10月31日菲林锡国寄泉州侨批及1928年泉州寄菲怡朗林锡国回批

你们,就是在这东三省失地,还未收回,那里三千万的同胞,在暴日的铁蹄下,被他蹂躏残杀,身受亡国惨痛,国难一天严重一天,凡是中国的国民,都要尽国民一份子的责任,同心奋斗,挽救危亡,你们虽然是小小的年纪,也应该努力念书,做一个替国家争气的人,切嘱。

外付大洋拾元,你们可留下一半做零用,一半拿给你们的母亲收用,余话再谈吧!

锡国十月卅一日写

在远隔重洋的情况下,侨批往来可谓不易,可是林锡国先生在家信中通篇谈及的是对"国难一天严重一天"的深切痛惜和忧虑,他的爱国之心展露无遗,尽管他的孩子还甚年幼,他已经教育他们"虽然是小小的年纪,也应该努力念书,做一个替国家争气的人"。我们可以想象,还有许许多多像林国锡一样的爱国华侨,将自身的这种民族国家情感言传身授、代代相传。

(三)反映华侨对家乡文化的热爱

闽南侨批保持了中华传统文化中的书信风貌,将书法艺术和优美辞章的完美结合于其中,是东南亚的华侨与在家乡亲朋好友之间的文化对话,而中华传统文化正是这种文化对话的中心所在。当然闽南侨批也反映了侨居地的文化并潜移默化地影响着侨乡的生活方式和文化倾向。闽南侨批中的水客和后来有信局转驳的相当数量的侨批封采用"红条封","红条封"象征着吉祥平安,给远方的亲人一个吉祥平安的信息。1928年以后,香港永发公司开始印制侨批封,在"红条封"的基础上加以改进,在侨批封中间的印制不同图案的山水画,目前见到的有陶怡松兰、富贵寿考、玉堂富贵白头永昌、风采绚烂富贵长年、戴仲岩春日携双柑斗酒、风尘三侠、双人骑白鹿、彭泽高踪、鸿雁来仪、紫绶金章、云壑秋高、八百长春、秋山行旅、元章拜石、故园松鹤老无恙等40多种题材。① 这些有山水图案的侨批封,蕴涵着中华传统文化特点,让人忍不住发思古之幽情,引起了侨批经手者对中华传统文化的向往和热爱。

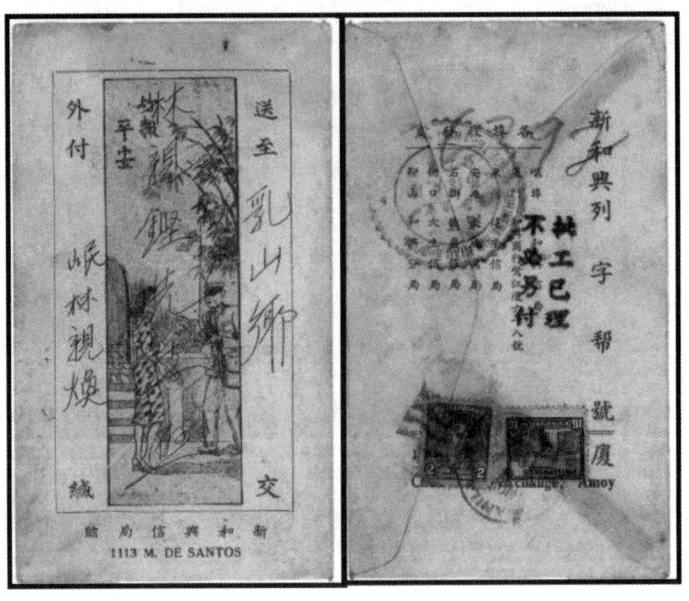

封面上"竹报平安"相当形象

---

① 黄清海的侨批美术封展集,展示了45种不同美术图案的侨批封。

除此以外,华侨对祖国文化的热爱还体现在:

用祖国纪年。身在异域他乡,那里是采用公历的社会,侨批侨信中却几乎清一色的甲子纪年或民国纪年,从信封到信笺,从显露的外观到血肉筋骨,坚持使用祖国文化。书信中的年月,采用甲子或民国纪年,例如甲子年、辛酉年等。通过邮寄的侨批封,仍在信封外用甲子年或民国纪年写上寄发日期。"收到"、"付讫"回批时,使用民国纪年。有多种形式:竖排,民国纪年,公元月日,宋体5号字,见有紫色和红色两种印色,内容为"中华民国××年××月××日收到";有"收到"、"收讫"、"付讫"、"收完"等区别;"寄"(侨批)日期,"回"批日期,农历,多见金黄色蜡笔字,竖行,并邮票邮戳,和"收到"日期等。

(四)"信义"立本的商号文化

儒家"和为贵"和"义利观"的传统伦理道德,被华商透彻地理解之后贯彻在商业实践当中,形成了华商建立在"相与"基础之上"利以义制"的经营理念,铸就了华商独有的商号文化。

"信"、"义"是华商的立业之本。"诚信"是华商成功的基础。华商以严格的产品质量信誉和一言九鼎的人格信誉,形成了华商诚实守信的商号文化。如:"宁叫赔折腰,不让客吃亏";"买卖不成仁义在";"义者,百事之始也,万利之本也"(《吕氏春秋·无义》)。"诚信"以看得见的人和物为纽带,主要来源于个人关系或对于具体个人特征的认识。即基于血缘关系、地缘关系、业缘关系、朋友关系而产生的忠诚原则之上的、内外有别的、差序结构的私人信用,或基于父子有亲、君臣有义、夫妇有别、长幼有序、朋友有信的差序固定的"熟人"信用。这种人与人之间的诚信关系可以称之为"人格诚信"。建立在"人格诚信"基础上的严密的侨批管理制度,形成了侨批业独有的商业运作模式。即便是侨批局的信用戳印和民信局的信用戳印,都体现出共同的文化根源,那就是儒文化的"人无信不立"在商海中的贯彻。当然,因其具有鲜明的宗法等级色彩和特定适应范围,从而在一定程度上限制了侨批业经营规模的扩大和可持续发展。

以天一信局为例,天一信局的创始人郭有品,字鸿翔,生于1853年(清文宗咸丰三年癸丑)。1869年(清穆宗同治八年),年仅17岁的郭有品在开店铺的长兄郭有德资助下,随客头漂洋过海前往吕宋经商,由于他忠厚老实、尊老敬贤且乐于助人,深得同乡侨民的信赖。1874年(同治十三年),郭有品受一些富庶侨商委托,开始充当客头专门替吕宋侨商及其雇用的华工携带银信回国。在几年的客头生涯中,郭有品领悟到经营侨批收入的丰厚,便于1880年创办了漳州首家侨批局——天一信局,主要经营吕宋(今菲律宾马尼拉)与闽南之间的华侨银信汇总业务。"天一信局"的"天一",取自汉儒董仲舒的《春秋繁露·深察名号》中的"天人之际,合同为一"即"天道与人道、自然与人为"合二为一,用天作为徽志寓意天下一家,表达了郭有品创办侨批局的仁爱之心,也缩短了海外侨民与家乡眷属的万里之隔。郭有品创办天一信局后,自己在菲律宾收取侨信,将华侨银信带回国,到家后便雇请族人作为固定信差投送,并不准信差苛求工资。所有侨批均由汇款华侨自定汇费,并将所汇的钱直接写到信封上,并注明收贴"批工×元×角×仙"。

天一信局开办后,每批银信均由郭有品本人亲自收取押运回国,在一次押运侨汇途中,船遇台风而沉没大海,郭有品获救后返乡,便变卖田物兑成大银,凭衣袋中仅存的名单款项一一赔偿。自此,郭有品的名望誉满南洋,华侨深为信赖,华侨银信都愿通过天一信局汇寄,天一信局的业务日益增多。这就是"义者,百事之始也,万利之本也"的收效。1882年(光绪九年),郭有品回国完婚,便委派旅菲好友郑仁永在菲律宾负责收寄,自己则在流传督办投递。在菲律宾收的侨信通过客邮寄回国,银款则由汇丰银行汇兑寄送厦门,再由郭有品雇工投送,以避免运送侨汇的意外损失。正是由于郭有品及其子孙们儒家诚信经营之道,"天一信局"在19世纪末20世纪初,国内外共有总分局33家,雇员556名,完成了以厦门口岸为中心,向南洋和国内侨区辐射的双肩形结构,完成了侨批业从"客头制度"向侨批"跨国公司"的飞跃。其网络的形成使侨批业步入国际金融流动圈,也使天一资本经营达到一个新的境界,1921—926年其每年收汇达1000万～1500万银元。

郭有品虽然于1901年去世,但其诚信仍然延续,其后代仍然借助于先人的个人信用作宣传,信局名称保留有"郭有品"的名字,并刻制印章在侨批或回批上加盖宣传等。

(五)真实地反映华侨在当地的生活情况

介绍华侨在当地的生活情况,真实地反映了当时基层华侨家庭状况、民众生活以及先进文化的交流与传承,体现不同国家文化的融合。1936年印度尼西亚巴厘岛寄中国安溪侨批封及内信,内信使用的是峇厘合益公司的便用笺,便用笺的广告意味明显,除中文外还有荷兰文,这既说明了该公司针对的使用中文和外文的两类客户群体。1908年(戊申年)南安码头寄菲律宾的回批,信内写有中药处方。

一封1912年菲律宾马尼拉寄南安石古林(今属南安市码头镇)的侨批,内信涉及内容丰富,包括家事、有封建色彩的"画符"弄人之事、寄批人在外职业情况、辛亥革命前夕的社会情况等,其中写到"现时中国反乱,信局谣言路头难行,唐音甚是至缓,难托通情顺及,此时油车却真□市,粮油兑空空,那是无伙可作……""此时备革命皆尽剪发,弟现时每日作不上四、五个而已,真是难度,欲收故里,不得从命,若能好势,端花月必定回家,顺笔谈言……"这封侨批传播递的信息涉及家事、乡事及国事,是研究人文历史的重要资料。

总之,闽南侨批这种以文字记录为主的纸质载体、亦汇亦信的跨国通讯汇款形式,是一种特定的历史时代、特定的地域、一群特定的族群所形成的真实的历史记录与记忆遗存,她架起了华人华侨与国内侨眷之间双向交流之桥梁,促进了侨居国与祖国之间的友好交往,传播与共享了人类科技与社会文明之成果,为那个时期的社会经

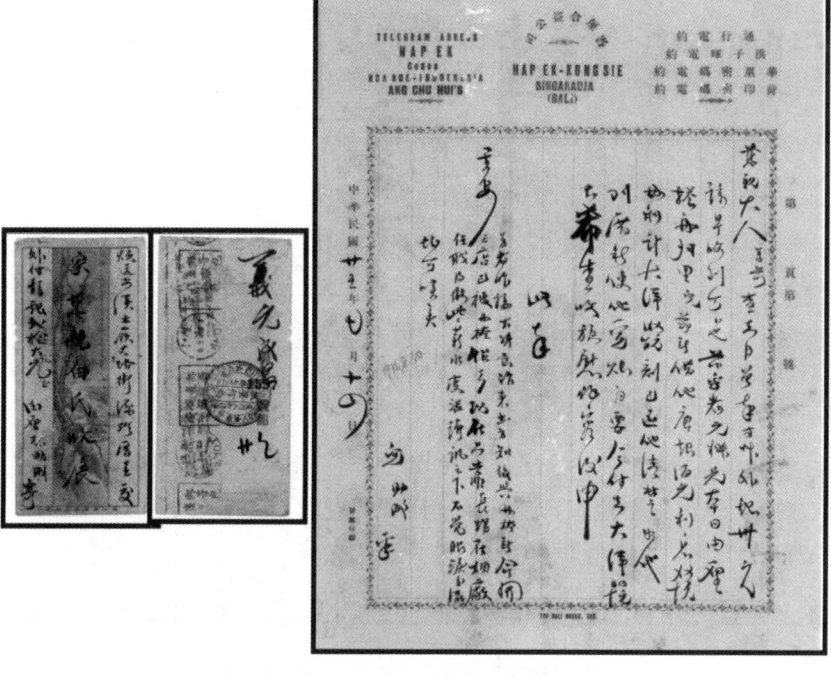

1936年印度尼西亚巴厘岛寄中国安溪的侨批

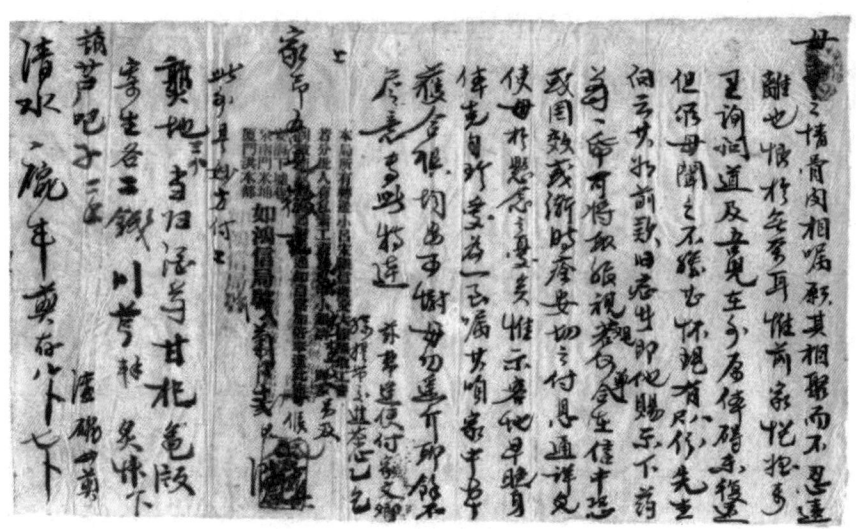

1908年南安码头寄菲律宾的回批

济文化发展做出了历史性的贡献。众多"闽南人"出国东南亚等地，带去人力资源，带去科学技术，传播中华文化、民族风俗、宗教体育等等，积极参与侨居国建设，对居住

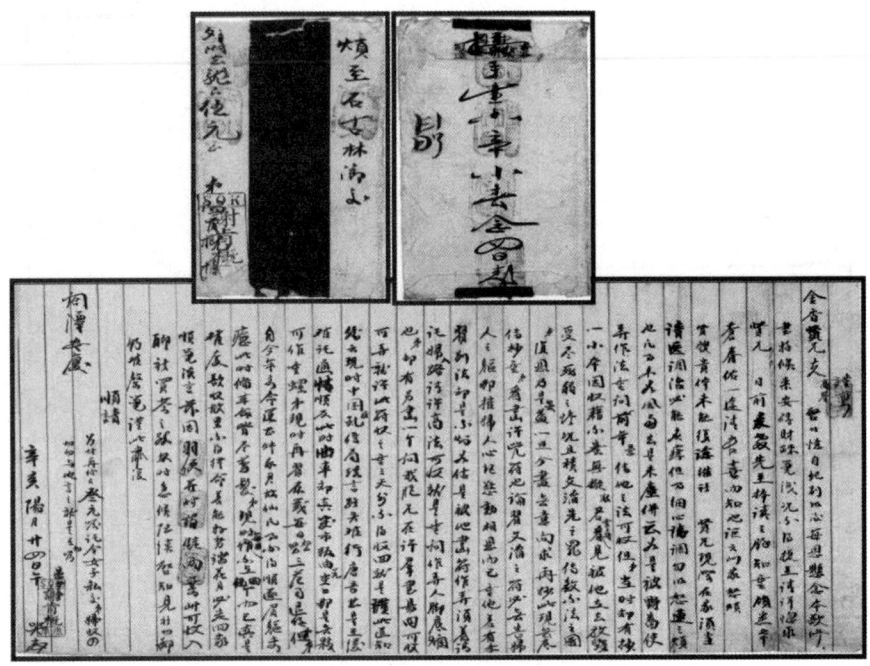

1912年菲马尼拉寄南安石古林的侨批

国的经济、政治、文化等做出了巨大的贡献。与此同时,华侨华人通过"侨批"等渠道,传输侨汇侨资,双向交流传递侨居国与祖国之间的科技与社会文明,为祖国也做出了积极的贡献。

闽南侨批虽然已于20世纪末消失了,但在特定的历史时期,她对于闽南文化的继承与传播作用却永远地留存在历史长河中。闽南传统文化以侨批为载体,以家族宗亲理念出发,进而形成以血缘、地缘为中轴的乡土观念,最后演化为国家主义的民族情感,完成了从"家"到"乡"至"国"的升华。正是在这种良性的感情交流中,中华传统文化实现了其传承与向外延伸。

参考文献

邓达宏:《闽南侨批:中华儒文化缩影》,《东南学术》2008年第6期。

黄清海:《泉州侨批业史初探》,《八桂侨史》1995年第1期。

王雪玲:《侨批——华侨侨眷的情感纽带》,《文物世界》2008年第3期。

郑云:《闽南侨批业与天一信局的兴衰》,《漳州职业大学学报》2004年第4期。

张静、黄清海:《文化传承视野下的闽南侨批》,厦门大学出版社2013年版。

思考题

1. 为什么闽南的华侨特别多?
2. 闽南华侨从哪些方面影响闽南文化?
3. 闽南侨批是如何发展起来的?
4. 闽南侨批与闽南文化有哪些关系?谈谈你的认识
5. 闽南侨批为何会消失?从社会发展的角度谈谈你的看法。

后 记

　　《闽南文化概要》终于成稿！终于有了一次让自己感到惬意的微笑！还有就是深深的感慨：成就一本书实在不容易！

　　此书的成稿，最应感谢泉州师范学院副校长林华东教授！是他带着我涉足闽南文化，也是他建议写《闽南文化概要》。他的敦促是我写书的压力，让我不敢懈怠；他的鼓励是我成书的动力，让我繁忙之中总能寻找时间坚持完成；他的指导使我几次在困惑和迷茫中能理顺思路，使本书能够顺利完成。

　　同时，我要感谢我的婆婆！老人家连自己的名字都不会写，但她睿智、包容、识大体，她知道我在做我热爱的事，拖着病体坚持照顾一家三餐，毫无怨言。她的理解和支持是此书得以顺利完成的重要保障。我想，当我把出版后的书呈现在她老人家面前时，她肯定会呵呵开怀！

　　我还要感谢我的同事泉州师范学院图书馆馆长苏黎明教授、教务处长黄科安教授、闽南文化研究中心主任陈桂炳教授。他们为我推荐了相关书籍，并毫不吝啬地把多年来的研究成果提供给我。

　　当然，还有些许遗憾！书稿即将付梓之际，我不由得想念起先父！想起他当年培养我的艰辛与坚持，想起他对我到大学教学的支持及对我职业的引导。本书也算是女儿报答慈父养育之恩的一份礼物吧。我想，他若在天有灵，一定会感到十分欣慰！

　　当然还有些想法。文化是民族的血脉，是人民的精神家园。保护和传承地方文化，既是本土文化研究工作者的历史责任，也是引领风尚、服务社会、推动发展的现实需要。秉承这一理念，本书编写之初衷意在阐述闽南文化的内涵与精神，探索构建闽南文化体系，让更多的读者了解闽南文化，增强闽南文化的吸引力、凝聚力。然成书后方感自己学识不足，未能更深入全面地用文字阐释和演绎闽南文化。书既已成，唯有期待日后得到时贤专家和广大读者的指点，不断加以修改完善。

　　作为教材，本书在撰写过程中，从不同渠道获得许多文字资料和图片，虽然书中大多已经标注，但由于来源繁杂、时间仓促，有些无法寻找到原始出处，不能一一予以注明，在此一并向资料和照片的提供者表示深深的谢意！

陈燕玲　谨识
2013年9月8日夜于泉州东方金典